唐代边疆封授与治理研究

刘海霞　著

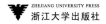

ZHEJIANG UNIVERSITY PRESS

浙江大学出版社

图书在版编目(CIP)数据

唐代边疆封授与治理研究/刘海霞著. —杭州：
浙江大学出版社，2023.9(2024.7 重印)
ISBN 978-7-308-24135-9

Ⅰ.①唐… Ⅱ.①刘… Ⅲ.①边疆地区－行政管理－
研究－中国－唐代 Ⅳ.①D691

中国国家版本馆 CIP 数据核字(2023)第 164029 号

唐代边疆封授与治理研究

刘海霞　著

责任编辑	蔡　帆	
责任校对	徐凯凯	
封面设计	项梦怡	
出版发行	浙江大学出版社	
	（杭州市天目山路 148 号　邮政编码 310007）	
	（网址：http://www.zjupress.com）	
排　　版	浙江大千时代文化传媒有限公司	
印　　刷	广东虎彩云印刷有限公司绍兴分公司	
开　　本	880mm×1230mm　1/32	
印　　张	13.125	
字　　数	329 千	
版 印 次	2023 年 9 月第 1 版　2024 年 7 月第 2 次印刷	
书　　号	ISBN 978-7-308-24135-9	
定　　价	68.00 元	

序　言

　　《唐代边疆封授与治理研究》是海霞教授国家社会科学基金项目的结项成果，已经通过了国家社会科学基金工作办组织的评审，即将出版。海霞教授索序于我，作为她的博士导师，无法回绝，且自感有义务写些回忆和对书稿的粗浅认识，权作序，并将此书推荐给学界。

　　对唐代边疆治理的研究一直是海霞教授倾力的重要方向，如果说其硕士学位论文《金春秋史事所见唐罗关系考论》是从金春秋个人事迹探讨唐朝和新罗的关系，那么博士学位论文《唐代边疆封授政策研究》则将视野拓宽到了整个唐代，试图以封授政策为切入点探讨唐代的边疆政策，从中可以看出海霞教授的研究是层层递进的。该博士论文可以看作是海霞教授研究唐代封授的开端，因为该论文仅仅是对唐代封授政策做了初步的研究，分前期、中期和后期探讨了唐代封授政策不同阶段的特点，认为唐高祖、唐太宗、唐高宗三朝是边疆封授政策初步建立并得到完善的阶段；武则天、唐中宗、唐睿宗和唐玄宗四朝是边疆封授政策得到调整并走向成熟的阶段；唐肃宗至唐亡时期则是边疆封授政策不断调整并最终结束在唐朝使命的阶段。总的观点则是："唐朝在不同时段的治边实践中积极运用边疆封授政策来把握边疆局势的演变，推动唐与边疆民族或政权关系的发展。唐朝的边疆封授政策从初步建立到完善成熟，再到调整与结束使命，成为唐朝政治制度施行中广泛应用、不可或缺的一个重要政策。"应该说，封授是历代王朝政治制度中的重要一环，虽然起源较早，但作为边疆治理的一项主要内容则是秦汉以后。从史书看，对历代王朝和边疆政权之间战争的记载占据了绝大部分，但对于封授政策的记载相对简略，导致当今学界对封授政策的研究没有给予应有的重视，海霞教授认为"边疆封授政策是唐代官制的重要内容，长久以来却并未得到充分关注"（参见《唐代边疆封授与治理研究》绪论）是一个准确的判断，而现实情况则是将历代王朝对边疆政权首领的册封视为一种没有实际意义的政治妥协行为的观点在学界也是存在的。从这一角度而言，《唐代边疆封授与治理研究》可以弥补以往研究的不足，在选题上具有较高的价值。

海霞教授将《唐代边疆封授与治理研究》定位为："重点关注唐朝时期的边疆问题，以册封与授官史事为切入点，探讨唐朝中央与边疆之间关系的演变和疆域的形成。"就书稿的内容结构而言，虽然这一表述是准确的，但我更关注该书开头的如下表述："中华民族是我国各民族共同缔造的，包括古代历史上已消失和今天以新的面貌存续下来的民族，因而正确的中华民族观既应当包括传统认为正统的历代王朝史观，也应当包括各族群对中华民族的认同和理解。"因为按照这一表述认识和定位"封授"的意义赋予了"封授"研究更精准的现实意义定位。"大一统"思想及其实践而形成的政治体制在多民族国家中国和中华民族共同体形成与发展中的重要作用是毋庸置疑的，但学界往往将目光聚焦在历代王朝身上，将其视为治理的重要标志似乎也并不能全面揭示"封授"的性质。边疆政权接受"封授"，更有利用"封授"壮大自己势力的意图，实际上也是一种对历代王朝构建起来的"大一统"政治秩序认同的重要体现，而这是多民族国家疆域不断得以凝聚的内在因素。对这一过程的诠释，自然更有助于理解多民族国家不断走向统一的必然，由此也可以清晰认识"封授"研究的现实意义。

《唐代边疆封授与治理研究》由唐代边疆的官与爵、唐朝对突厥首领的封授、唐朝对新罗首领的封授、唐朝对南诏首领的封授、唐朝对沙陀首领的封授、唐朝对内附边疆首领的封授、其他边疆政权的封授要事、边疆文人与女性封授、边疆封授中的政治层级、唐代的皇权与"天下秩序"等十章以及绪论和结论构成，应该说涉及了唐朝封授的主要对象，而处理和这些对象的关系则是唐朝边疆治理的主要问题。"封授是灵活的，似乎可以缘木而上、触水而生，可依边疆局势变化而定，依唐朝与蕃国蕃族的亲疏关系而定，依唐朝国力的强弱而定，依具体的军事、政治、经济、文化等策略的施行而定，而其中，蕃国首领的个人魅力、大臣的推波助澜、宰相与中官的政治穿梭都可能使边疆封授转向。甚至皇帝的情感态度，也可能改变既有的封授制度……但无论边疆如何变化、封授如何灵活，唐代的边疆封授都有一个不变的使命：维护皇权，所有的'变'都围绕着这个'不变'来进行。"（《唐代边疆封授与治理研究》结论）应该说这一认识一方面准确揭示了唐代边疆封授政策的性质，同时也提醒学界应该关注封授政策在边疆乃至国家治理中的重要作用。

"边疆是变动的"，海霞教授试图从变动的"边疆"来认识唐代疆域的形成与发展，并从中定位封授政策的作用，这一视角对我们认识唐朝的封授政策无疑是准确的。就唐朝初期东突厥汗国灭亡之后出现的薛延陀汗国而言，一度是唐代北疆继东突厥汗国之后的又一个需要唐朝应对的重大边疆问题。薛延陀是铁勒诸部中较古老的一个，《新唐书·回鹘下》载："薛延陀者，先与薛种杂居，后灭延陀部有之，号薛延陀，姓一利咥氏。在铁勒诸部最雄张，风俗大抵与突厥同。"薛延陀最初活动在今准噶尔盆地北部、阿尔泰山一带。薛延陀在草原游牧族群中异军突起，实现对草原游牧族群的整合是在唐太宗时期。《旧唐书·北狄传》载："贞观二年，叶护可汗死，其国大乱。乙失钵之孙曰夷男，率其部落七万余家附于突厥。遇颉利之政衰，夷男率其徒属反攻颉利,大破之。于是颉利部诸姓多叛颉利,归于夷男,共推为主,夷男不敢当。时太宗方图颉利,遣游击将军乔师望从间道赍册书拜夷男为真珠毗伽可汗,赐以鼓纛。夷男大喜,遣使贡方物,复建牙于大漠之北郁督军山下,在京师西北六千里。东至靺鞨,西至叶护,南接沙碛,北至俱伦水,回纥、拔野古、阿跌、同罗、仆骨、霫诸大部落皆属焉。"据此,薛延陀汗国的出现得益于唐王朝的支持,而唐太宗册封夷男为真珠毗伽可汗,不仅标志着薛延陀汗国的成立,同时也宣告薛延陀成了继突厥之后又一个试图整合草原族群的游牧行国。刚刚解决突厥问题的唐太宗,面对漠北地区出现的又一个强大的游牧民族政权,内心是矛盾的,一方面担心薛延陀成为突厥第二,对边疆构成威胁;另一方面则希望薛延陀遵从唐王朝对"藩臣"的要求,真正成为唐王朝的藩屏。贞观十六年(642),薛延陀遣使求和亲,唐太宗对大臣说过如下一段话:"北狄代为寇乱,今延陀倔强,须早为之所。朕熟思之,惟有二策:选徒十万击而虏之,涤除凶丑,百年无患,此一策也;若遂其来请,与之为婚媾,朕为苍生父母,苟可利之,岂惜一女!北狄风俗,多由内政,亦既生子,则我外孙,不侵中国,断可知矣。以此而言,边境足得三十年来无事。"(《贞观政要》卷9《论征伐》)以十万大军讨灭薛延陀汗国自然是彻底解决问题的有效方式,但能否由此实现北疆"百年无患"则是一个未知的结果,因为此刻的唐王朝和前代的中原王朝一样,并没有想在漠北地区设治实施直接管理,如果不设治,那么在薛延陀汗国灭亡之后,漠北依然还会出现另一个边疆民族政权,所以唐太宗选择与薛延陀和亲的方式。不过,通过和亲能否实现"边境足得三十年来无事",唐太宗心里也是没有绝对把握的,故而在同意和亲的同时,又采取了以防为主、弱化薛延陀的政策,其中封授政策的灵活运用是唐太宗采取的积极有效的措施。首先是册封夷男的两个儿子为可汗,以分其势。《旧唐书·北狄传》载:"(贞观)十二年,遣使备礼册命,拜其二子皆为小可汗,外示优崇,实欲分其势也。"即希望通过册封夷男的两个儿子为可汗以弱化薛延陀汗国的势力。这一政策在夷男在位时期并没有显示出作用,但在夷男死后却导致了夷男二子为争夺汗位而互相杀戮,《旧唐书·北狄传》载:贞观十九年(645),夷男死,"夷男少子肆叶护拔灼袭杀其兄突利失可汗而自立,是为颉利俱利薛沙多弥可汗",这也成为薛延陀汗国灭亡的先兆。其次是册封突厥阿史那思摩为可汗,命其率领先前归附的突厥降者十万北返漠南,防御薛延陀势力南下。事见《新唐书·突厥传上》:贞观十三年(639),唐太宗遣"赵郡王孝恭、鸿胪卿刘善就思摩部,筑坛场河上,拜受册,赐鼓纛,又诏左屯卫将军阿史那忠为左贤王,左武卫将军阿史那泥孰为右贤王,相之"。但遗憾的是这次册封也并没有取得明显效果。最后是先同意和亲,后又以种种理由刁难薛延陀,致使和亲失败。贞观十九年(645),夷男可汗死,薛延陀陷入内乱,唐王朝终于迎来了灭亡薛延陀的机会。翌年,唐太宗派遣大军进攻薛延陀,《旧唐书·北狄传》有如下记载:"二十年,太宗遣使江夏王道宗、左卫大将军阿史那社尔为瀚海道安抚大使;右领军大将军执失思力领突厥兵,代州都督薛万彻、营州都督张俭、右骁卫大将军契苾何力各统所部兵分道并进;太宗亲幸灵州,为诸军声援。既而道宗渡碛,遇延陀余众数万来拒战,道宗击破之,斩首千余级。万彻又与回纥相遇,二将各遣使谕以绥怀之意,其酋帅见使者,皆顿颡欢呼,请入朝。太宗至灵州,其铁勒诸部相继至数千人,仍请列为州县,北荒悉平。"这次参战的蕃将,官职也由唐朝任命,蕃将个人及其率领的军队在战争中起到了重要作用。以上册封和授官事件,是唐太宗运用封授政策非常成功地解决边疆问题的典型案例。

《唐代边疆封授与治理研究》对唐代封授政策的具体实施的阐述和分析应该说是成功的,国家社会科学基金工作办提供的专家审读意见也说明了这一点。"本结项成果……在思维理路和研究的确实性上,都是具科学性和可行性的。从完成的结项成果来看,该成果的章节安排合理,有概念阐述、研究主旨说明、具体内容挖掘梳理以及思想认识层面的论析,也合乎逻辑,所使用的史料以及对于史料史实的解读都是充分的,整体论证具有细致和扎实的优点,所附两表尤其反映了作者梳理史料的努力。""该成果的学术价值,既体现在微观层面,作者在专题性的个案研究(如唐代新罗、南诏封授的比较,新罗王金法敏、金春秋父子的研究)方面多有创见;也在宏观上通过对先秦以降,从治'荒'之策到大唐'羁縻'府州制度的演变,将千年维度变动的疆域与不变的统治法则——'天下秩序'置于共同的中央与边疆关系的范畴,不露痕迹地实现了'疆分层级'与'蕃分内外'的时空转换的治理,在这一点上极具理论价值。""结项报告在总结以往研究的基础上展开探讨……总体看,鉴定者认为该结项报告不仅对以往研究有极大补充,且有纠偏之功,总的观点阐述也具有较强的说服力,无论是从选题还是具体阐述来看,都是一部优秀的结项成果。"

2019 年 9 月,在全国民族团结进步表彰大会上,习近平总书记鲜明提出"四个共同"的中华民族历史观:"我国辽阔的疆域是各民族共同开拓的,悠久的历史是各民族共同书写的,灿烂的文化是各民族共同创造的,伟大民族精神是各民族共同培育的。"这是对我国多民族国家形成与发展历史的高度概括,具有很强的学理性,对于我们认识和理解中国历史、中华民族历史、中华文明具有重要的指导意义。海霞教授在《唐代边疆封授与治理研究》开篇也提及了"中华民族是我国各民族共同缔造的"这一认识,但要想通过唐朝"边疆封授"政策及其实施的历史来达到诠释这一认识的目的,似乎还需要从整体史观来定位唐代的"封授"政策及其意义。因为生息繁衍在中华大地上的人们有着独特的"天下国家"意识,被列为"正史"系列的历代王朝只不过是争夺"天下""正统"的胜出者,并不是全部,更多的政权则被排除在"正统"之外,传统的历代王朝史观构建起来的话语体系是无法给"中华民族是我国各民族共同缔造的"一个完善诠释的。要想完成这一历史使命,需要改变观念,从"天下国家"的整体视角审视多民族国家、中华民族共同体形成与发展的历史。历代王朝在多民族国家中国形成与发展的过程中起到了重要的推动作用,但其并不等同于多民族国家中国历史的全部,"非历代王朝"的作用也不能否认,二者合在一起才是多民族国家中国历史的全部。据此,准确认识和定位唐代的"边疆封授"政策在多民族国家形成与发展中的作用也需要观念的转变,不知道海霞教授是否赞同?

是为序。

李大龙

2023 年 6 月 20 日

目　录

绪　论 ……………………………………………………………… 1

一、本书主旨 …………………………………………………… 1

二、唐代边疆与封授概念厘定 ……………………………… 5

三、研究综述 ………………………………………………… 21

第一章　唐代边疆的官与爵 …………………………………… 34

第一节　唐朝边疆的"品阶勋爵" ……………………… 35

第二节　边疆特有封号及官称 ………………………… 44

第二章　唐朝对突厥首领的封授：以李思摩为例 …………… 63

第一节　东突厥、西突厥与唐的关系 ………………… 64

第二节　李思摩封授史事 ……………………………… 82

第三章　唐朝对新罗首领的封授：以金春秋、金法敏为例 ……… 94

第一节　新罗与唐关系史 ……………………………… 95

第二节　唐朝对金春秋的加封与战时授官 …………… 100

第三节　金法敏加授及削官爵事件 …………………… 104

第四章 唐朝对南诏首领的封授 …………………………… 114

第一节 南诏与唐关系史 …………………………… 115

第二节 唐朝对南诏诸王的封授 …………………………… 118

第三节 唐对新罗、南诏封授之比较 …………………………… 122

第五章 唐朝对沙陀首领的封授:以李国昌、李克用为例 … 129

第一节 沙陀与唐关系史 …………………………… 130

第二节 李国昌的仕进 …………………………… 133

第三节 李克用的高官要爵 …………………………… 136

第六章 唐朝对内附边疆首领的封授:以安禄山为例 …… 144

第一节 安禄山其人及其仕进 …………………………… 145

第二节 从边疆封授看安禄山叛乱之原因 …………………………… 150

第七章 其他边疆政权的封授要事 …………………………… 156

第一节 回纥(回鹘)封授要事 …………………………… 156

第二节 渤海、契丹、靺鞨、奚封授要事 …………………………… 161

第三节 高句丽、百济封授要事 …………………………… 171

第四节 吐蕃封授要事 …………………………… 185

第五节 吐谷浑、突骑施、黠戛斯封授要事 …………………………… 194

第八章 边疆文人与女性封授 …………………………… 200

第一节 边疆文人官爵考 …………………………… 200

第二节 边疆女性官爵考 …………………………… 205

第九章 边疆治理要则:边疆封授中的政治层级 …………………………… 210

第一节 疆分层级 …………………………… 210

第二节　蕃分内外 ……………………………………… 215

第三节　制"荒"之策 ………………………………… 231

第十章　边疆治理指归:唐代的皇权与"天下秩序" ………… 239

第一节　皇权与"天下秩序" ………………………… 239

第二节　封授所见唐朝的"天下秩序" ………………… 246

结论:变动的边疆、灵活的封授、不变的法则 ……………… 252

附录一　唐代主要边疆政权封授情况 ……………………… 255

附录二　七世纪中期唐与新罗关系的转向:新罗王金春秋庙
号考释 ……………………………………… 351

附录三　困蕃之策:中唐名臣李泌的边疆战略 …………… 364

附录四　从《读通鉴论》看王夫之史论中的君本与民本思想 …… 380

参考文献 ………………………………………………… 394

绪　论

一、本书主旨

中华民族是我国各民族共同缔造的,包括古代历史上已消失和今天以新的面貌存续下来的民族,因而正确的中华民族观既应当包括传统认为正统的历代王朝史观,也应当包括各族群对中华民族的认同和理解。换言之,古代历史上的中国,既有王朝更迭,也有边疆与中心的互动。任何企图将草原、长城等标签移出中华民族共同体的企图,都是不具备历史合法性的。作为大一统的中华民族的一部分,边疆不可或缺,古代边疆族群或政权的历史应归属于中华文明发展史之下。汉唐时期作为中华文明鼎盛期的代表,边疆与中央的互动共生尤其值得钻研。本书重点关注唐朝时期的边疆问题,以册封与授官(以下简称封授)史事为切入点,探讨唐朝中央与边疆之间关系的演变和治边理念问题。

唐代的边疆不能用今天国家疆域划分的方法来理解,应放在封建王朝的大背景下,明确以皇权为核心的统治体系的支配作用。唐代的边疆以地理上的陆地边疆为主,兼及海疆,从内涵上看,既包含地理与军事意义上的边疆,也包含政治上的边疆和文化上的边疆,具有不同层次。边疆并不是一个固定的概念,在不同的语境下有不同的意义,而且是可以变化的,唐朝的边疆问题应动态地去理解。

边疆封授政策是唐代官制的重要内容,长久以来却并未得到充分关注。边疆封授包括对边疆首领进行册封、授官两个紧密联系的层面,所封多为爵,所授为官与职。对蕃国蕃族使用的爵称与内地有所不同,内地爵称"亲王"在蕃国蕃族那里变为"国王"或"可汗"等专封边疆民族或政权最高首领的称号,实际运作时也可能会加入边疆特有的官号如叶护、特勤、大单于、可敦等。唐代也设置一些专授边疆的官职,如武散官中带"怀化""归德"字样的官职。唐代的边疆官员不仅可任外官,也可任京官。在职事官中,"员外置"及"员外同正员"这两个官职是唐代首创,一般专授边疆官员。边疆首领所得的封授,依照所在族群或政权的特殊性和与唐关系的发展而存在区别,有的仅有册封,有的仅有授官,有的二者兼有。唐代边疆封授的发展大略经过了四个相互联系的主要阶段。唐代边疆封授政策体现了唐王朝"天下秩序"的整体构想和羁縻政策的具体运用,是基于自身的文化观念而进行的政治运作,带有深刻的文化烙印。边疆封授在等级上极为严明,唐朝对边疆官爵的初叙、迁叙有严格控制,官爵具有规定性。

具体到单个边疆政权,封授起到的作用各不相同。突厥是唐朝北疆的强权,唐初东突厥汗国和西突厥汗国的相继灭亡,迅速改变了北疆局势,封授在其中数次起到了改变局势的作用;后突厥、回纥汗国的相继建立和灭亡,其中也有不少著名的封授案例值得分析。西突厥汗国可汗弥射所得历次封授及其与步真之间的纠葛反映了唐朝治边之策尚需完善。东突厥汗国历史上重要的人物李思摩的官历可以分为无封授到虚封为和顺郡王、东突厥汗国灭亡后被封授化州都督和怀化郡王、东突厥汗国回迁时被册封为可汗且赐皇姓、轻骑逃亡后被授为右武卫将军四个阶段,反映了东突厥汗国从兴盛到灭亡到复国到混乱的历史,从中也可以看到唐朝与北疆蕃国蕃族的政治、军事、文化关系。

　　朝鲜半岛南部的新罗是唐朝的蕃国,唐朝对新罗首领的封授自唐初开始,涉及新罗 20 位王,其过程可以分为四个阶段,新罗王金春秋、金法敏父子在前三个阶段得到了唐王朝多次册封与授官。金春秋父子的官爵,在新罗政治史上具有转折意义,如"鸡林州大都督"之授为唐朝的羁縻府州制度增加了内附的蕃国府州这种新的类型,新罗王有了散官特进、开府仪同三司,勋官级别也置顶,新罗王个人的政治身份发生了转化,从唐初只有册封而无授官,变为增加了文散官、勋官、职事官,政治层次上更近皇权,标志着新罗与唐朝的关系也更亲近。

　　南诏是活跃在唐王朝西南边疆的一个地方政权,唐高宗时期兴起,最初为姚州都督府管辖下的蕃族。唐玄宗时南诏首领皮逻阁因功被册封为"云南王",成为地方政权;天宝年间南诏投靠吐蕃,与唐断绝封授关系转而接受吐蕃册封,与唐战争不断;贞元九年(793)南诏归唐,首领异牟寻被封为"南诏王",成为唐朝藩属,唐末南诏多次寇扰唐朝西疆,最终脱离唐朝的藩属体系,成为唐末威胁中央皇权的边疆政权之一。

　　沙陀活动于唐代东部天山地区,唐朝后期崛起,唐亡后取代朱梁而定鼎中原。沙陀首领李国昌、李克用父子二人曾得唐朝二十余官爵,在唐代边疆民族首领中属佼佼者,其中李国昌的大同军节度使、振武节度使、李克用的河东节度使、陇西郡王的封授都使得沙陀的势力不断得到增长。李克用此后被封为晋王,是唐朝边疆封授史上爵位最高者,可类比新罗、渤海等国的国王。但与蕃国位于边疆地区不同,晋王所辖之地在今山西省,位于唐朝腹脏地区,其中太原还一度成为唐朝的"北都",作为唐高宗被立为太子前的爵位,此爵之地位是普通官职无法比拟的。

　　安禄山是内附的杂种胡人,其父为粟特人而母为突厥人,从封授能够探知其发动安史之乱的政治原因,而其仕进涉及的地区多在唐朝内地且对唐王朝的命运影响极大,故而可以将其作为边疆内附官员的代表。安禄山一生得到封授比较频繁,自开元初出仕以来先后任大小二十多个官职,且所得的官爵大多有实权,一系列的使职加强了他的政治势力。唐玄宗对安禄山的封授具有特殊性,封授已然超越了一般的君臣关系,唐朝对其三镇节度使的官职授予失当,对其叛乱缺乏必要的防范。安禄山得以成功叛乱,是以封授为基础的,而边疆封授正是皇权政治等级秩序的体现,正是玄宗将安禄山置于人臣之极,给予其政治身份认定,却不幸为其反叛埋下祸端。

唐朝还与其他许多边疆政权有封授关系,包括蕃国和远邦,其中回纥、渤海、高句丽等的封授史值得重视。为数不多的文人和女性群体丰富了唐代边疆封授的内容。

通过纷繁复杂的封授事件,能够看出唐代边疆有一个隐含的政治层次和等级之分,《禹贡》的"五服"中的"甸、侯、绥、要、荒"大致对应中央政区、地方政区、羁縻府州的内蕃层次、羁縻府州外蕃层次和独立蕃国区、远邦区。唐朝对于不同等级的政权给予不同的治理方略。按照与皇权和文化亲疏的程度,边疆藩属地区又可分为内蕃与外蕃。内蕃指的是靠近唐朝内地的蕃族区,外蕃指的是独立的蕃族蕃国,是独立的边疆政权,但与唐朝有政治、军事、文化上的联系,有些蕃国与唐的关系还非常密切,这些外蕃又有封授国和非封授国两种情况。

边疆封授是中央施政于边疆的具体政策的表现,是以皇权为中心的"天下秩序"的体现。皇权与"天下秩序"的融合在边疆治理上最重大的体现即是,疆域的必要开拓和边疆稳定成为皇权本身的核心诉求,边疆是皇权本身的重要组成部分。以皇权为核心的"天下秩序",体现为以藩护和拱卫皇权为导向的多层次疆域治理体系和地缘政治格局。唐代的版图继承自秦汉以来的封建帝国,边疆与内地的一体化,体现了中国封建王朝"大一统"的传统观念,将"天下"作为一个整体来看,对边疆的封授是中原王朝行使行政权力的具体表现。边疆封授和治理的最终目的是捍卫皇权的安全和权威。边疆封授取决于边疆治理的目的和策略,而边疆治理的目的和策略则取决于皇权的目的和需求。边疆封授和治理相对于内地有着明确的内外之别,这种内外之别除了纯粹的地理地缘因素外,还有着明显的"华夷有别"的色彩。边疆封授和治理的根本原则是"中和",即皇权致力于构建边疆政权之间的相互制衡与和谐,维持整体均势,以消弭单一政权对皇权的直接威胁。边疆与内地的良性互动使得历代的帝国版图被完整继承下来,中华各民族文化也被传承下来,构建了现代中国疆域之基础。

二、唐代边疆与封授概念厘定

唐代边疆变动不居,其疆域最盛时曾经东至朝鲜半岛,西达中亚咸海,南到今越南中部一带,北包贝加尔湖。在这个广袤地域内,除了唐人,还生活着许多边疆族人,有的还建立了自己的政权,突厥、新罗、回纥、吐蕃、南诏、靺鞨、铁勒、契丹、奚等都是其中较为活跃者。正是由于内地与边疆的不断互动,才成就了恢宏壮丽的大唐文明。

1. 唐代边疆

唐代近三个世纪的边疆,历来都不是稳定不变的,其范围在不断变动。中国古代历史上各朝代的边疆情况,与今天国与国之间有明确疆界的情况不同,古代的边疆严格来说不是疆域边疆,而是王朝边疆。对于王朝历史来说,他们的边疆意识与今天人们的观念不同,而今天人们理解的唐人的边疆观念,也与当时人的理解有很大偏差。为了减小偏差、尽量靠近唐代边疆的真相,首先我们必须厘定唐代及生存年代靠近唐代的人对边疆的一般理解。

史料中与边疆直接相关的记载其少,但含有相关词汇如边患、疆场、边陲、东南西北边、边鄙、边地、徼外、疆场等的唐代史料有不少。

列举典型史料如下:

①是岁，吐蕃彝泰赞普卒，弟达磨立。彝泰多病，委政大臣，由是仅能自守，久不为边患。[1]

②南诏酋龙嗣立以来，为边患殆二十年，中国为之虚耗，而其国中亦疲弊。[2]

③凤翔，蜀之藩蔽，不若与之和亲，结为婚姻，无事则务农训兵，保固疆场，有事则觇其机事，观衅而动，可以万全。[3]

④竭人之力，人怨也；费人之财，人怨也；夺人之家，人怨也。爱数子而取三怨于天下，使边疆之士不尽力，朝廷之士不尽忠，人之散矣，独持所爱，何所恃乎？[4]

⑤史臣曰：自三代以前，两汉之后，西羌、北狄，互兴部族，其名不同，为患一也。蔡邕云："边陲之患，为手足之疥；中国之困，为胸背之疽。突厥为炀帝之患深矣，隋竟灭，中国之困，其理昭然……"[5]

⑥今国家若击西羌，掩吐蕃，遂能破灭其国，奴虏其人，使其君长系首北阙，计亦可矣。若不到如此，臣方见蜀之边陲不守，而为羌夷所横暴。昔辛有见被发而祭伊川者，以为不出百年，此其为戎。臣恐不及百年而蜀为戎。[6]

从上述史料来看，古人理解的边疆指的是靠近外蕃如吐蕃与南诏的、离中央较远的地方（史料①②⑤⑥），也可以概指与内廷相比的

---

① 《资治通鉴》卷 246 唐文宗开成三年。本书对唐代常见史料如《旧唐书》《新唐书》《资治通鉴》《册府元龟》等的使用非常频繁，这些书籍的版本信息均在参考文献中统一列出，其他史料正常标注版本信息。附录里的三篇论文则保留论文发表时的原格式脚注。

② 《资治通鉴》卷 253 唐僖宗乾符四年。

③ 《资治通鉴》卷 265 唐昭宗天祐元年。

④ 《旧唐书》卷 101《辛替否传》。

⑤ 《旧唐书》卷 195《回纥传》。

⑥ 《旧唐书》卷 190 中《文苑中·陈子昂》。

偏远地区,此时是虚指(史料④)。此外也可以指唐朝衰落时地方节度使以外的地区(史料③)。可见边疆并不是一个固定的概念,也不能狭义僵化地判断哪个政权属于边疆,边疆在不同的语境下有不同的意义,而且是可以变化的。

今人理解的边疆,多将边疆地理与政治联系,但都注重中央统治对于边疆的特定意义,也就是说,边疆是在中央统治之下的定义,脱离了中央就无所谓边疆。如前辈学者所说,历史上的中国边疆形式上是由国家政权的统治中心区到域外的过渡区域,即由治向不治过渡的特定区域。① 边疆是相对于统治核心地区而形成的概念,因此"边疆"既是一个地域性概念,更是一个政治性概念。边疆是一个王朝或政权疆域的外围地区,依托于政权而存在。② 当然也有学者将边疆作为地理概念来理解,忽略了中国古代边疆问题的复杂性,虽然我们并不能认同,如将长城作为中国陆地边疆的界限,本部十八省(指清朝时期)为内地,长城及其邻近地区为"内"边疆,长城以外的蒙古草原游牧地区为"外"边疆。③

唐代的边疆是与中央相对和相联系的概念,边疆的范围与蕃族蕃国的活动区域有极多的重合。而边疆不仅有地理上的意义,也应该从政治甚至文化上来界定。因而唐代边疆有如下几个层面上的意义,在不同的场合需要从不同层面来把握:

第一个层面为地理、军事意义上的边疆。指唐朝内地之外的各个民族与政权,包括藩属国与羁縻府州内的边疆政权,也包括以蕃人为代表的边疆即唐朝内地的蕃族首领,他们已经内化,或者其后代完全内化于唐朝的政治体制,虽然已经变成了一个政治音符,但实际上还能探究到、也必须探究他们原来部族地理上的定位。这一个层面

① 马大正:《中国边疆经略史》,中州古籍出版社,2000年,第3页。
② 李大龙:《唐代边疆史》,中国社会科学出版社,2013年,第1页。
③ [美]拉铁摩尔:《中国的亚洲内陆边疆》,唐晓峰译,江苏人民出版社,2005年。

上的边疆属于显性边疆,是边疆之基础。军事上的边疆,与地理意义上的边疆紧密衔接,是以边疆的地理位置为基础构建起的唐与蕃国蕃族互动的军事空间,使以军事关系阐释唐何以为唐、蕃国何以为蕃国具备可能性。需要明确的是,唐王朝的边疆与其他朝代一样,是有疆无界的[①],并没有现代国家的主权意识,它的规定性体现在古人称颂的"天下"秩序。

第二个层面是政治上的边疆。这一层面上的边疆,体现在政治制度之下的官僚系统与爵位系统,即唐王朝施政所及的、内地之外的那些区域都应该是边疆,换言之,得到唐朝封授的那些非内地政权或民族都属边疆。在这个研究范围内,备受争议的那些边疆地区,如唐太宗和唐高宗永徽年间的吐蕃、统一新罗、渤海国、波斯都督府等都应该在研究范围内。这些内化到唐王朝政治肌理之中的边疆符号组成一个既"边"又"不边"的或零散杂乱或自成系统的边疆,与唐王朝内地的政治系统或冲撞或融合,但都是有机嵌入的部分,是隐性的边疆,由此可以看到边疆对于唐王朝疆域变化所起到的实际作用。在唐王朝的统治者看来,这个层面的边疆是为了拱卫皇权、屏障内地而存在,对边疆实施政治控制,主要目的是为中心服务。

第三个层面是文化上的边疆。这是边疆的本质属性,也是边疆的最高级体现形式。这个层次上的边疆,是构成中华民族整体不可或缺的重要组成部分,常被称为"夷""胡"。万斯同编修的《明史》有言:"大抵诸夷风俗,与中国大异。"这里的中国,指的是汉族和汉文化,而不是固定的地理疆域。在这个意义上,要研究中国历史上的边疆,需要将古人在一些场合下理解的狭义疆土扩展开来,从文化的层面来定义。唐代区别于以往各朝代的一个重要方面是"华夷之辨"逐

---

① 李大龙、铁颜颜:《"有疆无界"到"有疆有界"——中国疆域话语体系建构》,《思想战线》2020 年第 3 期。

渐淡化,"华夷一体"被强调出来,①这构成了中华民族共同体的基础。对唐朝来讲,这个层次上的边疆除了内地向外拓展的羁縻府州区域,还应该包括那些虽然地理上不能算或者不能完全算是边疆区域但与唐交往密切、与唐常存在疆域交织变化的,甚至可能被纳入名义上的羁縻府州的蕃国蕃族区域,如新罗、唐高宗显庆三年后的吐蕃、回纥、唐初的突厥、都督府时期的波斯、成为独立蕃国之后的渤海等,甚至还应该研究外邦(邦国、远邦)文化,如天竺、日本、林邑等。唐朝文化与蕃国蕃族外邦文化的交流、融合、冲撞,都是文化互动的体现,唐与它们的最终融合或离散是互动交流、自主选择的结果,而这个选择,放在东亚的宏大历史背景下,尤其能够彰显边疆的重要地位。

　　唐朝边疆封授政策涉及的边疆政权、民族或部落大致可区分为东北诸族国、北方游牧民族、西域诸族国、西南诸族国等,这些蕃国蕃族的人物受到唐王朝册封或者授官的历史,都是本书研究的范围。不属于唐朝边疆范围内的那些外邦,其在蕃首领或归唐首领得到封授的历史也在考察范围之内。唐朝前期活动在我国东北及其附近地区的民族或政权主要有靺鞨、契丹、奚、霫、室韦、高句丽、新罗、百济等,这些政权或民族与中原王朝多有联系,距唐较远隔海相望的还有倭国等。北方游牧民族或政权主要有突厥、薛延陀、回纥、黠戛斯等,其中属于铁勒诸部的游牧民族除了薛延陀、回纥外,还有拔野古、仆骨、同罗、浑、契苾、拔悉密、多滥葛、思结等部族。西北边疆地区的民族和政权主要有西突厥、高昌、吐谷浑、龟兹、于阗、党项、焉耆、疏勒、罽宾等。此外,在西域地区还活跃着东女、朱俱波、康、安、曹、石、米、何、史、宁远、大小勃律、处月、喝盘国、朱俱波、吐火罗、俱兰、葱岭五国等政权或民族,较远的还有波斯(首领归唐后)、大食、天竺等邦国。这些边疆族国与唐多保持着朝贡册封关系,或被纳入唐朝的羁縻府

---

①　可参考朱尖:《论严尤的民族观与边疆思想》,《民族研究》2021 年第 3 期。

州之中,或作为独立于唐朝之外的邦国而与唐保持密切联系。西南地区历来分布着众多民族,自秦汉以来不断见诸史书。进入隋唐时期后,对处于西南方的民族,史书仍然多以"蛮"统称,一些较大的边疆民族如吐蕃、南诏等还建立了自己的政权,吐蕃长时间成为与唐朝相对等的"敌国";南诏本是唐朝的地方政权,曾谋求解除与唐的隶属关系,欲成为蕃国,曾长期寇扰唐朝西南边疆,导致唐朝军队不堪重负。另有东谢蛮、西赵蛮、牂柯蛮、南谢蛮、西谢蛮、兖州蛮、昆明国、流鬼国、诃陵国、大羊同、贺国、西洱河、迦昆叶国等,也是西南地区的民族或政权。除了以上诸族之外,我国南方地区还分布着其他的边疆民族,如黔中蛮、长沙蛮、南平僚、俚僚等,这些民族或政权以南还有林邑、真腊、诃陵等外邦。

2. 封授

边疆封授包括边疆册封与授官两个方面。册封,即以文书的方式正式册立新君,封给爵位;授官,即赐予中原王朝的官职,包括勋官、散官、职事官、使职等,使其纳入中原官制系统。从商周的分封制脱壳而形成的封爵制度,经过漫长的历史演变,虽然原本按照等级世袭所享有的衣食租税等经济利益逐渐虚化,然而政治权益的享有却更加凸显出来。封爵代表了政治等级,"爵称爵序象征着名位及等级阶梯,封爵的传袭意味着政治身份的下传"[①]。秦汉以来,封爵制度发生了变化,官制与爵制逐渐融合,到隋唐的时候官爵一同进行封授的现象普遍存在,授官与封爵结合在一起。官爵合一"使得封爵变得更虚,封邑变得更失去了本来的意义,从而促进了中国封建社会前期的贵族地主阶级向官僚地主阶级的转化"[②]。封授政策不仅广泛应用于内地官制,边疆官制也参照执行并逐渐形成了独具特色的体系,于是

---

① 参见杨光辉:《汉唐封爵制度》,学苑出版社,2002年,第159页。
② 参见杨光辉:《汉唐封爵制度》,学苑出版社,2002年,第170页。

边疆官制也就成了唐代官爵体系的有机组成成分。

边疆册封与授官与内地封官荫爵的形式类似，也是封与授逐渐结合在一起的。然而封与授是两种概念，有关唐朝边疆封授政策的史料中，"册""封""授""赠"等的用词体现了不同的特点。笔者通过整理《旧唐书》《新唐书》《册府元龟》《通典》《资治通鉴》《唐大诏令集》和诸多唐代地方文献、碑刻资料，对这些现象做出了初步的归纳总结。

册封包括"册"与"封"两个部分，从史料记载的唐王朝对于边疆民族首领的封授状况来看，"册"与"封"也有区别，二者较少连用。"册"，主要指边疆民族或政权的首领被唐王朝册为可汗、荣誉可汗[①]（荣誉加封，如武则天封突厥首领默啜的迁善可汗[②]、立功报国可汗等[③]）、国王、郡王（特指边疆首领受封的郡王）、叶护（借鉴边疆官称而来）、特勤[④]（借鉴边疆官称而来）、大单于（借鉴边疆官称而来）、可敦（借鉴边疆对于首领之妻的称呼）、太妃（特指边疆受封的国王之母）、妃（特指边疆受封的王妃）、公主（特指边疆受封的公主）等，涉及突厥、焉耆、西突厥、高句丽、百济、新罗、渤海、回鹘、薛延陀、吐谷浑等，可以说涵盖了大部分与唐存在联系的主要边疆民族或政权。册常与其他词汇结合，如"册拜""册授""册立""册命"等。史料所见的"册

---

① 本书的"荣誉可汗""荣誉王"，指的是在可汗或王之前，冠以嘉奖词汇的首领称号。"荣誉可汗"区别于"十姓可汗""乌地也拔勒豆可汗"这样实指的可汗，"荣誉王"区别于"新罗王""康国王"这样加以政权名称的实指的王。日本学者金子修一将本书所说的"荣誉王"称为"德化王"，将实指的王称为"本国王"，见［日］金子修一：《隋唐の国际秩序と东アジア》，名著刊行会，2001 年。

② 《旧唐书》卷 194 上《突厥传上》。

③ 《新唐书》卷 215 上《突厥传上》。

④ 唐代史书中往往记为"特勒"，甚至在册封中也有授予某特勒的记载，应为史书传抄之误。司马光《通鉴考异》卷 7"突厥子弟谓之特勒"条注：诸书或作特勤。根据唐朝时著名的《阙特勤碑》《凉国公契苾明碑》《神策军碑》均记为"特勤"，则"特勒"应为"特勤"之误。

拜"指册为可汗、国王、国公等。"册授",如大历三年(768),唐遣使
"册授"新罗王金乾运之母为太妃。① "册立""册命"见于封授可汗、国
王、郡王等。虽然"册"与"册拜""册立""册命"的意义和价值大致相
同,但级别显得略高。边疆民族或政权"求册命""求册立"之后,唐王
朝可以行"册拜""册立""册命",然而不必一定为之,说明在这种情况
下的册封级别低于一般的"册",此处所行的"命""立"带有明显的以
上对下的意味。

"封",指边疆民族或政权的首领被唐王朝封为国王、郡王、荣誉
可汗、荣誉王(如贞观八年突厥首领颉利被唐太宗封赠的归义王②,天
宝六载都盘王谋思健摩诃延受封的顺化王③)、荣誉国王(如圣历元年
高句丽首领高宝元受封的忠诚国王④)、荣誉郡王(如圣历元年吐蕃赞
婆投降被武则天封为归德郡王⑤)、国公、郡公、县公、县伯、县男、公主
(特指边疆受封的公主)、夫人(特指边疆受封的夫人)等,也包括了大
多数边疆民族政权。与"册"相比,"封"更能体现唐朝爵位系统的
特点。⑥

"授",指授为可汗(首次出现于贞观八年吐谷浑灭亡被纳入羁縻
府州统治之后。此时唐王朝对可汗之号的赐予不再用"册"或"封",
而是用"授"⑦)、荣誉可汗、国王、郡王、上柱国、柱国、开府仪同三司、

---

① 《旧唐书》卷 199 上《东夷传·新罗》。
② 《旧唐书》卷 194 上《突厥传上》。
③ 《册府元龟》卷 965《外臣部·封册第三》。
④ 《旧唐书》卷 199 上《东夷传·高丽》。
⑤ 《新唐书》卷 110《诸夷蕃将·论弓仁》。
⑥ 在这一点上,《中国边疆经略史》给出的解释是:"封"是指"封赐少数民族首领以官爵",
主要指的是唐王朝的官爵而不是边疆蕃国蕃族自身的官爵,"册"是指"册命周边汗国
的国王或可汗",是唐王朝对边疆首领在本族国地位的承认或支持(马大正:《中国边疆
经略史》,中州古籍出版社,2000 年,第 127 页)。为了研究更精确和符合历史上唐人
对于官爵的规定性,本书进一步将官与爵分开,将封与授分开。
⑦ 《旧唐书》卷 198《西戎传·吐谷浑》。

特进、大将军、将军、总管、都督、刺史、卿、郎将、光禄大夫、折冲、果毅、都尉、军使、长史、郎中、中丞、太尉等，涉及众多边疆民族政权如突骑施、党项、突厥、靺鞨、新罗、百济、渤海、南诏、室利佛逝、铁利、契丹等，可以说与册封相似，涵盖了大部分与唐存在联系的主要边疆民族或政权。虽然"授"也能包含可汗、荣誉可汗、郡王、国王等，但从数量来看，多数情况下指的是授予官职。并且当"授"用于爵位时，所"授"爵位的级别总体上比册封低，这一点可以从册封的爵位和授予的爵位在唐朝爵秩中的位次看出来。"授"也能与其他词汇结合使用，如"册授"突厥的可汗、大将军等。授官也常使用"拜"，见于可汗、开府仪同三司、总管、荣誉大将军、大将军、将军、都督、刺史、驸马都尉、特进、员外卿等。

除了册封与授官，与边疆官员调动、升迁或贬谪相关的词汇也较多，常见的有"擢""除""迁""转""进""守""行""兼"等。在本官之上的加官，使用"加"字。除此之外，"赠"也是常用词汇，一般用于对死去的边疆首领的追授，官职包括特进、大都护、将军、中郎将、刺史、少卿等，而爵位之"赠"较为少见。唐代史料中，还会使用"以……为……""可……"这样的说法来记录封授事件，这样的言辞使用范围很广，可以包括册封与授官的多种官或爵。

多数情况下，册封与授官的区别较明显，唐王朝一般用册封表示对于边疆民族首领可汗、国王和其他爵位的赐予，用授官表示对于勋官、职事官、文武散官等的赐予。"册"与"封"指爵位，被册封的边疆民族首领往往是在本族或本国内地位最高者，首领之妻相应地被封为夫人、妃、公主等。比照内地官员的册封，此等册封级别相当之高，这一点与授官区别较为明显。虽然"授"也能包含可汗、荣誉可汗等，但很少见。总体来说，"授"主要指的是勋官、文武职事官、文武散官、使职等，见于官职系统，级别自然也就低于"册"与"封"。在《旧唐书》等资料中，同时记载其他封号、官职的，也可以在"授"之后将爵位、官职等一并列出,如仪凤二年(677),唐高宗"授"原百济王扶余隆为"光禄大夫、太常员外卿、熊津都督、带方郡王",①令其安辑百济余众。这种将官爵一起罗列的情况很少见。

册封与授官之间的关系相当密切,有不少政权的首领在被册封的同时,还常被授官,这说明唐王朝承认其作为唐朝官员和其族首领的双重身份。不论是册封还是授官,都说明了这样一个事实,即唐王朝对这些相关的政权或民族实施了一定的控制或者双方关系友好、蕃国蕃族愿意承认唐朝的政治权威。唐与有些边疆民族或政权(如唐高祖时期的突厥、唐末的南诏)没有发生封授关系或封授中断,则说明彼时这些政权或民族与唐没有或解除了藩属关系。

作为一种政治和文化手段,唐代边疆封授在各个方面都有自己的特点,如封授常与和亲、朝贡、纳质、赐姓等诸多方式或概念结合在一起,这些都有待于进一步研究。要之,唐代的边疆封授政策是一项值得深入关注的政治措施,反映了唐王朝的政治制度和文化理想,其长久地作用于边疆政局,成为影响唐帝国政治与版图的重要因素。

3. 四个阶段

唐代边疆封授的发展大略经过了四个主要阶段。初唐高祖、太宗、高宗三朝为第一阶段。这一时期边疆封授逐步深入,羁縻府州秩序形成,封授的品阶勋爵四要素完备起来,为其他阶段奠定了基础。则天至玄宗朝为第二阶段。边疆封授经历了重大调整,与内地官制开始有了明显交集,边疆得到封授的蕃将积极介入皇室内政,而且封授的数量大增,范围扩大至更多政权,一些在第一阶段已被纳入边疆封授范围的政权得到封授的级别也有所调整。从名称上来看,这一时期的封授军事化程度加强,员外官开始大量设置,节度使体制建立起来并影响到了边疆官制,至玄宗时形成了系统的封授形式,边疆各

---

① 《旧唐书》卷 199 上《东夷传·百济》。

族国的地位、与唐的关系明确下来。安史之乱至宪宗朝为第三阶段。这一时期边疆封授明显虚化。由于中原多年战乱，边疆局势走向混乱，唐王朝对外用兵频仍，对蕃将、蕃兵颇为倚重，使得封授的范围更大、级别更高，大量高位的爵称和散官、勋号被虚封、虚授给边疆民族或政权的大小首领。虽封授其滥，但滥中有控，对食实封、新兴政权封授级别的严格控制都是证明。穆宗至唐亡是最后一个阶段。边疆封授持续衰落。此时唐朝已是强弩之末，皇权衰落、积重难返。虚化的封授仍在继续，但趋于保守，范围上明显缩小，重点经营的政权仅限于回纥、渤海、沙陀、南诏、新罗等，且封授的作用明显减弱，体现了唐王朝对边疆控制力的下降。然而应看到边疆封授在唐末仍不可或缺，已成定例，成为治边策略、政治制度的一个重要组成要素，仍然在发挥着作用。以上四个阶段虽各有特点，但各阶段之间联系密切，有不少共性在内，本身是一个整体，不可强硬拆分。

（1）初唐三朝边疆封授的逐步深入

唐初边疆封授政策多因袭隋制，特别是大业制度。从整体形势来看，此时全国尚未完全统一，因而对于边疆民族或政权的关注较少，主要精力放在了中原地区的经营上，边疆问题主要集中于突厥、西突厥、东北诸族国等。唐高祖时期，唐对边疆民族或政权的授官远远多于册封，而且册封的实行较被动，多是边疆政权主动遣使或归附而得封。这一时期的边疆封授体现了重北轻南的特点，而且重用各边疆民族的最高首领，这些首领得到封授后，以唐朝蕃将的身份率领自己所在的民族部落。

唐太宗在位期间，北部、西北、西南、东南、东北边疆地区的情况发生了重大变化，唐太宗开始主动经营边疆地区，使得贞观年间天下大定，各边疆政权纷纷归附，封授政策得以广泛施行。贞观四年（630）唐太宗生擒颉利可汗，灭亡了东突厥，依附于突厥的部族纷纷归附唐朝，唐册封突厥降附的首领为"郡王"，不册封可汗。东突厥回迁后,唐册封李思摩为可汗,其他首领被封王;贞观八年(634),唐朝又降伏了反叛的吐谷浑,十四年(640)灭亡高昌,设立了安西都护府;贞观二十年(646)唐太宗灭亡薛延陀,二十一年(647)设置了燕然都护府来管理北部边疆。唐太宗时期对突厥、薛延陀的授官以大将军、将军、都督、刺史为主,并没有加以级别更高的勋官或文散官,这说明了这一时期对于军事的重视和对授官级别的控制。此时期,东北边疆内附诸蛮夷被侨置于唐朝正州之内或就地设置羁縻州,并被授官,如契丹、奚首领被授为都督、刺史等,个别功高权重的首领还被册封县公、县男等较低等级的爵位,这些首领也受到唐朝东夷校尉的节制。

唐高宗延续了唐太宗时期的边疆治策,确立了羁縻府州秩序。唐高宗在东北藩国区设立了羁縻府州,促成了东北边疆政权从藩国层次向羁縻府州层次的转化。显庆五年(660),唐高宗联合新罗灭亡百济,分百济国为五部,置熊津、马韩、东明、金涟、德安五都督府,各统州县,立其酋渠为都督、刺史及县令,这是首次在朝鲜半岛设立羁縻府州。龙朔三年(663)唐仿照对百济的管理,置鸡林州大都督府于新罗国,于是正式在新罗国设置了羁縻府州,授新罗王金法敏为鸡林州大都督,随后平灭了高句丽,设立了安东都护府。西突厥在这一时期灭亡,唐朝和西域地区各民族之间的"藩臣"关系进一步发展,安西都护府辖地扩大,众多都督府得以设立;漠北地区逐渐羁縻府州化,唐朝设置了单于、安北两个都护府。对于安西、安东、安北、安南、单于等都护府的经营,促进了羁縻府州秩序的全面形成。羁縻府州设立的过程中,封授政策起到了重要作用,没有对这些藩国首领的册封与授官,羁縻府州官员的身份无从体现。羁縻府州的设立意义重大,"使唐朝的国家疆域由正州边界推广至羁縻府州的边境"①。

---

① 高明士:《天下秩序与文化圈的探索——以东亚古代的政治与教育为中心》,上海古籍出版社,2008年,第60页。

（2）则天至玄宗朝边疆官制的重大调整

这一时期唐朝官制经历了重大的变化，州县二级制变成了道州县虚三级制，节度使制度深刻影响了边疆。诸多在朝蕃将参与了皇位频繁交替的过程，对中央政局的剧变起到了重要作用，武则天对于蕃将的大力利用①给了蕃将参与皇室内政的机会，此后蕃将频繁地活跃于唐朝政坛，边疆封授本身与中央其他政治、军事政策的联系也更加紧密。员外官自唐高宗末年始置，②唐玄宗时期被大量授予边疆民族官员，而且武官之授明显多于文官。天宝后边疆民族官员任节度使也逐渐成为普遍现象。

玄宗朝边疆封授政策全面推行，对边疆各民族、政权的认识也更加深化，封授的名目、级别、方式、待遇等逐渐固定下来。如后突厥的使者一般被授为郎将、折冲等，级别较低，这与武则天时期的高级别封授是不同的。西北边疆首领纷纷臣服于唐，得到封授，封授的波及面明显比唐朝前期加大，一些在唐朝前期并没有内附的边疆政权也纷纷归附，使得西域诸政权得唐封授的数量在此一时期达到了最高峰。一个有意思的现象是，沙陀、康国、米国首领之母还被封为夫人，有的政权首领之妻被封为王妃或公主，这是边疆封授中出现的特殊现象，此后唐朝的封授沿袭之，盖与武则天时期加强了对女性的封授

---

①　垂拱四年（688）武则天拜洛受图，蛮夷酋长参与其中，制造了宏大场面。天授元年（690），武则天在百官及四夷酋长等六万余人的"请求"下以唐为周，自号为"圣神皇帝"，四夷的请求实为武则天的作秀。长寿二年（693）有人诬告皇嗣谋反，武则天命酷吏来俊臣前去调查，酷刑之下众人都准备自诬。太常工人安金藏（安国人）剖心以保证皇嗣没有谋反之举，武则天知晓后，派人医好金藏，命来俊臣停推，睿宗由是得免。神龙元年（705）张柬之、桓彦范、崔玄暐等大臣联合蕃将李多祚发动宫廷政变，诛杀了武则天的男宠张昌宗、张易之兄弟，逼武则天退位，于是武则天被迫传位于太子李显，是为唐中宗。中宗景龙元年（707）秋七月，太子李重俊联合李多祚、沙吒忠义等边疆民族首领诛杀了再度左右政局的武三思一党。以上事件都是蕃将参与皇室内政的直接证据，见于《旧唐书》《新唐书》《资治通鉴》等的相关记载。

②　龙朔三年（663）百济人黑齿常之被授为"左领军员外将军"，是目前所见最早的员外官之设。见《旧唐书》卷109《黑齿常之传》。

有关。对于降服的契丹、奚首领,唐朝一般封其最高首领为郡王,授为都督,且伴随着和亲。对于叛乱的契丹、奚首领,唐朝断其封授,进行征讨,然而一旦这些首领降附于唐,得到封授的级别并没有降低,甚至还增加了荣誉王的封号。这一阶段封授级别较唐初三朝有所提高,概与武则天时期提高封授级别的影响有关。此时期的边疆封授还关注到了边疆自有官称,如封号中出现的叶护、特勤等名称。玄宗末年通过封授政策给予蕃将的权力过重,容易造成内乱,安禄山、史思明之反叛就是最典型的例子。

(3)安史之乱至宪宗朝边疆封授走向虚化

这一时期,唐朝职事官开始阶官化(假借官化),变得虚化,道州县虚三级制变为节度使(方镇、道)、州(府)、县实三级制,这些都影响到了边疆官制。唐朝利用回纥内乱之机,册封顿莫贺为可汗,又抓住南诏示好的机会册封南诏首领,从而大大削弱了吐蕃势力。然而这一时期封授的级别持续攀高,待遇却无法完全施行甚至完全不施行,走向虚化。此时期唐对于回纥(回鹘)可汗的册封几乎没有间断,且册封的可汗之号,往往是回纥称谓与唐人称谓的结合,而加封的可汗之号往往是汉文,体现了内地与边疆官制的融合。除了可汗之外,受到册封或授官的回纥(回鹘)首领遍及各个层次,上至可汗的妻子、儿子,宰相、宰相之妻,下至汗国的左右杀(回鹘官名,领兵之官)、使者等,可见对单个主要政权封授的范围有所扩大。伴随着唐朝的衰落,渤海也发生了一些变化,如贞元时渤海王大钦茂死,私谥为文王;渤海王华玙、嵩邻、言义等即位后都私自改元,死后也都有私谥。这一阶段新罗首领也对唐朝有所不恭,如贞元元年(785),新罗宣德王弥留之际下诏,自称为"寡人"①,明显是对唐朝权威的不尊。边疆这些状况的发生,与唐朝国力的下降有关,边疆封授政策起到的作用已大

---

① [高丽]金富轼:《三国史记》卷9《新罗本纪第九·宣德王》,孙文范等校勘,吉林文史出版社,2003年。

不如前，但作为政治身份的体现，边疆官爵仍有重要意义。

（4）穆宗至唐亡边疆封授持续衰落

唐穆宗即位后，唐朝内政面临着严重危机。此后继任的数位皇帝多奢侈散漫，各地官员多贪婪腐败，四方动乱纷起。内政的危机也体现在边疆政策上，唐朝逐渐丧失了对东北、西南等地区的控制能力，边疆封授政策的施行阻力加大，范围明显缩小，且多走向虚化。然而这一时期，吐蕃由于内乱走向衰落，回鹘汗国①走向解体，南诏开始衰弱，新罗、渤海内部矛盾也分别凸显出来，由盛转衰。沙陀转向助唐平乱，因而边疆民族或政权对于唐朝统治的威胁——减弱或消失。回鹘汗国灭亡之后，唐朝对其可汗的册封，使用了"册拜""册命"字样，略带有以上赐下的施恩语气。回鹘汗国灭亡后屡屡"求册命""求册立"，随后唐朝行"册立""册命"，说明在回鹘衰落后，唐朝更具册封的主动权。唐朝对于归附后的沙陀首领们非常器重，封授的级别不断提高。如朱邪执宜由兵马使、将军而特进、都督、刑部尚书，朱邪赤心由刺史而节度使而检校司徒，李克用由刺史、节度、同中书门下平章事而封爵为郡公，后来又被封为郡王、王，可谓步步高升，唐朝对他们军事力量进行利用的目的很明显。有的政权与唐朝的封授关系消失，如穆宗长庆以后，唐与南诏之间的封授关系中断，无论最高首领还是其他人员都没有再得到唐朝封授。

从研究现状来看，前辈的成果为研究边疆蕃国蕃族的相关问题提供了很好的借鉴和帮助，但若整体阅读唐代史料和碑刻文献，会发现分地区、分民族地衡量边疆官爵无法涵括陆地、海洋的整体边疆，也没有从东亚文化圈的大背景对册封和授官的意义作出综合判断，更无法就此得出完整和全面的结论。因而，将唐代各地区的民族资料、唐代官制的材料、中外学者研究边疆史、民族史的材料汇集起来，

---

① 唐德宗贞元四年（788）回纥改名为回鹘。

将边疆封授单独提取出来组合成一个整体来研究，是十分必要的。

由上，本书总的写作宗旨如下：

第一，采用专题研究的方法，分项研究边疆封授的路径与具体实施、帝王的治边谋略、边疆封授的地理与政治等次、官与爵的政治意涵、皇权政治的特征与表现等问题，从各个角度、各个层面展现唐代边疆封授制度的面貌。在各个专题写作过程中引入的已成之说，或作为佐证，以加深分析；或提出己见，订正其中不当之处；前辈学者所论未及之处加以详论，试补空白。

第二，研究范围为边疆，从边疆诸事中提取唐王朝的政治思想。之所以定位为边疆，而不用民族、边地、族国、族群这些称谓，是基于边疆涵盖的范围比较广，不仅有地理意义，本身还自带政治意味，能够突破民族史、地方史研究范围的局限而更好地说明问题，与唐王朝的历史实际更契合。因边疆的范围随时在变动，因而研究的对象必然是广义上的"大边疆"，这个"大边疆"在政治、军事、地理、文化上均有表现，因封授本身是政治制度的一项内容，所以以政治为核心进行考察是恰当的。唐代边疆涉及的羁縻府州、蕃国、敌国，在写作过程中会有界定。

第三，研究重心在册封与授官。以边疆人物为对象，对在蕃（在羁縻府州或蕃国的）和入朝（进入中央官制或从中央层面派驻地方的、原身份或近祖身份为边疆蕃国蕃族成员的）的边疆首领给予同等关注。对封授涉及的重点人物的官爵发生背景、名称、级别、意义详加考释，以明确其在唐朝官僚体系中的地位和价值。

第四，唐朝的帝王和边疆人物众多，一一列举会变成资料堆砌，为保证学术性与可读性，以主要边疆政权如突厥、新罗、南诏、沙陀等为重点研究对象，将帝王典型的治边方略融入，介绍边疆政权的重要封授事件时分析帝王和要臣的边疆思想；另一方面对边疆重要的武将文臣进行归纳整理，在解析其官爵的同时进行人物的对比，以明晰其历史地位。

第五，分总结合。有总论唐代边疆封授地理政治意涵和皇权政治的，也有针对重要边疆政权和重点人物的，点面兼顾，力求在勾勒唐代边疆封授整体状况的同时提取关键历史信息。

第六，以边疆史作为基础开展研究，不同于民族史、中外关系史（古代）、政治制度史、舆地学的传统研究，更不是几种已成系统的学科的简单交叉，而是"拿来主义"地将各学科的有效成分（本书需用到的）有机融合在一起，以边疆学的广阔研究范围与灵活研究方式贯通其中，还原一个"大边疆"的各层次内涵。

三、研究综述

唐朝的政治制度和文化非常引人注意，前辈学者的研究甚多，然而多关注于唐朝内地，对于边疆的研究多从民族关系、唐朝的民族政策、唐文化的传播等方面入手，对于边疆首领得到唐朝册封爵位、授予官职等方面的具体考量较为缺乏。即使有前辈学者研究过中央官制中相对细节的唐代职官制度、封爵制度的具体规定，也多局限于大唐内地及唐人官员。单独论及边疆政治制度的，往往是从边疆民族史的角度分散解读、单边理解边疆民族或政权本身，由于缺乏"连接点"，对唐代边疆政治制度整体上的研究难以呈现。对于蕃国大小首领在唐朝为官或助唐反唐的历史的研究已有专论，但从中单独提炼爵位和官职、从"大边疆"的维度进行考察的专著尚未出现。而对于唐朝册封边疆首领爵位和授予其大小首领官职的深入、单独的研究，实为解析唐与蕃族蕃国关系、唐代治边思想这个宏大命题的一个小楔子，既微小又很重要，从它的运作情况可以窥知大唐的政治制度与文化，了解唐代边疆近三百年来不断发生变化的历史过程。

新中国成立以后的七十余年来，国内外对于唐代边疆封授的研究多与羁縻制度、藩属关系、民族关系、职官制度、朝贡册封相关联，专论边疆封授者少。整体上看，与本书核心相关的著述有张国刚的唐代官制研究；赖瑞和"唐代文官"三部曲；章群、马驰的"唐代蕃将"系列；谭其骧、刘统等人的羁縻府州研究；周伟洲、林幹等人的民族史研究；马大正、李大龙等人的边疆理论研究；高明士、韩昇等从东北亚大视角进行的政治文化理论解读；国外特别是日本学者的唐代官僚制研究。分述如下：

唐代历史通论性的著述浩如烟海，岑仲勉对于突厥问题、西域史料、唐代官制史料的考察，陈寅恪的"关陇集团"、外族盛衰连环性等理论，①从大历史的视野概解了唐朝的整体状况；其他各种史料整理和索引类的工具书、学协会论文集、唐代文化政治等研究的丛书、刊物与网站体量巨大，内容丰富，这些都是本书研究的通史基础，也为本书提供了参鉴。

唐代官制、爵秩方面已有系统研究，张国刚对唐代职事官、散官、勋官、爵号等均有精读，②也精要解析了唐代军事体制。③赖瑞和的"唐代文官"系列研究详细厘定了唐代基层、中层、高层文官的范围、要义与迁转途径，生动描绘了一幅唐代文官的仕进图。④阎步克深入解构了秦汉以来的官僚爵秩，有助于了解和推及唐代品阶勋爵的内部结构。⑤杨光辉《汉唐封爵制度》考察了封爵的形式，封国、食邑户

---

① 岑仲勉：《隋唐史》（上、下册），高等教育出版社 1957 年，中华书局 1982 年再版；《府兵制度研究》，上海人民出版社，1957 年；《突厥集史》（上、下册），中华书局，1958 年；《唐史馀渖》，上海古籍出版社，1960 年。陈寅恪：《隋唐制度渊源略论稿》《唐代政治史述论稿》，生活・读书・新知三联书店，2004 年；《论隋末唐初所谓"山东豪杰"》，载于《金明馆丛稿初编》，生活・读书・新知三联书店，2009 年。
② 张国刚：《唐代官制》，三秦出版社，1987 年。
③ 张国刚：《唐代政治制度研究论集》，台北文津出版社，1994 年。
④ 赖瑞和：《唐代基层文官》《唐代中层文官》《唐代高层文官》，台湾联经出版事业公司，2004 年、2008 年、2016 年。
⑤ 阎步克：《从爵本位到官本位》，生活・读书・新知三联书店，2009 年；《中国古代官阶制度引论》，北京大学出版社，2010 年。

及衣食租税,封爵的授受、传袭及推恩等。① 严耕望《唐仆尚丞郎表》考察了唐代尚书省的职官,有助于理解唐朝的政治制度。② 此外黄永年《六至九世纪中国政治史》③、陈仲安等《汉唐职官制度研究》④、袁刚《隋唐中枢体制的发展演变》⑤、黎虎《汉唐外交制度史》⑥、朱振宏《隋唐政治、制度与对外关系》⑦、严耕望《中国地方行政制度史》⑧、韩国磐《唐代的食封制度》⑨、吴宗国主编《盛唐政治制度研究》⑩、陈志坚《唐代州郡制度研究》⑪、李方《唐西州行政体制考论》⑫、雷家骥《隋唐中央权力结构及其演进》⑬等都涉及了封授的官爵,并对政治制度的各个方面展开了论述。对于唐代文官、武官的研究也有其他一些论著。⑭ 日本学者对于官僚体制的研究较为细致,善于铺陈,如窪添庆文⑮、宫崎市定⑯等人的相关著作。以上研究虽不可谓不深入,遗憾的是对于唐代封授边疆蕃国蕃族官制、爵秩的研究相对匮乏。

唐代某些显赫的边疆人物十分受人瞩目,与此相关的军事、政

---

① 杨光辉:《汉唐封爵制度》,学苑出版社,2002年。
② 严耕望:《唐仆尚丞郎表》,台北影印出版,中华书局,1956年。
③ 黄永年:《六至九世纪中国政治史》,上海书店出版社,2004年。
④ 陈仲安、王素:《汉唐职官制度研究》,中华书局,1993年。
⑤ 袁刚:《隋唐中枢体制的发展演变》,台北文津出版社,1994年。
⑥ 黎虎:《汉唐外交制度史》,兰州大学出版社,1998年。
⑦ 朱振宏:《隋唐政治、制度与对外关系》,台北文津出版社,2010年。
⑧ 严耕望:《中国地方行政制度史》,"中研院"历史语言研究所,1974年。
⑨ 韩国磐:《唐代的食封制度》,《中国史研究》1982年第4期。
⑩ 吴宗国主编:《盛唐政治制度研究》,上海辞书出版社,2003年。
⑪ 陈志坚:《唐代州郡制度研究》,上海古籍出版社,2005年。
⑫ 李方:《唐西州行政体制考论》,黑龙江教育出版社,2002年。
⑬ 雷家骥:《隋唐中央权力结构及其演进》,台北东大图书公司,1995年。
⑭ 如孙国栋《唐代中央重要文官迁转途径研究》,上海古籍出版社,2009年;刘琴丽:《唐代武官选任制度初探》,社会科学文献出版社,2006年等。
⑮ [日]窪添庆文:《魏晋南北朝官僚制研究》,赵立新等译,复旦大学出版社,2017年。
⑯ [日]宫崎市定:《九品官人法研究:科举前史》,韩昇、刘建英译,中华书局,2008年。

治、文化研究已有不少，其中专论蕃将的章群①和马驰②给予蕃国蕃族群体全面专注，分别以宏观考叙和解读内在理路的写作方式，向我们提供了唐代边疆首领军事活动、入朝在蕃、参与政治斗争、融入唐朝文化的较为完整的群体性研究。下列有关唐代人物的相关研究虽与边疆并不直接相关，但作为研究边疆的政治文化背景，也不可不知：陈寅恪的"关陇集团""种族文化""山东豪杰"研究③、毛汉光"三李"功业解析④、王吉林"唐代宰相"研究⑤、王寿南"唐代宦官与重要政治人物"研究⑥、韩国磐的唐太宗研究、汪篯等人对于武则天的关注⑦，其他学者对于唐代藩镇人物、财税人物、党争人物的关注成果较多，⑧不一一列举。

　　对于羁縻府州内封授的相关研究，以谭其骧《唐代羁縻州述论》为较早，涉及了与羁縻府州相关的唐朝的册封政策。⑨ 刘统的《唐代羁縻府州研究》将封授作为唐朝建立对边疆统治的有效羁縻手段，强调必须与其他手段并行。⑩ 彭建英所著《中国古代羁縻政策的演变》

① 章群：《唐代蕃将研究》，台湾联经出版事业公司，1986 年。
② 马驰：《唐代蕃将》，三秦出版社，1990 年。
③ 陈寅恪：《唐代政治史述论稿》，生活·读书·新知三联书店，2004 年。《论隋末唐初所谓"山东豪杰"》，载于《金明馆丛稿初编》，生活·读书·新知三联书店，2009 年。
④ 毛汉光：《中国中古政治史论》，上海书店出版社，2002 年。
⑤ 王吉林：《君相之间：唐代宰相与政治》，中国人民大学出版社，2007 年。
⑥ 王寿南：《唐代宦官权势之研究》，台湾正中书局，1971 年；《唐代人物与政治》，台北文津出版社，1999 年。
⑦ 唐长孺等编《汪篯隋唐史论稿》，中国社会科学出版社，1981 年；赵文润、王双怀《武则天评传》，三秦出版社，1993 年；胡戟《武则天本传》，三秦出版社，1986 年。
⑧ 张国刚：《唐代藩镇研究》，中国人民大学出版社，2010 年；[日]堀敏一《藩镇亲卫军的权力机构》，韩昇等《日本学者研究中国史论著选译》第四卷《六朝隋唐》，夏日新等译，中华书局，1992 年，第 585—634 页；李志贤《杨炎及其两税法研究》，中国社会科学出版社，2002 年；陈寅恪《唐代政治史述论稿》、岑仲勉《隋唐史》中均有关于唐代党争的论述分析。
⑨ 谭其骧：《唐代羁縻州述论》，载于尹达等主编《纪念顾颉刚学术论文集》（下册），巴蜀书社，1990 年。
⑩ 刘统：《唐代羁縻府州研究》，西北大学出版社，1998 年。

专辟一节讲封授并对册封的类型进行了划分。① 郭声波《彝族地区历史地理研究——以唐代乌蛮等族羁縻州为中心》②、马驰等《唐代羁縻府州与中央关系初探》③、林超民《羁縻府州与唐代的民族关系》④、方铁《论羁縻治策向土官土司制度的演变》⑤等从民族政策、民族关系、边疆治理方式、统治理念等不同角度分析了羁縻制度（包括封授政策）的实行。

唐朝的封授在都护府、都督府广泛施行，因而相关研究也与边疆封授和治边有着直接的关系，这方面的成果主要有万斯同《唐边镇年表》《唐镇十道节度使表》与《廿五史补编》⑥、岑仲勉《西突厥史料补阙及考正》⑦、祁广平《唐代都护府之设置及变迁》⑧、唐启淮《唐代都护府述略》和《试论唐代的羁縻府州》⑨、李大龙《都护制度研究》和《唐朝和边疆民族使者往来研究》⑩、黎虎《唐代边境镇抚机构——都护的外交管理职能》⑪、赵云田《中国边疆民族管理机构沿革史》⑫、薛宗正《安西与北庭——唐代西陲边政研究》⑬、苏北海《西域历史地理》⑭和

① 彭建英：《中国古代羁縻政策的演变》，中国社会科学出版社，2004 年。
② 郭声波：《彝族地区历史地理研究——以唐代乌蛮等族羁縻州为中心》，四川大学出版社，2009 年。
③ 马驰、马文军：《唐代羁縻府州与中央关系初探》，《陕西师范大学学报》1997 年第 1 期。
④ 林超民：《羁縻府州与唐代的民族关系》，《思想战线》1985 年第 5 期。
⑤ 方铁：《论羁縻治策向土官土司制度的演变》，《中国边疆史地研究》2011 年第 2 期。
⑥ （清）万斯同：《唐边镇年表》《唐镇十道节度使表》《廿五史补编》，中华书局，1958 年。
⑦ 岑仲勉：《西突厥史料补阙及考正》，中华书局，1958 年。
⑧ 祁广平：《唐代都护府之设置及变迁》《禹贡》1936 年第 5 卷第 10 期。
⑨ 唐启淮：《唐代都护府述略》，《西南师范学院学报》1982 年第 1 期；《试论唐代的羁縻府州》，《湘潭大学学报》1982 年第 4 期。
⑩ 李大龙：《都护制度研究》，黑龙江教育出版社，2012 年；《唐朝和边疆民族使者往来研究》，黑龙江教育出版社，2001 年。
⑪ 黎虎：《唐代边境镇抚机构——都护的外交管理职能》，《人文杂志》1998 年第 6 期。
⑫ 赵云田：《中国边疆民族管理机构沿革史》，中国社会科学出版社，1993 年。
⑬ 薛宗正：《安西与北庭——唐代西陲边政研究》，黑龙江教育出版社，1995 年。
⑭ 苏北海：《西域历史地理》，新疆人民出版社，1988 年。

《唐代安西都护府的设立及其所属都督府州考》①、吴玉贵《唐代安西都护府史略》②、谭其骧《唐北陲二都护府建置沿革与治所迁移》③、樊文礼《唐代单于都护府考论》④、金毓黻《安东都护府考》⑤、方国瑜《唐代前期南宁州都督府与安南都护府的边界》⑥等。

诸多有关唐代边疆各区域或民族的研究都提及册封和授官,也或多或少对于封授反映的唐代边疆治理思想进行了分析,如卢勋等《隋唐民族史》⑦、李鸿宾《唐朝中央集权与民族关系》与《唐朝的北方边地与民族——以北方区域为线索》⑧、方铁《边疆民族史探究》与《西南通史》⑨、田继周等《中国历代民族政策研究》⑩、崔明德等《隋唐民族关系思想史》⑪、李德山《隋唐时期东北边疆民族与中央王朝关系史研究》⑫、王义康《唐代边疆民族与对外交流》⑬、李大龙等编《中国历代治边思想研究》⑭、程妮娜《汉唐东北亚封贡体制》与《中国历代边疆

① 苏北海:《唐代安西都护府的设立及其所属都督府州考》,《喀什师院学报》1988 年第 4 期。
② 吴玉贵:《唐代安西都护府史略》,《中亚学刊》第 2 辑。
③ 谭其骧:《唐北陲二都护府建置沿革与治所迁移》,载于《长水集(下)》,人民出版社,1987 年。
④ 樊文礼:《唐代单于都护府考论》,《民族研究》1993 年第 3 期。
⑤ 金毓黻:《安东都护府考》,《制言(半月刊)》1937 年第 40 期。
⑥ 方国瑜:《唐代前期南宁州都督府与安南都护府的边界》,《云南社会科学》1982 年第 5 期。
⑦ 卢勋等:《隋唐民族史》,四川民族出版社,1996 年。
⑧ 李鸿宾:《唐朝中央集权与民族关系——以北方区域为线索》,民族出版社,2003 年;《唐朝的北方边地与民族》,宁夏人民出版社,2010 年。
⑨ 方铁:《边疆民族史探究》,中国文史出版社,2005 年;《西南通史》(主编及第一作者),中州古籍出版社,2003 年。
⑩ 田继周等:《中国历代民族政策研究》,青海人民出版社,1993 年。
⑪ 崔明德、马晓丽:《隋唐民族关系思想史》,人民出版社,2010 年。
⑫ 李德山:《隋唐时期东北边疆民族与中央王朝关系史研究》,香港亚洲出版社,2008 年。
⑬ 王义康:《唐代边疆民族与对外交流》,黑龙江教育出版社,2013 年。
⑭ 李大龙、刘清涛编:《中国历代治边思想研究》,华夏出版社,2022 年。

治理研究》①、马一虹《靺鞨、渤海与周边国家、部族关系史研究》②、王世丽《安北与单于都护府——唐代北部边疆民族问题研究》③、李吉和《先秦至隋唐时期西北少数民族迁徙研究》④、苏庆彬《两汉迄五代入居中国之蕃人氏族研究——两汉至五代蕃姓录》⑤等。一些民族史的通史类著作也分门别类介绍了边疆民族和政权的历史，如周伟洲《吐谷浑史》⑥、马长寿《突厥人与突厥汗国》⑦、林幹《突厥史》⑧、薛宗正《突厥史》和《吐蕃王国的兴衰》⑨、赵荣织等的《沙陀简史》⑩等。

对唐代边疆理论中有关封授的重要概念如"华夷思想""服事观""羁縻""藩属"等进行解析的著述众多，如高明士《中国中古政治的探索》和《天下秩序与文化圈的探索——以东亚古代的政治与教育为中心》⑪、李云泉《朝贡制度史论——中国古代对外关系体制研究》⑫、韩昇《东亚世界形成史论》⑬、李大龙《从天下到中国：多民族国家疆域理论解构》与《汉唐藩属体制研究》⑭、葛兆光《何为"中国"：疆域民族文

---

① 程妮娜：《汉唐东北亚封贡体制》，中国社会科学出版社，2014 年；程妮娜等：《中国历代边疆治理研究》，经济科学出版社，2017 年。

② 马一虹：《靺鞨、渤海与周边国家、部族关系史研究》，中国社会科学出版社，2011 年。

③ 王世丽：《安北与单于都护府——唐代北部边疆民族问题研究》，云南人民出版社，2006 年。

④ 李吉和：《先秦至隋唐时期西北少数民族迁徙研究》，民族出版社，2003 年。

⑤ 苏庆彬：《两汉迄五代入居中国之蕃人氏族研究——两汉至五代蕃姓录》，香港新亚研究所专刊，1967 年。

⑥ 周伟洲：《吐谷浑史》，宁夏人民出版社，1985 年。

⑦ 马长寿：《突厥人与突厥汗国》，广西师大出版社，2006 年。

⑧ 林幹：《突厥史》，内蒙古人民出版社，1988 年。

⑨ 薛宗正：《突厥史》，中国社会科学出版社，1992 年；《吐蕃王国的兴衰》，民族出版社，1997 年。

⑩ 赵荣织、王旭送：《沙陀简史》，新疆人民出版社，2015 年。

⑪ 高明士：《中国中古政治的探索》，五南图书出版公司，2006 年；《天下秩序与文化圈的探索——以东亚古代的政治与教育为中心》，上海古籍出版社，2008 年。

⑫ 李云泉：《朝贡制度史论——中国古代对外关系体制研究》，新华出版社，2004 年。

⑬ 韩昇：《东亚世界形成史论》，复旦大学出版社，2009 年。

⑭ 李大龙：《从天下到中国：多民族国家疆域理论解构》，人民出版社，2015 年；《汉唐藩属体制研究》，中国社会科学出版社，2006 年。

化与历史》与《历史中国的内与外：有关"中国"与"周边"概念的再澄清》①、张经纬《四夷居中国：东亚大陆人类简史》②、黄枝连《天朝礼治体系研究（上卷）——亚洲的华夏秩序：中国与亚洲国家关系形态论》③、周平《中国的边疆及边疆治理》④、张崑将《东亚视域中的"中华"意识》⑤、杨联陞《中国的世界秩序的历史诠释》⑥，观点上差异明显。此外，余英时《士与中国文化》⑦、王明珂《华夏边缘：历史记忆与族群认同》⑧、胡鸿《能夏则大与渐慕华风》⑨、纸屋正和《汉代郡县制的展开》⑩、池田雄一《中国古代的聚落与地方行政》⑪等著作虽然不与唐代边疆理论直接相关，但颇有启发性。近年来出现的有关唐代边疆史的专著多注重于陆地边疆而忽视对海洋边疆的研究，而对海洋边疆的研究多注重于明代、清代。

　　研究唐代的封授政策，不能脱离唐代民族关系和边疆政治局势的大背景。与唐朝边疆相关的研究著述众多，除了上述列举中涉及的一些，还有诸多论著，如《魏晋南北隋唐史三论》⑫《隋唐民族关系探

---

① 葛兆光：《何为"中国"：疆域民族文化与历史》，牛津大学出版社，2014年；《历史中国的内与外：有关"中国"与"周边"概念的再澄清》，香港中文大学出版社，2017年。

② 张经纬：《四夷居中国：东亚大陆人类简史》，中华书局，2018年。

③ 黄枝连：《天朝礼治体系研究（上卷）——亚洲的华夏秩序：中国与亚洲国家关系形态论》，中国人民大学出版社，1992年。

④ 周平等著：《中国的边疆及边疆治理》，中国社会科学出版社，2021年。

⑤ 张崑将：《东亚视域中的"中华"意识》，台湾大学人文社会高等研究院东亚儒学研究中心，2017年。

⑥ 杨联陞：《中国的世界秩序的历史诠释》，载于费正清主编：《中国的世界秩序：中国传统的对外关系》，中国社会科学出版社，2010年。

⑦ 余英时：《士与中国文化》，上海人民出版社，2003年。

⑧ 王明珂：《华夏边缘：历史记忆与族群认同》，社会科学文献出版社，2006年。

⑨ 胡鸿：《能夏则大与渐慕华风》，北京师范大学出版社，2017年。

⑩ ［日］纸屋正和：《汉代郡县制的展开》，朱海滨译，复旦大学出版社，2016年。

⑪ ［日］池田雄一：《中国古代的聚落与地方行政》，郑威译，复旦大学出版社，2017年。

⑫ 唐长孺：《魏晋南北朝隋唐史三论》，中华书局，2011年。

索》①《中国民族关系史纲要》②《中国民族史》③《中国历代民族史》④
《中国边疆经略史》⑤《中国历代民族政策研究》⑥《隋唐政治、制度与
对外关系》⑦等，多涉及与封授相关的背景，主要观点为封授是开展羁
縻统治的手段之一，所起到的作用是放在民族关系和边疆治理中来
考量的。以上著述中直接涉及封授的解析较少。

　　边疆封授虽主要是从政治层面考量，但不容忽视边疆历史地理
问题，特别是有关唐代疆域沿革的地理考察。有关唐代的历史地理，
以严耕望的研究为最崇，其《唐代交通图考》以严谨的考证、精密的考
察绘制了唐代区域交通地理沿革图景。⑧ 谭其骧主编的《中国历史地
图集》（第五册）为研究唐代边疆地理变化、疆域盈缩与民族关系提供
了强大支撑。⑨ 有关中国历史地理的重要论著如顾颉刚等《中国疆域
沿革史》⑩、史念海《唐代历史地理研究》和《中国历史地理纲要》⑪、周
振鹤《中国地方行政制度史》⑫、邹逸麟《中国历史地理概述》⑬、郭声
波《中国行政区划通史》⑭、蓝勇《西南历史文化地理》⑮、辛德勇《古代

① 崔明德：《隋唐民族关系探索》，青岛海洋大学出版社，1994年。
② 翁独健主编：《中国民族关系史纲要》，中国社会科学出版社，1990年。
③ 王锺翰主编：《中国民族史》，中国社会科学出版社，1994年。
④ 卢勋、萧之兴、祝启源：《中国历代民族史——隋唐民族史》，社会科学文献出版社，2007年。
⑤ 马大正主编：《中国边疆经略史》，中州古籍出版社，2000年。
⑥ 田继周等：《中国历代民族政策研究》，青海人民出版社，1993年。
⑦ 朱振宏：《隋唐政治、制度与对外关系》，台北文津出版社，2010年。
⑧ 严耕望：《唐代交通图考》，上海古籍出版社，2007年。
⑨ 谭其骧主编：《中国历史地图集》，地图出版社，1982年。第五册为"隋・唐・五代十国时期"。
⑩ 顾颉刚、史念海：《中国疆域沿革史》（重排本），商务印书馆，1999年。
⑪ 史念海：《唐代历史地理研究》，中国社会科学出版社，1998年；史念海：《中国历史地理纲要》（上、下册），山西人民出版社，1991年、1992年。
⑫ 周振鹤：《中国地方行政制度史》，上海人民出版社，2005年。
⑬ 邹逸麟：《中国历史地理概述》，上海教育出版社，2007年。
⑭ 郭声波：《中国行政区划通史》，复旦大学出版社，1991年。
⑮ 蓝勇：《西南历史文化地理》，西南师范大学出版社，1997年。

交通与地理文献研究》①等，都是研究唐代边疆地理的重要参考书。此外的历史地理著作如鲁西奇《人群·聚落·地域社会：中古南方史地初探》②、唐晓峰《从混沌到秩序：中国上古地理思想史述论》③、李晓杰《疆域与政区》④等以新颖的视角为研究唐代边疆地理提供了基础。然而总体来看，当前的历史地理学对于边疆的关注不够，专研边疆区域与历史及政治关系的论著甚乏。

国外的研究中，日本学者对于唐代政治制度的研究蔚为大观。二战之后的一段时间，西嶋定生的《東アジア世界の形成》⑤《東アジア世界と册封体制》⑥《中国古代国家と東アジア世界》⑦对于学者们研究东亚文化圈与册封体制起到了首倡作用。此时的研究涉及的边疆册封多限于日本、中原王朝和朝鲜半岛。这一"册封体制论（东亚世界论）"成为有关历史学的"文化圈"概念形成的模型之一。西嶋定生的理论受到藤间生大、鬼头清明等人的批判，之后堀敏一在《中国と古代東アジア世界：中華的世界と諸民族》和《東アジア世界の形成——中国と周辺国家》中提出了"羁縻体制"的说法，探讨了册封之外的其他羁縻形态，⑧金子修一《隋唐の国際秩序と東アジア》将册封涉及的"王"的概念细分为"本国王""德化王"，将册封施行的区域扩展到唐代的北亚与中亚。⑨ 其他相关研究还有西嶋定生《中国古代帝

---

① 辛德勇：《古代交通与地理文献研究》，中华书局，1996年。

② 鲁西奇：《人群·聚落·地域社会：中古南方地初探》，厦门大学出版社，2012年。

③ 唐晓峰：《从混沌到秩序：中国上古地理思想史述论》，中华书局，2010年。

④ 李晓杰：《疆域与政区》，江苏人民出版社，2014年。

⑤ ［日］西嶋定生：《西嶋定生東アジア史論集》第1卷《中国古代帝国の秩序構造と農業》，东京岩波书店，2002年。

⑥ ［日］西嶋定生：《西嶋定生東アジア史論集》第3卷《東アジア世界と册封体制》，东京岩波书店，2002年。

⑦ ［日］西嶋定生：《中国古代国家と東アジア世界》，东京大学出版会，1983年。

⑧ ［日］堀敏一：《中国と古代東アジア世界：中華的世界と諸民族》，东京岩波书店，1993年；《東アジア世界の形成——中国と周辺国家》，日本汲古书院，2006年。

⑨ ［日］金子修一：《隋唐の国際秩序と東アジア》，日本名著刊行会，2001年。

国的形成与结构：二十等爵制研究》①、内藤湖南《东洋文化史研究》②、石见清裕《唐代北方问题与国际秩序》③、河上麻由子《古代アジア世界の对外交涉と仏教》④、渡辺信一郎《中国古代的王权与天下秩序——从日中比较史的视角出发》⑤、安田二郎《六朝政治史研究》⑥、浜口重国《唐王朝的贱人制度》⑦、金子修一《古代中国与皇帝祭祀》⑧、谷川道雄《中国中世社会与共同体（增订本）》⑨和《隋唐帝国形成史论》⑩、森安孝夫《丝绸之路与唐帝国》⑪等。总体上看，日本学者的中古政治制度史相关研究对于研究唐代边疆封授具有重要参考价值。

　　欧美学者的唐代边疆研究成果丰富，其中有涉及封授与边疆治理的内容，然而其中的观点需要谨慎对待，不少判断并不符合中国历史实情。相关成果如查尔斯·巴克斯《南诏国与唐代的西南边疆》⑫、拉铁摩尔《中国的亚洲内陆边疆》⑬、巴菲尔德《危险的边疆：游牧帝国与中国》⑭、狄宇宙《内亚史上的国家形成与阶段划分》和《古代中国与

① ［日］西嶋定生：《中国古代帝国的形成与结构：二十等爵制研究》，武尚清译，中华书局，2004 年。
② ［日］内藤湖南：《东洋文化史研究》，林晓光译，复旦大学出版社，2016 年。
③ ［日］石见清裕：《唐代北方问题与国际秩序》，胡鸿译，复旦大学出版社，2019 年。
④ ［日］河上麻由子：《古代アジア世界の对外交涉と仏教》，东京山川出版社，2011 年。
⑤ ［日］渡辺信一郎：《中国古代的王权与天下秩序——从日中比较史的视角出发》，徐冲译，中华书局，2008 年。
⑥ ［日］安田二郎：《六朝政治史研究》，日本京都大学学术出版会，2003 年。
⑦ ［日］浜口重国：《唐王朝的贱人制度》，日本东洋史研究会，1966 年。
⑧ ［日］金子修一：《古代中国与皇帝祭祀》，肖圣中等译，复旦大学出版社，2017 年。
⑨ ［日］谷川道雄：《中国中世社会与共同体（增订本）》，马彪译，上海古籍出版社，2013 年。
⑩ ［日］谷川道雄：《隋唐帝国形成史论》，李济沧译，上海古籍出版社，2011 年。
⑪ ［日］森安孝夫：《丝绸之路与唐帝国》，石晓军译，北京日报出版社，2020 年。
⑫ ［美］查尔斯·巴克斯：《南诏国与唐代的西南边疆》，林超民译，云南人民出版社，1986 年。
⑬ ［美］拉铁摩尔：《中国的亚洲内陆边疆》，唐晓峰译，江苏人民出版社，2005 年。
⑭ ［美］巴菲尔德：《危险的边疆：游牧帝国与中国》，袁剑译，江苏人民出版社，2011 年。

其强邻——东亚历史上游牧力量的兴起》①引起了很大反响,可谓代表了从人类学的中国族群研究逐步向历史学的中国边疆社会与文化研究的转向。此外还有费正清的《中华世界秩序——传统中国的外交关系》②、Svat Soucek, *A History of Inner Asia*(《内亚史》)③、Denis Sinor, *The Cambridge History of Early Inner Asia*(《剑桥早期内亚史》)④、S. A. M. Adshead, *T'ang China—The Rise of the East in World History*(《唐代——世界史上的东方崛起》)⑤、Mark Edward Lewis, *China's Cosmopolitan Empire—The Tang Dynasty*(《中国的世界帝国——唐》)⑥、Colin Mackerras, *Uighur Empire*(《回鹘帝国》)⑦、Michael R. Drompp, *Tang China and the Collapse of the Uighur Empire: A Documentary History*(《唐代回鹘帝国的崩溃:以文献史为中心》)⑧、Gabriella Mole, *The T'u-yü-hun from the Northern Wei to the Time of the Five Dynasties*(《北魏至五代的吐谷浑》)⑨、Edwin G. Pulleyblank, "Central Asia and Non-

① [美]狄宇宙:《内亚史上的国家形成与阶段划分》载于伊沛霞、姚平、单国钺主编:《当代西方汉学研究集萃·中古史卷》,上海古籍出版社,2016 年;《古代中国与其强邻——东亚历史上游牧力量的兴起》,贺严、高书文译,中国社会科学出版社,2010 年。

② [美]John King Fairbank, *The Chinese World Order—Traditional China's Foreign Relations*. Harvard University Press,1970.

③ [英]Svat Soucek, *A History of Inner Asia*. Cambridge University Press,2000.

④ [美]Denis Sinor, *The Cambridge History of Early Inner Asia*. The Cambridge History of Early Inner Asia. Cambridge University Press,1990.

⑤ [美]S. A. M. Adshead, *T'ang China—The Rise of the East in World History*, Palgrave Macraillam,2004.

⑥ [美]Mark Edward Lewis, *China's Cosmopolitan Empire—The Tang Dynasty*, Harvard University Press,2009.

⑦ [澳]Colin Mackerras, *Uighur Empire*. Universityof South Carolina Press,1972.

⑧ [美]Michael R. Drompp, *Tang China and the Collapse of the Uighur Empire: A Documentary History*, Brill Academic Publishers,2004.

⑨ [意]Gabriella Mole, *The T'u-yü-hun from the Northern Wei to the Time of the Five Dynasties*. Roma:Instituto Italiano per il Medio ed Estremo Oriente, 1970.

Chinese Peoples of Ancient China"(《中亚和古代中国的非汉族群》)①等。这些研究对理解边疆、开拓思路有良好的启迪作用,对于边疆封授虽涉及不多,但对于边疆的探讨十分活跃,值得重视。

　　从已有研究来看,中国大陆学者对于相关的唐朝羁縻府州、民族关系等方向的把握较深入全面,然而对于边疆封授多为大方向的介绍,对其具体施行、边疆官爵的意义与价值、边疆封授所反映的唐代治边思想的探讨还有较多研究空间,现有研究也多以年代为准绳进行平面化的梳理;中国台湾、中国香港的学者对日本、美国的成果跟进迅速,突破了中原视角和大中华观念,理论探讨值得参考,然而其观点需仔细斟定,内容尚需进一步细化;日本的研究较为前沿,然而对册封地位的界定过高,将其拔高到体制层面,仍待商榷,其对于政治制度的研究比较深入、可资借鉴;欧美的研究由于立足点多在本国,对于边疆封授史的解析尚待深入,观点上与国内学者差别较大,而大边疆的思维比较开阔,值得肯定。

　　本书尝试对整个唐代典型时期的边疆封授状况进行梳理,对个别政权自身的封号、实力变化及唐朝内政与典型封授事件之间的关系进行分类解析;对典型的边疆首领的爵号、官职名进行解析和对比,以判断得封授者的身份变化;从封授细节出发,窥探唐朝的政治制度、治边思想;以边疆封授政策透视唐朝经营边疆的成败,评析封授对唐朝多民族国家构建所起的作用。在本书的设计中,注意解析与封授直接相关联的唐朝治边政策的组成部分,如和亲、盟誓等,试图将唐代边疆与唐王朝构建的多民族国家的整体状况通过封授勾勒出来。

---

① ［加］Edwin G. Pulleyblank,Central Asia and Non-Chinese Peoples of Ancient China. *The International History Review* 25(1):122-123,January 2003.

第一章 唐代边疆的官与爵

唐代以安史之乱为界,前期官僚制度运行良好,被誉为"南北朝以来中古政治制度的延续和完善""中古政治制度的终结",后期使职差遣盛行,官职分离,是"极端君主集权政治的酝酿期"。[①] 在唐朝前期和后期,内地官制与边疆官制的表现是趋同的,只不过边疆官爵制度自带有蕃国蕃族的一些特点,而且比内地官爵制度的发展稍稍滞后一些。然而具体到唐朝边疆首领群体,其仕进路径、职责待遇与内地又有显著差别。安史之乱前,对边疆首领来说,入朝能为十六卫官或者是东宫率官,在此基础上晋升或者是立边功,逐渐成长为武职事官的将军甚至大将军,即为理想的入仕,是高官的仕进之路;在蕃则继承本蕃君或臣位,受到唐朝册封或授官,有机会到长安述职或者朝见,或参与重大仪式如封禅、祭天等,即为理想道路。安史之乱后,无论入朝还是在蕃,领有使职并完成使命,受到加封或加授,品级呈上升趋势,也是高官仕进的理想道路。但无论是内地官爵还是边疆官爵,都应放在等级序列中考察,无故的封授是不存在的。看似随性的封授,背后都必然存在深层次的原因,而且品级待遇上必然受到官爵序列的限制,有据可依。

---

① 俞鹿年:《中国政治制度通史》第五卷《隋唐五代》,人民出版社,1996年,第536—541页。

第一节 唐朝边疆的"品阶勋爵"

唐代有一套完整的品、阶、勋、爵制度（一般也称"职散勋爵"），还确立了以科举取士为核心的选官制度，这些继承秦汉而来的官吏选拔制度，在唐代得到重要发展，后世也基本照搬了唐代的这些制度。边疆封授政策，也是唐代官制的重要内容，因"边疆"二字而区别于内地封授，涉及爵、职事官、文武散官、勋官、使职等。所封多为爵，所授为官与职。

唐承隋制，爵分为九等，内地官制中各等爵有自己的食邑封户和品级，按照唐代爵的等级，一等亲王食邑万户品级正一品；二等郡王（嗣王）食邑五千户从一品；三等国公食邑三千户从一品；四等开国郡公食邑二千户正二品；五等开国县公食邑一千五百户从二品；六等开国县侯食邑一千户从三品；七等开国县伯食邑七百户正四品上；八等开国县子食邑五百户正五品上；九等开国县男食邑三百户从五品上。[①] 在蕃首领在边疆被封爵者中占有绝对比重，这些首领相对于唐即为蕃将，不少蕃将同时又是本蕃国国王，得到唐朝对其"王"的册封。有学者认为，"尽管很难仅从册封体制之存在来归纳东亚世界的特殊性，但以中国与周边诸国之间存在多样性关系为前提，认为东亚诸国与中国王朝交涉的特征反映在王之称号授予方式上是可能的"[②]。唐王朝对羁縻府州内蕃将的政策是"置州府以安之，以名爵玉帛以恩之"[③]。对蕃将册封的爵称，由原本爵称的"亲王"变为"国王"或"可汗"等专封边疆民族或政权最高首领的称号，品级不变，一般不

---

① 《新唐书》卷46《百官志一》。
② ［日］金子修一：《册封体制论与北亚细亚·中亚细亚》，载于杜文玉主编：《唐史论丛》第十辑，三秦出版社，2008年，第203页。
③ 《旧唐书》卷195《回纥传》。

享有食邑。至于其他爵称的品级与食邑封户，前者多可依内地，但后者如无特殊强调，则多是虚封，实际并不享有。概言之，给予荣誉而少实利。

封爵的食邑若干户是虚封，实际上并没有相应的实惠。加上"食实封"等字样的，才能得到相应的封户租调，实封与虚封都可累加或者承袭，虚封与爵位的等级相符，实封若世袭，则待遇一般减半承袭。爵位最初体现的血缘亲情意义，发展至唐代仅保留其基本精神，并无严格的亲缘限定，对于边疆民族与其政权更是如此。爵之意义大体上高于勋官，逊于职事官和散官，但在唐代各阶段又体现了不同的特点。在中国古代农业宗法背景下，封爵制度久行不废。隋唐封爵走向虚化，封邑已失去了本来的意义，官爵合一的积极作用显现，[①]然而爵在礼制、律令等方面的定位作用显著，因其承载的礼秩名位、世袭特权等而成为封建等级制度的重要组成部分。一般情况下，边疆首领得到唐朝授官较易而封爵较难，可见爵位的重要性。唐自安史之乱后，封爵显现出虚、滥的趋势，对封爵本身的威望和意义是一种损害。然而虽虚、滥，但并非毫无章法，如食实封就得到了严格控制。

唐朝的边疆授官，涉及职事官、文武散官、勋官等，可授予在蕃的汉族及边疆民族大小首领、在朝的蕃将及汉化的蕃将后人等。唐代官制本身有自我演进的规律，内职事官中正命官、试摄官、假借官各有其具体内涵及发展轨迹，而边疆授官情况有所不同。边疆大小首领被授予的职事官，官员的品阶与边疆酋领在本族、本政权内的职位、名望相关，入朝蕃将的职事官称与内地官员大体相同或类似，只出身或授职起因有差别，在蕃蕃将则区别其大，往往有职守而实难履其职，或无待遇，或仅具有礼遇、安抚、身份认定的意义，依局势变动、战争进展等的情况而灵活调整，级别随之变动不居，随意性较大，但

---

① 官爵合一的过程完成于魏晋之际，但弊端其多。隋唐时期，官爵合一的积极作用显露出来。见杨光辉《汉唐封爵制度》，学苑出版社，2002年，第170页。

民族或政权的最高首领及其嫡子孙往往被授予三品官,很少居于五品以下。而一般的酋领和官员多被授予五品上下的官职。唐代的边疆官员不仅可任外官,也可任京官。在职事官中,"员外置"及"员外同正员"这两个官职是唐代的首创,一般专授边疆民族官员,是在正员的编制之外授官,"旨在协调人事管理的相对稳定与专制君权的相对随意性之间的矛盾"①,一般情况下,"员外置"享受正官俸禄之半,"员外同正员"待遇与之并不相同,没有职田,俸禄同正员。在边疆官员中,授予员外官相对稳定,数量也较多,特别是唐玄宗时期开始大量设置,成为边疆职事官授予的一个特色。散官分为文武两种,其中文散官的名称、级别不区分边疆与内地,而武散官则出现了"归德""怀化"等专有词汇以专授边疆首领,而且"怀化大将军"位居正三品上,品阶已属极高,②由此可见唐代的授官已融入了民族要素,边疆民族官员已被正式纳入行政系统,并不是随意为之。品阶勋爵四要素至唐高祖末年(武德七年,624)已至完备(之前无勋官之授),都服务于封建皇权政治,以维护封建等级制度为前提和出发点。

　　蕃国首领往往被授予蕃州都督、刺史、长史、司马等官衔,被加上诸卫员外将军和行军总管、军使等武职事官称;在职事官称之前,还会被冠以文武散官官称。这些勋官、职事官、散官等官称各有作用,授官的对象上至汗国的可汗、族国的国王,下至被俘的边疆民族首领、前来朝贡贺正或传达消息的使者、留唐宿卫的民族首领。前来贺正、朝贡的使者多被授予果毅、折冲、郎将、游击将军、都尉、员外郎等,而使者一般会被赐物,然后"放还蕃",这些人一般不留宿卫。较大的政权使者前来朝贡,授官的级别比小政权高,唐王朝依"蕃望大小"来确定授官的级别。国王亲自来朝贡,一般被授为大将军。然而这些被授的大将军一般都有"员外置",多兼本州刺史。参加战争并

---

① 　张东光:《唐代职官管理略论稿》,中国言实出版社,2015年,第120页。
② 　最高为骠骑大将军,从一品;最低为归德执戟长上,从九品下。

领导蕃军的一般被授为大将军、将军、副将、讨击使等。入朝之后被纳入唐王朝行政体系的将领，除了被授予官职，还常受赐勋官，如上柱国、柱国、都尉等。被授予将军之号的边疆首领，一般都是某"将军员外置"，主要见于西北边疆民族政权。

唐朝国势强盛时期，与边疆民族互使频繁。如唐玄宗时期，前来朝见的使者动辄几十人甚至几百人，这些人都被授官，规模较以前大得多。使者来自突厥、突骑施、契丹、奚、大食、铁利等，范围很广，说明封授遍及边疆的诸多政权。而这些被授官者，往往官职没有太大差别，如开元二十一年（733）大食王遣首领摩思览达干等七人来朝，七人并授果毅，各赐绢二十匹，被放还本蕃。① 从唐"并授果毅"来看，对于这些一般官员在其族国内的身份，唐朝并不加以区分，只是根据使者出使的职能将其分类并授予相应的官职。然而若国王或唐朝可以区分的较高级别官员前来，除了仍根据出使的职能而授官外，还对其等级进行区分，如开元二十一年（733）九月，护密国王真檀来朝，唐玄宗为之宴于内殿，授其左金吾卫将军员外置，②这样的授官，级别就远比果毅、中郎将要高。

留作宿卫的边疆民族首领一般被授为将军、果毅、折冲、中郎将等，级别略高于前来朝贡贺正或传递消息的使者。虽然授官级别会高一些，然而也区分亲疏远近，如天宝十三载（754），"宁远王忠节遣子薛裕朝，请留宿卫，习华礼，听之，授左武卫将军。其事唐最谨"③。而将军之职是宿卫人员中授官的较高级别，可见唐王朝还是考虑"事唐最谨"这一条件的。然而宿卫人员太多，也会给唐王朝造成沉重的负担，因而唐王朝还会授予宿卫人员官爵，将其放还原蕃，如唐玄宗开元十五年（727）四月丁未有敕："渤海宿卫王子大昌勃价及首领等

---

① 《册府元龟》卷 964《外臣部·封册第二》。
② 《册府元龟》卷 964《外臣部·封册第二》。
③ 《新唐书》卷 221 下《西域传下·宁远》。

久留宿卫,宜放还蕃。庚申,封大昌勃价襄平县开国男,赐帛五十匹,首领已下各有差。"①

　　得到封授的边疆首领,通常被同时赐予封册、告身、印信和象征权力的鼓纛,或者象征官职等级的鱼袋、袍服、细带、文锦等。唐朝的授官虽然较有威信,然而也并不能照顾到所有政权,有时也并不能完全保证公平,如玄宗开元六年(718)十一月丁未,吐火罗阿史特勤仆罗就曾上书申诉,请求升迁。②

　　边疆民族所得的封授,依照不同的特点和与唐关系的发展而存在区别,有的仅有册封,有的仅有授官,有的二者兼有。至唐玄宗时期,封授的权威性更加明显。与唐王朝关系稳定的政权,在没有得到唐王朝封授之前,首领不得擅自继承王位或汗位,如开元十六年(728)正月,唐玄宗封于阗"知王事、右武卫大将军员外置同正员、上柱国"尉迟伏师为于阗王,疏勒"知王事、左武卫将军员外置"裴安定为疏勒王,③可见在正式受封之前这些首领即使被本民族或族国承认其首领身份,也只能叫作"知王事",不能被称为王。

　　唐王朝对边疆民族或政权的册封和授官多可世袭,"蕃王首领死,子孙袭初授官,兄弟子降一品,兄弟子代摄者,嫡年十五还以政"④。可见王死之后,多由其子嗣"嗣王"或"袭王"。这种继承可以世袭一种封号,也可以更改,如契丹首领最初被封为松漠郡王,持续册封四位首领后,后来继任的首领即有辽阳郡王、广化郡王、北平郡王等爵位,不再继承松漠郡王之称。

　　唐王朝对于羁縻府州内联系密切的边疆民族或政权进行封授之后,往往还对这些边疆首领进行制约,以防其反叛。如开元十三年

①　《册府元龟》卷974《外臣部·褒异第三》。
②　《册府元龟》卷999《外臣部·请求》。
③　《旧唐书》卷198《西戎传·疏勒》。
④　《新唐书》卷46《百官志一》。

(725)，"安东都护薛泰请于黑水靺鞨内置黑水军。续更以最大部落为黑水府，仍以其首领为都督，诸部刺史隶属焉。中国置长史，就其部落监领之"①。对于已经反叛的政权，除了讨伐之外，唐王朝还重新任命新的首领。如开元十三年(725)，于阗王尉迟眺联合突厥及诸胡谋反，安西副大都护杜暹发兵将其捕斩，更立新王。②

边疆封授在唐代官制中不可或缺，是唐文化的典型体现，它在不同的方面均发挥着重要的作用，如定位、激励、功赏、捍边等，其最终目的是为皇权政治服务，捍卫唐朝的"天下秩序"。封授是边疆民族、政权与唐朝政治博弈的结果，而其本身也是政治、文化制度的组成部分。本质上来看，边疆封授的主观目的是维护边疆稳定，但在客观上起到了文化传播与交流的作用。通过边疆封授政策的实施，唐朝传播了文化理念，提升了唐朝的威信。唐朝的封授诏书开头往往都有"文德"字样，称引仁义，这说明唐朝统治者在与边疆族国打交道的过程中，注重唐文化的传播。

唐朝作为当时一个世界性强国和在东亚地缘政治中占据中心地位的宗主国，一直致力于营造最符合自身利益的政治环境，扩大自身对周边地区的影响力和控制力。唐朝通过多种方式介入边疆局势，封授是政治手段之一。边疆封授本身蕴含着丰富的文化与政治信息，可以从以下几个方面来考量。

第一，封授政策体现了唐王朝"天下秩序"的整体构想和羁縻政策的具体运用。封授的根本目的是在维持边疆局势均衡的基础上确保各族国对唐朝的臣服和藩属，即奉唐为宗，纳入其藩属秩序，捍卫唐朝的统治，遵守其"天下秩序"的相关规定性。在具体操作上，封授要为皇权政治和等级制度服务，品阶勋爵各有其特定意义，秩序严明。第二，封授的级别、虚实等与边疆政权实力强弱、与唐博弈的结

---

① 《旧唐书》卷199下《北狄传·靺鞨》。
② 《资治通鉴》卷212唐玄宗开元十三年。

果相关，从中可以看出唐王朝与这些政权、民族的亲疏远近、褒贬抑扬等政治态度。这种态度代表了政治倾向性，被传递到边疆民族或政权后，对于地区局势往往产生直接或间接的影响，成为唐王朝影响和控驭边疆政权的有效手段和方式。但封授的实际效果往往不依唐朝的主观意愿而定，要受到边疆局势、军事行动、政局变动等各方面因素的影响。边疆封授的施行，体现了边疆各民族政权之间关系的变动和唐与边疆政权之间关系的变动，这个变动是疆域形成、行政区域划分的现实基础。第三，边疆封授政策具有继承性。唐代边疆封授政策是继承隋制而来，又可远溯至商周的分封，唐朝灭亡后，边疆封授政策又为五代十国所继承。唐朝各代帝王的封授政策也呈现出继承性，封授的四个阶段里，每一阶段的变化均与前一阶段相关，封授政策发生、发展、全面铺开、调整、虚化、衰落的各个时期表现不同，然其意义必须放在唐代政治制度中作为一个整体来进行考量。第四，唐代的边疆封授是基于自身的文化思想观念，携带有深刻的文化烙印。封授之被接受和发生效力，不仅仅基于唐朝军事、经济等硬实力上的绝对优势，也基于文化、思想、制度等软实力上的绝对优越性。另一方面，封授也伴随着唐文化与边疆文化的双向交流，边疆文化在封授运用的具体过程中与内地官制有了融合，唐代官制对边疆民族官称的关注即是证明。

　　唐代边疆封授政策的发展演变与政治、军事局势和民族、政权、唐代疆域的变化密切相关。追溯其源，边疆的封授应发端于商周以来的分封制，且其发展变化与皇权政治及其伴生的等级制度的发展是同步进行的。在中国古代史上，农业宗法的社会大背景没有实质性的改变，宗法所规定的社会等级就难以改变，而皇权的强化更加深了这一趋势。分封制早在商周时期已初步形成，当时有一些诸侯"得国于祖先，非得国于君王"，也并不是天子的亲族，他们接受天子册封，只是在形式上承认天子的领导，实际上受封之前在自己的侯国已自成一体，能够在侯国内自由征发赋税徭役，对国土有占有权。随着专制主义中央集权的发展，分封原来所携带的血缘意义逐渐淡化，父子式的亲缘关系转化为君臣政治关系。秦汉以来郡县制的发展，加速了宗统向君统的转化，分封制于是走向没落。分封"在其行政等实际权力为官僚制、郡县制取代后，其躯壳遂演变为封爵制度"①。在分封向封爵转化的过程中，并不严格区分边疆与内地，但先完成内地的转化再波及边疆是可以肯定的，中国古代政治等级制度的严明会导致这个必然结果。边疆封爵在发展的过程中逐渐走向虚化，许多民族首领爵位虽高，但在官制中无实际执掌，只是通过册封获得了政治地位的承认，多不享受相应封邑待遇。伴随着秦汉以来皇权的强化，等级制度得到加强，授官政策的地位凸显出来，"官"的实际权力迅速增长，逐渐超过了"爵"，内地与边疆在这一过程上是同步的。为了进一步加强统治、打击宗室异己，统治者重授官而轻封爵，借此藩屏皇室、维护皇权政治，这个历史选择非常务实。

唐代边疆封授所涉官爵在等级和待遇上有一定的随机性，但更多地体现为严明的秩序。边疆封授是唐王朝致力于构建的"天下秩序"②（或曰"藩属体制"③）的反映。这个"天下秩序"，确保了皇权的

---

① 杨光辉：《汉唐封爵制度》，学苑出版社，2002 年，第 55 页。

② 高明士《天下秩序与文化圈的探索——以东亚古代的政治与教育为中心》（上海古籍出版社，2008 年）将天下秩序分为内臣、外臣、暂不臣三个等次，并阐明了天下秩序的结合、统治、亲疏、德化原理。

③ 李大龙认为中华大地上的政治格局呈现出众多藩属体系并存的状态，以中原地区的王朝或政权、北方游牧政权为核心而形成的藩属体系长时期持续存在，强盛时期几乎囊括了中华大地上其他弱小的藩属体系，推动着众多藩属体系的重组，中国疆域就是在这些藩属体系的碰撞过程中不断凝聚起来的。（李大龙：《从天下到中国：多民族国家疆域理论解构》，人民出版社，2015 年，第 44 页）藩属政权向历代王朝朝贡行为存在的前提是中国历代王朝为边疆地区的稳定而构建藩属管理体制，册封、朝贡都是维持这一体制运转的具体政策（李大龙：《"藩属体系"还是"朝贡体系"？——对唐朝前期"天下"制度的几点认识》，见周平、李大龙主编《中国的边疆治理：挑战与创新》，中央编译出版社，2014 年，第 229 页）。

至高无上和等级制度的严明,是历代帝王的统治理想。在中国古代统治者致力于构建的"天下秩序"下,边疆封授体现了历代统治者的羁縻思想,即"附则受而不逆,叛则弃而不追"①,然而必须在可控范围内。换言之,羁(马络头)縻(缰绳)施行的地方,政权或民族再独立也有底线,可以自由活动,但不可脱缰,否则必遭惩罚。从这个思想的历代传承来看,边疆封授并不是含混无章法的,而是有着严明的秩序。

　　首先,边疆封授在等级上极为严明。辨等次、朝参排序、婚丧用礼、新王册立、礼器使用等各方面均按照等级和规矩来。在叙阶、用荫、封赠、班序等方面,封授涉及的品、阶、勋、爵各自发挥着重要作用,等级极为严苛。一般而言,在实际权力大小的排序上,职事官优于文散官,文散官优于武散官,散官又优于爵,爵优于勋官。在具体操作上也有特殊现象,如命妇封赠时以爵优先,甚至超过职事官。封授等级所对应的待遇,边疆官员不同于内地官员,往往得唐封授了官爵之后,又在自己的领地内自成一体,不必像生活上依托于朝廷的内地官员一样按时领俸。史书中对边疆官员所得封授的实际待遇及其落实情况记载约略,但这并不是封授的重心所在。蕃国酋领从封授中获得的主要是政治利益或名誉,多不以实际待遇为意。然而不容忽视的是,即使是名誉也等级严明,不会轻易封授。唐昭宗时期,渤海王子入唐贺正,彼时势盛,欲与新罗争长,奏请位居新罗(彼时实力已弱于渤海)之上,未得到唐朝批准,②虚衔上反而还降了阶,可见唐朝对于等级的严格控制。

　　其次,一旦得唐封授,边疆官员即需履行相应官爵所规定的义务,如助唐征战、按时朝贡、友好唐朝的其他蕃国等,如不按规矩办事,必遭惩戒。如高句丽、百济在唐高祖、太宗、高宗时皆得唐封授,但对同样得唐封授的新罗多次用兵,三方多有混战,于是唐朝廷多有

①　《后汉书》卷86《南蛮西南夷列传》。
②　崔致远:《谢不许北国居上表》,收录于朝鲜史书《东文选》卷33。

诏谕以示惩戒,严重时太宗曾经亲征高句丽,高宗还多次征讨百济、高句丽,最终灭亡之。虽然唐王朝对朝鲜半岛的用兵原因并不那么简单,背后有其"天下秩序"的各种考虑,也有隋亡于对高句丽用兵过滥的历史因素,从中还是可以看出边疆封授在蕃国义务方面的规定性。在这一点上,边疆封授绝不是"一笔糊涂账"。

再次,唐朝对官爵的初叙、迁叙有严格控制。对边疆封授来讲,虽不像内地官员一样严格按劳考来进行,然其初叙按爵、蕃国与唐的亲疏关系、勋、父辈官爵、科举等是可以确知的,而且迁叙虽不一定按劳考,但也依边疆民族或政权的实力强弱、蕃望大小、与唐的关系进展、边疆的具体局势等来定,不是无章可循的,体现了唐朝统治者多方面的考虑。

最后,内地官制对边疆官号或有关照,一些官称还专授蕃将,这些官职的品级和待遇十分确定,秩序严明。边疆官号如叶护、特勤、大单于、可敦等明显是借鉴或照顾到了边疆民族官制,而一些官职如武散官带"怀化""归德"字样的则专授边疆民族,从正三品到从九品下均有设置。此外,在蕃蕃将与入朝蕃将[1]常存在着身份转换的问题,一旦转换完成,相应官爵的规定性即生成,各守其职,是绝不含糊的。

第二节　边疆特有封号及官称

唐朝的边疆封授,常吸收边疆蕃国的官职名称,册封可汗、特勤、叶护等即是例证。还有一些武散官名带有"怀化""归德"字样,是唐朝专授边疆首领的。可汗、特勤这些名称是从边疆民族借鉴来的,不断见诸史料,如乾元元年(758)唐肃宗册命回纥可汗为英武威远毗伽阙可汗。[2] 开元七年(719),罽宾"遣使来朝,进天文经一夹、秘要方并

---

[1]　在蕃蕃将与入朝蕃将的划分,见马驰《唐代蕃将》(三秦出版社,1990年)。
[2]　《资治通鉴》卷 220 唐肃宗乾元元年。

蕃药等物,诏遣册其王为葛罗达支特勒"①。天宝十一载(752),唐册骨咄王罗全节为叶护。②

"可汗"是个很特别的称号,原为北方和西北一些民族政权最高首领的称呼,可汗这一称呼主要是在北方和西北的少数民族政权,主要是指东西突厥、吐谷浑、薛延陀、突骑施、回纥(后改为回鹘),唐朝的册封与可汗制度原本盛行的实际区域是吻合的。中原王朝在与这些政权交往的过程中,往往尊其俗,册其首领为"可汗",这个册封看似没有字面上的意思,仅为承认其在部族中的领导力,事实上随着边疆形势的变化,册封越来越受到重视,甚至成为部落争夺领导权的一个途径。然而有时也没有什么效力,甚至起到相反作用。从封授时间来看,可汗的册封从唐初一直持续到唐亡。可汗或国王的册封多用"册",其他爵位多用"封"。而判断其性质,虽可汗常兼任唐王朝的武职事官(某地大将军、某州都督等),似乎隶属于官职系统,但因其地位是蕃国或蕃族的首领,册封为可汗是对其在本蕃而不是唐朝政治地位的认可,而可汗在本蕃又不属于官职,就像皇帝和太子不能被列入职官体系一样,只能为爵。

为了进一步解析可汗这个爵位,现将唐代重要的册封可汗事件整理如下:

表 1-1　唐代册封可汗事件

次序	时间	政权或民族	被封授者	所封爵号	散官	伴授职事官	资料来源③	备注
1	武德元年(618)	西突厥	阙可汗	吐乌过拔阙可汗			旧 194下	

---

① 《旧唐书》卷198《西戎传·罽宾》。"特勒"为"特勤"之误笔,此误在两《唐书》与《资治通鉴》等史料中很常见。

② 《新唐书》卷221下《西域传下·骨咄》。

③ 旧——《旧唐书》;新——《新唐书》;册——《册府元龟》;资——《资治通鉴》。

续 表

次序	时间	政权或民族	被封授者	所封爵号	散官	伴授职事官	资料来源	备注
2	贞观二年（628）	薛延陀	夷男	真珠毗伽可汗			旧199下	
3	贞观六年（632）	西突厥	阿史那弥射	奚利邲咄陆可汗			新215下	
4	贞观八年（634）	西突厥	泥孰之弟同娥设	沙钵罗咥利失可汗			旧194下	
5	贞观八年（634）	吐谷浑	顺	西平郡王、趆胡吕乌甘豆可汗			旧3	
6	贞观九年（635）	吐谷浑	诺曷钵	河源郡王、地也拔勒豆可汗			旧198	
7	贞观十二年（638）	薛延陀	夷男之子大度设	小可汗			旧199下	
8	贞观十二年（638）	薛延陀	夷男之子突利失	小可汗			旧199下	
9	贞观十三年（639）	突厥	阿史那思摩	乙弥泥孰俟利苾可汗			新215上	赐姓李
10	贞观十五年（641）	西突厥	沙钵罗叶护	可汗			旧194下	
11	贞观十五年（641）	西突厥	莫贺咄乙毗可汗之子	乙毗射匮可汗			旧194下	
12	永徽六年（655）	西突厥	颉苾达度设	可汗			新215下	未完成

续　表

次序	时间	政权或民族	被封授者	所封爵号	散官	伴授职事官	资料来源	备注
13	显庆二年（657）	西突厥	阿史那弥射	兴昔亡可汗	骠骑大将军	昆陵都护	旧195	
14	显庆二年（657）	西突厥	阿史那步真	继往绝可汗	骠骑大将军	蒙池都护	旧195	
15	仪凤二年（677）	西突厥	斛瑟罗	竭忠事主可汗			新215下	
16	唐垂拱初	西突厥	元庆	兴昔亡可汗		左玉钤卫将军，昆陵都护	旧194下	
17	唐垂拱初	西突厥	斛瑟罗	继往绝可汗		右玉钤卫将军，蒙池都护	旧194下	
18	周天册万岁二年（696）	突厥	默啜	迁善可汗			旧194上	
19	周天册万岁二年（696）	突厥	默啜	颉跌利施大单于、立功报国可汗	特进		新215上	未完成
20	周圣历三年（700）	吐谷浑	宣赵	乌地也拔勒豆可汗		左豹韬卫员外大将军	旧198	
21	周长安三年（703）	西突厥	阿史那献	兴昔亡可汗		右骁卫大将军、安抚招慰十姓大使、北庭大都护	新215下	
22	周长安四年（704）	西突厥	阿史那怀道	十姓可汗		濛池都护	资207	
23	唐景龙二年（708）	西突厥	阿史那献	十姓可汗			资209	

续　表

次序	时间	政权或民族	被封授者	所封爵号	散官	伴授职事官	资料来源	备注
24	唐景龙二年(708)	突骑施	娑葛	十四姓可汗			资209	
25	唐景龙三年(709)	突骑施	娑葛	归化可汗			册964	赐名守忠
26	开元六年(718)	突骑施	苏禄	忠顺可汗			资212	
27	开元二十年(732)	突厥	伊然	可汗			旧194上	
28	开元二十八年(740)	突厥	登利	可汗			册964	
29	开元末	西突厥	阿史那昕	十姓可汗	开府仪同三司	濛池都护	新215下	未完成
30	开元末	突骑施	莫贺达干	可汗			资214	
31	天宝三载(744)	回纥	叶护颉利吐发	怀仁可汗			旧195	
32	天宝八载(749)	突骑施	移拨	十姓可汗			资216	
33	天宝十二载(753)	突骑施	登里伊罗蜜施	可汗			资216、新215下	
34	乾元元年(758)	回纥	可汗	英武威远毗伽阙可汗			资220	
35	宝应元年(762)	回纥	可汗	登里颉咄登密施含俱录英义建功毗伽可汗			旧195	
36	建中元年(780)	回纥	顿莫贺	武义成功可汗			资226	

次序	时间	政权或民族	被封授者	所封爵号	散官	伴授职事官	资料来源	备注
37	贞元四年（788）	回鹘	可汗	长寿天亲可汗				
38	贞元五年（789）	回鹘	天亲可汗之子	登里罗没密施俱禄忠贞毗伽可汗			资233	
39	贞元七年（791）	回鹘	可汗	奉诚可汗			资233	
40	贞元十四年(798)	吐谷浑	慕容复	青海国王、乌地也拔勒豆可汗		长乐州都督	旧198	
41	永贞元年（805）	回鹘	可汗	滕里野合俱录毗伽可汗			新217上	
42	元和三年（808）	回鹘	可汗	爱登里啰汩密施合毗伽保义可汗			资237	
43	长庆元年（821）	回鹘	可汗	登啰羽录没密施句主毗伽崇德可汗			资241	
44	宝历元年（825）	回鹘	曷萨特勒	爱登里啰汩没密于合毗伽昭礼可汗			资243	
45	太和七年（833）	回鹘	可汗	爱登里啰汩没密施合句禄毗伽彰信可汗			资244	

根据唐朝对可汗册封目的的不同,可汗受封大致有以下几种情况:一、对接受唐朝领导、力图维持双方友好关系的可汗的承认,如1、27、28、34、3、36、37、38;二、唐朝通过册封以达到分化瓦解、排除其他势力的目的,如2、7、8;三、由于政权已覆亡,为了保存有生力量、收其散众而生之、整合原部落为唐所用,任命忠于唐朝的首领为可汗来做新领导,如5、6、9、13、14、16、17;四、拉拢、牵制、奖励强大的边疆政权,冀其战功、表彰其功业,如17、18。

从表1-1来看,可汗的册封有如下几个基本特征:

第一,唐王朝对于可汗的册封可能伴随散官和职事官,但从主要的封爵事件来看,并未伴随勋官的授予,而散官的授予也非常少见。除了武则天时期超出常规授予后突厥首领默啜的文散官"特进"之外(同时册封其为颉跌利施大单于、立功报国可汗,可谓荣耀至极,但默啜不领情,此次封授未完成,默啜攻武周),仅限于西突厥灭亡后为扶持其部族首领率领原部落进行安顿而设了"骠骑大将军"这个武散官,还有一次是为了扶植已经灭亡但残存一些部族力量的西突厥以对抗强大的突骑施而设的"开户仪同三司"这个文散官。从这两次散官授予的情况能看到,西突厥的力量越来越弱,军事能量越来越小。可汗同时被授予的职事官数量上也不多(约占统计表上的三分之一),有都护、都督、大将军、将军、大使等,这些称呼有较强的军事与政治意义。

第二,可汗册封的同时,可能伴随着对其他人的册封,如宝应元年(762)册封登里颉咄登密施含俱录英义建功毗伽可汗时,"可汗、可贺敦及左右杀、诸都督、内外宰相已下,共加实封二千户,令王翊就牙帐前礼册。左杀封为雄朔王,右杀封为宁朔王,胡禄都督封金河王,拔览将军封为静漠王,诸都督一十一人并封国公"[1]。可见政权十分

---

[1] 《旧唐书》卷 195《回纥传》。

强大或对唐王朝做出十分重要的可汗的家族成员可能也受到册封（可敦、公主、叶护、特勤等）。

　　第三，可汗的封号经历了一些历史变化。最初册封的可汗，封号基本上是根据其在本部族的名称音译而来，或者是唐王朝将汉语词汇加到可汗之前，表赞赏、期望之类，如竭忠事主可汗、迁善可汗等。安史之乱后由于回纥助唐平乱，可汗的称呼开始复杂起来。如著名的登里颉咄登密施含俱录英义建功毗伽可汗之称，《旧唐书》卷 195《回纥传》就有这样的解释：代宗御宣政殿，出册文，加册可汗为登里颉咄登密施含俱录英义建功毗伽可汗，可敦加册为婆墨光亲丽华毗伽可敦。"颉咄"，华言"社稷法用"；"登密施"，华言"封竟"；"含俱录"，华言"娄罗"；"毗伽"，华言"足意智"。"婆墨"，华言"得怜"。

　　按照《新疆民族辞典》，回鹘汗国第十一代国君登啰羽录没蜜施合句主录毗伽可汗（崇德可汗）的回鹘语称号，其原音为 Tangrida ulug bolmisquch kucluk bilga qakhan。其汉音、回鹘语音及汉语含义的对照为：登啰＝Tangrida＝天，羽录＝ulug＝伟大，没密施＝bolmis＝生，成为，合＝quch＝英勇，句主录＝kuclug＝权威，毗伽＝bilga＝智，可汗＝qakhan＝天子、王，这个称号的汉语意思是"天生伟大的有权威的智慧的可汗"。①

　　类似这种复杂的称呼一直持续到回鹘灭亡。这种称呼是将汉语的赞辞加入其中，结合边疆民族的尊称组织起来，汉语的落脚点一般在"可汗"之前的最后两个字：保义、崇德、昭礼、彰信等。

　　第四，唐朝对民族政权的"可汗"之册封并不是连续的，即这一代可汗得到了唐王朝册封，下一次的册封可能相距几代可汗，时有中断，唐朝可以根据具体情况决定要不要册封，而册封并不一定都能成功。从数据上看，唐代近三个世纪的历史上，对于东西突厥、吐谷浑

---

① 新疆维吾尔自治区民族事务委员会编，刘维新主编：《新疆民族辞典》，新疆人民出版社，1995 年，第 143 页。

等数个政权的可汗的主要册封仅 40 余次,数量极少。当然,这中间还有数量较多的册封其他爵位(如郡王、荣誉王等)或授官的情况,但那与可汗的册封无法等量齐观。

第五,可汗册封的同时可以伴随着赐姓或者赐姓名,这与其他国王或者郡王等封爵的同时赐姓或名的情况是类似的,可汗的地位可类比国王或郡王。

唐朝皇帝对可汗进行册封时,往往使用的身份并不是皇帝,而是天子,所用之玺也是天子行玺。

从记录来看,可汗大多数情况是被册封的,史料将其记载为"册"或"册拜"等,但有时情况略有不同,如贞观八年(634)吐谷浑灭亡后,部族立顺为可汗,称臣内附于唐,唐太宗封顺为西平郡王,"授"趉胡吕乌甘豆可汗。[①] 贞观九年(635),继任的诺曷钵被唐朝"册立"为河源郡王,号地也拔勒豆可汗。这种"册授""册立"的可汗已失去了以往与唐朝皇帝约略对等(当然,在唐人心目中皇帝的地位高于可汗,就如同可汗在本蕃的威望大于唐朝皇帝一样)的政治地位,既已用"授""命"之类以上对下的言辞,则可将其视为在其实际身份(某将军、某郡王等)身份基础上的加封,"可汗"实已降为比国王稍低的爵,虽然爵的性质没有变,但一定程度上已经降低了爵的地位。然而总体来看,无论边疆政权的地位如何,"可汗"自始至终都是一个爵称。

有趣的是,唐太宗曾因四夷酋长的拥戴和求请而自称"天可汗"。《资治通鉴》载:贞观四年(630)四夷请求尊唐太宗为"天可汗",唐太宗曰:"我为大唐天子,又下行可汗事乎?"[②]除了上尊号以外,四夷此后还请求设置专供朝贡用的道路来做"配套",可见这个尊号已经酝酿成熟:"臣等既为唐民,往来天至尊所,如诣父母,请于回纥以南、突厥以北开一道,谓之参天可汗道,置六十八驿,各有马及酒肉以供过

---

① 《旧唐书》卷 198《西戎传·吐谷浑》。
② 《资治通鉴》卷 193 唐太宗贞观四年。

使,岁贡貂皮以充租赋,仍请能属文人,使为表疏。"①面对蕃国蕃族的
求请,唐太宗欣然接受。这个"天可汗"是高于所有可汗的一个荣誉
称号,本意应为"天子"(唐朝在对蕃国蕃族的正式场合如使用印玺时
用"天子"之称,对本国称"皇帝",然而在对待蕃国蕃族的正式场合称
皇帝的也不少见)。"天可汗"自带的华与夷融为一体的特点,历来为
学者们关注。甚至有华夷"二元政治体"等关于唐代国家结构的解
析。② 有学者认为,唐初"天可汗"称号依附于"皇帝"称号而存在,所
以唐太宗以"皇帝"兼有"天可汗"称号,体现的并不是唐王朝存在两
个分立的权力体系,而是胡汉结合背景下统一皇权的扩展。③ 可以说
是看到了"天可汗"作为一个尊号的有限使用范围和影响力。然而仅
将此尊号作为统一皇权的扩展,分析到"它表明结束了数百年纷繁战
乱走向统一强盛的唐王朝,在继承中原传统的同时,又在一定程度上
吸收借鉴了北方草原民族的政治文化"④的程度还是意犹未尽,未挖
掘到此尊号及其所属时代对于华夷融合进程的历史贡献。在这一点
上,认识到从"华夷之辩"("夷夏之防")到"华夷一体"的转变,才能更
多还原边疆与内地互动相融的历史进程:"夷夏之防"认识,历经汉
代、魏晋南北朝分裂时期,再到唐朝大一统王朝建立,发生了本质的
变化。唐代"夷夏之防"观念已经不再是主流的民族观,取而代之的
是"用夏变夷"和"华夷一体",尤其在统治者的心目中,以"大一统"为
指导思想的疆域观,进一步深化了"华夷一体"的认识,这一认识对后
世历代王朝影响深远。⑤

　　唐太宗是唐朝历史上首位拥有在位尊号"天可汗"的皇帝,此前

①　《资治通鉴》卷 198 唐太宗贞观二十一年。
②　例如甘怀真:《拓跋国家与天可汗:唐代中国概念的再考察》,载于张崑将编:《东亚视域
　　中的"中华"意识》,台湾大学人文社会高等研究院东亚儒学研究中心,2017 年。
③　刘子凡:《"天可汗"称号与唐代国家建构》,《历史研究》2021 年第 6 期。
④　刘子凡:《"天可汗"称号与唐代国家建构》,《历史研究》2021 年第 6 期。
⑤　朱尖:《论严尤的民族观与边疆思想》,《民族研究》2021 年第 3 期。

的皇帝在位时仅称皇帝、天子,臣下尊称其为陛下、至尊等,不会当其在世时称呼其死后的庙号(高祖、太宗、玄宗等),"天可汗"之类的尊号也是不存在的。"天可汗"的尊号不是自创,与武则天时候自创的(当然是以臣子请求上尊号的方式体现出来)"圣母神皇"不同。[①] 同时,这个尊号也不是来自内地,而是来自边疆,充分说明了唐太宗在边疆蕃国蕃族中的威望。

除了可汗之外,还有一些蕃国蕃族的官爵名比较难以界定其性质,如特勤、叶护、贤王、俟利发等,现将其中极具边疆特色的名称列出来:

表 1-2　边疆自有官爵名与内地官爵名的比照

本蕃官爵	所属蕃国	可类比的唐朝官爵	唐朝封授官爵名
可汗	突厥、回纥等	天子	可汗、都督、大将军
赞普	吐蕃	天子	郡王
特勤	突厥、回纥等	太子与亲王	特勤
叶护	突厥、回纥等	无[②]	叶护、可汗、郡王
俟利发[③]	突厥、回纥等	亲王	俟利发、可汗
王、圣王、可毒夫	渤海	天子	郡王、王

---

① 日本学者金子修一将武则天的尊号"圣母神皇"作为唐代首创的尊号,并据此推测,"授予在位皇帝尊号的始创与武则天夺权的过程是相一致的",认为尊号与夺权是可能联系在一起的。实则在武则天之前,唐太宗已有尊号"天可汗",这个不是爵位、不是官职,只能理解为尊号,因此武则天并不是在世皇帝尊号的始创者,且"天可汗"的尊号非但没有撼动皇权,反倒起到了加强皇权的作用,故仅据武则天之例就将尊号与皇权更迭联系在一起,未为妥当。金子修一观点见氏著《古代中国与皇帝祭祀》,肖圣中等译,复旦大学出版社,2017 年,第 11 页。

② 相当于副职的可汗,唐朝无法找到可对应的官爵。在突厥官爵制度中,管理东部的首领被称为可汗,西部的首领常被称为叶护。

③ 突厥或回纥某部落首领也可以叫作俟斤,但目前没有发现唐朝册封俟斤的情况,所以未列出来。

本蕃官爵	所属蕃国	可类比的唐朝官爵	唐朝封授官爵名
东宫、副王	渤海	太子	无
王子	渤海	亲王	无
元、诏、骠信	南诏	天子	王
莫离支	高句丽	宰相	王、郡王

表 1-2 中，蕃国的官爵与唐朝的官爵只是粗略对比，实际情况远比表格复杂。比如特勤既可以是可汗之子，也可能是可汗之侄，有时大臣弑杀其首领而直接由臣得到可汗之位，但自己认为必须得到册封才是真正意义上的可汗，于是求请唐朝册封给予承认，这类受到册封的可汗是由臣位直接越级的。如建中元年（780），回纥登里可汗为九姓胡附回纥者所诱，欲举国入寇唐朝，其宰相顿莫贺达干"乘人心之不欲南寇也，举兵击杀之，并九姓胡二千人，自立为合骨咄禄毗伽可汗，遣其臣聿达干与梁文秀俱入见，愿为藩臣，垂发不翦，以待册命。乙卯，命京兆少尹临漳源休册顿莫贺为武义成功可汗"[①]。

可汗是一个爵称，与之紧密相连的可汗之子和子侄的称号"特勤"、可汗之副"叶护"类似于唐朝的亲王、太子，无法定义为官职，也只能为爵。"俟利发"虽然在本蕃只是部落首领，是蕃国或蕃族的臣属，但经过唐王朝的册封，其意义就发生了变化，作为臣的身份是针对本蕃，而在唐朝则只是荣耀加封，是对俟利发地位的认同，如果仅被封为俟利发，没有兼任唐朝的都督、刺史、将军等正式官职的称谓，当然不会被列入唐朝的官职体系，不须当什么差，履行什么官的义务，因而俟利发在唐朝册封之后具有爵的意义和地位，等同于爵。

"贤王"的封授，仅见于册封回迁的东突厥首领阿史那思摩（即李思摩）事件。贞观十三年（639），唐太宗将突厥降众回迁，册封李思摩

为乙弥泥孰俟利苾可汗,赐之鼓纛,以左屯卫将军阿史那忠为左贤王,左武卫将军阿史那泥熟为右贤王。①"贤王"本是边疆民族的自有称谓,是突厥、回纥等边疆民族的贵族。汉代时,匈奴常封单于的继承人为左贤王,相当于中原王朝的太子。开元十三年(725)唐玄宗接见朝觐时,"内臣之番,高丽朝鲜王,百济带方王,十姓摩阿史那兴昔可汗,三十姓左右贤王,日南、西竺、凿齿、雕题、牂柯、乌浒之酋长,咸在位"②,就记载有"左右贤王"的称号。"左右贤王"可视为荣誉衔,在边疆通行此称谓的地区,地位等同于可汗的副手,职责类似于宰相或储副。因仅册封一次,且职能没有真正发挥出来(思摩被封为可汗、率部落回迁时,二贤王③均不愿随行,虽被迫回到漠北,最终还是又回到了唐朝),所以仅是名义王衔。在唐朝内地的编制中,"王"这一级包括亲王、郡王,为爵。在边疆,国王、郡王、荣誉王也都是爵秩最高者,也为爵。所以,左右贤王作为荣誉王衔,也应可判断为爵。

可汗、特勤、叶护、俟利发、左右贤王都可视为爵称,是边疆首领原有官爵与内地政治制度的生动融合。唐朝官制创造性地引入边疆族国的官爵称谓,还创造性地将边疆官爵的一部分词汇融入汉名爵称成为组合爵名(如前述回鹘登里颉咄登密施含俱录英义建功毗伽可汗之册封,既有边疆称谓,又有汉名称谓),丰富了边疆封授的内容,有助于扩大唐王朝的影响力。

当然,蕃国也不乏与唐朝内地官爵名几乎统一者,多见于汉化程度较高的政权,如新罗、渤海等。新罗国王,对内也自称"国王",这是与唐朝册封的"国王"名称相一致的,然而这里有一个演变的过程。新罗王在六世纪以前并不使用汉语的"王"作为自己君主的头衔,那

---

① 《资治通鉴》卷 195 唐太宗贞观十三年。
② 《旧唐书》卷 23《礼仪志三》。
③ 有学者认为,左贤王阿史那忠与右贤王阿史那泥熟可能为同一人,如清代史家钱大昕、王鸣盛。岑仲勉认为阿史那泥熟是阿史那忠的父亲。见岑仲勉《突厥集史》,中华书局,1958 年。

时君主被称为"麻立干",这个称呼也有一个演变过程,源于金氏家族的掌权。在"麻立干"之前,新罗各部落的酋长曾经自称"居西干""尼师金""次次雄"等,四世纪后期金氏世袭了新罗君长,新罗开始由部落联盟过渡为国家,首领正式自称"麻立干"。① 从"麻立干"到国王的自称,显示了汉文化对蕃国首领政治定位的强大影响力。

与爵类似的是,在官职方面也有一些边疆特定称谓。由于文散官对于边疆和内地没有区分,因而将区别明显的边疆首领单授的"归德""怀化"武散官单独提取出来,能够窥知唐王朝专设"归德""怀化"武散官的意图。

根据《旧唐书》卷 42《职官志一》,唐代的武散官有:

骠骑大将军(从一品)、辅国大将军(正二品)、镇军大将军(从二品)、冠军大将军(正三品上)、怀化大将军(正三品上)、怀化将军(正三品下)、云麾将军(从三品上)、归德大将军(从三品上)、归德将军(从三品下)、忠武将军(正四品上)、壮武将军(正四品下)、怀化中郎将(正四品下)、宣威将军(从四品上)、明威将军(从四品下)、归德中郎将(从四品下)、定远将军(正五品上)、宁远将军(正五品下)、怀化郎将(正五品下)、游骑将军(从五品上)、游击将军(从五品下)、归德郎将(从五品下)、昭武校尉(正六品上)、昭武副尉(正六品下)、怀化司阶(正六品下)、振武校尉(从六品上)、振威副尉(从六品下)、归德司阶(从六品下)、致果校尉(正七品上)、致果副尉(正七品下)、怀化中侯(正七品下)、翊麾校尉(从七品上)、翊麾副尉(从七品下)、归德中侯(从七品下)、宣节校尉(正八品上)、宣节副尉(正八品下)、怀化司戈(正八品下)、御侮校尉(从八品上)、御侮副尉(从八品下)、归德司戈(从八品下)、仁勇校尉(正九品上)、仁勇副尉(正九品下)、怀化执戟长上(正九品下)、陪戎校尉(从九品上)、陪戎副尉(从九品下)、

---

① [高丽]金富轼著,孙文范等校勘:《三国史记》,吉林文史出版社,2003 年,见其中《新罗本纪》的相关记载。

归德执戟长上(从九品下)。①

带有"归德""怀化"字样的武散官种类比较多,从正三品上到从九品下不等,列表如下:

表 1-3　唐代边疆专授武散官品类

官称 前缀	大将军	将军	中郎将	郎将	司阶	中侯	司戈	执戟 长上
怀化	正三品上	正三品下	正四品下	正五品下	正六品下	正七品下	正八品下	正九品下
归德	从三品上	从三品下	从四品下	从五品下	从六品下	从七品下	从八品下	从九品下
对应内地官	将军				校尉、副尉			

不难看出,唐代武散官的设置有下列几个特点:一、内地武散官在官称上仅有大将军、将军、校尉、副尉四种,而边疆官称则有大将军、将军、中郎将、郎将、司阶、中侯、司戈、执戟长上八种。二、内地武散官的大将军有四种,从一品至正三品上,而从正三品上开始,才有边疆官称。内地的将军有九种,从三品上至从五品下。边疆官称仅有"怀化""归德"两种将军,正三品下至从三品下,级别上高于内地普通将军。三、正三品下与从三品下这两个品级,只在边疆武散官有,内地无,专为怀化将军、归德将军而设。四、除了怀化大将军和归德大将军是正三品上和从三品上之外,其他的边疆武散官在每一品级均为下。

据此可以推测,边疆大小首领被授予唐朝武散官的人数已有一定规模,且根据不同的贡献,需要不同等级的认定,所以才设置了足

---

① 正三品以上称为"大将军",正六品以下,上阶称为校尉,下阶称为副尉。民族首领以"怀化""归德"为名。四品以下须到兵部番上。

够等级、足够数量的官职来进行身份认定、表彰功勋。① 唐朝通过武散官的序列，将边疆民族纳入官职制度，给予大小将领以不同身份的认定，有利于团结各边疆将领，鼓舞军队，保证战斗力，达到拱卫朝廷的目的。该序列能够稳定推行，也说明边疆民族认可唐王朝的武散官制度。同样地，也可推知边疆族人也认可与武散官制度紧密相连的文散官、勋官、爵位制度。这也可以从众多边疆首领既担任职事官，又同时兼有散官、勋官、爵号来得到证明。②

既然"怀化""归德"之名仅授边疆首领，内地官员不能担任，那边疆首领是不是也不能授予内地官员能够被授予的武散官呢？不一定。从大将军官号查找，有不少民族首领被授予的例证：

显庆三年（658）西突厥灭亡后，唐朝以阿史那弥射为兴昔亡可汗，兼骠骑大将军、昆陵都护，领五咄陆部；阿史那步真为继往绝可汗，兼骠骑大将军、蒙池都护，领五弩失毕部。③

圣历元年（698）吐蕃钦陵之弟赞婆率钦陵子弓仁投向周。武则天封赞婆为特进、归德郡王，授辅国大将军，封弓仁为左玉钤卫将军、酒泉郡公。④

仪凤二年（677），契苾何力死后被赠为辅国大将军、并州都督。⑤

天授三年（692），新罗王政明卒，武则天册立其子理洪为新罗王，令其袭父辅国大将军，行豹韬卫大将军、鸡林州都督。⑥

由上述几个例证能看出，除了"怀化""归德"的武散官外，边疆首领可以担任其他的武散官。也就是说，"怀化""归德"武散官独授予

<hr />

① 文散官被授予民族首领的数量相对来说很少，应与边疆民族骁勇善战、文采不彰有关（并不是没有文采，边疆也有文官，但数量较少）。

② 可参照本书附录一《唐代主要边疆政权封授情况》

③ 《新唐书》卷215下《突厥传下》。

④ 《新唐书》卷110《诸夷蕃将·论弓仁》。

⑤ 《旧唐书》卷109《契苾何力传》。

⑥ 《旧唐书》卷199上《东夷传·新罗》。

边疆大小首领,而其他武散官也对边疆首领开放。

无论册封还是授官,都可能按爵秩或官品获得相关俸禄。然而对于边疆官员,虽然被授予的爵位、职事官、勋官、散官等大体上同于汉官,毕竟不完全同于汉官。除了封授的爵、官的称号有的带有蕃风胡俗特征(如可汗、叶护等)外,俸禄上也不完全同于汉官,特别是在蕃首领。在唐代,得到册封的人俸禄包括土地、实物、钱货三项,按照制度规定,职事官、散官、勋官、封爵者都可以得到永业田,但这只是一项限田措施,不是实授其地。官员获得的实物是禄米,按散官本品给付。散官九品以上职事所带的散位,谓之本品;无职事者所带散位,谓之散品。散品三品以上可以给予俸禄、参与朝会,甚至可以加"参知政事"等衔行宰相事。唐高宗时外官无禄,太宗贞观八年(634)制定外官禄,分春秋两季给付,数额比京官略低。钱货收入指的是俸料,京官与外官不同,开元末将各种俸项合为一项,称月俸。唐初俸钱依散官本品给付,乾封、开元时改按职事官品给付,安史之乱后京官月俸又按照职事官别给付,部分藩镇收入大大超过定额。[①]

边疆民族首领得到封授之后,一般在朝蕃将会按照品级给予俸禄,然而在蕃首领是否全都按照授官的品级给予相应俸禄,还是一个并不完全明确的问题,但有部分在蕃的封授者得到了唐朝的实际俸禄是可以确定的,如天宝元年(742)正月,石国王上表为其长男那居车鼻施请求授官,唐玄宗诏拜那居车鼻施为大将军,赐给一年俸料。天宝十三载(754)五月,唐玄宗嘉奖葛逻禄叶护擒拿突厥阿布思之功,特降玺书明令此年之前的俸禄,以京军给付,而考虑到其辖地的遥远,之后的俸禄就在北庭领取。可见,"在蕃蕃将确曾领取国家所给俸禄,而俸禄多少,则取决于其官品高低"[②]。从另外一个层面来

---

① 藩镇的相关制度、财政收入及分配情况,参见张国刚:《唐代藩镇研究》(增订版),中国人民大学出版社,2009 年。

② 马驰:《唐代蕃将》,三秦出版社,1990 年,第 61 页。

讲,既然个案的俸禄问题被单独提出来讲,也说明在蕃蕃将能够领取俸禄的并不占多数。

从官爵的职能来看,唐代边疆封授是皇权政治的体现。所行的封授以维护皇权和唐朝统一为核心目的,而前者又是最关键的。我国小农经济立国的现实土壤必然会培育出皇权为尊的政治制度,而为了维护皇权、开展层级统治,统治者必然出让人民的权利与土地的管辖权。而维护统一,保障皇权的地位,是政治制度运行的前提,因"皮之不存,毛将焉附"①。如唐太宗所说,"君虽不君,臣不可以不臣"②。而边疆地区虽有自己的首领,但"夷狄之有君,不如诸夏之亡也"③,维持中央统治才是正途。基于以上理解,边疆地区的管理显然比边疆开发要更重要,因而唐朝的历代统治者甚少从自然地理方面入手去建设边疆、完善生态、发展经济,这对于边疆来说是一种政治至上的不协调发展。

边疆封授政策的实施往往伴随着边疆政权势力的消长及其与唐朝关系的变化,这个过程与唐朝天下的范围疆域的变迁直接相关。④封授涉及的政权名称的变化是这一过程的一个具体体现。如渤海兴起之初自称为"震国",其名来自武则天时对粟末靺鞨酋长乞乞仲象的册封——"震国公",彼时势力仅限于东牟山一带。唐睿宗时震国疆域得到拓展,势力已及靺鞨多地,唐朝以其地为"忽汗州",其首领大祚荣被封为"渤海郡王",并以封号中的"渤海"取代"震国"作为其国号,说明已承认渤海郡国的势力范围。此后渤海得到更大发展,与唐多有交锋,兼并了靺鞨拂涅、越喜、黑水等多部,南部与新罗接壤,

---

① (战国)左丘明著,(晋)杜预注:《左传》之《新序·杂事》,上海古籍出版社,2016年。

② 《旧唐书》卷2《太宗卷上》。

③ 《论语·八佾》,中华书局,2006年。

④ 权力的博弈、互动是疆界划定的原始之因,经过了行政治理这个层面,疆界的划定最终形成。参见周振鹤:《体国经野之道:中国行政区划沿革》,上海书店出版社,2009年,第57—59页。

代宗宝应元年(762)唐封其首领大钦茂为渤海国王,承认了其疆域范围。渤海疆域的变化,与唐朝势力的盈缩紧密相连,因而作为行政手段的边疆封授反映了唐王朝疆域的变化。再如南诏,唐高宗年间势力在六诏中为弱,其首领细奴逻被授为"巍州刺史",势力范围仅限于巍山一带。南诏兼并六诏、统一洱海之后,势力日渐滋长,开元二十六年(738)唐玄宗封其首领皮逻阁为"云南王",承认其对云南西部地区的统治;南诏坐大之后叛唐而投向吐蕃,势力大为扩展,基本上完成了对整个云南地区的统一。贞元九年(793)南诏因不堪忍受吐蕃的压榨而归唐,唐朝赐其首领异牟寻"南诏王"金印。此时"王"的内涵已明显改变,"云南王"是管辖洱海地区的土官,"南诏王"是对南诏既有云南整个地区的承认,实质是认可南诏的藩属地位。① 在我国古代史上,自战国以后,边境的概念逐渐形成,秦汉通过构建郡县行政区而强化了边界。② 唐制继承秦汉,边疆观、疆域观、民族观一脉相承而又有新的发展。由于各方势力不断进行博弈、重组,唐代的疆域本身是活动的,固定的边疆、疆界从未出现。

---

① 方铁:《方略与施治:历朝对西南边疆的经营》,社会科学文献出版社,2015 年,第 460 页。
② 周振鹤:《体国经野之道:中国行政区划沿革》,上海书店出版社,2009 年,第 59 页。

第二章　唐朝对突厥首领的封授:以李思摩为例

在近三百年的历史上,绝大多数重要的边疆事件都与唐王朝的封授有密切关系,如唐太宗灭亡东突厥汗国;唐高宗灭亡西突厥、灭亡百济和高句丽;唐玄宗灭亡后突厥、唐朝与吐蕃的和战会盟、渤海国与南诏的崛起、安史之乱;回纥助唐平定安史之乱;唐末沙陀等族国助唐平乱等。在这些重要的历史事件中,典型的官爵封授都有体现,而对重要蕃国蕃族首领的授官特别引人注意。以下在封授视角下解析突厥与唐王朝之间关系变化的历史。

从唐高祖李渊草创唐王朝版图开始,突厥(包括东、西突厥)一直与唐王朝有密切关系。论及突厥与唐关系的著述颇丰,除了《中国民族关系史纲要》①《北疆通史》②这样的通史著述之外,还有林幹、薛宗正分别撰写的《突厥史》、③吴玉贵《突厥汗国与隋唐关系史研究》、④王世丽《安北与单于都护府——唐代北部边疆民族问题研究》⑤等专门研究突厥的著述。这些论著大多提及了唐与突厥的册封与授官关系。然而整体上来说,以封授为途径,对唐与突厥关系的变迁进行勾

①　翁独健主编:《中国民族关系史纲要》,中国社会科学出版社,1990年。
②　赵云田主编:《北疆通史》,中州古籍出版社,2003年。
③　林幹:《突厥史》,内蒙古人民出版社,1988年。薛宗正:《突厥史》,中国社会科学出版社,1992年。
④　吴玉贵:《突厥汗国与隋唐关系史研究》,中国社会科学出版社,1998年。
⑤　王世丽:《安北与单于都护府——唐代北部边疆民族问题研究》,云南人民出版社,2006年。

勒、通过封授看唐王朝边疆治理思想的研究尚不多见。

第一节 东突厥、西突厥与唐的关系

突厥是位于唐朝北方的政权,兴起于六世纪中叶,一般被认为是属于铁勒(或称丁零、敕勒等)的一支。[①] 铁勒包括许多支系,如仆固、浑、薛延陀等,分布于大漠南北。突厥吞并铁勒诸部后,六世纪末建立了强大的突厥汗国,随后东西突厥分裂,东突厥启民可汗依靠隋朝的支持而建立了自己的统治,"与大隋典羊马"[②],然而隋末由于连年对外用兵,国内起义不断,"中国人"(即塞内汉人)北奔,[③]东西突厥逐渐强势起来。隋末中原动荡,许多地方势力乘机联络突厥而自立,刘武周、梁师都等其至还被突厥册封为"可汗"。唐朝建立后,突厥势力强盛,与中原王朝并立,称霸于北疆,并未纳入唐王朝统治。唐太宗初年致力于解决东突厥问题,于贞观四年(630)生擒颉利可汗,灭亡了东突厥,唐朝得以完成北部边疆的统一。东突厥灭亡后,西突厥于显庆四年(659)在内乱和唐军的打击下灭亡,全境归附唐朝。武则天统治时期东突厥复兴,建立了自己的政权,这个强盛的后突厥汗国在首领默啜领导下得到了迅速发展,此后与唐王朝之间战争不断,直到唐玄宗天宝四载(745)才被兴起的回纥汗国所灭,残部四散,其中有一部分人被唐朝迁到漠南。

在东突厥汗国灭亡前,唐高祖、唐太宗根据局势的变化,对突厥首领进行过几次重要的封授。翻看《旧唐书》《新唐书》《资治通鉴》《册府元龟》等史书,随处可见对某官员封爵或者授官的案例,这些案

---

① 可参考[日]松田寿南:《古代天山历史地理学研究》,陈俊谋译,中央民族学院出版社,1987年。

② 《隋书》卷84《突厥传》。

③ 据史料可知,"突厥的强盛,与'中国人'的北奔有着密切的关系"。见安介生:《历史民族地理》(上),山东教育出版社,2007年,第378页。

例中的官员不乏边疆首领,突厥首领也在其中。唐代的边疆封授事件至少涉及三个重要的问题:第一,唐朝内地与边疆的关系问题,特别是军事关系问题,即唐王朝是在何种背景之下封授边疆的? 第二,唐朝封授的爵位和官称的意义何在? 第三,得到唐王朝册封或者授官之后,边疆与唐王朝内地的关系如何? 以下试结合史实进行解析。

武德元年(618),西突厥曷萨那可汗之弟阙可汗遣使内附,唐高祖对其厚加慰抚,拜其为吐乌过拔阙可汗。① 这是唐朝立国之后对于边疆民族政权进行的首次最高级别的册封。唐朝册封西突厥首领为某可汗,是对其民族政权最高统治者身份的承认,也通过册封这一形式对其有所约束。对于同时期被动投降唐朝的突厥、西突厥首领,唐高祖则没有进行可汗之封。对于主动遣使内附的突厥阙可汗,唐朝给予的册封级别较高,以示区别于被迫降服或不肯降服的其他可汗,也可以提高阙可汗在周边部族中的地位,有利于唐朝边疆的稳定和吸引更多蛮夷首领的主动归附。

唐高祖时期对于册封的边疆民族首领缺乏保护或无力保护,封授的效果为之折损。武德元年(618),在隋末战乱中追随宇文化及而败亡的曷萨那可汗(处罗可汗)归降唐朝,唐高祖册封其为"归义郡王"。② 但此次受封的处罗可汗不久就被仇恨他的东突厥人杀害。虽然唐高祖之子李世民极力劝阻,迫于东突厥的压力,唐高祖还是纵容始毕可汗的使者杀害了处罗。在此事上,虽然唐高祖也有迫不得已的理由,但对于封授政策的权威性必然造成损害。

武德九年(626),李世民正式即位,突厥颉利可汗趁唐朝政局变动之机,率十余万骑进寇武功,迫使唐朝京师戒严,随后又进寇高陵,但被唐朝行军总管左武候大将军尉迟敬德打败,斩首千余级。颉利遣其心腹执失思力入唐探听虚实,被唐太宗责以违约,执失思力被扣

① 《旧唐书》卷 194 下《突厥传下》。
② 《旧唐书》卷 194 下《突厥传下》。

留。唐太宗与大臣高士廉、房玄龄等率轻骑至渭水之上,与颉利隔水而语,责以负约。颉利见唐军阵容壮大,执失思力被扣,心生疑惧,就前来请和,双方斩白马盟于渭水便桥之上。① 渭水之盟后,颉利见无机可乘,于九月献马三千匹,羊万口,表示友好,但唐太宗拒绝接受,诏令颉利将所掠的中原民众归还唐朝。② 从此时的状况来看,突厥与唐的关系较为紧张,突厥首领颉利伺机袭唐,给即位初期的唐太宗带来了困扰。

贞观元年(627)开始,突厥与唐的关系发生了重大改变。这一年,突厥阴山以北薛延陀、回纥、拔也古等部强盛起来,叛乱相继发生,突厥又遭受雪灾,羊马皆死,物资匮乏,陷入困境。这时颉利可汗与小可汗突利产生了矛盾,贞观二年(628)夏,颉利多次向突利部征兵而不得,于是怒而攻伐突利。突利在颉利的威迫之下,向唐求救。因武德年间突利曾与李世民结为盟兄弟,因而唐太宗利用突利求救的机会,派兵救援突利,此次派兵为唐灭亡突厥创造了契机。颉利对唐朝的举动迅速做出了反应,随即拥兵窥边。然而形势对颉利不利,同年突厥东面的属部契丹归附了唐朝,北边的许多属部都归附了强大起来的薛延陀。唐太宗再次抓住机会,主动派遣使者前去册封夷男为可汗,这一离间的册封策略大大提高了夷男在周边部族中的地位,同时削弱了颉利可汗的力量。"夷男大喜,遣使入贡,建牙于大漠之郁督军山下,东至靺鞨,西至西突厥,南接沙碛,北至俱伦水;回纥、拔野古、阿跌、同罗、仆骨、霫诸部落皆属焉。"③

离间既成,唐朝开始大举进攻突厥。贞观三年(629),唐太宗诏兵部尚书李靖在马邑击突厥,颉利战败,九俟斤投降,拔野古、仆骨、同罗诸部等纷纷来朝。唐太宗又派兵十余万,由大将李靖率领,六位

---

① 《旧唐书》卷194上《突厥传上》。
② 《旧唐书》卷194上《突厥传上》。
③ 《资治通鉴》卷193唐太宗贞观二年。

总管分道出击突厥。这年十二月,突厥突利可汗、郁射设、荫奈特勤等率所部投唐。[①] 贞观四年(630)正月,李靖率骁骑三千,夜袭定襄,之后又出云中,大破突厥军于白道,与李世勣会师,颉利逃至沙钵罗设苏尼失处,其部众溃散。唐朝拓地自阴山北至大漠。唐军至沙钵罗营地俘获了颉利,苏尼失降唐,东突厥汗国灭亡,唐朝得以完成了北部边疆的统一,唐朝的西北边疆、东北边疆的情况也得到改善,依附于突厥的部族纷纷归附唐朝。

东突厥灭亡后,薛延陀势力得到加强。唐太宗担心其过于强大,对唐朝造成威胁,就遣使备礼册命,同时册封薛延陀首领夷男的两个儿子大度设、突利失为小可汗,使二人互相节制,也分化削弱夷男的力量。[②] 这次册封的效果在夷男死后显现出来,受到唐朝册封的两个小可汗开始争夺继承权,导致了薛延陀的衰落。东突厥灭亡后,对于如何安置其部众,唐朝朝廷内外有很大争议,最终唐太宗决定将突厥部众部分迁入内地。东突厥内迁以后,唐在突厥故地设置了六州和数个都督府,以便开展统治:"分突利故所统之地,置顺、祐、化、长四州都督府;又分颉利之地为六州,左置定襄都督府,右置云中都督府,以统其众。"[③]唐太宗任命了突厥酋长为都督、刺史:"其大者为都督府,以其首领为都督、刺史,皆得世袭。"[④]从安置情况来看,是以定襄都督府和云中都督府对突厥旧部进行节制,防范突厥反叛。由此可见,羁縻州都督府的设立是唐太宗初年安置边疆民族的重要方式,西汉时期形成、魏晋至隋时期一直被沿用的都护制度尚未被使用。[⑤] 而

---

① 薛宗正:《突厥史》,中国社会科学出版社,1992 年,第 257—264 页。
② 《旧唐书》卷 199 下《北狄传·铁勒》。
③ 《资治通鉴》卷 193 唐太宗贞观四年。
④ 《新唐书》卷 43 下《地理七》。
⑤ 李大龙:《都护制度研究》,黑龙江教育出版社,2012 年,第 232—236 页。《新唐书》卷 217《回鹘传上》记载贞观四年(630)唐太宗在东突厥故地设置了燕然都护府。据李大龙先生考证,燕然都护府的始置时间应为贞观二十一年(647)。

唐太宗对于这些羁縻州是否进行了实际控制,还需要进一步考证。事实上,从后来突厥叛乱来看,唐朝对于这些羁縻州的控制并不严格,甚至在一定意义上是名义上的。唐太宗并没有册封突利为可汗,而仅仅授予顺州都督的官职,其目的从他对突利的劝诫可以看出来:"尔祖启民挺身奔隋,隋立以为大可汗,奄有北荒,尔父始毕反为隋患。天道不容,故使尔今日乱亡如此。我所以不立尔为可汗者,惩启民前事故也。今命尔为都督,尔宜善守国法,勿相侵掠,非徒欲中国久安,亦使尔宗族永全也!"①可见唐太宗为了防止突厥复兴,将封授的级别降低,将突厥纳入唐朝的羁縻统治秩序中。虽然唐朝在边疆民族聚居地区所设都督、刺史与内部封授体系下相应的官名还存在诸多差异,是羁縻制度的具体体现,但"历代中央王朝对少数民族采取羁縻政策的最终目的,还是为了实现更高层次的统治"②。"从秦代到清代,中央政府对待少数民族地区的政策,大致是以羁縻为始,推行名义上的统治,或者说是统而不治;进而渐次实行间接统治;最后才是直接治理。在两千多年中,少数民族地区的地方行政制度有过多种形式的变化,但归结起来就是上面这三部曲。"③

然而突厥部众被迁到内地之后,复国之心一直存在。贞观十三年(639),突利之弟结社率以郎将宿卫,暗地里鼓动族人反叛唐朝,劫突利之子贺逻鹘北还,事情败露后,结社率被唐军杀死。自结社率反叛后,许多人上言反对突厥留在河南,唐太宗便于贞观十三年(639)册封李思摩为可汗,命令在诸州安置的突厥及诸胡渡过黄河回到漠南旧地。此时薛延陀势力在突厥故地得到大发展,虽然唐朝一度用册封夷男二子的方法试图分化其力量,但并未达到明显效果。唐太

① 《资治通鉴》卷 193 唐太宗贞观四年。
② 彭建英:《中国传统羁縻政策略论》,《西北大学学报》2004 年第 1 期。
③ 周振鹤主编:《中国行政区划通史(总论/先秦卷)》,复旦大学出版社,2009 年,第 119 页。

宗将突厥回迁并册封其首领,无疑有两个主要目的:一,避免突厥再
在唐朝腹地生事;二,借回迁的突厥遏制薛延陀的再度壮大。而薛延
陀非常不满唐朝将突厥迁回原地的做法,史书记载:"会朝廷立李思
摩为可汗,处其部众于漠南之地。夷男心恶思摩,甚不悦。"①突厥与
薛延陀的矛盾因突厥的回迁而再度显现出来,然而因唐朝的制衡作
用而暂时维持和平,实质上突厥已成为薛延陀急于打击的对象。

　　贞观十五年(641),唐太宗下诏来年封禅(后来没有进行),得到
消息的薛延陀真珠可汗认为彼时唐朝边境空虚,想乘机消灭突厥。
于是"命其子大度设发同罗、仆骨、回纥、靺鞨等兵合二十万,度漠南,
屯白道川,据善阳岭以击突厥。俟利苾可汗不能御,帅部落入长城,
保朔州,遣使告急"②。对于回迁的突厥来讲,单凭自己的力量是无法
在与薛延陀的战争中自保的,只能倚靠唐朝的支援。唐朝派遣了营
州都督张俭、朔州道行军总管李勣等领军前去讨伐薛延陀,薛延陀遣
使来求和,唐太宗责其违约,不予受理。不久薛延陀战败,向唐遣使
谢罪,又遣其仲父沙钵罗献马三千,求请赐婚,被唐太宗回绝。由此
能够看出,虽然回迁的突厥实力大不如前,与薛延陀无法匹敌,但有
了唐朝的支持,还是能够挫败薛延陀的进攻的,唐以回迁的突厥可
以有效牵制薛延陀。

　　贞观十六年(642),薛延陀首领夷男向唐请婚,献马三千匹,得到
应允。在此之前,薛延陀夷男请以庶子曳莽为突利失可汗,统领东
方,以嫡子拔灼为肆叶护可汗,统领西方,得到应允,唐太宗册封夷男
的两个儿子为可汗。③唐朝也通过这次册封达到了分化夷男势力的
效果(这一效果到夷男死后两子争位时显现出来)。薛延陀请婚虽然
得到了唐太宗应允,夷男大喜,但实际上唐太宗并没有实现和亲的意

---

① 《旧唐书》卷 199 下《突厥传下》。
② 《资治通鉴》卷 196 唐太宗贞观十五年。
③ 《旧唐书》卷 194 上《突厥传上》。

愿,随后又以薛延陀礼金不够而选择了绝婚,同时唐朝再次授意突厥对薛延陀采取行动,被任命的突厥可汗李思摩数次遣兵进攻薛延陀,唐朝还派兵援助,大大打击了薛延陀势力。可见唐太宗赐婚是假,趁机以突厥打击薛延陀是真。

贞观十九年(645),夷男病死,薛延陀陷入内乱。多弥可汗继立,趁唐太宗出征未还,就引兵入寇河南,被唐军打败。翌年,薛延陀入寇夏州,唐太宗派遣大军进攻薛延陀,蕃将阿史那社尔、执失思力、契苾何力各统兵并进,薛延陀大败,多弥可汗为回纥所杀,回纥遣使入朝臣服。唐太宗亲至灵州,铁勒诸部数千人前来降附,请求列其地为州县。贞观二十年(646)唐朝灭亡薛延陀,次年唐太宗在薛延陀故地广设都督府,各部族的首领不再被封为可汗,而是被授为都督、刺史、长史、司马等,归属唐朝燕然都护节制。此次大行授官,表明了唐朝纳薛延陀故地为羁縻府州、不再任其自由发展的意向。

唐高宗时期,漠北地区逐渐羁縻府州化,唐朝设置了单于、安北两个都护府,自此唐朝对北部边疆民族的控制更加积极有效,册封授官的施行也持续进行。然而在这些边疆地区和毗邻之处,也有一些施政的不成功之处。以下以一个西突厥首领弥射的封授故事为例开展解析。

西突厥酋长阿史那弥射是著名的室点密可汗的五代孙。弥射在本蕃为莫贺咄叶护,贞观六年(632)时被唐朝册封为奚利邲咄陆可汗,贞观十三年(639)因本蕃内部矛盾而率所部入朝,被唐朝授为右监门大将军。弥射跟从唐太宗征讨高句丽有功,被封为平襄县伯,显庆二年(657)转右武卫大将军,在参与讨平西突厥的阿史那贺鲁叛乱后,被册立为兴昔王可汗,兼右卫大将军、昆陵都护,分押原属贺鲁的五咄陆部落。对于这段正史记载详明的文字,不了解封授背后的背景与官爵的具体含义,恐怕很难真正理解其内涵,也很难判断出这段记载在唐王朝与西突厥关系史上的重要意义,更难以在唐朝整个的政治和文化制度中对相关人物作出历史定位与评价。

　　我们可将这段故事试解如下:唐太宗时期,西突厥首领阿史那贺鲁被任命为瑶池都督,奉命管辖西疆诸地,比较稳定。而贞观二十三年(649)唐太宗驾崩之后,西突厥与唐朝的关系发生了巨大的转折。唐高宗即位之后,把阿史那贺鲁晋升为左骁卫大将军,但阿史那贺鲁乘唐朝皇位更替之际叛变,谋取唐朝西州和庭州。在劝说无效的情况下,唐朝派兵前去讨伐贺鲁的部落,经过多年战争,贺鲁战败,唐军逐步收服了五咄陆之一的处木昆部、五弩失毕之一的泥孰部,最终五弩失毕全部投唐。五咄陆得知贺鲁兵败,也归附阿史那步真,处月归降阿史那弥射。[①] 由于阿史那弥射在部族中曾经有非凡的影响力,归唐之前曾经担任西突厥部落的可汗,各部落归附,此次在西突厥灭亡以后,阿史那弥射便被立为兴昔亡可汗,又任大将军、昆凌都护,唐高宗令其统领贺鲁的五咄陆部落,将西突厥正式纳入唐朝的统治之下。这个任命是在西突厥罹乱三十余年(贞观二年即 628 年西突厥统叶护可汗在内乱中被杀,西突厥各首领相互攻讦导致离叛)后做出的,西突厥因而覆亡,西域数年安定无事。对于唐朝的北疆来说,是非常重大的历史事件。

　　这次封授的效果需要历史地去看。表面上,弥射作为可汗领有了贺鲁的旧部落,使得部族在西突厥汗国灭亡之后有了自己的统领,不致离散,这次封授的目的正如唐高宗所说:"贺鲁父子既已擒获,诸头部落须有统领。卿早归阙庭,久参宿卫,深感恩义,甚知法式,所以册立卿等各为一部可汗。"[②]那么任用弥射这样的"早归阙庭,久参宿卫,深感恩义,甚知法式"的人为可汗似乎非常合适,然而显庆年间这次任命的效果并没有维持多久。其原因与唐朝同时册封了西突厥另一个首领阿史那步真为可汗有关。步真在入唐之前为了夺取弥射之

---

① 《旧唐书》卷 195《回纥传》。
② 《旧唐书》卷 194 下《突厥下》。

权,杀死了弥射部族中的弟侄20余人,迫使弥射投奔唐朝以自保。唐朝在了解步真为人及其与弥射之间的仇恨之后,在其率部落入唐后还是授其左屯卫大将军,而在讨平贺鲁叛乱后,又册封阿史那步真为继往绝可汗,兼骠骑大将军、蒙池都护,领五弩失毕部。

从官爵来看,阿史那步真与阿史那弥射的品级没有大的差别,似乎唐高宗此举是为了平衡西突厥内部力量,使得二人互相牵制。弥射当年投唐是受了步真的威胁,而步真在部族中无甚威望,投唐之后仍然得以授为左屯卫大将军。左屯卫是十六卫之一,在这次封授之前的龙朔二年(662)被改为左威卫,居于左右卫、左右骁卫、左右武卫之下。在十六卫中,左右卫、左右骁卫、左右武卫、左右威卫、左右领军卫、左右金吾卫这12个卫是领府兵的,而左右监门卫、左右千牛卫这4个卫是不领府兵的。也就是说步真初入唐的官职(左屯卫大将军)明显高于弥射的"右监门(卫)大将军"。唐高宗同时授予投唐的两人官职,只要来投,都接受,不考虑二人在部族中曾有的矛盾,甚至在后来两人矛盾再次凸显的时候并未考虑两人的世仇,仍施加封授,这就为二人后来的矛盾冲突的激化打下了基础。阿史那步真既在部族时就敢杀害弥射的弟侄20余人,入唐之后对弥射也不会宽容以待。当阿史那弥射被册封为可汗之后,官职与自己十分相当,步真就利用了唐朝一个官员苏海政将其除掉,酿成了冤案。史载,龙朔二年(662)苏海政误信步真对弥射的诬陷,设计杀死弥射和其统领的诸酋长后,"其鼠尼施、拔塞干两部亡走,海政与继往绝追讨,平之。军还,至疏勒南,弓月部复引吐蕃之众来,欲与唐兵战;海政以师老不敢战,以军资赂吐蕃,约和而还。由是诸部落皆以兴昔亡为冤,各有离心。继往绝寻卒,十姓无主,有阿史那都支及李遮匐收其余众附于吐蕃"[1]。苏海政轻信阿史那步真的诬陷而杀害阿史那弥射,这种做法

---

[1] 《资治通鉴》卷 201 唐高宗龙朔二年。

严重损害了唐朝之前对于其部封授的效果,使得诸部落离心,纷纷叛向吐蕃,成为唐朝之敌,使唐蒙受了重大损失。直到武则天临朝的时候,西突厥十姓部落已经无主数年,部落多散失。武则天只好任命弥射与步真之子分别继承父辈的封授,期望能够利用二人的力量对抗强大起来的默啜部落,但因西突厥已离散数年,难以团结起来,实力衰微,已无法对抗强敌。弥射及其子孙命运都非常悲惨,之后都卷进了冤案,都面临着被杀和流配的境地。这当然牵涉到彼时酷吏与权臣之间的矛盾问题,但从封授的整体效果来看,这次对于弥射与步真的册封与授官应判定为失败,因并没有安抚到贺鲁的旧部落,未能将其重新组织起来而整合为对唐朝有利的一支力量。西突厥后来仅有一些部落徙居唐内地,阿史那氏其实已经灭绝。武则天时期对于弥射与步真后代的册封与授官完全沿袭高宗显庆三年的封授级别和方式,并没有解决根本问题。从"兴昔亡"和"继往绝"这两个可汗的名称来看,唐朝是想达到保存西突厥部落,希望这些残余力量继续为唐王朝所用,达到"藩屏"中央的目标,但显然并未如愿。

以上弥射的封授故事是唐朝治边政策的一个具体体现,也体现了唐朝的治边思想,即在变动的边疆局势下施行适当的统治策略,对不便于直接开展统治的区域实行羁縻统治,而羁縻本身的目的是更好地"控制",这一切都在承认皇权的绝对权威、认同政治秩序、愿意融入封授体制的前提下才能顺利开展。因而虽然弥射投唐后没有受到应有的保护,封授级别与步真大致相当,最后更是被唐朝官员冤杀,子孙流离,但其仍然接受唐王朝封授,为唐王朝征讨叛乱、稳定边陲。

无独有偶,唐高宗时期还出现了一例应封反杀的事件。开耀元年(681),东突厥自立的可汗伏念执叛唐的温傅,向唐朝官员裴行俭投降。裴行俭许诺保伏念不死,但回京后裴炎嫉妒裴行俭的功劳,就唆使唐高宗杀死伏念。伏念被斩后,裴行俭感到失信于边疆民族,心中郁结,从此闭门不出。唐高宗对降者不予宽容,不对降附首领进行封授,反而进行斩杀,造成了离心,为突厥再次叛唐埋下祸根。

《旧唐书》在《突厥传》结束时有这样一段议论:中国(指唐朝)与西突厥之类的边夷之间的关系是乱治类似的,"西突厥诸族,遇其理,则众心悦附而甲兵兴焉;遇其乱,则族类怨怒而本根破矣! 理乱二道,华夷一途。或质言于盛衰倚伏,未为确论"。因而认为并不是哪一个皇帝善于治边、有驭夷之道的问题,而是突厥自有其兴盛与衰亡的内在曲线,与唐王朝的政策关联不大。事实上,我们还应看到,唐朝周边的这些民族政权,其兴衰与唐王朝之间的关系是十分密切的。回纥、吐蕃、南诏等蕃国很清楚,强盛的唐王朝为周边蕃国蕃族提供了丰富的资源,如果唐朝灭亡,中原凋敝,则无所取,所谓赖以生存者也。唐王朝对于周边民族关系的处理,也直接关系到这些民族政权的兴衰存亡,如上述阿史那弥射之事即是一例。当然,这次对弥射和步真的册封和授官虽然总体上是失败的,但并不代表均衡两种力量的计策本身有问题。唐玄宗处理突骑施的册封,采用类似这种"和稀泥"的方法就非常成功。突骑施苏禄比较强胜,突厥虽已灭亡但以昔日高位自居,双方使者争长,唐朝对两国使者是也采用这种"和稀泥"的处理方式,史载:"突厥使曰:'突骑施国小,本是突厥之臣,不宜居上。'苏禄使曰:'今日此宴,乃为我设,不合居下。'中书门下及百僚议,遂于东西幕下两处分坐,突厥使在东,突骑施使在西,宴讫厚赉而遣。"①在东西幕下两处分坐,谁都没有感觉受到冷落,这样的处理方式看似被动,实则是将主动发生矛盾的权力交由他们自己,纵其内争,背后获利。果不其然,唐朝不干预突骑施的内部争斗,终于等到了将其灭亡的时机。苏禄晚年奢侈而多病,引发族众不满,开元二十六年(738)被其部下莫贺达干、都摩支杀死。都摩支立苏禄之子吐火

---

① 《文献通考》卷344《四裔考二十一·突厥下》。

仙骨啜为可汗而讨伐莫贺达干,莫贺达干联合唐朝安西都护盖嘉运,率兵打败吐火仙。这场战争中,当安西都护盖嘉运收到莫贺达干请兵的请求,立即进兵参与了夺权,这是在突骑施战场上做出的一个果断而明智的决定。开元二十七年(739)九月,处木昆、鼠尼施、弓月等起初隶于突骑施者,纷纷率众内附唐朝,被唐徙居安西都护府,突骑施苏禄政权实际上已宣告灭亡。

突骑施苏禄政权灭亡之后,唐朝欲立西突厥阿史那怀道之子昕为可汗,莫贺达干不满,认为自己才是讨平苏禄的主功之人,应立为可汗,于是唐不立阿史那昕,令莫贺达干统其众。① 不久之后,曾强大一时的突骑施衰落下来。天宝元年(742),突骑施部以黑姓伊里底蜜施骨咄禄毗伽为可汗,数度向唐遣使朝见。由此争夺可汗封号的事件可以看出来,边疆民族对于唐朝的册封非常认可,得到册封是有十分重要的实际意义的,而利用册封来制造矛盾或者化解矛盾,是唐王朝的一个重要的政治手段。

武则天时期,后突厥汗国兴起,成为北疆面临的主要威胁。在武则天称帝前,后突厥汗国首领骨咄禄就不断寇扰唐朝,其时已掌实权的武则天数次派官员前去驻防,但效果不佳,铁勒诸部在漠北者渐为突厥所吞并,回纥、契苾、思结、浑部被迫徙于甘、凉二州之地。由于高宗末年开始,武则天的主要精力都用在谋取皇位上,因而对于骨咄禄的反叛实行消极防御,导致了骨咄禄势力的不断壮大。高宗末年时,国家佃农为躲避战时征发,不断逃亡。农户的逃亡,使中央王朝的兵募缺乏衣食来源,从而引起兵募的逃亡,也导致了武则天时边防的无力。② 垂拱二年(686),武则天开始讨伐骨咄禄,但已经难以取胜。天授初,后突厥骨咄禄病死之后,其弟默啜篡夺汗位,从此后改变了对周的策略,不断讨好武则天,以取得武则天对其篡夺的汗位的

---

① 《资治通鉴》卷214唐玄宗开元二十八年。
② 秦川:《武则天时期边防及其与兵募的关系》,《甘肃社会科学》1989年第4期。

支持。

天册万岁元年(695),默啜遣使请降,武则天大悦,封授其为左卫大将军、归国公。"明年,(默啜)复遣使请和,又加授迁善可汗"①,这一年五月,时任松漠都督的契丹李尽忠率部反叛。默啜请求做武则天的儿子,同时为自己的女儿求亲,并率领部众前去征讨契丹,大胜而归。看似默啜为武则天尽忠而征讨携离,其实不然。在李尽忠死后,默啜大掠契丹辎重,并转而进攻中原王朝的灵、胜二州。可以说,默啜一面寻求武则天的支持,一面通过与契丹的战争和对武周的掠夺不断壮大自己,不以效忠于武周为准则。

万岁通天二年(697)三月,默啜向武则天要求归还河西丰、胜、灵、夏、朔、代六州的突厥降户及单于都护府之地,又求赐粟田种十万斛,农器三千具,铁数万斤。默啜此举无疑是为了壮大自己的实力,增加人口、土地,并增强农业、军事力量。武则天最初没有应允,突厥恼怒,扣留使者司宾卿田归道,武则天只好答应。关于武则天此时的无奈,有学者分析武则天"对吐蕃的战事胜少败多,对突厥更是难有一胜,为防备突厥的进攻,不得不对突厥实施安抚,并一再应允突厥的要求"②。后突厥得到一大批族人和物资后,以此为基础,国力大大增强。圣历元年(698)年六月,武则天应默啜求亲之请,命内侄孙淮阳王武延秀前往后突厥娶默啜女为妃。中原王朝首领迎娶少数民族首领之女,这在唐代自开国以来还是首例,对于中原王朝来说,这样结合起来的所谓舅甥关系,少数民族首领为尊,中原王朝居下,这是降尊屈己以求全。隋唐时期的君臣有着极强的优越感,在此氛围中,迎娶少数民族公主必然颇费周章,③因而这次和亲的行动被学者评价

---

① 《旧唐书》卷 194《突厥传上》。
② 朱建华:《武则天圣历元年唐与突厥战役考》,《赤峰学院学报》2012 年第 4 期。
③ 崔明德:《隋唐民族关系探索》,青岛海洋大学出版社,1994 年,第 56 页。

为"严重的失策"。① 然而即使做出如此让步和示好，却还是没有满足突厥的意愿。武延秀到达后，默啜说："我以女嫁唐天子子，今乃后家子乎！且我世附唐，今闻其子孙独二人在，我当立之。"②于是扬言兴兵帮助李氏复唐，发兵袭击静难军、平狄军等，又进攻妫州、檀州、定州、赵州。可见默啜嫁女是假，借机兴兵武周是真。其理由"兴复李唐"也并非真实意愿，只是借口而已。③ 对于边疆民族，特别是有着强盛历史的突厥而言，恢复甚至超越先祖时的辉煌、壮大本民族本政权、强化个人权力才是其真正的目的所在。然而从另一个方面来讲，既然默啜打着"兴复李唐"旗号，就不便在李氏皇族领兵时再进犯中原，故以李氏皇族领兵多少对默啜的进犯起到一定牵制作用，这一点从以后武则天以皇太子李显为主帅而默啜很快退兵可以得到验证。

　　为了应对默啜的"反叛"和攻袭，武则天起先任命其内侄司属卿武重规等领兵 45 万前去反击，并下诏立斩默啜者封王，但没有取得成效，于是不得已顺应民心，立其子李显为皇太子，又任命李显为河北道元帅，讨伐突厥，这时才取得成效。从武则天派遣讨伐突厥的将领来看，武则天彼时十分器重武氏家族，希望武氏一族能够在征讨后突厥的战争中建立功勋，然而事与愿违。在反击突厥的同时，武则天又诛杀了大将程务挺和黑齿常之等人，而这些人恰为边关得力将才，后突厥更是视程务挺为神，"为立祠，每出师，辄祷焉"④。

　　被武则天诛杀和压制的蕃将，其实正是镇压叛乱、对外征讨的重要力量。太宗、高宗时期用于边疆开拓的蕃将，到武则天以后已经转变为主要履行对内镇压功能，包括对蕃州叛乱和内地变乱进行诛讨

① 　［英］崔瑞德编：《剑桥中国隋唐史》，中国社会科学出版社，1990 年，第 315 页。
② 　《新唐书》卷 215《突厥传上》。
③ 　突厥的复国意识参见《唐前期东突厥复兴反映的族属意识与认同问题》，载于李鸿宾：《唐朝的北方边地与民族》，宁夏人民出版社，2010 年。
④ 　《新唐书》卷 111《程务挺传》。

镇压,①这是不容忽视的一支重要力量,在维护国家稳定方面,效力于国家的蕃将是重要的动力,而武则天实行的恐怖杀戮大大限制了这些蕃将在政治、军事上的活动能力。另一方面,武则天本人没有战争经历,她的长处在于权术,懂得如何保证皇权的稳固性,却一向很少与大臣们探讨民族关系问题,②也可以说是无暇仔细思考如何治理边政。

从武则天与后突厥的交往过程来看,武则天时期对后突厥首领大行封授,不惜大大提高封授的级别,然而这种优宠取得了反效果。契丹李尽忠、孙万荣反叛时,默啜被授为左卫大将军,封为归国公,随后被册拜为迁善可汗。默啜袭松漠部落得胜后,武则天又册默啜为特进、颉跌利施大单于、立功报国可汗。③ 从大将军、国公到可汗到特进、大单于,武则天对后突厥默啜的封授级别次次攀高。按唐制(武则天时期的外官官制仍袭唐太宗、高宗的旧制),大将军为正三品以上,国公为从一品,万岁通天元年(696)时,武则天并未直接册封默啜为可汗,可见是借其归降,欲以中原官职纳之,并不想直接册封其可汗之位。默啜再次请和之后,武则天才册封其为可汗,并以"迁善"命名,诏示对后突厥以往袭扰中原的谅解与友好关系的开始。如果说仅仅请和就封授如此高的官爵属于优宠的话,那默啜征契丹立功之后的册封更是夸张。"特进""大单于""可汗"均为高级别册封,特进为正二品,大单于、可汗都是对默啜在其族地位的承认,特别是"大单于"一词,本是沿袭游牧民族旧称,更是一种托古而极端推崇的表现。然而虽然武则天给默啜的封号极尽嘉奖,收效却次次降低,默啜逐渐轻视武周国力,不仅用兵,还提出无理要求。可以说,武则天对突厥默啜的投降没有辨明情况,一开始就用"左卫大将军、归国公"这样高

---

① 马驰:《唐代蕃将》,三秦出版社,1990 年,第 115 页。
② 崔明德:《隋唐民族关系探索》,青岛海洋大学出版社,1994 年,第 258 页。
③ 《新唐书》卷 215《突厥传上》。

级别的封授来优遇默啜,然后在默啜示好的情况下,没有查知他"请为后子,复言有女,愿女诸王,且求六州降户","默啜又请粟田种十万斛,农器三千具,铁数万斤"①背后的险恶用心,还大行册封,且级别更高,从"迁善可汗"到"特进、颉跌利施大单于、立功报国可汗"。然而未及册封,默啜就进攻灵、胜二州,武则天的册封也就失去了意义。这样的册封,只能降低自唐开国以来封授的有效性,降低唐和周的威信。神龙元年(705)唐中宗李显复位,对强势的突厥采取了无为的政策,所以在维持和突厥关系方面仅限于防御,而且这种状况一直持续到睿宗时期。景龙元年(707)十月,左屯卫大将军张仁愿受任为朔方道大总管,趁默啜西征突骑施之机夺取了漠南,在黄河北筑东西中三座受降城,截断了后突厥南侵之路,自此后突厥不再南下放牧,保证了朔方的安全。② 景云二年(711)正月,默啜遣使请和,得到唐睿宗李旦的应允,三月,唐以金山公主许嫁默啜,默啜"幞头,衣紫衫,南向再拜,称臣"③,此时默啜才再度接受了唐的册封。对比武则天时期的优宠笼络和中宗、睿宗时对后突厥的武力制约,可以看出册封、授官只有在中原王朝有足够实力节制边疆少数民族的时候,才能保障其权威性,才能顺利实施。事实上,对外政策的推行是以国力为凭借的,唐高宗时尚存太宗时之气概,至武则天时期已不可与太宗时同日而语。

　　武则天时期对于后突厥封授的级别未加严格控制,给中宗、睿宗、玄宗时期封授政策的实施也造成了一定阻力。武周大大提高对斩默啜者的封授嘉奖,以至于影响到了中宗时期的政策,也为玄宗时对斩默啜者的封授造成了顾虑。默啜曾打着复兴李唐的旗号而对武

---

① 《新唐书》卷 215《突厥传上》。
② 《新唐书》卷 215《突厥传上》。
③ 《资治通鉴》卷 210 唐睿宗景云二年。

周用兵,武则天在盛怒中"下诏购斩默啜者王之,更号曰斩啜"①,宣布给予斩默啜者王爵,虽然激励士气,但级别过高,未免给封授政策的施行造成混乱。中宗即位(705)后,默啜又寇灵州鸣沙县,中宗下诏绝其请婚,仍购募能斩获默啜者封国王,授诸卫大将军,赏物二千段,可见是沿袭了武则天时的政策。斩获默啜者封国王事件到唐玄宗时期才有了结果,开元四年(716)默啜被斩,而唐玄宗并没有封斩默啜者为国王,史载:"突厥默啜自则天世为中国患,朝廷旰食,倾天下之力不能克;郝灵荃得其首,自谓不世之功。璟以天子好武功,恐好事者竞生心徼倖,痛抑其赏,逾年始授郎将;灵荃恸哭而死。"②由这则材料可知,唐玄宗君臣为了抑制好事者的侥幸心理,时过一年才授予斩默啜立功的郝灵荃以"郎将",而不是武则天时就许下的"国王"的封号,因而郝灵荃恸哭而死。唐玄宗时期封授政策逐渐走向成熟,取消了武则天时许下的"国王"的嘉奖,这对于唐朝的封授政策是一种归正,然而难免对于郝灵荃这样的官员造成沉重打击。在对后突厥、契丹的战争中,武则天时期还常常怒改人名,虽然在一定程度上丰富了封授政策的内容,但也反映了统治者率性而为的特点,对于边疆封授政策的施行起不到实际的作用。垂拱三年(687),唐军征讨后突厥可汗骨咄禄失利后,"则天大怒,因改骨咄禄为不卒禄"③。此处的"不卒禄"不是册封或赐名,是在仇恨的情绪中进行的报复性改名。与此前历代唐朝皇帝相较,报复性改名可谓武则天的创造。随后默啜即位突厥可汗,打着复兴李唐的旗号而对周用兵,武则天在盛怒中"下诏购斩默啜者王之,更号曰斩啜"④。可见武则天对边疆民族首领改名是为泄愤诅咒。

---

① 《新唐书》卷 215《突厥传上》。
② 《资治通鉴》卷 211 唐玄宗开元四年。
③ 《旧唐书》卷 194《突厥传上》。
④ 《新唐书》卷 215《突厥传上》。

　　唐玄宗对后突厥首领的封授政策随着后突厥政治局势的演变而进行调整,对于降附首领进行了及时的封授,还抓住后突厥内乱的时机,对汗位的继承者进行册封,有力把握了后突厥与唐关系的发展。由于默啜势力的衰落,开元(713—741)初年其部族大量归附于唐,开元二年(714)、三年(715)唐朝进行了大规模的封授。开元四年(716),默啜进攻九姓拔曳固,归途中被拔曳固残众所杀,阙特勤立其兄左贤王默棘连为毗伽可汗。毗伽可汗势力强盛,较少有首领归附于唐,于是唐对后突厥人的封授仅限于个别使者。开元末,毗伽可汗被毒死,后突厥陷入汗位争夺的内乱之中,各部相继内附于唐,突厥汗国大大衰落,继任的可汗开始接受唐朝册封。

　　唐玄宗时,突骑施在西域强盛起来,吐火仙骨啜被唐朝封授为左金吾卫员外大将军、脩义王。唐朝又以西突厥阿史那怀道之子昕为十姓可汗、开府仪同三司、濛池都护,册其妻凉国夫人李氏为交河公主,遣兵护送。[①] 然而行至碎叶西俱兰城,阿史那昕为突骑施莫贺达干所杀。交河公主与其子忠孝返回,忠孝被授左领军卫员外将军,西突厥族众最终灭亡。这次册封非但没有扶持西突厥残余势力回归故土,反而造成了西突厥的最终灭亡,得不偿失。

　　与东西突厥封授相关的还有与突厥同源的铁勒仆固部族的封授,以仆固怀恩的封授最为典型。唐肃宗、唐代宗通过对铁勒首领仆固怀恩的封授,提高了其政治地位,嘉奖其平乱之功,增强了仆固怀恩的力量,然而仆固怀恩受到陷害愤而叛唐后,成了唐朝一大威胁。仆固怀恩在安史之乱时跟随郭子仪作战,家族中四十多人为国殉难,得到唐朝的授官,曾任金微都督、朔方行营使等,对于唐朝收复两京功不可没,还曾将自己的女儿嫁给回纥可汗,以修唐与回纥之好。然而后来由于受到宦官的陷害,仆固怀恩愤而叛唐。广德二年(764),

---

① 《新唐书》卷 215 下《突厥传下》。

仆固怀恩与回纥、吐蕃进逼奉天,京师戒严。永泰元年(765)仆固怀恩诱回纥、吐蕃、吐谷浑、党项、奴剌数十万众入寇,"令吐蕃大将尚结悉赞磨、马重英等自北道趣奉天,党项帅任敷、郑庭、郝德等自东道趣同州,吐谷浑、奴剌之众自西道趣盩厔,回纥继吐蕃之后,怀恩又以朔方兵继之"[①],对唐朝形成了极大威胁。在唐朝重新争取回纥的支持之后,仆固、吐蕃对唐的进攻均告失败,大大减弱了吐蕃等的侵略力度。

总体来看,在突厥发展的各个阶段,与唐王朝之间的联系非常多,双方多是战争关系。在战争中,有不少封授案例,从中可以看到唐王朝对突厥的应对策略和边疆经营的得失。

第二节　李思摩封授史事

李思摩原名阿史那思摩,是东突厥伊利可汗曾孙,在处罗可汗和颉利可汗时期任特勤,武德年间作为使者入唐,曾得到唐高祖厚遇。唐太宗时期东突厥汗国灭亡,阿史那思摩得到重用,并被赐姓为李。李思摩的四段有趣的人生经历恰好符合典型封授的案例,涵盖的信息比较广,适合拿来作为研究范例。

一、无封授到虚封

唐高祖创立了初唐的政治制度格局,这一时期唐朝对于边疆民族或政权的关注较少,主要精力放在了对中原地区的经营上。东突厥此时恃强称霸,给唐王朝带来了困扰。

李渊举兵之前厚赂突厥,请求军马的协助,以壮声势,唐朝建立后又给予突厥更多的财物。武德元年(618),突厥始毕可汗派遣骨咄

---

① 《资治通鉴》卷 223 唐代宗永泰元年。

禄特勤来朝,唐高祖为之设宴于太极殿,奏《九部乐》,并请来使"升御坐",①可见突厥地位之高。武德二年(619),突厥始毕可汗联合梁师都、刘武周等侵唐,但由于始毕猝死而未果。处罗可汗嗣位,迎娶前隋义成公主,扶植前隋齐王之子杨政道,"行隋正朔,置百官,居于定襄城,有徒万余"②。唐朝也随之改变了对突厥厚赂的策略,不愿缴纳供奉,"敕纳于所在之库"③。在讨伐刘武周、王世充的同时,唐高祖派太子镇守蒲州以备突厥。这一时期,唐与突厥之间行的是"敌国礼",即双方是对等的关系。此时唐朝统一大业尚未完成,事实上无法有效抵御突厥。

武德三年(620),处罗可汗死,颉利可汗继任,再娶隋义成公主,被义成之弟和王世充的使者说服,入寇唐朝,对唐朝态度傲慢,"然骄气,直出百蛮上,视中国为不足与,书辞悖嫚,多须求"④。唐高祖仍然采取屈从的办法,赠送突厥丰厚的财物,然而突厥持续寇扰唐朝汾阴、并州、代州等地,还于武德四年(621)与刘黑闼、苑君璋联合攻唐,扣留唐朝使者汉阳公苏瑰、太常卿郑元璹、左骁卫大将军长孙顺德等。唐高祖也相应扣留突厥使者,派遣定襄王李大恩挫败了突厥的进攻。突厥不得已释放了唐使,主动向唐朝示好,"献鱼胶数十斤,欲充二国同于此胶"⑤。在此情况之下,唐高祖释放了突厥使者,赐突厥以金帛并且许诺和亲。然而次年,刘黑闼又引突厥寇山东,颉利又寇扰朔州等地。⑥ 在被唐朝打败之后,突厥仍多次寇扰于唐,双方关系时战时和。从当时的情形来看,双方难以形成封授关系,至少最高首领之间是不大可能在敌对的情况下接受对方封授的。

---

① 《新唐书》卷 215《突厥传上》。
② 《通典》卷 197《边防十三》。
③ 《资治通鉴》卷 187 唐高祖武德二年。
④ 《新唐书》卷 215《突厥传上》。
⑤ 《旧唐书》卷 194《突厥传上》。
⑥ 《资治通鉴》卷 190 唐高祖武德五年六月。

　　然而,在以上背景下,唐高祖时期对于突厥小首领还是进行了仅有的一次册封。武德七年(624),突厥颉利可汗派遣突利及阿史那思摩奉见请和,唐高祖让其子李世民与突利可汗结为兄弟,同时册封阿史那思摩为"和顺郡王"。① 郡王,属于爵位,是唐朝册封的九等爵中仅次于亲王的第二等,是从一品的高爵,享受食邑五千户。对突厥一个使者不惜给予这么高级别的封爵,唐朝显然希望以封王之举来促进双方关系的进一步发展。然而这里所封的王,并不是实封,不包括享有土地和俸禄等相关的待遇,虽然是封阿史那思摩,但重点不是阿史那思摩本身,而是派遣他前来请和的颉利,唐朝的册封,实是以虚封的方式向颉利可汗示好。此次册封是唐高祖时期对于突厥首领的唯一一次册封,然而双方仍在积极备战,因而这次册封并没有起到实质性作用。此次册封之后的次年,即武德八年(625),颉利集兵十余万,大掠朔州,双方在朔州、灵州、代州等地再度交战。唐高祖怒言:"往吾以天下未定,厚于虏以纾吾边。今卒败约,朕将击灭之,毋须姑息。"② 可见此前对突厥的厚遇,包括阿史那思摩"和顺郡王"的册封,实际意义是为了暂时缓和矛盾以利于唐王朝统一全国。既然现在双方矛盾已激化,唐高祖就已有意彻底解决突厥问题。

　　尽管如此,我们仍应看到,武德七年唐对突厥的册封虽然是虚封,但在唐与突厥的关系史上,毕竟是封授政策实施的开始,对于以后双方册封、授官活动的开展,还是起到了导向和参鉴作用。

二、虚封到授官

　　武德九年(626),颉利利用唐太宗初即位、政局不稳之机,集结十

---

① 《旧唐书》卷 194《突厥传上》。《李思摩墓志铭》《资治通鉴》等载为"和顺王",实指和顺郡王。参见艾冲:《唐太宗朝突厥族官员阿史那思摩生平初探》,《陕西师范大学继续教育学报》2007 年第 2 期。

② 《新唐书》卷 215《突厥传上》。

余万骑进寇武功,唐朝京师戒严,随后突厥又进寇高陵。唐朝在这场战争中取得胜利,颉利战败,向唐请和,双方在渭水便桥之上订立了渭水之盟,商定突厥军队撤出唐境,唐许以金帛。[①] 此后,突厥仍然强势,颉利沿袭武德年间的对唐策略,"每利用与抓住唐王朝有政治变故、时局变化的可乘之机,南侵向唐王朝进攻"[②]。双方仍然处于敌对状态,渭水之盟只是维持了表面的短暂和平。

突厥大可汗颉利与小可汗突利长久不和,贞观初年二者开始决裂,为唐朝灭亡突厥创造了契机。贞观二年(628)夏,颉利因多次向突利可汗部征兵未果,怒而攻伐突利。突利与唐联络,希望摆脱颉利的控制。贞观三年(629)唐太宗开始大举进攻突厥,颉利战败,各个部落纷纷投降唐朝,突厥突利可汗、郁射设、荫奈特勤等均率所部投唐。贞观四年(630)唐朝生擒颉利,突厥汗国灭亡,突厥思结俟斤率众四万来降。在战争正式结束前,为了安排陆续降唐的大批突厥部落,唐朝在以夏州为中心的地区设置了顺、佑、化、长 4 州,突利任顺州都督,阿史那思摩为化州都督;颉利被擒之后,又在此基础上进一步加以调整,在安置颉利旧部的地区又分 6 州,安排新降的颉利部众。[③] 唐太宗任命了突厥酋长为都督、刺史:"其大者为都督府,以其首领为都督、刺史,皆得世袭。"[④]突利被封为北平郡王,阿史那苏尼失被封为怀德郡王,而我们的主人公阿史那思摩被封为怀化郡王。

突厥灭亡后,唐册封包括思摩在内的突厥降附首领为"郡王",不册封可汗。回看唐太宗对突厥各首领的封授,从郡王到都督、大将军不等。郡王在唐朝爵秩中位于第二等,从一品。然而对于突厥首领来讲,被封为郡王不一定能得到相关的待遇,这一点从郡王的名称

---

① 《旧唐书》卷 194《突厥传上》。
② 赵云田主编:《北疆通史》,中州古籍出版社,2003 年,第 157 页。
③ 吴玉贵:《唐朝安置东突厥降众考》,《7—8 世纪东亚地区历史与考古国际学术讨论会论文集》,北京大学考古文博院,1998 年,第 69 页。
④ 《新唐书》卷 43《地理七》。

"怀德""怀化"可以看出来。这种称呼一般用于边疆民族首领,不是实职,属于名誉称号,也无法享受郡王"食邑五千户"的待遇(实际上,只有加"食实封"字样的,才能得到相应的封户租调)。对于唐朝来讲,这些封号只是对于这些归降部众首领功绩的一种肯定和褒奖而已,是以文德的称号进行表彰。突利所得册封"北平郡王"有所不同,《通典》载突利于贞观四年"授右卫大将军,封北平郡王,食实封七百户"。[①]边疆首领得到封授之后能够"食实封"者并不多见,突利食实封七百户,是唐太宗对于突利降唐且平突厥有大功的褒奖,具有特殊性,并不普遍,其待遇并不能纳入常制。而思摩此时并不食实封,说明这个郡王实际上享受不了相关的待遇,其待遇来自同时授予的两个职事官衔:都督、大将军。其实思摩"怀化郡王"的级别与原来的"和顺郡王"大致相当,然而在突厥降众之中已是最高(颉利在死后才被封为"归义王",此级别高于思摩),突厥灭亡前最高首领为"可汗",此时为"郡王",说明整个突厥部族地位的降低。思摩以都督、大将军之职被纳入唐朝的官职系统,成为在朝蕃将(区别于在蕃蕃将[②]),只不过其率领的部从主要是突厥人。

比较起那些名誉称号的郡王,真正有意义的是李思摩都督、大将军官职的授予。唐太宗有言:"为朕养民者,唯在都督、刺史,朕常疏其名于屏风,坐卧观之,得其在官善恶之迹,皆注于名下,以备黜陟。"[③]由此可见,都督之类的职位非常重要。虽然只是授官,不是册封(一般而言册封对应的是爵位,级别高于授官所对应的官职),然而这些官具有实际的意义,拥有实权。需要说明的是,都督、大将军虽可统帅军队,在此处指的也仅是这些首领对于本部族军队的领导,而得到授官的首领,对唐朝来讲必定是被判断为忠诚者。虽然从唐高

---

① 《通典》卷 197《边防十三》。
② 此处参考马驰对在朝蕃将和在蕃蕃将的划分。见马驰:《唐代蕃将》,三秦出版社,1990 年。
③ 《资治通鉴》卷 193 唐太宗贞观二年。

祖时期的虚封到此时的授官,封授的级别有所下降,但授官是实授,也是突厥降众开始正式接受唐王朝统治、李思摩正式被纳入唐朝职官序列的重要标志。

唐太宗时期对突厥的授官以大将军、将军、都督、刺史为主,并没有授予级别更高的勋官或文散官官职,这说明了这一时期对于军事的重视和对突厥首领授官级别的控制。也正是因为控制严格,久不得升官的结社率才会率众反叛(详见下文),此事件也成为唐朝回迁突厥并提升封授级别的直接诱因。

三、由授官回到册封

从突厥灭亡后唐太宗任命突厥酋长为都督、刺史的情况来看,他的本意是以定襄都督府和云中都督府对突厥旧部进行节制,任命顺从于唐的突厥首领为官,防范突厥反叛。然而此举并未达到目的,突厥部众被迁到内地之后,复国之心一直存在。[①]贞观十三年(639),突利之弟结社率以郎将宿卫,暗地里鼓动族人反叛唐朝,劫突利之子贺逻鹘北还,事情败露后,结社率被唐军杀死。结社率的反叛给唐王朝造成了震动,促使唐朝改变对突厥诸部的管理模式,准备撤销已经设置的羁縻府州,任命一个新的可汗来实施管理,也就是说,以更间接的方式管理突厥。同年唐太宗册封阿史那思摩为可汗,赐姓李,命令在诸州安置的突厥及诸胡渡过黄河回到漠南旧地。赐给阿史那思摩以皇室之姓的政治意义除体现唐太宗对思摩的信任外,还在于赐姓后思摩不仅是以突厥首领的身份,同时还代表大唐统领回迁的突厥,含有皇室对突厥亲自施治的含义。而唐太宗的意图也很明显:将"河曲"地域的突厥诸部全数向北迁至大漠以南、黄河以北的草原地带,

---

① 参见李鸿宾:《唐前期东突厥复兴反映的族属意识与认同问题》,载于《唐朝的北方边地与民族》,宁夏人民出版社,2010年。

建置隶于中央政府的蕃国。①

　　然而，李思摩受封后突厥族的回迁颇费周折。贞观十三年（639），因忌惮薛延陀汗国在漠北的兴盛，也由于"已经有不少突厥降户在农牧交界的'河南地'从事农耕，农业经济发展。这些民众自然向往安静的小农生活，不愿放弃自己经营的产业而北渡黄河打仗，其战斗力肯定今非昔比"②，李思摩受封后不肯出塞。唐太宗为此特以玺书警告薛延陀，然后为李思摩饯行以勉励之。唐太宗同时又册封阿史那忠为左贤王、阿史那泥熟为右贤王，辅佐李思摩管理即将建置的蕃国。但"河曲"突厥诸部还是迟延一年没有回迁。贞观十四年（640）三月，唐王朝在黄河以北的故定襄城置宁朔大使，以护送突厥，次年李思摩才率部落渡河，游牧于漠南草原。随着思摩的率众渡河出塞，建立于河南的佑、化、长以及北抚、北安等州都督府也就全部省废。③

　　"可汗"是东突厥、西突厥、薛延陀、突骑施等族国特有的对于最高首领的称谓，也影响到了铁勒诸部族。唐朝为了顺应这些边疆民族的国情或族情，有时以蕃汉两种爵位授予其首领。李思摩此次受封的"可汗"与之前突厥首领的"可汗"之号有较大区别。首先，李思摩的"可汗"之号由唐朝册封，而不是部族选任之后唐朝再被动地承认，因而这个"可汗"受到唐朝直接节制。第二，与薛延陀等受封的"可汗"相比，李思摩的"可汗"之号既为唐朝官员又为部族首领，因而兼有两种身份，负有为唐王朝尽忠的义务。李思摩回迁后向唐王朝表示"蒙恩立为落长，实望世世为国一犬，守吠天子北门，有如延陀侵

① 艾冲：《唐太宗朝突厥族官员阿史那思摩生平初探》，《陕西师范大学继续教育学报》2007 年第 2 期。

② 尤李：《阿史那思摩家族考辨》，《中国边疆民族研究》第 4 辑，中央民族大学出版社，2011 年，第 24 页。

③ 樊文礼：《唐贞观四年设置突厥羁縻府州考述》，《中国边疆史地研究》1994 年第 3 期。

逼,愿入保长城"①,即有此意。薛延陀首领夷男及其两个儿子被册封的"可汗"并没有必须为唐随时征战的义务,有自主的军权,独立性更强。第三,与颉利可汗相比,李思摩这样受封的"可汗"权限更小,不但没有独立的军权,不能随意规定自己的税则,还不能不经唐王朝的许可随意授官给部从。虽然唐王朝希望李思摩建置一个突厥人自治的蕃国,但由于性质上是唐朝的官员,李思摩部回迁之前必然是从唐王朝领取俸禄(无论俸禄是否只是象征意义上的),回迁也是受命于唐,唐王朝必然负有继续扶持回迁突厥部落首领的义务,故而唐与思摩之间是互有责任与义务的。颉利可汗则不同,可以随意调兵,拥有独立的军权和民权,可以向自己的部落调配粮食和军队,授官给部众不需要向他人请示。由上可见,回迁的突厥,其首领虽从级别较低的授官转为级别较高的册封,地位并没有实质性的上升,本质上仍是唐朝的属官,"可汗"已从册封的性质变为类似授官的性质。

然而此时薛延陀势力在突厥故地得到大发展,虽然唐朝用册封夷男二子的方法试图分化其力量,但并未达到明显效果。薛延陀非常不满于唐朝将突厥迁回故地的做法,史载:"会朝廷立李思摩为可汗,处其部众于漠南之地。夷男心恶思摩,甚不悦。"②贞观十五年(641),唐太宗下诏来年封禅(后来没有进行),薛延陀真珠可汗认为彼时唐朝边境必然空虚,想乘机消灭突厥。于是"命其子大度设发同罗、仆骨、回纥、靺鞨等兵合二十万,度漠南,屯白道川,据善阳岭以击突厥。俟利苾可汗不能御,帅部落入长城,保朔州,遣使告急"③。唐朝派兵前去讨伐薛延陀,薛延陀遣使求和,被唐太宗责以违约,不予受理。之后薛延陀战败,遣使谢罪。从这里可以看出来,尽管唐朝回迁突厥有遏制薛延陀部的企图,但是由于薛延陀的强盛,这一举动并

---

① 《新唐书》卷 215《突厥传上》。
② 《旧唐书》卷 199《北狄传·铁勒》。
③ 《资治通鉴》卷 196 唐太宗贞观十五年十一月。

未有效威慑薛延陀。尽管如此，突厥回迁以及任命李思摩为可汗在一定程度上仍起到了制约薛延陀的作用。贞观十六年(642)，薛延陀首领夷男向唐请婚，献马三千匹，得到应允，夷男大喜。实际上唐太宗并没有和亲的意愿，[①]随后即以薛延陀礼金不够而绝婚，同时授意突厥可汗李思摩数次遣兵攻打薛延陀，唐朝还派兵协助，打击了薛延陀势力。

四、由册封又回到授官

回迁的突厥部众并不安定，李思摩的部下很快就发生了叛乱。贞观十七年(643)，一些突厥部落重新渡过黄河，请求在胜、夏二州之间安顿。李思摩无法控制部众，轻骑入朝，被唐朝授为右武卫将军。[②]此时突厥虽然已经处于弱势，但其存在对于薛延陀而言是一个现实的威胁，因此薛延陀并不能容忍其发展，不断对突厥予以打击，加之突厥的内乱，这两点是回迁部落之所以要再渡黄河请求安顿的主要原因。唐太宗东征高句丽之前，薛延陀遣使请求率师助讨，实则是为了探明唐太宗的态度。唐太宗回答："归语尔可汗，我父子东征，能寇边者可即来。"[③]夷男大窘。高句丽通过靺鞨表达了与薛延陀联合的意愿，夷男未敢应允。唐太宗派右领军大将军执失思力领突厥兵屯于夏州之北，以防备薛延陀。

从这个过程可以看出，突厥此时已经大大衰落，在唐朝河南之地无法安定下来，回到故地又受到薛延陀的排挤，唐太宗任命的可汗李思摩根本无力应对叛乱，控制不了自己的部落。其只身返唐说明李思摩受封的"可汗"之名已经失去了应有的意义，故而唐太宗改册封为直接授官。

---

① 李大龙：《汉唐藩属体制研究》，中国社会科学出版社，2006年，第366页。
② 《旧唐书》卷194《突厥传上》。
③ 《旧唐书》卷194《突厥传上》。

分析唐朝对李思摩的数次封授，可以看到突厥与唐王朝关系发展的轨迹。武德七年（624），阿史那思摩作为突厥的使者奉见请和。彼时突厥战败，然而思摩得到了唐高祖的热情接待，并被封为"和顺郡王"。这是唐高祖时期对突厥首领的唯一一次册封，虽是虚封，然而以使者身份被封为郡王，待遇已属较高。突厥灭亡后，思摩被封授为怀化郡王、都督、大将军，统领颉利旧部，此时的郡王级别与"和顺郡王"大致相当，然而在突厥降众之中已是最高（颉利在死后才被封为"归义王"，此级别高于思摩），突厥灭亡前最高首领为"可汗"，此时为"郡王"，说明整个突厥部族地位的降低。思摩以都督、大将军之职被纳入唐朝的官职系统，成为在朝蕃将，只不过其率领的部从主要是突厥人。突厥回迁，思摩被封为"可汗"，受赐姓李，以唐王朝的皇族成员身份前去统领突厥余众回故地。关于此次册封的记载，《旧唐书》卷199下《北狄传·铁勒》用的是"立"字，带有明显的以上对下的意思，说明"可汗"的性质已经发生了改变，此时只相当于唐王朝的一个官职称谓。李思摩无法控制回迁的部落，逃回唐朝后被授为右武卫将军，此时的级别较以往为最低（低于突厥灭亡后其被授的右武侯大将军一职）。他本人也不再领有自己的部落，只是以个人身份接受唐王朝的官职。思摩任唐朝右武卫将军之后，由于战功被晋级为右卫大将军，虽然都是十六卫的官员，但左右卫掌管的皇宫正殿和内厢的宫禁，级别上比其他诸卫都要高，而且从将军升为大将军，官品也就由从三品升为正三品，地位和荣誉已是人之龙凤。虽如此，唐王朝对于思摩的人生定位并不体现在他的右卫大将军或者之前最高峰时期的"可汗"之爵上。贞观二十一年（647），李思摩死于长安。在其死后，除了追赠为兵部尚书、夏州都督，陪葬昭陵外，唐太宗还特别下诏为其立碑于化州，这说明"唐廷很看重思摩在化州统领突厥降户的经历。毫无疑问，对唐廷来讲，思摩管辖突厥降户比他在北衙禁军供职更重要"①。唐王朝实际上是希望思摩起到控驭突厥降众作用的,然而对突厥人来讲,思摩已经失去了领导者的身份。此时的思摩不仅拥有了汉姓,也完成了边疆少数民族首领向唐朝正式官员的转变。由于其不代表突厥,所以也不能由此说突厥已经完全被纳入唐朝的统治。事实上,此时突厥正处于分裂和混乱之中。

唐朝对李思摩册封爵号与授予官职的案例,是边疆首领较为典型的代表,也是入唐边疆首领仕进的一个很好的例证,其官历比较曲折,涵盖了在蕃册封、亡国授官、复国册封、失众入朝授官、死后得到封授各个阶段,颇能说明问题。李思摩是东突厥历史上非常重要的人物,其人物一生的历史反映了东突厥汗国从兴盛到灭亡到复国到混乱的历史。

与东突厥类似,在唐朝历史上消失的边疆政权为数不少。唐王朝近三百年的历史上,能够与唐王朝的历史相始终的边疆政权十分稀少,蕃国中新罗自唐初就与唐交好,至唐亡时新罗亡,基本与唐朝历史完全重合。南诏自高宗年间发展起来,唐末分裂,与唐朝历史大部分重合。其他类似于契丹、奚这些民族,地处唐朝羁縻府州内,唐初即纳入,唐亡时独立出去,有自己发展的轨迹。除了上述两类蕃国、民族之外,许多政权或民族在唐朝历史上相继消亡,有的为唐所灭,有的被强蕃灭国后余众入唐寻求庇护,有的直接被其他强权所吞并,还有的由于各种内外原因分崩离析,余众四散。李思摩就属于突厥亡后降唐而受唐庇护的这一类。在唐朝历史上,这一类例子还有很多,如唐太宗贞观八年(634)吐谷浑为唐所灭,唐太宗封其可汗顺为河源郡王、地也拔勒豆可汗,使其领内附的部落。唐高宗显庆二年(657),西突厥被唐灭亡,唐朝在其故地设置羁縻府州,以内附的西突厥首领阿史那弥射、阿史那步真分别为兴昔亡可汗、继往绝可汗,以

①　尤李:《阿史那思摩家族考辨》,《中国边疆民族研究》第4辑,中央民族大学出版社,2011年,第26页。

唐朝大将军、都护的身份"兼职"残余部落。唐高宗总章元年(668)，唐朝灭亡高句丽，众多高句丽大小首领内附，被封为大将军等官。为了制约朝鲜半岛上在高句丽、百济灭亡之后一支独大的新罗，唐高宗于仪凤二年(677)授予高句丽首领高藏辽东都督一职，封为朝鲜郡王，令其回辽东安辑余民。① 同年唐朝还封授了原百济王扶余隆为光禄大夫、太常员外卿、兼熊津都督、带方郡王，令其安辑百济余众。② 开成五年(840)回鹘汗国被黠戛斯灭亡，残众逃入葛逻禄或吐蕃、安西。大中十年(856)，唐宣宗册拜回鹘可汗为"嗢禄登里罗汨没密施合俱录毗伽怀建可汗"以存其部落，但这次册封在途中被黑车子阻拦，最终未成。这些都是唐王朝抚恤没落的蕃国蕃族的封授，正是由于蕃国蕃族没落甚至灭亡，所封授的官爵于这些蕃国蕃族的存续有重要的政治意义。对于唐王朝来说，册封也并不仅是彰显唐王朝恩德的体现，还有重要的战略意义。保持没落蕃国蕃族的存在，可以维持蕃国力量的均衡，如吐谷浑虽然被灭国，但唐王朝通过册封其首领为可汗、尽力扶植其政权的名义存在，就是为了遏制吐蕃的势力向唐王朝的扩张，以吐谷浑做唐与吐蕃之间的缓冲。力量均衡、互相牵制的蕃国形势，更有利于唐王朝的边疆稳定。

---

① 《新唐书》卷 220《东夷传·高丽》。
② 《旧唐书》卷 199 上《东夷传·百济》。

第三章 唐朝对新罗首领的封授:以金春秋、金法敏为例

新罗位于今朝鲜半岛南部,传说由 4 世纪三韩的辰韩斯卢部建立,存续时间为 4 世纪至 935 年。唐朝建立后,新罗频繁朝贡,几乎每位继任的王都受到唐朝封授。新罗与百济、高句丽之间连年混战,数次向唐乞师。龙朔元年(661),在新罗的帮助下,唐朝灭亡百济;总章元年(668),唐朝灭亡高句丽。自此,新罗势力大为增强。咸亨元年(670)至仪凤元年(676)唐罗之间发生战争,战后"统一新罗"得以建立,作为一个统一的政权得到唐朝封授。935 年新罗在内外交困中灭亡。

金春秋(602—661)是新罗第二十九代王,因其为新罗统一朝鲜半岛的事业做出的极大贡献,被新罗人尊为"太宗"。金春秋的长子金法敏后来继承了新罗王位,是为新罗史上著名的文武王,父子二人在位期间,与唐朝联军灭亡了百济、高句丽,完成了朝鲜半岛南部统一。目前国内学界对二人关注不多,有关二人的研究,散见于拜根兴《七世纪中叶唐与新罗关系研究》[①]《唐朝与新罗关系史论》[②]、韩昇

---

① 拜根兴:《七世纪中叶唐与新罗关系研究》,中国社会科学出版社,2003 年。
② 拜根兴:《唐朝与新罗关系史论》,中国社会科学出版社,2009 年。

《东亚世界形成史论》①等著作，在熊义民《公元四至七世纪东北亚政治关系史研究》②、刘海霞《金春秋史事所见唐罗关系考论》③等学位论文和《新罗文武王对"亲唐派"将领肃清及其发动"罗唐战争"的关系》④《新罗文武王对唐策略研究》⑤等期刊论文中也有所涉及。国外的研究中，朝鲜有少数评论性文章涉及金春秋和金法敏，如金锡亨的《关于〈世界通史〉有关朝鲜叙述的严重错误》⑥。韩国的相关研究多数还是侧重于金春秋的外交贡献和金法敏"一统三韩"的业绩，注重对新罗与高句丽、唐等各政权之间的关系做整体研究，如朴淳教《金春秋外交的成败史》⑦、朴成洙《太宗武烈王金春秋的生平和功过》⑧等。日本金子修一《隋唐的国际秩序与东亚细亚》⑨、堀敏一《隋唐帝国与东亚》⑩等也对金春秋、金法敏有一些涉及。以上著述中未见以唐朝册封与授官为角度进行的专门考察和细节解析。

第一节　新罗与唐关系史

新罗在朝鲜半岛三国（高句丽、百济、新罗）中距唐最远，在唐初时势力也最弱。七世纪中叶，新罗为了求得自身生存和发展，对唐朝实行交好策略，促成了唐朝进军百济的军事行动。

---

① 韩昇：《东亚世界形成史论》，中国方正出版社，2015 年。

② 熊义民：《公元四至七世纪东北亚政治关系史研究》，暨南大学博士学位论文，2002 年提交。

③ 刘海霞：《金春秋史事所见唐罗关系考论》，延边大学硕士学位论文，2010 年提交。

④ 作者孙炜冉，载于《朝鲜·韩国历史研究》，2015 年。

⑤ 作者李春祥，载于《通化师范学院学报》2016 年第 5 期。

⑥ ［朝］金锡亨：《关于〈世界通史〉有关朝鲜叙述的严重错误》，《历史研究》1963 年第 5 期。

⑦ ［韩］박춘교.김춘추외교의승부사，푸른 역사，2006 년。

⑧ ［韩］박성주.태종무열왕김춘추 의생애와 그 공과.경주문화통권 제 14 호，경주문화원，2008 년。

⑨ ［日］金子修一：《隋唐的国际秩序与东亚细亚》，日本《唐代史研究》2003 年第 6 号。

⑩ ［日］堀敏一：《隋唐帝国与东亚》，韩昇、刘建英译，云南人民出版社，2002 年。

　　据《旧唐书·东夷传》、《新唐书·东夷传》、《册府元龟·外臣部·封册》、《通典·边防典》、《资治通鉴》（卷190、卷193、卷198、卷235）、《三国史记》（卷5、卷6、卷7、卷8、卷9、卷10、卷11）等，唐朝对新罗首领的封授自唐初开始，涉及新罗20位王，其过程可以分为四个阶段。

　　第一阶段为封授的开始与发展时期，时间为武德元年（618）至总章二年（669）。这一阶段，唐灭亡了百济和高句丽，并以新罗国为鸡林州大都督府，双方关系由于新罗的积极靠拢而十分密切，新罗变为"慕义向化"的藩属国，并且正式纳入羁縻府州体系。虽然这个"鸡林州"大都督与百济被设置的"熊津都督府"都督也是唐王朝羁縻府州体系中的一员，但这两个府州不同于其他羁縻府州，其蕃国的性质仍是没有改变的。但唐朝设置羁縻府州的政治目的很明确，这些地区由于政治、军事需要，具备转化为羁縻府州内层次甚至正州的可能性。此阶段以下新罗王得到了唐朝的册封或授官：

　　在新罗多次朝贡后，武德七年（624）唐高祖册封新罗真平王金白净（579—632年在位）为乐浪郡王。①

　　贞观六年（632）新罗真平王卒，唐太宗追赠其为左光禄大夫。

　　贞观九年（635）唐太宗任命已即位数年②的新罗善德王金德曼（632③—647年在位）为柱国，册封其为乐浪郡王、新罗王。

　　贞观二十二年（648）唐太宗追赠新罗善德王为光禄大夫。

　　贞观二十二年（648）唐太宗以新罗真德王金胜曼（647—654年在位）为柱国，册封其为乐浪郡王、新罗王。

---

① ［高丽］金富轼著《三国史记》卷4《新罗本纪·真平王》记载新罗王的封号为柱国、乐浪郡公、新罗王。

② 由于交通不便，使者往来的频繁程度不同等因素，有的边疆首领即位当年并不一定能够及时得到唐朝封授，下同。

③ 真平王于632年农历正月去世，善德王于632年农历二月即位，故真平王在位时间为579—632年，善德王为632—647年。类似情况不再出注。

永徽五年(654)金春秋(654—661 年在位)继位,唐高宗以其为开府仪同三司,册封其为新罗王、乐浪郡王。金春秋继任新罗王之前,648 年曾作为新罗使者入唐朝贡,唐太宗授予其官职,金春秋将唐朝衣冠、贺正、上朝制度引入新罗,并开始向唐纳质,650 年新罗"始行中国永徽年号",开始奉唐正朔。[①]

龙朔二年(662)唐高宗以金春秋之子金法敏(661—681 年在位)为开府仪同三司、上柱国,册封其为乐浪郡王。

龙朔三年(663)在唐与新罗联军攻破百济之后,唐置鸡林州大都督府于新罗国,授新罗王金法敏为鸡林州大都督。

第二阶段为唐与新罗发生战争与战后进行调整时期,时间为咸亨元年(670)至仪凤三年(678)。唐灭百济之后,命新罗参加了与百济败将进行的熊津会盟,希望新罗与百济交好,但新罗却占据了百济故地,与唐朝开始了长达数年的战争。由于受到了西南边疆战局的影响,唐朝对新罗的征伐力不从心。此阶段以下新罗王得到了唐朝的册封或授官:

上元元年(674)在新罗王金法敏"纳百济叛众,略百济地守之"[②],且对唐朝的态度强硬起来之后,唐高宗下诏削其官爵,另行册封了彼时在唐为官的新罗官员金仁问为新罗王。

上元元年(674)金仁问上任途中,原新罗王金法敏上表乞罪,唐高宗恢复其官爵开府仪同三司、上柱国、乐浪郡王、新罗王、鸡林州大都督。

第三阶段为封授调整和稳定时期,时间为仪凤四年(679)至贞元十四年(798)。唐罗战争结束后,"统一新罗"建立,新罗向唐上表乞

---

① 　[高丽]金富轼:《三国史记》卷 5《新罗本纪·真德王》,孙文范等校勘,吉林文史出版社,2003 年。
② 　《新唐书》卷 220《东夷传》。

罪、朝贡和入质。唐朝因对熊津都督府的经营不善等各种原因，[①]默认了新罗对大同江以南的统治，[②]新罗成为与唐密切友好的羁縻藩属国。此阶段以下新罗王得到了唐朝的册封或授官：

开耀元年(681)新罗王金法敏卒，唐高宗册立金政明(681—692年在位)为新罗王，授为鸡林州大都督。

如意元年(692)新罗王金政明卒，武则天册封金理洪(692—702年在位)为新罗王，授其为辅国大将军、行左豹韬尉大将军、鸡林州都督。

长安二年(702)新罗王金理洪卒，同年武则天以金兴光(702—737年在位)为开府仪同三司，授为宁海军使、将军、都督，册封其为新罗王。

开元二十六年(738)，唐玄宗以金承庆(737—742年在位)为开府仪同三司，册封其为新罗王。

天宝二年(743)，唐玄宗以金宪英(742—765年在位)为开府仪同三司，授为使持节、大都督、鸡林州诸军事、持节宁海军使，册封其为新罗王。

大历三年(768)，唐代宗以金乾运(765—780年在位)为开府仪同三司，册封其为新罗王，同时册封其母为太妃。

贞元元年(785)，唐德宗授金良相(780—785年在位)为检校太尉、使持节、大都督、鸡林州刺史、宁海军使，册封其为新罗王。

贞元元年(785)新罗王金良相卒，唐德宗授金敬信(785—798年在位)为检校太尉、都督、鸡林州刺史、宁海军使，册封其为新罗王。

要说明的是，以上得到唐朝封授的新罗王，大多在刚即位的时候

---

① 参见赵智滨：《熊津都督府陷落始末——兼论唐罗战争的爆发》，《中国边疆史地研究》2010年第2期。

② 李大龙认为："既然新罗是唐王朝的'藩臣'，那么百济之地是由唐王朝直接管辖还是由新罗占据，对于唐王朝来讲并不影响拥有百济之地的性质。"参见李大龙：《汉唐藩属体制研究》，中国社会科学出版社，2006年，第381页。

没有得到唐朝册封，金良相其至直到去世当年才得到封授，这种情况当与新罗在此阶段频繁更换首领、消息传送速度有限相关。

第四阶段为封授衰落直至结束时期，时间为贞元十五年(799)至天祐四年(907)。此阶段新罗王位更迭频繁，与后百济、后高句丽的战争不断，唐在安史之乱后也进入国力衰微的阶段。在这种情况下，新罗王还一直寻求唐朝封授，直到唐灭亡。此阶段以下新罗王得到了唐朝的册封或授官：

永贞元年(805)，唐德宗授金重熙(800—809 年在位)为检校太尉、使持节、大都督、鸡林州诸军事、鸡林州刺史、宁海军使、上柱国，以其为开府仪同三司，册封为新罗王，册封重熙母为太妃，妻为妃。

元和四年(809)，新罗王金重熙卒，唐宪宗授金彦昇(809—826 年在位)为检校太尉、使持节、大都督、鸡林州诸军事、持节宁海军使、上柱国，以其为开府仪同三司，册封为新罗王。

太和五年(831)，唐文宗授金景徽(826—836 年在位)检校太保、使持节鸡林州诸军事、鸡林州大都督、宁海军使、上柱国，以其为开府仪同三司，封为新罗王，同时封其母为新罗国太妃。

会昌元年(841)，唐武宗授金庆膺(839—857 年在位)为检校太尉、使持节、大都督、鸡林州诸军事、持节宁海军使、上柱国，以其为开府仪同三司，册封其为新罗王，其妻为王妃。

咸通六年(865)，唐懿宗以金膺廉(861—875 年在位)为开府仪同三司，授为检校太尉、持节大都督、鸡林州诸军事、上柱国，册封为新罗王。

乾符五年(878)，唐僖宗以金晸(875—886 年在位)为开府仪同三司，授为检校太尉、大都督、鸡林州诸军事、使持节，册封为新罗王。

除了以上列举的受唐封授的情况，未受唐册封或授官的新罗王及在位时间为：昭圣王(799—800)；僖康王(836—838)；闵哀王

（838—839）；神武王（839①）；宪安王（857—861）；定康王（886—887）；真圣王（888—898）；孝恭王（898—913）。

从史书的记载分析，上述新罗王未得封授的原因与当时唐朝和新罗的局势有关。新罗昭圣王是由于承继次年即卒，唐德宗已经派出使者韦丹吊慰前王，且封授其为"开府仪同三司检校大尉新罗王"，"丹至郓州，闻王薨而还"②。此后的僖康王至神武王，都是即位2或3年即卒，所以未封授的原因当与昭圣王相似。宪安王前后诸王在位时间较长，均受封，宪安王在位三年多，身体多病，没来得及派使者朝贡于唐即卒，当时新罗又遭逢天灾，诸多原因导致其未得到封授。定康王即位第二年即卒，随后的真圣王为女主，唐史资料未明言封授，只《唐文拾遗》卷68"新罗真圣女主曼定"条记载："曼定，康王女弟。光启三年立，在位十一年，禅位于太子。"并有《禅位上唐帝奏》。此时在黄巢起义的冲击下唐朝无暇顾及新罗，新罗真圣王执政期间局势动荡，面临后百济、后高句丽进攻，欲向唐朝贡而使者遇难，③所以没有得到封授是在情理之中的。此后新罗孝恭王至末代的敬顺王，唐已灭亡，新罗王自然未能得到封授。④

第二节　唐朝对金春秋的加封与战时授官

金春秋、金法敏父子得到了唐王朝多次册封与授官，这些封授在不同情况下起到了不同作用，成为唐与新罗关系发展变化的重要标志。

---

① 神武王即位当年去世，在位仅六个月。
② ［高丽］金富轼：《三国史记》卷10《新罗本纪·哀庄王》，孙文范等校勘，吉林文史出版社，2003年。
③ ［高丽］金富轼：《三国史记》卷11《新罗本纪·真圣王》载真圣王七年"遣兵部侍郎金处海如唐纳旌节，没于海"。
④ 唐亡之后新罗诸代王及在位时间分别为：神德王（913—917）、景明王（917—924）、景哀王（924—927）、敬顺王（927—935）。

　　唐朝对金春秋的封授，发生于唐太宗贞观末年和唐高宗初年。金春秋继承新罗王位之前，担任新罗伊飡（新罗第二官等，实权派）。为了新罗国的生存与发展，金春秋历经艰阻，入高句丽请兵几陷险境，入质于倭国委曲求全，此后于贞观二十二年（648）出使唐朝，受到唐太宗的盛情接待。史载"癸未，新罗相金春秋及其子文王入见。春秋，真德之弟也。上以春秋为特进，文王为左武卫将军"[①]。金春秋此次入唐受封，是在唐太宗贞观十九年（645）亲征高句丽之后。此役唐朝受挫，随后唐太宗不再对高句丽进行大规模用兵，转而进行不间断的袭扰，试图以此困弊之。此时唐朝并没有放弃对高句丽的战争和对朝鲜半岛局势的关注。真德王即位后，新罗击退了进犯的百济军队，壮大了声威。金春秋在这样两个背景下入唐乞师攻百济，一方面给了唐朝介入三国事务的理由，另一方面小战胜利之后向唐示好，消除唐对新罗实力的担忧，增进唐与新罗之间的交流，为联盟做准备。"特进"为正二品文散官，"左武卫将军"为从三品职官，给予来使如此高级别的封授，在对半岛三国的封授中甚至整个唐代册封史上都属级别较高者。不仅同时期对百济、高句丽使者未有此级别的封授，对其他民族政权也如此。"特进"一般加授给蕃国的最高首领，而金春秋只是新罗使者，此时并没有继承新罗王位，给予如此高级别的加授，足见唐太宗对此人的重视。金春秋此次出使展现了卓越的外交才能，唐太宗对其礼遇备至。"之所以如此，可能是对新罗三年前助唐作战的肯定和抚慰，显示所谓大国礼仪风范，也是希望罗唐继续保持密切关系的表现。"[②]此次出使，金春秋成功地乞师于唐，唐太宗应允出兵百济以解新罗之危。

　　唐朝未来得及出兵百济，唐太宗去世。连年对高句丽的战争给唐造成了不少损失，因而唐太宗的遗诏明确指示了不再用兵辽东。

① 《资治通鉴》卷 199 贞观二十二年十二月。
② 拜根兴：《七世纪中叶唐与新罗关系研究》，中国社会科学出版社，2003 年，第 28 页。

自太宗逝世（贞观二十三年，649）到高宗永徽六年（655），唐朝停止了对高句丽用兵。但是对于朝鲜半岛特别是高句丽，唐朝并不是完全不过问，与新罗密切的关系说明了这一点。永徽五年（654）新罗王金真德卒，金春秋继位，唐高宗加授后者为开府仪同三司，册封其为新罗王、乐浪郡王。① 金春秋被册封的"新罗王""乐浪郡王"是袭封前王金真德而来，与一般蕃国首领继承王位并得到唐朝承认并无二致。所不同的是，唐高宗加授金春秋的"开府仪同三司"，这是文散官中级别最高者，所以唐高宗给予金春秋的封授级别较前任新罗王有所提升。之前新罗王被授予的勋号"柱国"为从二品，而金春秋被加授"开府仪同三司"，为从一品，品级大大提高，这也体现了双方交往密切之后，唐朝对于新罗更加重视。金春秋即位初期，更加频繁地遣使于唐、学习唐文化，进一步密切了与唐的关系，为征战百济时唐罗联盟的结成奠定了政治基础。在这种情况下，唐高宗将金春秋的散官官位大幅度提升是可以预料的。而且通过封授提升新罗的政治地位，可以在一定程度上震慑高句丽和百济，表明了唐王朝处理朝鲜半岛事务的倾向性，为此后唐罗联盟平灭百济与高句丽埋下伏笔。

　　显庆五年（660），唐高宗征讨百济，任命金春秋为嵎夷道行军总管。同年唐军大破百济并虏获百济王义慈及太子隆、小王孝演等，分其国为五部，置熊津、马韩、东明、金涟、德安五都督府，各统州县，立其酋渠为都督、刺史及县令。唐朝任命右卫郎将王文度为熊津都督以统驭之。② 在征伐百济的过程中，新罗王金春秋以新罗国王身份被任命为嵎夷道行军总管。"总管"一职在唐高祖时期即已设置，兼有军事与行政职能，在唐高祖之后常在战时被授予边疆民族首领。此处金春秋被授予嵎夷道行军总管属于战时授官，军事意义明显。"嵎夷道"是实指，授官给金春秋时，唐王朝已然设置这一机构，以此名授

---

① 《旧唐书》卷 199 上《东夷传·新罗》。
② 《旧唐书》卷 199 上《东夷传·百济》。

官给新罗王,与唐王朝用兵百济之时以新罗为向导和盟军有关。而这一官职使命的开始与终结必然与战事进展直接相关。据显庆五年(660)《大唐平百济国碑铭》载,此年唐高宗派遣左武卫大将军苏定方持节神丘、嵎夷、熊津等 14 道大总管,联合新罗征百济。这个嵎夷道就是金春秋被任命为行军总管的嵎夷道。金春秋辖下不仅有新罗军队,还有唐朝军队,这有利于快速有效地打击百济,少走弯路,避免或减少唐罗两军不必要的损失。① 换句话说,新罗王为行军总管,即为唐进攻百济的向导。然而也应看到,以新罗为向导,并不意味着交付其战争完全的主动权,嵎夷道副总管、行军长史、左一军总管等官职均由唐人担任、唐朝将领苏定方为大总管统摄全局即为证明。平灭百济之后,金春秋行军总管之职完成了使命,唐朝立即分百济国为五部,任命新的总督、刺史,并且以唐将为熊津都督。

显庆五年(660),原百济王义慈在唐离世,唐高宗赠其金紫光禄大夫、卫尉卿,特许其旧臣哭丧。② 次年,新罗王金春秋卒,其子金法敏继位,唐高宗以金法敏为开府仪同三司、上柱国,册封其为乐浪郡王、新罗王。③ 这两次封授可作一对比。百济王义慈与新罗王金春秋相继死去,但二者所得的待遇并不相同。义慈丧国,已经没有了王的身份,是作为唐王朝的俘虏被押到京城的,其死后得到赠官金紫光禄大夫(正三品)、卫尉卿(从三品),高宗"许其旧臣哭丧",然而史料并未记载葬礼怎样隆重。而金春秋死后,"高宗闻讣,举哀于洛城门"④。虽然中朝史料未见对于金春秋追赠的记载,但从举哀之举来看,新罗

---

① 据拜根兴先生考证,苏定方率领的 14 道军队中包括嵎夷道,行军总管金春秋官职辖下有唐军将领,也有新罗人,是混合编制,其所率领的军队里包含了唐军的一部分主力。见拜根兴:《唐朝与新罗关系史论》,中国社会科学出版社,2009 年,第 67—68 页。

② 《旧唐书》卷 199 上《东夷传·百济》。

③ 《旧唐书》卷 199 上《东夷传·新罗》。

④ [高丽]金富轼:《三国史记》卷 5《新罗本纪》,太宗武烈王八年,孙文范等校勘,吉林文史出版社,2003 年。

王受到的器重远大于百济。正常情况下,若无大过,蕃国首领得到追赠的官职或爵位当与生前职位大体相当,而百济王所得赠官较其生前的封授"柱国"(从二品)、"带方郡王"(从一品)的级别大为降低。与之不同的是,新罗王金善德死后被追赠的"光禄大夫"(从二品)就与生前受封的"柱国"(从二品)、"乐浪郡王"(从一品)大体相当。

金春秋死后被新罗人奉为"太宗",是为新罗史上著名的"太宗武烈王"。此庙号为新罗人所尊奉,但因与唐太宗庙号相犯而不为唐所接受和承认。新罗神文王时期,唐朝遣使责问,然而此后,此事似乎不了了之。这一事件可以看作唐与新罗双方关系由矛盾而重归于好的象征。[①]

从封授的情况来看,金春秋事唐恭谨,继位前后为新罗与唐之间关系的发展作出了重大贡献。金春秋因助唐灭亡了新罗劲敌百济而被诟病为"投祸于邻国",[②]然而他开创了一个新的王朝——真骨王朝[③],他登上王位之后,新罗的国力才得到恢复。[④]

第三节　金法敏加授及削官爵事件

金春秋的正妻即文明皇后文姬为金春秋生下了太子法敏及角干仁问、角干文王、角干老旦、角干智镜、角干恺元[⑤]等数子。此外,金春秋还有庶子皆知文、车得、马得等。金春秋的长子金法敏是其中功勋最大者,于龙朔元年(661)被唐朝册封为新罗王。

永徽元年(650),新罗大破百济军队,其王金真德派遣金法敏前

---

① 刘海霞:《七世纪中叶唐与新罗关系的转向:新罗王金春秋庙号考释》,《昆明学院学报》2014 年第 4 期。
② [日]舍人亲王等:《日本书纪》卷 26 齐明天皇六年,国史大系本,吉川弘文馆,1980 年。
③ [韩]李万烈:《讲座三国时代史》,知识产业社,1976 年,第 229 页。
④ [日]三品彰英:《三国遗事考证》,垟书房,1975 年,第 623 页。
⑤ 《三国史记》载文王、老旦、智镜、恺元为庶子,《三国遗事》记载为金文姬所出。

来报功,并进献金真德亲自织锦而作的五言诗《太平颂》,唐高宗任金法敏为太府卿。① 此时金法敏是作为新罗报功使者入唐的,也是史料所见金法敏首次入唐。蕃国的使者前来朝贡贺正或传达消息,多被授予果毅、折冲、郎将、都尉、员外郎等,一般也都会受到唐王朝赏赐,然后放还本蕃。金法敏被授予的官职为"太府卿",与同时期百济、高句丽使者的级别大体相当,属于正常授官。

新罗王金春秋与百济王义慈去世之后,新罗与百济得到唐朝封授的情况大不相同。百济已亡,因而不存在册封新王的情况,而新罗则依旧例,王死之后,由其子嗣继任。按唐制,"蕃王首领死,子孙袭初授官,兄弟子降一品,兄弟子代摄者,嫡年十五还以政"②。金法敏为金春秋长子,龙朔元年(661)得以继承"开府仪同三司、乐浪郡王、新罗王"之位在情理之中。前已分析过,"开府仪同三司"是唐高宗对金春秋个人功绩的特别嘉奖,金法敏得以袭此文散官,说明功勋并不亚于其父。金法敏对唐朝的示好,与其父金春秋是一脉相承的,事实上,新罗的对唐外交策略在金春秋时已经确定,到了金法敏这里被进一步巩固和发展了。"上柱国"为勋官中的最高级别,十二转,视正二品,是唐高宗在金法敏之父官爵的基础上的累加,应视为对金法敏个人功勋的特殊嘉奖。在此之前,新罗与高句丽、百济这三个王所得的封授高下不同,高句丽王的地位明显高于其他两国,唐高祖时期高句丽王就被封为"上柱国"。新罗王在金法敏之前的勋官是"柱国",十一转,视从二品(金春秋被加授的"开府仪同三司"为从一品,然而是文散官,不是勋官)。金法敏开始,才正式升级,与高句丽王平起平坐。这次封授反映了此时朝鲜半岛局势的重大变化。封授的背后是百济灭亡,新罗成为匹敌于高句丽的重要角色。无论实力相差多大,从封授来看,在唐王朝心目中,新罗是打击高句丽的重要盟友,应当

① 《旧唐书》卷 199 上《东夷传·新罗》。
② 《新唐书》卷 46《百官志一》。

拉拢和安抚。高明士先生分析，"新罗的地位，到661年进封金法敏（文武王）为上柱国之勋官以后，才足与高丽匹敌，这是新罗在三国有史以来取得最高地位的时期。其因，当是由于660年唐朝与新罗共同消灭百济，而提高新罗地位的缘故"①。其实金法敏被授予勋官"上柱国"与金春秋被授予"开府仪同三司"一样，都是彼时朝鲜半岛的重要事件，二者应具有同等重要的意义。从封授来看，新罗其实在金春秋被授为"开府仪同三司"时地位已经悄然凌驾于百济、高句丽之上，只不过没有像唐罗联军灭亡百济之后新罗势强时表现得那么明显而已。

龙朔三年（663），在唐与新罗联军扫除百济残部之后，唐置鸡林州大都督府于新罗国，授新罗王金法敏为鸡林州大都督。②这次都督府的设置类似于百济，然而又不尽相同。唐朝在百济实行的羁縻府州县管理方式收效甚微，导致百济复兴，余叛耗费了唐王朝和新罗大批军力才得以平定。经过龙朔元年至三年的平叛战争，唐王朝改变了对百济的统治策略，于龙朔三年（663）任命原百济太子扶余隆为熊津都督，令其回国安抚百济余民。这一策略的调整意味着唐王朝改变了将百济纳入唐朝统治范围内、向境内羁縻府州县过渡的意图，"实际上已经明确了百济实行当地自治的羁縻原则"③。令百济自治的同时，唐朝仿照对百济的授官，任命新罗王为鸡林州大都督。表面上新罗王被授的"鸡林州大都督"级别高于百济太子的"熊津都督"，实际上二者在性质上并无二致，都是唐朝羁縻治策的体现。与显庆五年（660）设置的羁縻府州不同的是，龙朔三年这次任命的羁縻府州最高首领分别为百济人、新罗人，唐朝仅以"大都督""都督"区分其高

---

① 高明士：《天下秩序与文化圈的探索——以东亚古代的政治与教育为中心》，上海古籍出版社，2008年，第135页。

② 《新唐书》卷220《东夷传·新罗》。

③ 高明士：《天下秩序与文化圈的探索——以东亚古代的政治与教育为中心》，上海古籍出版社，2008年，第282页。

下,实际上承认了酋领在其国内的权威。朝鲜半岛上羁縻府州的设置意义重大,有学者分析,"唐朝开启了东北亚朝贡体制下边疆民族以羁縻建置形式进行朝贡的新模式,并为后来的王朝所继承"①。实际上,唐朝在朝鲜半岛的最终目标不是百济,而是高句丽,因而希望在瓦解丽济联盟、巩固现有成果的基础上更进一步影响半岛局势,消灭高句丽。这一目标的实现自然需要新罗的合作与支持,因而可以说,此时唐朝是希望巩固唐罗联盟的。然而从此后发生的唐与新罗之间的战争及百济的被动(扶余隆慑于新罗强势,不敢回国就任)诸情况来看,唐朝的授官并未达到预期目标。

百济灭亡后,新罗举国欢腾,此后就集中注意力打击百济残敌,希望收复之前被百济夺取的领土,并在不触犯唐王朝的情况下赢得更多战果、发展壮大自己。这一方向与唐王朝的意愿相违背,唐罗联盟瓦解的危机很快呈现了出来,唐主持下的熊津会盟的失败为其典型体现。唐基于一向奉行的怀柔羁縻政策,在百济无力再图复国的情况下,欲保存百济政权,因此希望罗济修好,诏令二者除宿怨。然而新罗长久以来视百济为最大敌人、欲除之而后快,于是以"任存未降,百济奸诈百端"为由奏请停盟。② 而唐并未准其所奏,"复降严敕",新罗文武王"虽非所愿,不敢违敕"③,被迫参加了唐将刘仁愿主持下的熊津会盟。唐朝对于这次会盟的重视从铁券的颁赐可见一斑。铁券自唐立国以来甚少使用,更不用说用在对外关系中了。唐高宗时期也只在这次会盟中唯一一次使用了铁券,目的是"希望通过

---

① 程尼娜:《羁縻与外交:中国古代王朝内外两种朝贡体系——以古代东北亚地区为中心》,《史学集刊》2014 年第 4 期。

② [高丽]金富轼:《三国史记》卷 7《新罗本纪》,文武王十一年,孙文范等校勘,吉林文史出版社,2003 年。

③ [高丽]金富轼:《三国史记》卷 7《新罗本纪》,文武王十一年,孙文范等校勘,吉林文史出版社,2003 年。

两国用铁券盟誓后,减少对抗"①,然而结果是,由于唐罗的重大分歧,文武王此后在与唐交涉中并未遵守会盟中的规定。在此后平灭高句丽的过程中,新罗误军期、粮草输送不及时,遭到了唐王朝斥责,唐罗矛盾加重。熊津会盟时在百济设置的"熊津都督"一职在此时职能有所改变。之前唐将刘仁愿为熊津都督,乾封元年(666)唐高宗发起对高句丽的战争,派遣刘仁愿与新罗合击平壤,然而刘仁愿没有按命令行事,遭到贬谪。其后两三年间,并没有新的唐将赴任熊津都督一职,新罗乘机占领了熊津都督府。刘仁愿离开后,熊津都督府的百济人企图反抗新罗,双方间产生冲突,正好给了新罗满足多年来就怀有的占据百济更多地盘野心的大好机会。② 此后安东都护府内移,熊津都督府也迁至于辽东建安城,熊津都督府实际上不复存在,其地悉归新罗所有。

咸亨五年(674),唐高宗针对新罗"纳高丽叛众,略百济地守之"③的不臣举动开展了征讨,下诏削金法敏官爵,另行册封了彼时在唐担任右骁卫员外大将军的金仁问(金春秋次子)为新罗王,并助其回国即位。④ 上元二年(675),新罗遣使入贡,金法敏谢罪,唐高宗诏复金法敏官爵开府仪同三司、上柱国、乐浪郡王、新罗王、鸡林州大都督。金仁问中道而还,改封临海郡公。⑤ 在新罗与唐战争时期,唐朝另封新罗王,后来新罗请罪才恢复封授,这是较早出现的绝封又复封的典型史例。唐朝的天下秩序中,藩属国位于宗藩关系的"外臣"层次,属

---

① 洪海安:《唐高宗武则天时期的铁券颁赐》,载于樊英峰主编:《乾陵文化研究》第 5 辑,三秦出版社,2010 年,第 19 页。

② [日]池内宏著,冯立君译:《高句丽灭亡后移民的叛乱及唐与新罗关系》,《中国边疆民族研究》第 9 辑,中央民族大学出版社,2015 年,第 240 页。

③ 《新唐书》卷 220《东夷传·新罗》。

④ 《新唐书》卷 220《东夷传·新罗》。

⑤ 《新唐书》卷 220《东夷传·新罗》。

于外臣中有封有贡的地区，①藩属国之首领在其领地内自行称王，对本邦事务拥有绝对控制权。然而在对外交往时，作为唐王朝的藩属，属国必须对唐称臣，首领往往拥有唐朝赐予的官号，即所谓外官，大体相当于在蕃蕃将。既然接受了唐朝授官，那么就必须承担一定的义务，服从唐朝的安排。若不服从，唐朝就以断绝封授作为惩戒，金法敏削官罢爵就是一例。由于朝鲜半岛深受唐文化的影响，唐朝此举对于金法敏在朝鲜半岛的政治地位就会造成负面影响，金法敏深知其害，唐朝的封授是对其本人在新罗地位的承认和支持，罢免官爵必然对自己大大不利。而唐高宗虽在震怒之下削去金法敏官爵，却对新罗有一定的观望，并不想真正大规模用武，所以当金法敏诚惶诚恐地来请罪，唐朝就顺理成章恢复了他的官爵。正如韩昇所言，唐朝在东亚的最终目标是建立以唐为中心的国际关系体制，创造与其世界大国相适应的国际环境，并非要长期占领、直接统治朝鲜。② 此时唐迫于来自吐蕃战场的压力，又由于灭亡高句丽的预期目的已达到，就在严重警告文武王之后不得不放松了对新罗的辖制。于是新罗"既尽有百济之地，及高句丽南境。……所输物产，为诸蕃之最"③。可见新罗从战争中获益颇大。随着高句丽的灭亡，朝鲜半岛上再也没有一个可以与新罗抗衡的政权，新罗收复了原来被百济、高句丽夺取的土地并占有了原百济故地和高句丽的部分领土、人口、财物。虽然高句丽亡后，唐朝在朝鲜半岛设置安东都护府进行羁縻统治，但其主要目的在于将半岛的政权重新纳入到朝贡册封体制中去，并不着

① 高明士：《天下秩序与文化圈的探索——以东亚古代的政治与教育为中心》，上海古籍出版社，2008 年，第 23 页。

② 参见韩昇：《东亚世界形成史论》，复旦大学出版社，2009 年，第 251 页。李大龙先生分析："既然新罗是唐王朝的'藩臣'，那么百济之地是由唐王朝直接管辖还是由新罗占据，对于唐王朝来讲并不影响拥有百济之地的性质。"见于李大龙：《汉唐藩属体制研究》，中国社会科学出版社，2006 年，第 381 页。

③ 《唐会要》卷 95《新罗》。

力于对半岛土地的直接控制。而对新罗来讲，由于相对于唐的地理优势，其对百济和部分高句丽故地的控制相对直接得多。新罗成功驱逐唐军后，统一了大同江以南的朝鲜半岛，建立了统一的政权。

值得一提的还有金仁问。同样作为金春秋之子，金仁问留唐宿卫多年，充当新罗质子。在唐罗联军征伐百济时，金仁问担任征讨副大总管；百济灭亡后金仁问回新罗传达唐朝命令，敕令新罗协助唐朝征讨高句丽。金仁问此次受封新罗王，实现了唐朝在朝蕃将受封回国而成为在蕃蕃将的转变。由于在唐多年，深得唐朝信任，在唐朝君臣看来，金仁问若担任新罗国王必当不辱使命。当然，若无法顺利就任，至少给金法敏一次非常严厉的警告，也可进一步观察金法敏的举动。唐朝派金仁问回国赴任其实带有很强的试探意味。金仁问在金法敏恢复官爵后返唐，"乐浪郡王新罗王"（从一品）之封号被替换为"临海郡公"（正二品），降级后的级别较受封新罗王之前的"右骁卫员外大将军"（相当于正三品，但为员外置，也是职事官①）仍然为高，这是对其接受封授来完成政治任务的褒奖，因此看起来金仁问赴任失败，实际上却是封授的成功。

由于新罗的强势以及高句丽、百济遗民的反叛，唐朝无法有效控制东北边疆局势，于仪凤元年（676）二月徙安东都护府于辽东故城。"先是有华人任安东官者，悉罢之。徙熊津都督府于建安故城；其百济户口先徙于徐、兖等州者，皆置于建安。"②仪凤四年（679），唐罗战争结束，"统一新罗"建立，重新纳入唐朝封授体系，然而唐朝因对熊津都督府的经营不力等各种原因，③默认了新罗对大同江以南的统治。李大龙先生认为可以从藩臣的角度看待这一问题："既然新罗是

---

① 参见朱长义：《唐代少数民族员外官制初探》，《中南民族学院学报》1999 年第 1 期。
② 《资治通鉴》卷 202 唐高宗仪凤元年。
③ 唐朝对熊津都督府经营的具体情况，参见赵智滨：《熊津都督府陷落始末——兼论唐罗战争的爆发》，《中国边疆史地研究》2010 年第 2 期。

唐朝的'藩臣'，那么百济之地是由唐朝直接管辖还是由新罗占据，对于唐朝来讲并不影响拥有百济之地的性质。"①

开耀元年（681）金法敏卒，唐高宗册立金政明为新罗王，授为鸡林州大都督。② 这次封授发生在唐罗战争后，是唐与新罗关系正常化的标志。"新罗王"是继承金法敏册封而来，颇有意味的是，自此以后的历代新罗王都在接受"新罗王"封号的同时，还被赐予了自金法敏以来"鸡林州大都督"的官号。这一官号属于唐朝羁縻区域官职系统，虽然来自唐朝授予，但并不具备唐朝一般官员的含义。③ "鸡林州大都督"之职虽然被一代代新罗王所继承，但不能将这些王看作唐王朝的一般官员。他们是唐朝以法律方式承认的唐帝国统治下的边疆酋豪，官号也只是羁縻统治下的特殊官号。到了唐朝国力大为衰落的唐末，这一官号实际上对于新罗的约束力已十分有限。④

值得注意的是，唐王朝对金春秋、金法敏父子进行封授的同时，新罗对唐文化的受容也在一步步深入。真德王二年（648）金春秋朝唐的重要成果之一是为新罗引进了唐朝先进的政治、礼仪制度，加强了与唐之间的文化交流。真德王四年（650）"夏四月，下教，以真骨在位者，执牙笏"⑤，这很明显是模拟唐朝的五品以上官员手持象牙笏板上朝的制度。真德王五年（651）"春正月朔，王御朝元殿，受百官正贺。贺正之礼，始于此"⑥。说明新罗开始在朝官制度、典礼仪式上学

---

① 参见李大龙：《汉唐藩属体制研究》，中国社会科学出版社，2006年，第381页。
② 《资治通鉴》卷202唐高宗开耀元年。
③ 参见朱长义：《唐代少数民族员外官制初探》，《中南民族学院学报》1999年第1期。
④ 统一新罗始终是唐忠实的藩属国，然而还是有零碎的细节表明在唐末"鸡林州大都督"实际上已丧失约束力。如880年新罗宪康王自称"朕"，明显是对唐的不恭。此事件记录于《三国史记》卷11《新罗本纪》，宪康王六年。
⑤ ［高丽］金富轼：《三国史记》卷5《新罗本纪》，真德王四年，孙文范等校勘，吉林文史出版社，2003年。
⑥ ［高丽］金富轼：《三国史记》卷5《新罗本纪》，真德王四年，孙文范等校勘，吉林文史出版社，2003年。

习唐朝。二月"改禀主为执事部","此项改革也可以看作是受到唐朝官制的影响"。[①] 从新罗执事部掌管国家机密的特殊职能类似于唐中书省、设置的长官中侍类似于唐门下省、统辖各官署的职能类似于唐尚书省这三点来看,"新罗中央统治体制的建立参照了唐三省制的模式"[②]。以上这些方面明显是新罗学习唐朝的结果,也当与唐朝封授政策施行的影响有关。

金春秋父子的官爵,在新罗政治史上具有转折意义。此前的新罗王无"鸡林州大都督"之授,查找此时期所有的都督府,鸡林州为府州,与此前设置的熊津都督府一起,为唐朝的羁縻府州制度增加了新的类型:半内附的蕃国羁縻府州。这一类型的羁縻府州区别于内附羁縻府州,是完全由蕃国自治的府州,体现了唐朝在新罗实行府州统治的意图。从金法敏龙朔三年(663)担任鸡林州大都督后,一直至唐亡,所有的新罗王都带有此任命。从金春秋开始,新罗王有了散官(贞观二十二年即648年金春秋被授特进,是正二品文散官,永徽五年即654年被授开府仪同三司,是从一品文散官,居文散官之首)。也是从金春秋开始,新罗的勋官级别上升,龙朔元年(661)由柱国(十一转,视从二品)上升到上柱国(十二转,视正二品,是勋官中最高级别,与武德七年即624年高句丽王被授予的勋官同)。总的来说,从疏远蕃国变为内附蕃国,新罗王个人的政治身份发生了转化,蕃国的定位也随之改变,之前只有册封,级别高(乐浪郡王、新罗王),现在同时有了官(文散官、勋官、职事官),在政治层次上更近皇权,与唐朝的关系也更亲近。

金春秋父子作为新罗这个蕃国的首领,得到唐王朝数位皇帝的册封和授官,且级别稳中有升,而封授也成为唐与新罗友好关系的指

---

① [韩]李基白:《新罗执事部的成立》,《震檀学报》总第25期,1964年。
② 朴文一、金龟春:《中国古代文化对朝鲜和日本的影响》,黑龙江朝鲜民族出版社,1999年,第12—13页。

征。边疆封授这一政治层面的行为也涵盖了军事、经济、文化层面的意涵，体现的是唐与东亚其他政权之间的共生共荣，新罗深刻认识到大唐的地位，奉行一贯的"事大"路线，依附于唐求得生存与发展，这对于弱小的新罗来说是明智之举。新罗既重视与唐朝的关系，自甘成为唐朝的蕃国，对于唐王朝的政令非常认同。与此同时，新罗王死后也要把唐朝当初尚未来得及颁发的册书追回，可见新罗人对于唐朝的册封十分重视，即使国王已死，也要以唐朝册书作为对其身份地位的肯定。唐朝的册封是新罗王的政治标签，标志着新罗王的身份和荣誉。不仅每岁朝贡，国王嬗代遣使以闻，重大战役前来报功，还每岁派遣留学生入唐学习，而学成归国的人往往被委以重任，在新罗传扬中华文化。金春秋、金法敏得唐封授的史实，实际上是唐罗关系不断变化发展的体现，可以作为观察彼时东亚国际局势的一个窗口。册封和授官的发生、级别的改变、效果的强弱、对双方关系的影响，都值得深入探究。金春秋、金法敏父子得到封授，也是唐王朝边疆封授政策的具体运用，体现了中央对于在蕃的边疆政权的政治影响力和边疆政权对唐朝的向心力。

第四章　唐朝对南诏首领的封授

　　南诏由唐初活跃在今洱海地区的六诏之一蒙舍诏发展而来,强盛时控制了今云南省全境、贵州省西部、四川省西南部及中南半岛北部,存续时间为 649 至 902 年。南诏从兴起到灭亡的二百五十年间,与唐之间有和有战,在其叛归吐蕃之前是唐王朝的地方政权,从吐蕃复归唐之后,成为唐朝的藩属政权。

　　历年来对南诏历史的研究中,方国瑜、马长寿、尤中、向达、木芹、林超民、方铁等前辈学者的研究为最基础,这些著作多角度探讨了南诏族源、社会性质、政治制度、民族关系、宗教信仰等方面的问题,[①]然而从唐朝对南诏首领册封与授官入手进行的研究鲜见。

① 著作众多,均有关于南诏历史的论述,如方国瑜《彝族史稿》(四川民族出版社,1984年)和《云南民族史讲义》(云南人民出版社,2013年)、马长寿《南诏国内的部族组成和奴隶制度》(上海人民出版社,1961年)、尤中《中国西南民族史》(云南人民出版社,1985年)、向达《蛮书校注》(中华书局,1962年)、木芹《云南地方讲义》(云南广播电视大学1983年内部印刷)、林旅芝《南诏大理国史》(大同印务有限公司,1984年)、刘小兵《滇文化史》(云南人民出版社,1991年)、赵鸿昌《南诏编年史稿》(云南人民出版社,1994年)、马曜《马曜学术论著自选集》(云南人民出版社,1997)、陆韧《云南对外交通史》(云南大学出版社,1997年)、杨世钰等《大理丛书·方志篇》(卷一至卷十,民族出版社,2007年)、林超民《林超民文集》(四卷本,云南人民出版社,2010年)、徐嘉瑞《大理古代文化史》(云南人民出版社,2005年)、方铁《西南通史》(中州古籍出版社,2003年)和《方略与施治:历朝对西南边疆的经营》(社会科学文献出版社,2015年)、杨德华《云南民族关系简史》(云南大学出版社,2011年)、张刚等《云南民族关系的历史与经验》(社会科学文献出版社,2014年)、[美]查尔斯·巴克斯《南诏国与唐代西南边疆》(林超民译,云南人民出版社,1988年)等。论文数量更多,如发表于《南诏史论丛》《西南边疆民族研究》《滇史论丛》《大理民族文化研究论丛》《大理文化》《云南社会科学》《思想战线》等的有关南诏、大理历史与文化的学术论文,兹不赘述。

第一节　南诏与唐关系史

从唐高宗时开始,南诏首领向唐朝贡。麟德元年(664)唐高宗将姚州改为都督府后,包括南诏在内的六诏逐步纳入姚州都督府管辖。先天元年(712),盛逻皮成为南诏首领,开始向唐朝贡。开元元年(713)盛逻皮被唐玄宗授为特进,封为台登郡王。开元十六年(728),盛逻皮卒,其在位共十六年,总体来讲,南诏在此时期与唐的关系较友好。盛逻皮死后,其子皮罗阁继立。皮罗阁在位期间,吐蕃势力入侵洱海及附近地区,洱海地区各诏除南诏外其余基本被吐蕃控制。为了对抗吐蕃势力的南侵,唐朝对南诏采取了扶持的态度,于开元二十五年(737)帮助南诏打败了河蛮各部,占领了太和城,开元二十六年(738)皮罗阁乘胜进军,打败吐蕃,灭五诏,统一了洱海地区,为阻止吐蕃南侵做出了重大贡献,因而唐玄宗加封皮罗阁为特进、云南王等,皮罗阁的子孙也都得到封赏。①

天宝七载(748)阁罗凤即南诏王位,得到唐朝封授。然而阁罗凤在位期间大大拓展了南诏的领地,这样的扩张为唐朝所不容。云南郡太守张虔陀挑起南诏内部的权力之争,在阁罗凤路过云南郡时侮辱同来的阁罗凤妻女,索要财物,告阁罗凤谋反。天宝九载(750)阁罗凤出兵围攻姚州,杀张虔陀以叛,出兵占领了唐在云南的32个羁縻州县,与唐朝断绝了来往。② 但阁罗凤仍然想回归唐朝的统治,认为是唐朝官员管理不善造成了南诏叛唐,曾立《南诏德化碑》以明志。③

---

① 《旧唐书》卷197《南蛮西南蛮传·南诏》。
② 《旧唐书》卷197《南蛮西南蛮传·南诏》。
③ 方铁先生认为,张虔陀是在忠实维护唐朝的利益,用种种办法离间和削弱已对唐王朝形成威胁的南诏,其做法是得到朝廷首肯的。见方铁:《方略与施治:历朝对西南边疆的经营》,社会科学文献出版社,2015年,第178—179页。

天宝十载(751)唐派鲜于仲通率戎、巂州大军进驻曲州、靖州,阁罗凤前去谢罪,多次请求罢兵,遭到鲜于仲通拒绝。南诏于是求救于吐蕃,请求归附,并在吐蕃的支持下与唐兵对抗,结果唐军全军覆没。此后南诏归附吐蕃,被封为"赞普钟南国大诏"(意为"兄弟之国")。① 随后,唐朝杨国忠继任剑南节度使,掩盖鲜于仲通败绩,于天宝十三载(754)派剑南留后李宓率十道兵再征南诏。阁罗凤守城不战,李宓孤军深入,兵士水土不服,瘟疫蔓延,不战自溃,李宓沉江而死,② 这次战争又以唐朝的大败告终,南诏与吐蕃一起成为唐朝西南边疆最大的威胁。

安史之乱后,中原地区困于长期战乱,而边疆地区一些较大的政权乘机崛起,脱离了唐朝的控制。这一时期南诏也并未与唐形成封授关系,反而乘中原之乱发兵寇扰唐朝,扩张势力。至德元载(756),"南诏乘乱陷越巂会同军,据清溪关;寻传、骠国皆降之"③。南诏在发展势力的同时,还作为吐蕃的先锋寇蜀,"广德、建中间,吐蕃再饮马岷江,常以南诏为前锋,操倍寻之戟,且战且进,蜀兵折刃吞镞,不能毙一戎"④。

唐德宗时期,吐蕃在与回鹘、唐的战争中,调南诏万人前去应战,南诏不满于吐蕃的压榨,其清平官郑回力劝首领异牟寻归唐。贞元四年(788),鉴于南诏内附然而不敢叛吐蕃的情况,西川节度使韦皋使用离间计,令吐蕃对南诏生疑,使南诏坚定了归唐的决心。贞元九年(793),南诏归唐,首领异牟寻受封为"南诏王"⑤。南诏归唐后,吐蕃在与唐的战争中节节失利。

唐穆宗长庆三年(823),南诏王劝利晟卒,丰祐嗣立,唐遣使持节

---

① 《南诏德化碑(阳面)》。
② 《资治通鉴》卷 217 唐玄宗天宝十三载。
③ 《资治通鉴》卷 218 唐肃宗至德元载。
④ 《新唐书》卷 215 上《突厥传上》。
⑤ 《文献通考》卷 329《四裔考六》。

前去册封其为南诏王，此时南诏与唐的关系还比较友好。然而太和三年（829），南诏大权旁落入大臣蒙嵯颠之手，丰佑一改亲唐的政策，开始连年寇蜀，蒙嵯颠撕毁与唐的和约，谋求大举入寇唐朝。丰佑对于成都的掳掠，对洱海区域社会生产力的飞跃，具有决定性的意义。①而唐朝的西南戍边之卒由于备受西川节度使杜元颖的盘剥，衣食不足，"皆入蛮境钞盗以自给，蛮人反以衣食资之。由是蜀中虚实动静，蛮皆知之。南诏自嵯颠谋大举入寇，边州屡以告，元颖不之信。嵯颠兵至，边城一无备御。蛮以蜀卒为向导，袭陷巂、戎二州。甲辰，元颖遣兵与战于邛州南，蜀兵大败，蛮遂陷邛州"②。唐军惨败后，蒙嵯颠惧怕唐朝进攻，就遣使谢罪。由于唐朝并不想对壮大起来的南诏用兵，因而允许了南诏的求和。而蒙嵯颠此后对唐采取了一面进犯一面求和的策略，唐与南诏维持了表面的和好。

　　大中十二年（858），南诏出兵攻陷安南。大中十三年（859），丰佑卒，世隆继位，唐朝以其名字犯唐太宗、玄宗的庙讳为由，未予封授，世隆怨恨在心，自称皇帝，改元建极，国号大礼，又出兵攻占乌蛮、僰、爨之地，并发兵侵扰唐朝，③不再向唐朝贡。自咸通元年（860）至乾符元年（874），南诏攻陷安南、邕管两次，攻破黔中一次，进犯西川四次。世隆曾派清平官董成致书西川节度使李福，被囚禁，唐僖宗诏释董成，于是咸通十年（869）世隆遣使入朝谢恩，并遣还所掠西川民众3000人。这本是唐与南诏修好的机会，但唐朝定边节度使李师望杀了南诏使者，世隆愤而攻唐，随后再次请和被拒，南诏见唐使者不再下拜，双方关系再度紧张。

　　乾符四年（877）隆舜继位为南诏王，为了缓和与唐的矛盾和维持

---

①　方国瑜、木芹等编著：《云南地方史讲义》（中册），云南广播电视大学1983年内部印刷。
②　《资治通鉴》卷244唐文宗太和三年。
③　《资治通鉴》卷249唐宣宗大中十三年。

统治,主动向唐请和并求请和亲,提出"与唐约为兄弟,不则舅甥"①,谋求与唐关系的改变和地位的提高。唐朝迫于形势应允了和亲,答应以宗室女安化长公主妻于隆舜。光启元年(885),隆舜派赵隆眉、杨奇鲲、段义宗三名重臣入唐迎娶安化长公主,唐朝利用此机会杀了隆眉等人,②南诏失去腹心之臣,自此后一蹶不振,随后南诏仍然希望能够迎娶公主,再次遣使前来,而唐僖宗以议公主车服为由加以推脱,可见并不想和亲,因而双方的和亲最终也没有实现,同时南诏提出的改变与唐关系的要求也自然未得到应允。

乾宁四年(897)舜化贞继位为南诏王,向唐递交书信以示好,③但此时唐朝政权动荡,已经难以自保,因而其书信也未能引起重视。

第二节　唐朝对南诏诸王的封授

唐朝对南诏首领的封授开始于唐高宗时期,结束于唐穆宗时期。根据《旧唐书·西南蛮传》、《新唐书·南蛮传》、《册府元龟·外臣部·封册》、《蛮书·六诏》、《南诏德化碑》碑文、《南诏野史》、《僰古通纪浅述》等的相关记载,共有 10 位南诏首领接受了唐朝封授,过程可以分为四个阶段。

第一阶段为封授的开始与发展时期,时间为永徽六年(655)至天宝八年(749)。这一阶段南诏逐步成为唐朝的扶植对象。最初,唐朝没有把南诏当成地方民族政权,而是将其纳入羁縻府州制度之下,南诏彼时受辖于姚州都督府。壮大起来之后,南诏成为唐朝西南地区的地方民族政权。此阶段以下南诏首领得到了唐朝的册封或授官:

永徽六年(655)南诏首领细奴逻(649—674 年在位)来唐朝贡,

① 《资治通鉴》卷 253 唐僖宗乾符六年。
② (明)杨慎编辑,(清)胡蔚订正:《南诏野史(增订)》,成文出版社,1969 年。
③ 《资治通鉴》卷 261 唐昭宗乾宁四年。

唐高宗授予其巍州刺史之职。其后其数次遣使来朝,受唐赏赐锦袍、锦袖等物。

上元元年(674)细奴逻卒,唐高宗授其子逻盛(674—712年在位)为巍州刺史。逻盛在武后时期曾来朝,受赏锦袍、金带以及缯彩等数百匹。

先天元年(712)姚州蛮叛归吐蕃,唐朝派遣的御史李知古统治诸蛮不力,遭到攻伐,导致姚巂路绝,唯独南诏坚持奉唐正朔。开元元年(713),唐授盛逻皮(712—728年在位)为特进、沙壹州刺史,册封其为台登郡王,这是南诏首领首次被封为郡王。

开元九年(721)南诏势力逐渐强大,帮助唐朝平定诸蛮叛乱,其清平官张逻皮曾被唐朝授为永昌郡都督,然而其首领盛逻皮也曾叛唐。开元十六年(728)盛逻皮死后,其子皮逻阁继位。开元二十二年(734)至开元二十五年(737),皮逻阁在唐朝的支持下消灭了其他五诏,成为西南蛮中最大的一支势力。开元二十六年(738)皮逻阁被唐玄宗封为越国公,并赐名归义,后又因破西洱蛮有功而被唐玄宗册封为"云南王"、开府仪同三司、特进。皮逻阁长子阁罗凤被授为右领军卫大将军、杨瓜州刺史,加左领军卫大将军,又被拜为特进、都知兵马大将,其他诸子也都被授为刺史。

第二阶段为唐诏战争与战后调整时期,时间为天宝七载(748)至贞元九年(793)。在此期间,唐与南诏之间处于战争状态,南诏从接受唐朝统治转而投靠吐蕃。唐朝曾经于752年和754年对南诏发起了两次大规模的征讨,但均告惨败。南诏投靠吐蕃后,接受了吐蕃的册封。之后唐朝为了在与吐蕃的战争中取得优势,开始拉拢南诏,并成功瓦解了南诏与吐蕃的联盟。此时期南诏是活跃于西南地区的一个地方政权或局部政权,[①]天宝末年至咸通年间以下南诏首领得到了

---

① 　参见方铁:《论南诏不是国家级政权》,《云南师范大学学报》2004年第5期。

唐朝的册封或授官：

天宝七年（748）皮逻阁卒，阁罗凤（748—779 年在位）继位，唐玄宗封阁罗凤为"云南王"。阁罗凤在位期间大大拓展了南诏的领地，后来与唐朝官吏张虔陀等发生矛盾，与唐朝断绝了来往。但阁罗凤仍然想回归唐朝的统治，认为是唐朝官员管理不善造成了南诏被迫叛唐，曾立《南诏德化碑》以明志。

大历十四年（779）阁罗凤卒，其孙异牟寻（779—808 年在位）继位，吐蕃封其为"赞普钟"。异牟寻与吐蕃数次联合攻破唐地，唐朝损失惨重，开始改变策略，对南诏进行拉拢。贞元元年（785），异牟寻遣使向唐示忠。贞元四年（788），唐德宗册封异牟寻统辖下的东蛮几个小首领为王，还颁发了官印，此举坚定了南诏归唐的决心。节度使韦皋又使计离间吐蕃与南诏，终于促成贞元九年（793）南诏归唐，唐朝的封授得以再次进行。

第三阶段为封授的调整和稳定时期，时间为贞元十年（794）至太和三年（829）。经过天宝战争，南诏从唐统治下的一个地方势力逐渐成长起来。南诏首领在此之前受封的"云南王"与此阶段受封的"南诏王"，具有不同的性质，"南诏王"的封号体现了唐朝对南诏既有统治范围的承认，标志着南诏已经成为唐朝的藩属政权。① 南诏的疆域在此阶段得到了大大扩展，而由于南诏受唐文化影响很深，其自身又民族众多，所以此时的南诏是一个与唐朝内地相似又具有地方民族特点的藩属国。② 此阶段以下南诏首领得到了唐朝的册封或授官：

贞元十年（794）南诏大败吐蕃，并献地图、吐蕃所给金印，向唐纳贡，请求复号为"南诏"。唐朝颁发了"贞元册南诏印"，册封异牟寻为"南诏王"。

元和三年（808）异牟寻卒，唐宪宗册封其子寻阁劝（808—809 年

---

① 参见方铁：《南诏、吐蕃与唐朝三者间的关系》，《中国藏学》2003 年第 3 期。
② 参见尤中：《云南地方沿革史》，云南人民出版社，1990 年，第 140 页。

在位)为"南诏王",授其为南诏遣谏议大夫。

元和四年(809)寻阁劝卒,其子劝龙晟(809—816 年在位)继位,唐宪宗册封其为"南诏王"。劝龙晟在位期间曾经入寇唐境。

元和十一年(816)劝龙晟为权臣王嵯巅所杀,劝利晟(816—824年在位)被唐封为"南诏王"。

长庆三年(823)丰祐(824—859 年在位)被唐封为"南诏王"。太和三年(829)之后,丰祐一改亲唐的政策,开始连年寇蜀,还侵犯安南等地。

第四阶段为封授衰落直至结束的时期,时间从太和三年(829)直至天祐四年(907)。这一阶段南诏由强盛步入内乱,然而仍然具有相当强的实力,希望改变从属于唐朝藩属体系的状况,而唐国力衰微,无力对南诏实施有效统治。这一阶段的南诏首领都没有受到唐朝的册封和授官:

太和三年(829)之后,丰祐持续不断进攻蜀地,侵犯安南,但此时仍奉唐正朔,甚至上表谢罪,维持着表面上的藩属关系。大中十三年(859)丰祐卒,世隆继位(859—877 年在位)。唐朝以其名字犯唐太宗、玄宗的庙讳为理由,未予封授,世隆怨恨在心,自称皇帝,发兵侵扰唐朝,并不再向唐朝贡。

乾符四年(877)隆舜(877—897 年在位)继位,向唐请和并请和亲,唐朝迫于形势应允了和亲,但双方的和亲最终并未实现。此外,唐朝也没有应允南诏提出的"与唐约为兄弟,不则舅甥"[①]的要求。

乾宁四年(897)舜化贞(897—902 年在位)继位,南诏向唐示好,但唐朝政权动荡,并未对其书信加以重视。

这一阶段南诏首领未得封授,不只是唐朝陷入战争、南诏内乱的影响,更重要的是南诏首领主动终结了与唐朝的藩属关系。南诏数

---

① 《资治通鉴》卷 253 僖宗乾符六年二月。

次攻唐,不再服从唐的统治,历经世隆、隆舜,南诏欲谋求自立、脱离唐朝藩属体系的动向明显。

第三节　唐对新罗、南诏封授之比较

唐代散文家孙樵的《序西南夷》中有这样一段话:"道齐之东偏,泛钜海,不知其几千里,其岛夷之大者曰新罗;由属而南,逾昆明,涉不毛,驰七八千里,其群蛮之雄者曰南诏。是皆鸟兽之民:鴂舌,言语难辨;皮服,犷悍难化;其素风也。唐宅有天下,二国之民,率以儒为教先,彬彬然与诸夏肖矣。"[①]《序西南夷》指出了新罗、南诏之所以被纳入唐朝天下秩序的重要因素是接受唐文化。事实上,不仅在文化上,两个政权在政治上也都和唐朝保持着密切联系,唐朝对两政权首领的册封和授官(以下简称封授)就是政治方面较突出的表现。从史书记载来看,唐朝对新罗和南诏首领的封授贯穿于三方关系发展和消亡的整个过程,唐朝利用封授来维持与二者的政治联系,新罗和南诏则借以寻求唐朝庇护并保障利益的最大化,因而唐朝对二者的封授是研究三方关系不可或缺的重要方面。

总体上看,已有的相关成果多将唐朝对新罗、南诏首领的封授在某一视角下进行单项解析或者进行简略概括,对二者进行对比的论著尚不多见。此处试将唐朝对新罗、南诏首领的封授做一比较,或有助于解读唐朝边疆封授政策的地区差异,明确新罗、南诏在唐朝藩属体制中的政治地位,进而了解唐朝边疆藩属体系的一些特点。

唐朝对新罗、南诏首领的封授,从发展历程上看,大体都可划分为发展、战争、调整、没落四个阶段,两者具有一定程度的相似性,然而封号、官号的性质却有着明显区别,反映了两者在东北和西南边疆

---

① (唐)孙樵:《序西南夷》,见方国瑜主编:《云南史料丛刊》(卷2),云南大学出版社,1998年版,第151页。

乃至唐朝整个藩属体系中具有不同的地位。

第一，封授是衡量唐、新罗、南诏三方关系变化发展的重要标志。从前述新罗、南诏受封的四个阶段来看，唐与新罗、南诏关系稳定是封授得以进行的基础，而封授的平稳开展也成为唐与这些藩属政权保持稳定密切关系的重要体现。

对新罗和南诏首领的封授，是唐朝施行羁縻政策的表现。为了加强对东北和西南的控驭，唐朝对新罗和南诏采取了相对宽容和灵活的管理方式，在不与唐朝利益发生冲突的情况下承认两者自主选定的王，并将这种政治上的承认以册书的形式固定下来。封授施行的成功与否，是双方力量博弈的结果。唐朝的封授能够在新罗和南诏成功和稳定地开展，是唐朝国力的持续强盛、天下秩序的成功构筑、藩属体系的顺利运营、周边四夷的向化附服、新罗和南诏政权的相对稳定等各方面因素综合作用的结果。相反，封授的中断或者终结，则意味着以上的某些因素发生了变化，需要做出政策的调整。例如新罗占据百济之地，阻碍了唐朝藩属体系的正常运营，激化了双方的矛盾，唐朝下诏撤去了新罗王金法敏的封号，674年另行册封了一位新罗王以取代之。随后金法敏上表乞罪，态度诚恳，唐朝就重新恢复其封号。再如南诏投靠吐蕃后，接受了吐蕃的册封，唐朝对南诏的封授就暂告结束，直到唐朝调整对南诏的政策，对其加以拉拢和扶植，分化南诏与吐蕃的联盟，唐朝对南诏的再次封授才得以进行。

第二，唐朝给予新罗和南诏首领的不同封号和官号，体现了对二者不同藩属层次的定位，封号和官号的变化体现着唐与这两个政权关系的发展方向。

唐给新罗首领封授的官爵主要有：乐浪郡公、乐浪郡王、鸡林州大都督、宁海军使、新罗王、将军、检校太尉、都督鸡林州刺史；给南诏首领封授的官爵主要有：巍州刺史、台登郡王、沙壹州刺史、越国公、"云南王"、"南诏王"、南诏遣谏议大夫。综合看来，唐朝最初给予新罗首领的封授级别更高,新罗王的封号伴随封授的始终,新罗首领又主动持续朝贡,说明唐朝将新罗放在了自愿称臣①的藩属政权层面上。新罗王被任命的"鸡林州大都督"一职,军事意义很明显,说明已被纳入羁縻府州层次内,但属于羁縻府州的蕃国层次,与羁縻府州的内层次不同。② 检校太尉、鸡林州刺史等官号的授予也说明唐朝希望在原本较为疏远的关系基础上,与新罗国建立更严密的政治、军事联系。然而总体来看,在唐朝对新罗的封授中,新罗王的封号是最为突出和重要的,标志着新罗相对"独立"的藩属政权的地位。南诏的情况则与之不同,巍州刺史、台登郡王、沙壹州刺史、越国公等,无一不说明南诏直接从属于唐的地位,也就是说,南诏是属于必须称臣范围内的边疆民族政权,刺史具有的民政管理职责已经明确表明了这一点。而"云南王""南诏王"的册封,虽是对于其相对"独立"藩属地位的承认,但唐朝始终希望将其控制在必须称臣的范围内,而不是自愿称臣的范围。由唐朝不同意南诏提出的变更双方关系为兄弟的请求也可以看到这一点。

唐对新罗的封授,是在新罗的主动要求下进行的,唐朝的主要目的是维持朝鲜半岛的稳定。新罗起初位于朝鲜半岛的东南部,与高句丽、百济相比,方位距唐较为遥远,唐并未把新罗视为疆域内的地

---

① 李大龙将唐太宗时期与唐王朝有朝贡关系的政权分为三类:一是属于必须称臣范围内的边疆民族政权;二是自愿称臣且被唐王朝接纳的边疆民族政权;三是仅仅保持朝贡关系或称臣而没有被接纳的政权。依据以上划分规则,他认为:"从唐太宗对高句丽、百济、新罗三个政权的要求看,其中存在明显的差别,高句丽属于不可不臣,而对于百济、新罗则没有这一要求。"参见李大龙:《汉唐藩属体制研究》,中国社会科学出版社,2006 年,第 371、373 页。笔者认为,这样的分类不止在唐太宗时期,在唐的其他较为强盛时期都有适用性。
② 见本书第九章第二节关于羁縻府州内外层次的论述。

方政权,因而新罗立国甚久,却直到565年才首次得到北齐的封授。①南诏成长于中央王朝直接控制的版图内,是中原王朝统治体系不可或缺的直接组成成分,但凡能够控制,中原王朝绝不会轻易允许其游离于藩属的核心层次之外,这样的态度从《敕吐蕃赞普书》中可以看出来:"若论蛮不属汉,岂复定属吐蕃? 彼不得所即叛来,此不得所即背去,如此常事,何乃固执? 复于国家何有,朕岂利之? 至如彼中铁柱,《州图》《地记》,是唐九徵所记之地,诚有故事,朕岂妄言? 所修城壁,亦依故地,若不复旧,岂为通和?"②在这里,唐坚持并强调唐九徵所记之地是"故地",不会轻易放弃管辖。

从唐朝封授的级别上看,新罗王的爵位经历了从"乐浪郡公新罗王"到"新罗王鸡林州大都督"再到"大都督鸡林州刺史新罗王"的转变,南诏首领经历了从"刺史"到"王"的过程,职官、爵位均呈上升趋势。这些转变,也体现了唐朝与新罗、南诏关系的变化。"开府仪同三司""特进"等散官官职都是逐渐增加的。有唐一代,新罗相对于唐的地位经历了较为疏远的非正式藩属国——慕义向化的正式藩属国(羁縻府州的外层次)——活跃的羁縻藩属国——稳定的羁縻藩属国的发展过程,南诏对于唐朝而言则经历了受唐辖制的部落——唐领导下的地方政权——活跃的地方政权——唐的藩属政权的变化,直到最终脱离唐朝的藩属体系。

第三,封授对于唐、新罗、南诏分别有不同的政治、经济、文化意义,通过封授这一政策,各方想要达到的目的不同,唐朝封授的发生实际上是各方目标相互作用、妥协的结果。

新罗与南诏是唐经营边疆地区总体谋略的一部分,对新罗的经

---

① 参见刘国石:《中国古代中原王朝与高句丽、百济、新罗关系的异同——兼论王氏高丽并非高句丽的继承者》,《东亚历史与文献研究》第1辑,世界知识出版社,2008年版,第4页。

② (唐)张九龄:《敕吐蕃赞普书》,《全唐文》卷287,上海古籍出版社,2007年版。

营直接影响着高句丽政策的成败,对南诏的经营关乎对吐蕃政策的全局。在唐朝的整体管理体制的运作中,新罗与南诏的作用以及两者本身的发展会随着局势的变化而发生变化,封授也随之发生变化。唐朝通过对新罗首领的封授,加强了与新罗的政治军事联系,最终灭亡了百济和高句丽;而新罗在与百济、高句丽的战争中地位不断提高,与唐朝的承认不无关系。唐朝封授南诏首领,加强对南诏的管辖,有效打击了吐蕃在西南地区的扩张;南诏首领周旋于唐朝与吐蕃之间,唐朝的封授既提高了南诏在其他五诏与周边部族中的地位,也为其发展壮大提供了政治上的优势。封授对于新罗和南诏的经济、文化发展也具有积极推动意义。唐朝对于二者的封授,往往伴随着汉文化的输出和文化上的交流,例如新罗除了求请封授,也不断请求唐朝派专人到新罗讲习老子、传播儒学,同时还派遣新罗人到唐朝学习先进的文化。有不少新罗留学生、留学僧都曾在唐朝受到封授,其中还有人回新罗当了新罗王,例如新罗王金春秋、金法敏等。南诏在向唐示好、希望再度受封于唐时,也曾利用文化的手段,从南诏传到唐朝的《南诏奉圣乐》即为唐与南诏文化交流的成果之一。此外,唐朝对新罗、南诏的封授,往往伴随着对于其朝贡的回赐,回赐的物品多数比较丰厚,有助于各方的经济交流。

第四,唐朝对于新罗和南诏的封授,在东北、西南藩属体系中有重要作用。最大限度地保障唐朝与边疆藩属政权各方的利益,尤其是前者的利益,成为唐朝整个边疆藩属体系构筑与维系的原则和目标之一。

从新罗、南诏封授于唐的历史可以看出,封授确立了唐与二者的关系,维系了二者与唐的友好交往。封授新罗首领对于唐朝东北的藩属体系经营有着重要的意义。唐朝通过封授新罗首领,维持其在朝鲜半岛的政治势力,使其在征伐百济和高句丽时有了新罗这个支持。得唐封授的新罗王及其臣属为唐军提供粮草,做唐朝军队的向导和先锋,唐朝由此才能较为顺利地灭亡百济和高句丽。而新罗得到了大国支持,增强了与敌国抗衡的政治资本。唐朝对于南诏的封授,对经营西南边疆也有重要意义。在洱海周边部族纷纷降附吐蕃的情况下,南诏主动帮助唐朝讨伐叛逆,这是其首领得到唐朝封授的重要原因,南诏由此在唐朝扶植下逐渐壮大起来,成为对抗吐蕃的一大力量。南诏投靠吐蕃后,唐朝无疑失去了重要的支持力量,陷入西南战局中无法自拔,导致国力日益衰落。唐末对于南诏首领的封授中断后,南诏进犯蜀地,又侵扰安南,甚至促成了唐朝的覆亡。从边疆治理的角度来看,唐朝是为了控驭、稳定边疆藩属民族政权而采取了封授这样一种较为灵活的政策。通过封授政策的有效实施,唐朝维护了边疆稳定,保障了唐朝周边地区的安全,同时也保证了边疆藩属政权的利益,可以说唐朝与边疆藩属政权都从中得到了好处,不过最大限度地保证唐朝的政治利益无疑是封授这一边疆藩属政策施行的首要出发点。

第五,对新罗、南诏的封授,分别是唐朝针对藩属体系中蕃国层次与羁縻府州层次采取的不同政治策略。

在与唐关系的发展过程中,新罗位于唐朝藩属体系中的蕃国层次,南诏大部分时间都属于羁縻府州层次。唐朝对于新罗和南诏虽然都实行了封授,然而封授的意义不同,在不同阶段唐朝封授二者的力度、方式也不相同,这代表了唐朝对于不同层次的边疆藩属政权的不同经营策略。封授政策贯穿于唐朝边疆藩属体系的两个不同层次,体现了这一政策的灵活性和适应性,也体现了两个层次之间是相互联系的而不是孤立的。新罗作为唐朝的"外臣",具有"内臣化"的倾向,而南诏作为唐朝统治下的地方政权,时而"外臣化"甚至追求"独立",这两种倾向说明了藩属层次并不是固定不变的,存在着向其他层次转化的可能性。此外,唐朝对于新罗和南诏的封授,本身也存在着一定的联系。"统一新罗"得以建立,其中一个重要的原因是唐朝当时陷于对西南地区吐蕃的战争而无暇顾及东北的经营,在"统一新罗"变为既成事实后,唐朝才得以集中全力应对吐蕃,于是开始积极扶植南诏。这些说明唐朝的边疆是一个整体,每个单独的边疆政权都是互相联系的而不是孤立存在的,唐朝正是通过这样全面的边疆经营,把新罗和南诏纳入儒学文化圈,使二者如《序西南夷》所说:"彬彬然与诸夏肖矣"。

第五章　唐朝对沙陀首领的封授：以李国昌、李克用为例

　　沙陀原本是唐代活动于东部天山地区的一个弱小部族，史料对其历史记载并不翔实，唐朝后期沙陀崛起，唐亡后取代朱梁，定鼎中原。关于沙陀的研究，除了分别散见于一些民族史的专著外，[①]主要有樊文礼《唐末五代的代北集团》和《李克用评传》，[②]赵荣织等《沙陀简史》等，岑仲勉《西突厥史料补阙及考证》对沙陀的早期活动和族源也有涉及，近年来还有一系列有关沙陀的论文。[③]

　　在蕃的边疆首领一般终生地处边疆，若无亡国、失去政治身份的过程，则一般其少入唐担任官职，其所授之官（使职、职事官）仅具名誉意义的较多。而由于各种原因入唐，率领本部族和唐朝军队，奉诏征战，受唐册封和授官则是直接融入唐朝政治生活，这样的将领往往

---

① 如江应梁主编《中国民族史（中）》（民族出版社，1990年，有关沙陀的内容见第102—105页）、王锺翰《中国民族史》（中国社会科学出版社，1994年，有关沙陀的内容见第527—541页）。

② 樊文礼先生的两部作品：《唐末五代的代北集团》，中国文联出版社，2000年；《李克用评传》，山东大学出版社，2005年。

③ 较重要的有台湾黄淑雯的硕士论文《李克用研究》（台湾中国文化大学，1984年）、李崇新的博士论文《唐宋五代的晋梁之争研究》（南京大学，2003年），期刊论文众多，不一一列举。

父子相承,如契苾家族、阿史那家族、高句丽高藏家族、吐谷浑顺的家族等。沙陀李国昌、李克用父子就是其中比较典型的例子,二人不仅在唐史中十分显赫,高官优宠与爵位赐予级别都十分高,在五代史上也是赫赫有名,分别被尊为后唐献祖、太祖,可以说是入朝而腾达的唐代边疆首领的典型代表。

第一节　沙陀与唐关系史

沙陀早期依附于吐蕃,在唐宪宗时期归唐,大大削弱了吐蕃对唐朝的进犯。贞元年间沙陀归唐前,曾率所部七千帐附于吐蕃,与吐蕃共寇北庭,导致了北庭的陷落。吐蕃将沙陀所部迁入甘州,寇边常以沙陀为前锋。元和三年(808),由于吐蕃猜忌沙陀,欲徙沙陀于河外,沙陀为求自保,率众投向唐朝,唐节度使范希朝将其安置于盐州,置阴山府,以其首领朱邪执宜为府兵马使,同时对沙陀其他降附的首领进行了授官,[1]大大充实了灵盐军的实力。沙陀军队也成为此后唐朝征讨叛逆、护卫朝廷的重要助力。

"沙陀"之名源于沙陀那速的归唐。据《新唐书·沙陀传》载,永徽元年(650)西突厥阿史那贺鲁叛乱后,沙陀那速率其部落归唐,唐朝以其姓氏为名,"置金满、沙陀一州,皆领都督",可见这时沙陀已内附。沙陀归唐后,其酋长沙陀尽忠在吐蕃和本部处月势力的压迫下[2]改姓名为朱邪尽忠,主要活动于天山东部地区。沙陀州建置之后,沙陀部迁转至庭州、西州各地。在首领朱邪执宜担任阴山都督、代北行

---

①　《新唐书》卷 218《沙陀传》。

②　朱邪部落为处月种,早期沙陀、朱邪是两个部落,见学者们的相关判断,如李方:《唐西州行政体制考论》,黑龙江教育出版社,2013 年,第 379 页;[日]室永芳三:《关于吐鲁番发现的朱邪部落文书——沙陀部族考之一(补遗)》,载于《有明工业高等专门学校纪要》第 10 号,1974 年,第 7 页。

营招讨使后，代北"九姓六胡州"与之结合，形成三部落：沙陀、粟特、安庆，其中安庆大概应属于粟特人。[①] 太和年间（827—835）朱邪赤心（后来被唐朝赐姓名为李国昌）嗣位，统辖沙陀部。赤心担任的职位袭自其父，即阴山都督、代北行营招抚使。"都督"一职在唐初具有重要的军事、政治地位，唐太宗贞观中分上、中、下三类都督府，都督分别为从二品、正三品、从三品。但至开元后，节度使成为地方军政长官，"都督"已成虚设之官，因而"阴山都督"可理解为名义上对阴山地区进行管理的长官，相比之下，代北行营招讨使才具有实际行政效力。"招抚使"一般置于唐朝的边疆地区，掌安抚边民，奉唐王朝之命来管理所辖地区的招降、抚慰、征伐之事。代北之地是沙陀的发迹之地，指唐朝代州以北的地区。代州大致是今天河北省蔚县以西，陕西外长城以南以及平原、五台山东北一带。代北地区位于河东，大致在今山西省大部。河东地区周围有群山环绕，中间夹有许多盆地和河流，形势完备，易守难攻。顾祖禹有云："山西之形势，最为完固。关中而外，吾必首及夫山西……是故天下之形势，必有取于山西也。"[②] 河东农牧交接，宜耕宜牧，适合养马。据《旧唐书·地理志》记载，河西、河东节度使拥有的战马数量是在当时九个节度使中最多者。天宝末年安禄山得以叛乱，河东道的兵马是其重要的军事基础。河东既然马匹充足、军事力量强，可以理解李国昌、李克用父子作为沙陀首领，其骁勇善战是深受地理环境下夷狄风俗习染而得。为了之后分析官职名称之便，现将唐朝在河东地区的建制及治所对应的今地列出：

---

① 樊文礼：《李克用评传》，山东大学出版社，2005 年，第 22 页。
② （清）顾祖禹：《读史方舆纪要》卷 39《山西方舆纪要序》，中华书局，2005 年，第 1774 页。

	太原府太原郡	治晋阳,今太原市西南汾水东岸
	蒲州河东郡	今山西永济市
	晋州平阳郡	今山西临汾市尧都区
	绛州绛郡	今山西新绛县
	慈州文成郡	今河北磁县
	隰州大宁郡	今山西隰县
	汾州西河郡	今山西汾阳市
	沁州阳城郡	今山西沁源县
	仪州乐平郡	今山西左权县
	辽州乐平郡	今山西昔阳县
河东道	岚州楼烦郡	今山西岚县
	石州昌化郡	今山西吕梁市离石区
	忻州定襄郡	今山西忻州市定襄县
	代州雁门郡	今山西代县
	云州云中郡	治所在云中县,即今内蒙古托克托县
	朔州马邑郡	今山西朔州市
	蔚州兴唐郡	今河北蔚县
	潞州上党郡	今山西长治市
	泽州高平郡	今山西晋城市
	武州	
	新州	

河东道的北部地区是中原王朝的北疆,自古是汉与北方民族交流互动的重要通道,按严耕望先生的研究,河东道北部陆上交通由四条线路构成:太朔线(太原府至朔州),太云线(太原北经代州至云州北出中原),太蔚线(太原府北经代州、蔚州等地至河北道),云单线及云幽线(云州分别东西至单于都护府及幽州),在这四条线中,有八个

枢纽点：忻州、代州、朔州、岚州、石州、单于都护府、云州、蔚州。[①] 从地理位置上来看，李国昌、李克用父子统帅的沙陀部落，位于唐朝腹地到边疆的过渡地带，其政治倾向对于唐王朝来说非常重要，尤其是在唐末皇权已经衰微的情况下。

第二节　李国昌的仕进

开成四年（839）朱邪赤心任沙陀首领，[②]他在任的最重大贡献是助唐平定了庞勋起义。唐懿宗咸通三年（862），南诏攻陷交趾（今越南河内西北），被招募前往桂州（今广西桂林市）苦戍了六年的士卒不堪压迫，推举庞勋为统帅，发动了唐末著名的庞勋起义。咸通九年（868）唐朝任命右金吾大将军康承训率诸道之兵七万余人前去镇压，沙陀三部落随行。这支沙陀军有三千余人，赤心任太原行营招讨使、沙陀三部落军使，这两个使职的主要任务是率沙陀等民族部落为前锋，前去平定庞勋叛乱。战中沙陀军人勇猛有力，军士皆以一当十，斩杀无数叛军，叛乱被平定。为嘉其功，战后唐朝在云州置大同军，任命朱邪赤心为大同军节度使。云州即上述河东道四条陆上交通线的枢纽之一，地理位置十分重要，位于河东道，治所在蒲州，领云州（别称云中郡），著名的"敕勒川"诗词描绘的就是这个地方，今内蒙古还有云中城遗址。这里水草丰美、宜农宜牧，可驯养战马和骑兵。唐天宝元年（742）改云州为云中郡（今山西大同市与朔州市、怀仁市一带），辖境同云州。乾元元年（758）再改为云州。云州地理位置的重要性也可用后来的历史事件来验证，李克用兵败失去河中后，朱温围其在太原，危急时刻，李克用第一反应是"欲奔云州"寻求保障。

① 参见严耕望：《唐代交通图考》，上海古籍出版社，2007 年；孙瑜：《唐代代北范围考论》，《山西大学学报》2011 年第 1 期。
② 时间的考证见樊文礼《李克用评传》（山东大学出版社，2005 年），第 24 页。

　　除了在云州置大同军外,唐懿宗还赐朱邪赤心姓名为李国昌,授为左金吾上将军。这个官职可以与唐朝授命镇压庞勋起义的右金吾大将军康承训作一比较。右金吾大将军为正三品,而左金吾上将军为从二品。早在德宗贞元二年(786)唐朝将左金吾上将军置为左金吾卫长官,位于大将军之上,掌宫中、京城巡警,烽侯、道路、水草之宜,还掌管翊府、外府翊卫、番上之事,官高职重,康承训所率领的沙陀军首领得到的官职居然比康承训还要高。不仅如此,此战之后,更名为李国昌的朱邪赤心还得以入皇籍、赏赐宅邸。朱邪赤心加入郑王籍,极大程度淡化了其边疆首领的身份。既为皇帝亲赐,就具有了法定身份,无法否定,因而得到了皇权保障的李国昌,其后代也就具有了中原氏族的身份,不再是单纯的边疆蕃国蕃族首领,容易得到中原的认可,其后人得以问鼎中原建立后唐,以唐朝的继任者自居,也就在人们可接受的限度内了。

　　李国昌不久又因抵御回鹘入侵被授振武节度使、检校司徒。[①] 振武节度使衙署在朔州,范围比此前的大同节度使更大,不限于云州一地,位置更重要,在防御蕃族的作用上更强,靠近单于都护府,是连接农牧区的重要过渡带。检校司徒,是以使职带中央台省官衔,加了"司徒"这一三公(太尉、司徒、司空)之高级官衔,是寄衔之意,仅表示官品高下,不掌其职事。振武节度使之任,使得沙陀的势力再向北拓展,成为其恃功自傲的基础。沙陀部落是在李国昌统帅之下发展起来的,虽一直处于边疆,但得到了唐王朝极大的信任和支持,然而李国昌功劳增多、沙陀逐渐强大起来之后,割据的意向明显。李国昌不仅专横于野,还杀害长史,因而朝廷只好将其移镇云中,咸通十三年(872)任命李国昌为检校右仆射、云州刺史、大同军防御等使。[②] 李国昌自然不能接受这个明显降级的任命(此前为振武节度使,管辖范围

---

① 《新唐书》卷218《沙陀传》。
② 《旧唐书》卷19《懿宗传》。

大于和优于大同；检校司徒比检校右仆射的级别为高），因而不久就称病辞军务，于是唐懿宗以太仆卿卢简方为检校右仆射、云州刺史、充大同军防御等使。李国昌要辞去的"军务"指的是"云州刺史、大同军防御等使"，这一辞职，是对朝廷"移镇云中"的反抗，并不是真的将云州的军权交付朝廷，由朝廷另派官员来统治。这从懿宗任命太仆卿卢简方为"云州刺史、充大同军防御等使"时的嘱托可以看出来："卿以沧州节镇，屈转大同。然朕以沙陀、羌、浑扰乱边鄙，以卿曾在云中，惠及部落，且忍屈为朕此行，具达朕旨，安慰国昌，勿令有所猜嫌也。"①可见沙陀崛起之后，对唐王朝形成了威胁。

由于唐王朝的合法授权，李国昌、李克用父子率领的沙陀军在云州势力巩固，根基深植，因而李克用寻机虐杀了云中防御使段文楚，占据云州，自称为防御留后。李国昌以大义灭亲的态度虚晃一枪请"速除大同防御使。若克用违命，臣请帅本道兵讨之，终不爱一子以负国家"②。懿宗又以前大同军防御使卢简方为振武节度使，以振武节度使李国昌为大同节度使，等于派其父前去镇守云州，以为这样一来问题就会得到解决，李克用必然不会再生事。而当卢简方以懿宗慰抚之诏谕国昌时，"李国昌欲父子并据两镇，得大同制书，毁之，杀监军，不受代，与李克用合兵陷遮房军，进击宁武及岢岚军"③。封授未成功，制书还被毁弃，沙陀还进而侵掠代北诸军镇。可见李国昌、李克用父子的胃口不小，所谓除大同防御使，以李国昌独掌大同，以对李国昌父子有恩的卢简方为振武节度使是不可能解决问题的。父子二人的目的是想独占河东，两人一人占振武，一人占大同，一方独霸。这个过程实质是李国昌父子与唐廷军事力量的较量，体现在前台，就是政治手段的频繁亮相，而授官即为表征。对于李国昌、李克

①　《旧唐书》卷 19 上《懿宗传》。
②　《资治通鉴》卷 253《唐纪六十九》。
③　《资治通鉴》卷 253《唐纪六十九》。

用父子,大同防御使、大同节度使、振武节度使之授是对二人政治、军事势力的承认,二人欲同时拥有代北地区的控制权,不愿朝廷派驻其他官员来制约沙陀的发展。沙陀要割据河东,建立自在的"小朝廷",在太原建立巩固的统治,因而连年入寇,导致民不聊生。① 沙陀一连串的军事行为以达成政治目标为导向,也欲以达成政治身份的认同而结束,但并未成功。唐朝不欲其势大难治,于是双方只有兵戎相见。经过连年战争,沙陀兵败,政治身份认同(边疆封授)未得实现。

第三节　李克用的高官要爵

沙陀的东山再起,仍赖唐朝皇权。李国昌、李克用父子兵败投鞑靼,鞑靼虽顶住唐朝的强大压力而纳其众,但对父子二人也有忌惮和猜疑。此时正值黄巢之乱,广明元年(880)唐朝相继失去洛阳、长安,僖宗南逃,各藩镇为存己而观望,长安守军弱不堪战。李克用审时度势,表示愿戴罪立功助唐平乱,沙陀军再次出现在唐朝御敌的战场上。李国昌、李克用父子二人不但被赦免前罪,而且李克用还在纾国难时"大掠雁门已北军镇","求发军赏钱",大发战争财,充实了沙陀军力。李克用壮大了沙陀军队,值得注意的是他"利用血缘关系蓄养很多义儿"(类似于安禄山),堀敏一分析:"每个部将和附从者都以这种义父子关系与主将紧密地联结在一起,是唐末五代时期的普遍倾向,这自然是和这一时期国家权力的衰落与官僚制度的解体相应的现象。"② 这一分析看到了拟血缘关系对于加强将帅与兵士关系的重

---

① 时沙陀为乱,连陷城邑,唐朝北疆混乱,为平乱,朝廷大征可用之士,"开幕之盛,冠于一时。时中朝瞻望者,目太原为'小朝廷',言名人之多也"。(《旧唐书》卷158《郑从谠传》)集中任命官员以对抗沙陀,封授的作用足见,这背后是对皇权主导下的政治体制的拥护,本质是皇权政治。

② [日]堀敏一:《藩镇亲卫军的权力机构》,韩昇等:《日本学者研究中国史论著选译》第四卷《六朝隋唐》,夏日新等译,中华书局,1992年,第619页。

要性和军队中普遍出现这种现象的特殊破坏力，但这种拟血缘关系并不是唐末五代特有的现象，在唐朝和唐朝之前，皇帝和官员收养义儿以表示亲缘关系、加强自己的力量十分普遍，从这方面来讲，拟血缘关系的大量出现并不能成为唐朝衰落的标志，与官僚制度的解体也没有关系。然而军队，特别是藩镇中大量出现，确实对于唐朝皇权造成了严重威胁，从官僚制度上来讲，可以算作与唐朝官爵制度在此时的变化（使职化、中央官职权力衰微、职事官阶官化）相适应的改变。

　　沙陀助唐平定黄巢之乱时期，唐朝授官也十分慷慨："以前大同军防御使李克用检校工部尚书，兼代州刺史、雁门以北行营兵马节度等使。"[1]这一任命是李克用首次得到检校官，带中央台省官。若对其只授使职，毕竟不能说明其政治身份，是天子临时随机的任命，不少使职事后则罢，并不固定，名称也常变。而检校官虽不是中央职事官，却是对身在边疆的首领政治身份的补偿说明，表示李克用已由一名随时署置、随机授命的沙陀蕃将，变为得到唐朝身份认定的唐朝将领。而"检校"说明其并不真的执行"工部尚书"的职责，不需履行朝参、考核等日常事务。唐朝后期，许多使职均带检校台省衔，但并非所有边疆将领都有机会领此衔，见诸史册的只是少数杰出有重大贡献者。唐朝的最后五任皇帝（宣宗、懿宗、僖宗、昭宗、哀帝）时期，除去李国昌、李克用父子，诸多民族政权也只见少数几人授有检校官，多数边疆首领仅仅领有使职。[2]

　　李国昌在中和三年（883）去世，此后的沙陀，在首领李克用的带领下发展迅速。李克用因平定黄巢之乱、收复长安的首功，被唐朝授为"同平章事"，不久授"河东节度使"。"同平章事"即副宰相，与前述安禄山叛变前未成功授出的"同中书门下平章事"相同。按唐制，宰

---

① 《旧唐书》卷 19 下《僖宗纪》。
② 详见本书附录一《唐代主要边疆政权封授情况》。

相是握有实权的职事官中位置最高者,虽仅为三品,但却是中枢政令的直接参与者,是辅佐皇帝、统领百官、总理全国政务的最高行政长官。在李克用任此官时,虽然三省长官已虚而不除,作为藩镇加官常出现,但加"同中书门下平章事"者是正式宰相。按此时李克用主要出任于河东,不能久居京城,因而虽为真宰相,但是作为加官来使用,是唐朝用来安置和奖赏李克用首功的一次授官,这个宰相由于不居京城而被称为使相。这次授官的立足点应在河东节度使。既领河东道,治所就应在蒲州,下领有晋州、绛州、代州、云州等诸州郡,前述河东节度使拥有战马之数说明了此地的重要性。在这个华戎交界之处,军队受夷狄风俗影响,骁勇善战,比汉族中央军队"皆长安高赀,世籍两军,得廪赐,侈服怒马以诧权豪,初不知战,闻料选,皆哭于家"①不可同日而语,而从云、代一跃而为河东节度使,李克用统辖的范围大大扩张,为日后沙陀称霸做好了准备。

李克用还曾被授予过三个检校官:即中和三年(883)检校尚书左仆射、中和四年(884)检校太傅、文德元年(888)检校太师。尚书左仆射高于此前的工部尚书,因中唐以后,六部职权为宰相、诸使职侵夺,因而工部权力被架空。尚书左仆射此时虽也成名誉职务,在级别上为高。太师、太傅、太保为三师,正一品,在玄宗天宝以前罕有除授,但唐末藩镇割据,加官冗滥,以上都是检校官,只有其称,无实际职掌,不需入京任职,只是身份认定,但也可从中看到李克用政治地位的上升。

中和四年(884)上源驿事变是李克用一生的重大挫折,也是其率领沙陀正式由助唐平乱到主动开始与朱梁竞争的转折点。《旧五代史》卷25《唐书一·武皇纪上》载,朱温以诡计诱杀李克用,是因为忌惮其卓越的战功和军事才能,李克用遭此大难侥幸逃脱而并未立即

---

① 《新唐书》卷 150 下《逆臣下》。

寻仇是基于对皇权的信任，认为朝廷能秉公处理，严惩朱温。但唐朝此时已经不起变乱，得克用之表，"大恐，但遣中使赐优诏和解之"，李克用前后上八表，称"全忠（指朱温）妒功疾能，阴狡祸贼，异日必为国患。惟乞下诏削其官爵，臣自帅本道兵讨之，不用度支粮饷"①。然而唐朝最终姑息了朱温，"加克用阶特进，封陇西郡王以悦之"，这次的封授似乎变了味儿。李克用寄希望于皇权，希望唐朝采取政治手段，削夺朱温的官爵，但朱温官爵未夺，为了安抚李克用，唐朝不惜加文散官特进（正二品），封爵陇西郡王（从一品）。然此结果并不能达到平息双方对立事态的效果，李克用虽被加高官厚爵，朱温的势力仍如日中天，唐朝对朱温的官职"左金吾卫大将军、汴州刺史、宣武军节度使"并不敢动一毫，而且同年还对朱温加检校司徒、同平章事，封为沛郡侯，食邑一千户，如此对李克用无疑很不公平。正是此事变后，李克用不再寄希望于唐朝为其做主，开始了与朱温长达四十年的对抗战争。唐末使职大量增加，而文武散官的授予已大为减少，散官用于定品位，是封荫子孙、定朝参之位的重要凭证。李克用的官衔又更丰富了一层。"陇西郡王"是另一优宠，李克用得此爵是第一次有爵位，并且一得就是王爵，甚高。郡王是唐九等爵的第二等，食邑五千户，从一品，仅次于一等亲王爵（食邑万户，正一品）。此处没有记载"食实封"，因而可见并不享有相应食邑。至此李克用的官历似乎已达到顶峰，与安禄山的最高爵位（东平郡王、尚书左仆射）相当。

然而唐末动荡的天下局势再次为李克用的封授提供了契机，历史将李克用推到了唐朝边疆封授史的巅峰。唐昭宗乾宁二年（895），静难节度使王行瑜谋求尚书令未遂，与凤翔节度使李茂贞、镇国节度使韩建这两个关中军阀一起率精骑数千进入长安，逼昭宗改诏，任命自己集团的王珙为河中节度使。然此时昭宗已答应以李克用之婿王

① 《资治通鉴》卷 256 唐僖宗中和四年。

珂为此官,被逼改诏后,李克用立即上奏请求"勤王",除去三人。被软禁的昭宗趁李茂贞、王行瑜不备,逃离长安。李克用诛杀王行瑜,而昭宗恐李克用实力更大,就赦免了前来请罪的李茂贞,未削夺其官爵。此战之后昭宗进李克用守太师、中书令、进封晋王、食邑九千户,改赐"忠贞平难功臣"①。此时的"晋王"已食实封七百户,与前述陇西郡王有本质差别。此时李克用真正达到了唐代边疆封授的最巅峰,前无古人,后无来者。若将李克用当时(后来又加实封一百户)这一长串官爵名列出来则为:

忠贞平难功臣、河东节度、管内观察处置等使、开府仪同三司、守太师、兼中书令、北都留守、太原尹、上柱国、晋王、食邑九千户、食实封七百户②

从官爵名称来看,李克用还加了唐末少见的勋官(上柱国),并且一次性置顶,是勋官的最高品:视正二品,十二转。而且其文散官也有晋升,从原来的"特进"(正二品)升为"开府仪同三司"(从一品),是唐末几将绝迹的散(开府仪同三司)职(河东节度、管内观察处置等使、守太师、兼中书令、北都留守、太原尹)勋(上柱国)爵(晋王)完备者,并且还多具备了一个雅衔"忠贞平难功臣",额外加封。此衔并不是官职名,也不是正式爵称,是类似于"忠义王""恭化王"之类荣誉王的一种荣誉加封,可类比爵,但由于"功臣"字样,应属于授官,可称之为"荣誉臣"衔,是荣誉加官。考察此时李克用的官爵,在人臣已是无可再加,因而加此荣衔,以示极度优宠。

晋王之封,是唐末边疆封授史上最荣耀的一次册封,是唐朝 23 位皇帝在位期间最高级别的一次边疆封授。这里要讨论一下王爵以上的爵位。从安禄山开始,边疆封授首见将帅封王,此前并不是没有封过郡王,在蕃蕃国首领被封为"某地+郡王"(如乐浪郡王、带方郡

---

① 《旧唐书》卷 20 上《昭宗纪》。
② 《旧唐书》卷 20 上《昭宗纪》。

王)或"某国＋国王"(新罗王、渤海国王)、"荣誉衔＋郡王"(如怀化郡王、归德郡王)、"荣誉衔＋王"(如归义王、怀德王)的例子比比皆是,但这些王、郡王都是在蕃蕃国的首领或投诚而来的蕃族最高首领,有实际封地,势力范围仅限于自己的蕃国。安禄山以唐朝将领被封为"东平郡王",是边疆封授的一次重要转折,唐王朝在腹心之地(今山东郓城、巨野等县地)给自己埋下了祸根。而李克用"晋王"之封,具有同样重要的历史地位。在唐史上,"晋王"之前仅有唐高宗受封过,领有今山西之地。我国古代史上,开国皇帝建国后往往将诸子分封为各种王,除太子不须封王外,一般晋、秦、齐、楚四王最贵,晋王又为其中之首,晋王地位可以说仅次于太子。晋王被封在山西一带,是华北军事重地,非强有力的藩王和部队无法戍守,而唐高宗李治就是从晋王而被立为太子,然后成就帝业的。李克用晋王之封在唐史上前无古人,直到唐朝灭亡也后无来者,不可复演,是人臣之巅峰,又因其边疆首领的特殊身份,被封为晋王则进可成就帝王霸业(其子李存勖最终继承其父晋王、河东节度使之位而建立了自己的政权,成为五代史上后唐的开国皇帝),退可成就藩镇霸主(事实上李克用不愿自王,始终以唐皇朝守卫者自居,其强悍的对手朱温虽实力雄厚,如日中天,但无此封王荣耀)。如果说安禄山的王爵使唐代边疆封授"变了味儿",使边疆首领得以常驻唐内属的封地,不仅具有政治身份,而且拥有军事强势,将职官体系本不应上升到的王爵上升了一把,则李克用的王爵使唐代边疆封授"变了质",使边疆首领可以世袭自己的政治、军事基地,入为宰相,出为大王,并且"出"得并不遥远,就在京都长安之畔,①可以说一举一动直接与皇权关联。

---

①　事实上,李克用所封晋王,统辖之地太原本身就是唐朝"北都"。唐朝都长安,但也置数个陪都,高宗显庆六年(661)定洛阳为东都,则天时定太原为北都,中宗罢北都,玄宗开元时又复太原为北京。宝应元年(762)后罢黜南京,只保留上都京兆府、东都河南府、北都太原府。

在郡王、王之上就是太子与皇帝了,王为爵,那太子和皇帝是什么称谓? 安禄山很会演戏,有一次在玄宗和太子都在场时不拜太子,玄宗问缘故,安禄山说"臣不识朝廷仪,皇太子何官也?"玄宗答:"吾百岁后付以位。"①意思是太子不是以"官"来界定其地位的,是帝王的继承人。太子非官,不被纳入官僚体系,那是爵吗? 皇帝肯定更不是官,那也是爵吗? 察爵的渊源,是为了保证权臣皇亲世袭名位和利禄俸秩,因而备受帝王重视。② 封爵而贵是古已有之的共识,李克用弑段文楚之前,与人商议时强调除去段文楚则"功名富贵,事无不济也"③,功名与富贵来自何处? 在皇朝的天下,则指的应是官爵。可见唐人深谙爵与官的意义。在唐代,王之册封一概由皇帝临轩册命,而公侯伯子男之爵可于朝堂册命,也可遣使册受。爵是皇权政治的代表,那皇帝之身份包括太子的选定,当放在什么位置呢? 皇帝和太子自然也是富贵的,并且是贵中之贵,是极贵,既然封爵而贵,那么从本质上讲,皇帝(也称天子)与太子也是爵,是皇爵,位于爵之最高端。《孟子·万章句下》有"周室班爵禄也,如之何? ……天子一位,公一位,侯一位,伯一位,子男同一位,凡五等也。"也就是说,周朝五等爵制中的爵包括天子。《白虎通义》卷一《爵》称:"天子者,爵称也。爵所以称天子者何? 王者父天母地,为天之子也。故《援神契》曰:'天覆地载谓之天子,上法斗极。'《钩命决》曰:'天子,爵称也。'"虽也有把天子独于爵之外的说法,但天子是不是爵称的讨论,并不能说明"天子是爵制中的一员的说法是错误的"。西嶋定生由是总结:"若从秩序结构的角度来观察爵制,则天子是其中的一员,从而,天子也是爵称;不过,若从另一面看,天子是掌有赐爵的特权者,而所有的爵都

---

① 《旧唐书》卷 225 上《逆臣传上·安禄山》。
② 杨光辉:《汉唐封爵制度》,学苑出版社,2002 年,第 103 页。
③ 《旧五代史》卷 55《康君立传》。

是由天子授赐的，天子就不能再作为爵称。这两者并不是矛盾的表现。"①

可见，将天子作为爵称是从国家秩序层面考虑的一种可成立的观点。孟子创造性地将天子之爵认定为"天爵"，即仁义忠信、乐善不倦，而将公卿大夫的爵认定为"人爵"。《孟子·告子章句上》云："古之人，修其天爵，而人爵从之。今之人，修其天爵，以要人爵。"而天子与皇帝，一个是对蕃国时使用的称呼，一个是对内统治时的称呼，因同为一人，所以"皇帝"也可作为爵号来看，而与之紧密联系的皇后、太子、太子妃，应都属于极爵。可以推论，所谓帝王将相，帝与王同质，是爵，将与相同质，是官。有爵则贵，有官则显。古之人所追求的"功名富贵"，是泛指获取官爵，而官爵之称的背后，是附带的各种利益。

李国昌、李克用父子二人都有二十余官爵，在唐代边疆民族首领中已属佼佼者，尤其是李克用，是唐朝边疆封授史上爵位至高者（晋王），可类比新罗、渤海等国的国王。但与蕃国位于边疆地区不同，晋王所辖之地位于唐朝腹心地区（在今山西，黄河转弯向南处之东，这一地区是中原传统的地盘），作为唐高宗被立为太子前的爵位，此爵之地位是官无法比拟的。

① ［日］西嶋定生：《中国古代帝国的形成与结构：二十等爵制研究》，武尚清译，中华书局，2004 年，第 324—325 页。

第六章　唐朝对内附边疆首领的封授：
以安禄山为例

　　安禄山是杂种胡人，其父为西域康国粟特人（康姓），其母为突厥人，原本无姓氏。安禄山生活在唐朝边疆的营州柳城（今辽宁朝阳市），其父早逝，其母阿史德氏为突厥族的巫师，以突厥人信奉的斗战神为其取名轧荦山。对于安禄山的族属，历来颇多争议，但多数学者认为其应为粟特人。而安禄山本人，因官历所及地区多在内地，可以视为内附边疆首领的一个代表人物。

　　粟特是西域地区的商业民族，与西域城邦各国、东西突厥汗国和唐朝都有密切的通商联系，往往通晓各族语言，以机敏、善学习、善交际闻名。突厥的特勤原本由可汗子弟垄断，是仅次于叶护和设的高官，但突厥可汗子弟往往不具有丰富的政治经验和渊博的学识，应变能力也无法与活跃的粟特人相比，因而粟特人充任特勤的现象后来逐渐增多。《安禄山事迹》记载了安禄山的一段自述："我父是胡，母是突厥女。"[①]可见安禄山自认为是胡与突厥人的后代，而唐人所说的"杂种胡"，大多数情况下是指昭武九姓的粟特胡人。[②] 阿史德氏后来

---

①　（五代）王仁裕、（唐）姚汝能：《开元天宝遗事·安禄山事迹》卷上，中华书局，2012 年重印版，第 84 页。

②　参见陈寅恪《唐代政治史述论稿》（商务印书馆 1947 年版）第 21—23 页的分析。

改嫁安延偃，与安禄山后来冒姓为安有关，然而也有说法认为安禄山本身就是生活在漠北的突厥汗国内部的粟特人安延偃的儿子。[①] 当前对于安禄山的研究，有个人传记及将安禄山放在安史之乱中进行评析这两个主要方向，相关研究成果丰硕，[②]都或多或少涉及唐朝对其个人的封授。

第一节　安禄山其人及其仕进

安禄山起家卑微，并非名门，既不是某某可汗之后，又不是某个重要蕃族的典型大将。开元年间（713年后）突厥内乱，安禄山逃入唐朝，以其通晓"六蕃语"（不一定是实指，表示"很多"的意思）的粟特人特有的本领，在唐朝边疆城镇的营州担任"互市牙郎"，从这个卑微的小官起家，逐渐得到唐朝官员的推荐和提拔而进入唐王朝边疆首领序列。

安禄山是唐代边疆封授的典型代表，其官爵最盛时为东平郡王、河东节度使，还曾差点被任为宰相（杨国忠谋授安禄山"同中书门下平章事"，未授则叛）。以蕃人身份而达到人臣之极的少数几个人物中，安禄山应为典型代表，也具有特殊性。

安禄山一生得到封授比较频繁。在开元初出仕以来，安禄山先后任大小二十多个官职，大致官爵经历为：互市牙郎，捉生将，偏将，

---

① 见加拿大学者蒲立本的观点。Edwin G. Pulleyblank, *The Background of the Rebellion of An Lu-shan*, London, 1955. 汉译本书名为《安禄山叛乱的背景》，丁俊译，中西书局，2018年。

② 相关专著如沈睿文《安禄山服散考》（上海古籍出版社，2015年）、[日]藤善真澄《安禄山：皇帝宝座的觊觎者》（中西书局，2017年）、荣新江《中古中国与粟特文明》（生活·读书·新知三联书店，2014年）、李碧妍《危机与重构——唐帝国及其地方诸侯》（北京师范大学出版社，2015年）、王炳文《从胡地到戎墟：安史之乱与河北胡化问题研究》（北京师范大学出版社，2020年）等，学术论文众多，不一一列举。

平卢兵马使,特进,幽州节度副使,营州都督,平卢军使,顺化州刺史,平卢节度使,柳城太守,押两蕃、渤海、黑水四府经略使,骠骑大将军、范阳节度使、河北采访使、御史大夫、柳城郡公,东平郡王,河北道采访处置使,河东节度使,云中太守,尚书左仆射,闲厩、陇右群牧使。这些官爵多数都是外职事官,还包括有一些京官(御史大夫、尚书左仆射)、武散官(骠骑大将军,从一品)、文散官(特进,正二品)。安禄山得到封授后,不仅可以自己开幕府,由玄宗亲赐官邸,反叛之前甚至求官得官。① 从封授的频繁程度来看,其在唐玄宗时期特别是天宝元年(742)至天宝十三载(754)的官历非常丰富。综观唐代边疆封授史,在官历上能有二十种官爵者人数很少,安禄山达到二十余官,属于仕宦非常成功之人。即使从内地官员来看,达到二十余官迁转的人,也是比较成功之人。

上述官爵品级各异,但是总体看来属于较高的级别。考察唐代某官爵的重要性,虽不能完全以品级来界定,②有很多使职甚至具有很大灵活性,其品级与实际权力差别巨大,但对于一些比较重要的实际有执掌之官,品级是重要参考。使职之外,安禄山还曾担任营州都督、顺华州刺史(唐代都督和刺史一般配套使用,某州都督往往同时兼任刺史,是州郡最高军政长官)、柳城太守、东平郡王。这些官爵中,最高者为"东平郡王",这也是安禄山一生所得唐朝官爵中最高者。郡王为从一品,在唐朝九等爵中位于第二等,仅次于亲王(专封皇子),食邑为五千户。蕃人封王,除了国王和荣誉王(如归义王)、荣

---

① 天宝十三载(754),安禄山在杨国忠屡言其必反之后,奏请为闲厩、陇右群牧使。相比此前的郡王、节度使之官爵来说,这个官职级别大为降低。安禄山此请,看似是为了避免杨国忠对其叛变的"诬陷"而自请降官避祸,实则为自己的叛乱积累了更多兵马。因而《新唐书》卷225上《逆臣传上·安禄山》有云:"既总闲牧,因择良马内范阳,又夺张文俨马牧,反状明白。"

② 赖瑞和《唐代中层文官》认为:"不宜以官品来决定一个官的高低,而应当以该官职本身的轻重、剧要为准。"(《唐代中层文官》,台湾联经出版事业公司,2008 年,第 49 页)

誉郡王（如奉诚郡王）外，所封王爵甚少主动给予边疆族人。在安禄山之前，郡王这个爵位的授予最为典型的是唐太宗封降附的突厥突利可汗"北平郡王"，吐谷浑灭亡后其首领被封为"西平郡王"。唐高宗时期还曾封吐谷浑王为河源王、青海王，这是封王的最高级别。武则天之后，荣誉王、荣誉郡王增多，开元、天宝年间荣誉王、荣誉郡王的册封数量极多，但这些受封者都有一个身份前提，即为蕃国蕃族最高首领。在安禄山之前，唐朝没有一般边疆酋帅得以封王的记载。《资治通鉴》言安禄山封王之事为："唐将帅封王自此始。"①之前所封之王，除了边疆最高首领之外，也有一些特殊例子，如突厥李思摩手下大臣被封为左右"贤王"，这是为了与李思摩可汗之称配套成一组领导核心，统领部众归漠北，是王爵的特殊使用，体现了政治意图，但实际意义并不大。然而安禄山的封号很不同，"东平"是实名，管辖山东郓城、巨野等县地，武德初改郓州，贞观八年（634）移治顺昌县（今山东东平县西北），天宝元年（742）改东平郡，乾元元年（758）复改郓州。掌握了这里，就相当于掌控了河北、河东等地，对唐朝京都长安是巨大的威胁。东平郡王，在唐代历任者为安禄山及朱温，这二人，一人导致了唐朝衰落，一人最终灭亡了唐朝，可见这个官职的重要性。安禄山还担任过御史大夫（唐初从三品，御史台长官，宪衔，专掌监察弹劾百官，地位隆，但不是副宰相）、云中太守（州郡最高行政长官，唐武德元年改郡为州，太守为刺史。都督与刺史往往配套任命，但天宝元年即742年唐朝一度改州为郡，刺史为太守，因而太守与都督也可配套）、尚书左仆射（从二品，为宰辅，贞观二十三年即649年后例带"同中书门下三品"等号，中宗后不带此号的仆射已不是宰相，玄宗开元以后多不带此号，成为安置元老旧臣的荣衔，或缺而不受。玄宗时仆射已不位于宰相之列）。在起兵叛乱前，杨国忠还准备任命

---

① 《资治通鉴》卷216唐玄宗天宝九载。

安禄山为宰相,即"同中书门下平章事"(三品,指三省长官之外他官行宰相事者)。由于节度使最高可带同平章事,因而安禄山在叛乱前的天宝十三载(754)已达到人臣的权力顶峰。

安禄山所得的官爵大多有实权,其中最重要的是一系列的使职。唐代的职事官名称和品级虽经历了几次变动,如武德令因袭隋大业制度,后又一度恢复隋开皇制度,贞观令精简官史、完善旧制,高宗至玄宗朝官制多次变动,使职差遣盛行,藩镇幕府侵夺原有官僚系统的职权。到唐末,宦官诸使司得到较大发展,进一步侵夺了原有官僚系统的职权。虽历经这些变化,但总体上是平稳的,文武散官、勋官名称和品级也基本是固定的。然而使职与职事官非常不同,除了任命灵活、名称灵活外,皇帝亲派的使职还拥有超越地方官、直接向皇帝汇报的权力,而幕府的使职是非编制内官员,可以不受数额限制而随时任命,这样使职就越过了一般官职系统的各种规则。赖瑞和先生言:"唐皇朝经常任命使职,来取代好些僵化的职事官,好以特使治国,好以'专案专揽'的方式来处理国事。这也等于在扩充皇权,达到皇权更集中的目的。"①将使职的本源归结为皇权,应该说是看到了使职的本质属性。

安禄山一生任过很多使职,如平卢兵马使、平卢军使、平卢节度使,这三个使职是安禄山早期积累政治和军事资本的官职,在军事和政治上具有不同职能。平卢为治所在营州(今辽宁朝阳市)的一个方镇,开元七年(719)置。这个方镇是后来影响力颇大的淄青平卢节度使(上元二年即761年移治青州,今山东青州市,贞元四年移治郓州,今山东东平县西北)的前身。安禄山为营州杂胡,平卢可谓其老巢,其起兵反唐也正是团结了范阳、平卢、河东三个藩镇的力量。天宝年间唐朝共设了十个节度使,安禄山一人统领三镇,兵强马壮。兵马使

---

① 赖瑞和:《唐代高层文官》,台湾联经出版事业公司,2016年,第45页。

总兵权,任其重,有多种名称,如都知兵马使、左右厢兵马使、前军兵马使、中军兵马使等名,设置的名称依职能而灵活变动。这是使职区别于一般官爵的明显特点。由于平卢的重要性,唐朝于开元初年设置了平卢军,安禄山此时担任平卢军使。军使也是掌管军队的重要职位,唐朝仪凤年间曾以百济人黑齿常之为河源军副使、大使,有效抵抗了吐蕃入侵。平卢军是为镇守平卢及平定契丹、奚等东北蕃族的叛乱而设。安禄山早期所任的这三个使职,品级虽不好定义,只能依照其本官品来大概界定,但实权大。除了上述三个使职,安禄山还任过押两蕃、渤海、黑水四府经略使,任过河北采访使、河北道采访处置使、河东节度使、陇右群牧使等,通过这些使职,安禄山积蓄兵马、总三镇兵力,最终才得以羽翼丰满,反动叛乱。除了使职有实权外,安禄山所任都督、太守也都是地方实权官。堀敏一分析:"唐代节度使拥有私兵的显著事例第一个是安禄山……从曳落河的功能可以看出,他们是安禄山兵力的中坚。"[1]安禄山的使职本是皇权因需要而设,但是最终成长壮大为皇权无法制约的地方反叛势力。

唐玄宗对安禄山的封授具有特殊性,因封授已然超越了一般的君臣关系。安禄山因封授不仅得以开府、有国,其妻还被封为国夫人,先后二妻都被封,而其母、祖母被封为国夫人,其父被授为太守。而安家数子被赐名、被封为卿,得以修宅。在私人关系上,安禄山认杨贵妃为母,其子庆宗得以尚郡主。这些伴随封授而来的连带效应大大扩充了安禄山的家族势力。

安禄山的作用力能够突破边疆直入腹心,最终能掀起狂澜,与唐中央政局出现的重要变化是有关系的。唐玄宗自开元八年(720)之后将择人之权委之于首席宰相,因而宰相在用人时竞相选柔而易制之人,宰相也开始遥领节度使、充转运使等,任期又无甚限制,天宝

---

① [日]堀敏一《藩镇亲卫军的权力机构》,载于韩昇等:《日本学者研究中国史论著选译》第四卷《六朝隋唐》,夏日新等译,中华书局,1992年,第605页。

之后的中央政局已大不如开元初年。安禄山仕进之路上,最关键的一个转折点是受到宰相李林甫的提拔,李林甫以蕃人不知书而易制,出于私心而推荐安禄山(推荐不读书的"边隅小吏"牛仙客为相也是同一个道理),然而由于安禄山惧怕李林甫,因而李能够压制住其反叛之心,而杨国忠为相之后不但压不住安禄山,还试图激化矛盾,促使安禄山反叛。这两个宰相是安禄山作用于唐朝政治的两个重要借力。而宰相的任命,与唐玄宗个人喜好边功也是有关系的。王吉林先生认为:"自杜暹入相,则明知玄宗重视边功,有意拓边,故在边塞有功之人,易于为相。及至宇文融、萧嵩之拜相,更可明白玄宗所重者一为兴利之臣,一为拓边有功之臣……除了用兴利之臣与边功之臣外,玄宗似乎开始重用官宦子弟,尤其是宰相子弟。"[①]蕃人安禄山之入仕,是唐玄宗将政事大权交托宰相、重视拓边的结果。安禄山以蕃人身份进入中枢政局,直接参与唐朝内廷政治,打破了中枢权力的平衡,其与唐玄宗的私关系也使得中央决策机构的运行不畅(杨国忠与太子频奏安禄山必反,说明安禄山彼时与中枢的不合已十分明显),对天宝年间的政治局势起到的作用是不可估量的。

第二节　从边疆封授看安禄山叛乱之原因

从安禄山的仕进可以看出,唐王朝对这样一个边疆人物缺乏必要的防范。比较而言,唐代稳定的边疆封授有以下几种情况:

第一,蕃国或入朝的国王、可汗之子孙继承王位,这是一种十分正当的继承关系,唐王朝给予政治身份的认定,因而顺理成章。安禄山没有显赫出身,也无部族牵制,这种游离于蕃国蕃族系统之外的人更不易制。杨国忠提拔突骑施族人哥舒翰用以牵制安禄山,授"同中

---

① 王吉林:《君相之间:唐代宰相与政治》,中国人民大学出版社,2007 年,第 195—196 页。

书门下平章事"以诱其返京来制约,是为了防止安禄山反叛的措施,但安禄山得到河东节度使、东平郡王之封授后,势力发展迅速,总三镇兵力,一旦反叛则不易制。

第二,以蕃人身份入朝为将军、卫官等,久居京城,近承王化。这一类蕃人只身入朝或率部众编入唐朝军队,不易形成强大的反叛力量。此种蕃人可做内用,封王爵者少。安禄山之前封郡王的边疆首领多是在蕃的,且册封的政治目的非常明确。唐太宗是使用边疆封授政策非常灵活的帝王,其灵活处理的突厥阿史那思摩、突厥小可汗突利、吐谷浑王顺的郡王册封是三个典型的案例。

第三,将边疆大小首领授为将、使,令其对外征战,战后撤命,使官如常或有限加封。这种职能明确的任命,是利用了边疆将士骁勇善战的特点,令其在战场上立功,而不委之于内廷政治,因而不易动摇中央统治,确保皇权政治的稳固。

第四,边将任用忠厚之人,这样的蕃人习唐风日久、浸润人文,其中有从边帅(有使者节制)而功著再入为宰相者。这样的蕃人因性情忠诚而为唐所用,稍加节制则无反叛之心。反观安禄山其人,肯定不是忠厚的蕃人。《旧唐书》记载了他"性巧黠"、会使巧计,善于揣测人情,厚赂使者,身体肥壮然而在君王面前作胡旋舞时又"疾如风",由于"肥大不任战"就欺诱契丹和杀戮契丹人。当其路经陈留郡时得知其子安庆宗被诛,狂怒不已,竟命令投降的官军"交相斫",死者六七千人。《新唐书》认为其"无功而贵"、投机于"天子盛开边"、"忮忍多智,善億测人情"、"阳为愚不敏盖其奸"。从以上记载来看,安禄山是一个狡黠、凶狠、颇有心计而没有道德底线的人。唐朝任用这样的蕃人镇守一方,并且手握重兵,无疑是为自己种下祸患。

安禄山因安史之乱而被两《唐书》认为是"逆臣"。《新唐书》将其列为逆臣之首，认为"禄山、思明兴夷奴饿殍，假天子恩幸，遂乱天下"①。而仆固怀恩、李怀光同为蕃族将领而叛乱，仅被列为"叛臣"，似乎名义上好听一点，程度上比安禄山、史思明为轻，这足以说明在唐人及宋人心目中，安禄山、史思明掀起的波澜比一般叛乱要大得多。分析安史之乱原因的论著甚多，今从边疆封授的角度来看，唐玄宗及其朝臣集团有以下失误：

第一，引荐者李林甫察人不明。李林甫当世时能压制安禄山，因而在其时并未对唐朝内外政治形成严重威胁。而李林甫死后，杨国忠在制约安禄山方面无力，以封授作为制约手段难以达到效果。十分讽刺的是，安禄山表面上畏惧李林甫，在其死后却大肆诬陷，李林甫被载入"奸臣传"，应有安禄山的"功劳"。李林甫表面上说"蕃人善战有勇，寒族无党援"，引荐安禄山，加速其进入中枢机构的步伐，实际是为了自己地位的巩固。

第二，安禄山厚赂的一批使者助纣为虐。其中采访使张利贞、黜陟使席建侯在安禄山仕进之路上起到了牵线搭桥的作用。当其反状已露时，中官还曾在这个"关键时刻"救了安禄山。这些得到贿赂的臣子，为安禄山加官晋爵提供了助力，混淆了唐玄宗视听。②

第三，宰相杨国忠屡奏其反，激怒了安禄山，其结果是安禄山加强"悲情表演"，使玄宗怜其情而愈加官，"闲厩、陇右群牧使"的任命甚至为其反叛提供了更多兵马。

第四，玄宗不应使其领三镇，军力不得形成掎角之势，一方叛乱，其他藩镇不得相救，遂使长安临危。安禄山对唐朝的内外政局走向影响很大。在地方上，唐朝节度使初置时不久居，流动性强，受中央

---

① 《新唐书》卷 225 上《逆臣传上·安禄山》。

② 天宝十二载，中官辅璆琳得贿言其不反。反之前，黜陟使裴士淹驰入谒表忠心，玄宗不再听信杨国忠的"安禄山必叛"言论。天宝十三载安禄山在华清宫泣言忏悔，最终得"尚书左仆射"，"还镇"，并得"牧使"。种种事件，使唐玄宗坚定了对安禄山的信任。见《新唐书》卷 225 上《逆臣传上·安禄山》。

的有力管辖,其难专擅一方。且节度使一般只在一处就任,很少兼任,避免了在地方囤聚势力形成反叛力量。据统计,开元、天宝年间的八十余位节度使中,只有安禄山一人的任期超过十年,其他人的任期均在五年以内。存在兼统情况的总共只有八人,兼统三道以上的只有三人,除安禄山外时间都不长。① 由此看来,在节度使之中,安禄山是个例外。他自天宝元年(742)担任平卢节度使,至天宝十四载(755)叛乱,总共有十四年的任期。而他天宝三载(744)开始兼统范阳、平卢两道十二年,天宝十载(751)又兼统了河东道,共兼统三道五年,势力的积聚理所当然。安禄山从蕃入朝,又因长期担任节度使而拥有自己的部众,《新唐书》载"其军中有功位将军者五百人,中郎将二千人",单从授官来看,已足见势力之盛。这一切与玄宗盛宠专信、不察于内外是有直接关联的。安禄山在内扰乱内廷政治,在外专制于藩镇,对于唐朝内外政治来说是严重威胁。

　　安禄山所得到的封授属于边疆封授的范围,是天子政治威力的体现。安禄山得以成功叛乱,是以封授为基础的,有封授就有政治身份、军事配置、物资储备、人际网络,才能成势。而边疆封授正是皇权政治等级秩序的体现,正是玄宗的皇权将安禄山置于人臣之极,给予其政治身份认定,助其羽翼丰满,酿成祸端。天宝末年,天下承平日久,无意为战,军队腐败,战斗力弱,故而安禄山一旦叛乱,唐王朝的统治急剧衰落。古往今来谴责玄宗"重外轻内"、好边功的评论不绝,应当说是有一定道理的,然而"重外轻内"似改为"外重内轻"更为妥当,唐玄宗深知中央为本、四夷为末的道理,对于藩镇并非没有节制。然而对安禄山的封授和信任超越了官僚制度的限度,安禄山既为节度使封王第一,又兼领三镇五年,更兼两镇达十余年,且这三镇都是守卫京师的重镇,这些都是边疆封授的大忌。唐玄宗荣宠安禄山、

① 陈明光、王敏:《唐朝开元天宝时期节度使权力状况析论》,《厦门大学学报》2006 年第 3 期。

以皇权过度封授边将造成了安史之乱,对唐朝的衰落负有不可推卸的责任。安禄山的封授是皇权的体现,他同样是利用了天子之威而反。起初叛乱时,安禄山对军士宣称"奉密诏讨杨国忠"①,这是利用了皇权在人们心中的号召力。而唐朝平乱过程中,安禄山所率军队的将士即使发现"密诏"是个阴谋,但既已参加叛乱,安禄山"违者斩、夷三族"的军令极严,也只能一路向西、不能回头了。

在对安禄山的封授中有两处微弱又很重要的信息:一是铁券,二是御服。唐朝颁赐的铁券,一般给予功臣,特别是蕃国蕃族功臣,用于昭示免罪免死。天宝年间,安禄山被封为柳城郡公时,被赐予铁券。唐玄宗颁赐这个铁券是由于安禄山欺诱契丹斩杀数千人而立功,这个功本身的正面作用大还是负面作用大尚不好说,但安禄山并非新罗王金法敏、沙陀李克用这样的大功臣是可以确定的,赐予这样的蕃人以铁券,只能使这一手段的价值下降,甚至可能起到反作用。《新唐书》曾载,兴元元年(784)李怀光被加太尉,赐铁券,李怀光不觉得荣耀,反倒气愤之极,认为"凡疑人臣反,则赐券。今授怀光,是使反也"②。因而铁券似乎成了加速地方节度使反叛的催化剂,铁券的颁赐有可能对边疆起到反作用。铁券虽然原本用于免罪免死,但随着皇权政治的发展和局势的变化,已经逐渐不免死,所关联的减免仅限于流罪以下,对于真正威胁皇朝统治者,并不免死免罪。如安禄山既已叛乱,则唐朝不可能再姑息,铁券功能不再。其实唐玄宗对于安禄山的怀疑已经有许多证据,频繁派出使者前去试探即为证明,只是使者多受贿赂而言其不反。天宝十三载(754)唐玄宗在华清宫召见安禄山之后放其回藩镇,临行前"帝御望春亭以饯,斥御服赐之",将帝王的衣服加在安禄山身上,即使深情款款表示关爱,恐怕安禄山也

① 《新唐书》卷 225 上《逆臣传上·安禄山》。
② 《新唐书》卷 224 上《叛臣传上·李怀光》。

已明白唐玄宗对其的猜忌与警告。安禄山于是"大惊,疾驱去"[①]。御服事件已说明玄宗之疑,明显是欲用皇权威慑安禄山,但此举没有起到警示作用,恐怕更加坚定了安禄山反叛的决心。

安禄山的官爵可以说达到了唐代封授的顶峰(虽然沙陀李克用的册封"晋王"级别更高,但安禄山在唐朝前中期的封授品级已属最高,而且在唐代边疆封授史上的地位高于李克用),由于其在安史之乱中是始作俑者,因而《新唐书》将其列入"逆臣"。与安禄山类似的由封授而得到强权然后叛乱的边疆首领典型代表还有仆固怀恩、李怀光等,但这两个人并没有被列为"逆臣",而是列入了"叛臣",可见史官认为安禄山对于唐王朝的危害是巨大的。事实上,位极人臣不一定反叛,如在蕃的新罗首领直到唐末都是唐王朝的忠实捍卫者,而入朝的沙陀李国昌父辈和子孙都曾是拥护唐朝皇权的边疆首领。

---

① 　《新唐书》卷 225 上《逆臣传上·安禄山》。

第七章 其他边疆政权的封授要事

除了上述边疆蕃国蕃族,唐朝还与许多边疆政权有封授关系,包括蕃国和邦国,其中回纥、渤海、高句丽等的封授史对于边疆局势起到了重要作用,非常值得重视。

第一节 回纥(回鹘)封授要事

回纥是唐初漠北九姓铁勒[1]的一部,而且是九姓铁勒之首,最初臣于突厥,风俗习惯有很多同于突厥之处,如以狼为图腾、用毡车、殉葬等。[2] 回纥人最初信仰萨满教,"珊蛮自言术能役鬼,鬼能以外事来告"[3]。贞观元年(627)与薛延陀、同罗、仆骨等阴山以北的十多个铁勒部落共同反抗突厥统治,贞观四年(630)东突厥汗国灭亡后,漠北诸部中回纥与薛延陀为最强。贞观二十年(646)回纥联合唐军灭亡薛延陀,回纥称臣内属,唐朝在其地设置瀚海都督府,回纥首领吐迷度被授为怀化大将军、瀚海都督。贞观二十二年(648),吐迷度被其侄乌纥所杀,唐太宗担心回纥部落离散,就派遣兵部尚书崔敦礼前去安抚,"赠吐迷度左卫大将军,赙物及衣服设祭甚厚。以吐迷度子前

---

① 包括回纥、拔野古、仆骨、同罗、浑、契苾、拔悉密、思结、葛逻禄。
② 林幹:《突厥与回纥史》,内蒙古人民出版社,2013 年,第 175 页。
③ [瑞典]多桑:《多桑蒙古史》(上册),冯承钧译,中华书局,1962 年,第 174 页。

左屯卫大将军翊、左郎将婆闰为左骁卫大将军、大俟利发、使持节回纥部落诸军事、瀚海都督"①。这次封授对于回纥部落的安定起到了重要作用。

武则天时期，后突厥兴起，回纥再度受到突厥压迫。唐玄宗即位后，后突厥汗国由于受到唐中宗时期张仁愿所建三受降城的阻碍，无法南侵，因而改向西域扩张势力。开元二十九年（741）登利可汗被杀，后突厥陷入汗位争夺的内乱之中，各部相继内附于唐，突厥汗国大大衰落，回纥乘机重新崛起。天宝元年（742）回纥骨力裴罗继任首领，与拔悉蜜助唐攻杀后突厥乌苏米施可汗，后突厥汗国瓦解，随后回纥又联合唐朝攻拔悉蜜，败其可汗阿史那施于北庭。天宝三载（744）八月，回纥首领骨力裴罗自立为骨咄禄毗伽阙可汗，占据了突厥故地，唐玄宗册立其为奉义王、怀仁可汗。② 次年，怀仁可汗攻杀后突厥白眉可汗，被唐玄宗授为左骁卫员外大将军。③ 后突厥汗国为回纥汗国所取代，怀仁可汗与继任的葛勒可汗每年向唐遣使朝贡。

安史之乱发生后，唐朝调集边疆民族军队和以往戍守边疆的唐朝军队前来平乱。这一时期边疆民族有的助唐平乱，有的反而乘唐之虚前来掠夺。平定安史之乱过程中得到封授的民族首领较少，许多政权由于战乱而丧失了与唐朝的联系。部分边疆民族请求参与平乱，然而唐朝对于这些请求比较慎重，如至德元载（756）回纥可汗、吐蕃赞普相继遣使请求助国讨安禄山，然而唐肃宗仅仅是"宴赐而遣之"④。于阗王胜得知安禄山反叛，命其弟曜摄国事，亲自领兵五千入援唐朝。"上嘉之，拜特进，兼殿中监"⑤。

安史之乱基本平定后，唐肃宗宝应元年（762），吐蕃、黑衣大食、

① 《旧唐书》卷 195《回纥传》。
② 《旧唐书》卷 195《回纥传》。
③ 《新唐书》卷 217 上《回鹘传上》。
④ 《资治通鉴》卷 218 唐肃宗至德元载。
⑤ 《资治通鉴》卷 218 唐肃宗至德元载。

宁远、狮子、波斯、奚、契丹、新罗、火寻、石国等纷纷遣使朝贡,唐朝的藩属秩序得到初步恢复。

平乱过程中得到封授最多的政权是回纥、仆固(仆骨),这两个政权的首领也是唐朝赖以平乱的功臣。至德元载(756)七月,肃宗遣故邠王男承采使于回纥,以修好征兵,回纥可汗以女嫁于承采,唐封回纥公主为毗伽公主。① 至德二载(757),回纥怀仁可汗遣其子叶护至凤翔,唐肃宗令太子广平王俶与叶护约为兄弟,双方建立了友好关系,广平王俶领朔方等军及回纥、西域之众十五万,号称二十万发于凤翔。此后,唐肃宗下诏:"回纥叶护,特禀英姿,挺生奇略,言必忠信,行表温良,才为万人之敌,位列诸蕃之长。属凶丑乱常,中原未靖,以可汗有兄弟之约,与国家兴父子之军,奋其智谋,讨彼凶逆,一鼓作气,万里摧锋,二旬之间,两京克定。力拔山岳,精贯风云,蒙犯不以辞其劳,急难无以逾其分。固可悬之日月,传之子孙,岂惟裂土之封,誓河之赏而已矣! 夫位之崇者,司空第一;名之大者,封王最高。可司空、仍封忠义王,每载送绢二万匹至朔方军,宜差使受领。"②从诏书可以看出,唐肃宗与回纥可汗之间是明确的"兄弟"关系,因而两国之间也是兄弟之国的关系。

唐肃宗将位与名均取至尊者给予回纥,这些不仅仅是虚名,还有实际的好处。回纥在唐朝边疆蛮夷中享有崇高的地位,有助于震慑四夷。唐每年给其财物,甚至还任其劫掠洛阳。回纥名已正,又获得了更多的实际利益。为了进一步安抚有功的回纥,乾元元年(758)唐肃宗还将自己的亲生女宁国公主嫁给回纥可汗。③ 至代宗即位,回纥登里可汗一度为史朝义所诱寇扰唐朝,然而终被仆固怀恩劝止,双方继续维持友好的"兄弟之国"关系,首领都接受唐朝的册封。

---

① 《旧唐书》卷 195《回纥传》。
② 《旧唐书》卷 195《回纥传》。
③ 《资治通鉴》卷 220 唐肃宗乾元元年。

然而，回纥依仗战功与唐朝的优待，骄横跋扈。宝应元年（762），"回纥入东京，肆行杀略，死者万计，火累旬不灭。朔方、神策军亦以东京、郑、汴、汝州皆为贼境，所过房掠，三月乃已，比屋荡尽，士民皆衣纸。回纥悉置所掠宝货于河阳，留其将安恪守之"①。广德元年（763），回纥十五人犯含光门，入鸿胪寺劫掠，门司甚至不敢制止。"回纥登里可汗归国，其部众所过抄掠，廪给小不如意，辄杀人，无所忌惮。"②永泰元年（765）仆固、吐蕃作乱，唐拉拢回纥之后，虽然仆固、吐蕃大败，然而唐朝也付出了重大代价，史载"回纥胡禄都督等二百余人入见，前后赠赍缯帛十万匹；府藏空竭，税百官俸以给之"③。大历六年（771）、七年（772），回纥于鸿胪寺擅出坊市，大肆劫掠，甚至还进犯金光门、朱雀门，皇城诸门尽闭以避免劫难。大历十年（775）九月戊申，"回纥白昼刺市人肠出，有司执之，系万年狱；其酋长赤心驰入县狱，斫伤狱史，劫囚而去。上亦不问"④。回纥的强势也体现在掠夺唐朝其他边疆地区上，如"至德、宝应间，中国多故，北庭、西州闭不通，朝奏使皆道出回纥，而房多渔撷，尤苦之，虽沙陀之倚北庭者，亦困其暴敛"⑤。

在回纥的跋扈之下，唐朝也采取了防御措施。大历十一年（776）唐增加朔方五城戍兵，以备回纥。然而对于回纥，唐肃宗、代宗显得过于优容，如大历十三年（778）回纥寇太原，纵兵大掠，然而一旦其兵离去，"上亦不问回纥入寇之故，待之如初"⑥。

代宗崩，建中元年（780）唐德宗即位，遣中使梁文秀前往回纥告哀，登里可汗态度非常骄横，且为九姓胡附回纥者所诱，欲大举进攻

① 《资治通鉴》卷 222 唐肃宗宝应元年。
② 《资治通鉴》卷 222 唐代宗广德元年。
③ 《资治通鉴》卷 223 唐代宗永泰元年。
④ 《资治通鉴》卷 225 唐代宗大历十年。
⑤ 《新唐书》卷 218《沙陀传》。
⑥ 《资治通鉴》卷 225 唐代宗大历十三年。

唐朝。回纥之相顿莫贺达干苦谏无果,杀可汗自立,唐朝册封了顿莫贺为可汗,回纥局势稳定下来,开始主动向唐示好,唐德宗接受了大臣李泌的建议,北和回纥,南联南诏,大大削弱了吐蕃势力,于是局势得到了缓解,吐蕃多次遣使求和。

建中四年(783)回纥遣使献方物,请求和亲。贞元三年(787)回纥可汗遣使上表称儿及臣,次年公主和亲后,唐拜回纥可汗为汩咄禄长寿天亲毗伽可汗,公主为智惠端正长寿孝顺可敦,①回纥为了消除宿怨以及与唐朝建立和亲关系,"不惜将原本处于平等地位的兄弟之邦关系降格为藩属之国和儿臣关系"②。虽然为唐朝藩属,但这个藩属的地位并不具备完整的意义,从此时双方整体的关系来看,回纥首领仍只是被封为可汗,没有被封授唐朝官职,并未纳入唐王朝羁縻府州体系,只能认定为主动内属的独立蕃国。

唐穆宗以后,回鹘汗国陷入频繁内乱,其渠长与黠戛斯联合灭亡了回鹘汗国,这时唐朝开始对四散逃亡的回鹘首领进行册封来保存回鹘的力量,然而困于形势而没有达到效果。开成五年(840),回鹘别将句录莫贺乘回鹘之乱,与黠戛斯联兵消灭了回鹘,此后回鹘所部四散逃亡,其中庞特勤一部势力投往安西,居于焉耆城,庞特勤自称可汗,因势力微弱,期求唐朝的册封,于是多次朝见唐朝。会昌二年(842),在太和公主的请求下,唐"遣将作少监苗缜册命回鹘乌介可汗,使徐行,驻于河东,俟可汗位定,然后进。既而可汗屡侵扰边境,缜竟不行"③。此后唐宣宗认为回鹘曾经有功于唐,而此时其陷入穷困,唐应当追其功勋,再度寻求和好,于是大中十年(856),"上遣使诣安西镇抚回鹘,使者至灵武,会回鹘可汉遣使入贡。十一月,辛亥,册拜为嗢禄登里罗汩没密施合俱录毗伽怀建可汗,以卫尉少卿王端章

---

① 《资治通鉴》卷233唐德宗贞元四年。
② 崔明德、马晓丽:《隋唐民族关系思想史》,人民出版社,2010年,第382页。
③ 《资治通鉴》卷246唐武宗会昌二年。

充使"①。这次册封的目的是保存回鹘的力量,帮助其树立在其他边疆民族面前的威信。然而大中十一年(857)王端章册封途中,被黑车子阻拦,未到达目的地。回鹘汗国灭亡之后,唐朝欲进行册封却未能成行的两个实例,也说明了册封随着双方形势及关系而变化的特点。此外,穆宗至唐亡,回鹘可汗得到的册封虽都为"可汗",然而级别却有细微的差别,这与册封时的政治局势变动有关。回鹘汗国灭亡之后,唐朝对其可汗的册封,使用了"册拜""册命"字样,"拜""命"略带有以上赐下的颁恩语气。回鹘汗国灭亡后屡屡"求册命""求册立",随后唐朝行"册拜""册立""册命"即说明了此含义。对降附而来的首领,唐朝封授的级别更为下降,这些首领多被册封为郡公,最高首领册封为郡王,而增多了唐朝官职的授予。大将军、将军等武官官职的授予,唐人姓名的赐予也说明了这些首领成了唐朝蕃将的组成成分而为唐直接所用。回鹘汗国灭亡后,投往吐蕃的一支回鹘人后来依附于张义潮,发展成为河西回鹘,共同反抗吐蕃。投往安西的回鹘所部后来发展成为西州回鹘。西奔葛逻禄的回鹘后来和葛逻禄等部一起建立了黑汗王朝。

第二节　渤海、契丹、靺鞨、奚封授要事

唐初,活跃在东北地区的政权除了朝鲜半岛三国之外,还有靺鞨、契丹、奚、室韦等边疆政权或民族,契丹与奚对唐叛服无常,继高句丽之后兴起在东北的渤海政权与唐一直保有相对稳定的藩属关系。靺鞨是位于高句丽北部、室韦南部、突厥以东的政权,包括黑水、粟末、白山等数个部落,以黑水和粟末为最强。白山等部原臣属于高句丽,粟末中的一部曾归属高句丽,但其他各部常与高句丽发生战

---

① 《资治通鉴》卷 249 唐宣宗大中十年。

争,《太平寰宇记》载:"初,开皇中,粟末靺鞨与高丽战,不胜。"①于是粟末渠帅突地稽在隋朝时内附,被安置在营州,大业八年(612)隋炀帝置辽西郡,突地稽被授为辽西太守。黑水靺鞨位于粟末靺鞨之北,在唐初离散为数十部,酋长各自治,与唐朝保持臣属关系。契丹活动于今辽宁西部,唐朝初期臣属于突厥。契丹与奚关系非常密切,往往共同叛服。室韦是契丹别部,唐初也依附于突厥。总体来看,靺鞨、契丹、奚等对唐朝或叛或服,唐高祖对于主动降附的民族首领进行了封授。武德年间,唐高祖封授靺鞨渠帅突地稽为燕州总管、蓍国公;②授契丹别部酋帅孙敖曹为云麾将军,行辽州总管。③

突地稽为燕州总管的"燕州"之名,是延续隋朝辽西郡而来,按《新唐书·地理志》记载的幽州幽都县:"隋于营州之境汝罗故城置辽西郡,以处粟末靺鞨降人。武德元年曰燕州,六年,自营州迁于幽州城中,以首领世袭刺史。"④可见此时设置的燕州,后来还经历了侨置,唐高祖初期并没有制定周全的安置计划来应对这些降附的边疆民族。

唐初沿袭隋制,一方镇守官为某州总管,出兵征讨称为行军总管。"行辽州总管"一职的设置说明了唐朝任用孙敖曹进行征讨。按《通典·州郡典》序:"大唐武德初,边镇及襟带之地,置总管府以领军戎。至七年,改总管府为都督府。"⑤则武德四年(621)这两个官职的设置,说明了唐朝有意任用这两个民族首领来镇守边疆,并参与征讨叛逆,因而总管是军事意义较强的官职。这与隋朝对于这两个首领的授官"辽西太守"和"金紫光禄大夫"明显不同。辽西太守为辽西郡的民政长官,按隋制,虽然在边疆地区太守往往军事、民政兼及,但太

---

① 《太平寰宇记》卷 71 引《隋北蕃风俗记》。
② 《旧唐书》卷 212《北狄传·靺鞨》。
③ 《旧唐书》卷 212《北狄传·契丹》。
④ 《新唐书》卷 39《地理志三》。
⑤ 《通典》卷 14《州郡典上》。

守一职没有较强的军事意义是确定的。而契丹孙敖曹被授予的"金紫光禄大夫"则是文散官,在隋朝为从二品,更不具备军事意义。唐朝授予孙敖曹的不再是文散官,"云麾将军"是武散官,从三品上。另外,靺鞨突地稽还请求受唐节度,因战功被唐朝封为"蓍国公"。唐给予突地稽这样的封爵,是给予民族首领的较高荣誉,国公在五等爵秩中位于郡王之下而在郡公之上,体现了唐朝对于民族首领功绩的肯定和鼓励。此外,隋朝授予二人的官职是郡的一方长官,唐朝则是州的长官,这也体现了隋朝废州存郡、唐高祖初年重新启用州的建置、杂用隋制的特征。

营州是唐王朝设于东北边疆地区的唯一州县级建置,但由于周边有契丹、奚、室韦等地方民族政权,所以情况有别于内地其他正州。契丹等降众在营州城旁安置后,营州既要管理州县的民政和治安,又要安辑归附的各少数民族部落,作为唐代前期东北地区的政治军事重镇,负有统制东北诸蕃的战略重任。由此也可以看出,对于契丹等首领的封授,并不是没有节制的,唐朝派驻营州的官员负有管理周边民族首领的任务。以上分析的官职与爵序,与唐王朝建立初期正州的官职设置情况大体相同,只是官职和爵称的接受者是边疆民族首领而并不是汉官,是唐高祖任用边疆民族首领以利于控制其部族和军队目的的体现,是传统羁縻制度运用的反映。此时的靺鞨、契丹等,是设置于唐王朝营州之内的边疆民族或政权,受到唐王朝正州官员的节制,接受唐王朝的官职,主要体现为授官,少数功勋卓著的被赐以封号,然而册封的级别也不会超越唐王朝对于正州内部民族首领册封的级别,也不会同于蕃国首领的册封。

需要注意的是,唐初对于孙敖曹的封授是由于其主动内附,并不能代表契丹所有部落的状况。事实上,在这一时期契丹其他各部并没有内附于唐。唐高祖年间,契丹与奚都向唐王朝朝贡示好,如"六年,其君长咄罗遣使贡名马丰貂"①和"武德中,遣使朝贡"②,但也都曾寇扰唐朝,如"武德初入寇边"③,"武德中,高开道借其兵再寇幽州,长史王诜击破之"④。这些事件体现了契丹与奚对于新建立的唐朝的试探。契丹与隋一直是友好往来,隋文帝时契丹归附,炀帝时也不断朝贡。然而与唐的关系则不同,除了主动遣使内附的契丹别部酋帅孙敖曹之外,契丹与奚叛服不定,对唐朝持观望态度,也希望趁唐朝大业未定之际捞得好处,于是采取朝贡与寇扰同时进行的策略。契丹与奚的其他首领并未得到唐朝的封授,可见唐初这两个政权对于新生的唐王朝并无归附之心,唐朝也没有主动示好之意。此外关于室韦,唐高祖时期仅有一例朝贡:"武德中,献方物。"⑤说明了室韦主动示好之意,然而未见封授记载。以上这些也说明,东北边疆民族政权与唐王朝的关系处于较大的变动中,在唐王朝的藩属层次中还有可能经历较大的调整,而后来营州都督府由上都督府到下都督府的转变正说明了这一点,其所领城傍羁縻州数量随蕃族的归附与东北边疆的动荡存在着动态变化。⑥

对于靺鞨突地稽和契丹别部孙敖曹的封授是唐朝施行羁縻统治的体现。唐朝没有派驻官员去统领二人内附的部落,而是任命了二人为首领,授予官职。突地稽和孙敖曹的部落内附之后也位处唐朝施行正州统治的范围内,但是唐王朝只是通过任命这两个首领来控制其部族和军队,同时承认了二人对于本部族的统治权。唐王朝此时并没有十分体系化的羁縻府州设置计划,对于羁縻区域首领的封授是仿照正州来进行的。此时唐朝面临的最重要任务是统一中原,

① 《旧唐书》卷 212《北狄传·契丹》。
② 《旧唐书》卷 212《北狄传·奚国》。
③ 《新唐书》卷 235《北狄传·契丹》。
④ 《新唐书》卷 235《北狄传·奚》。
⑤ 《旧唐书》卷 212《北狄传·室韦》。
⑥ 宋卿、程尼娜:《唐代营州都督府相关问题探赜》,《求是学刊》2016 年第 4 期。

二人及其部落也只是名义上归属于唐朝。①

　　唐太宗对于东北诸多酋长的封授也具有临时性。贞观二十年（646），太宗征伐高句丽归来，途中经过营州，召集契丹窟哥和原契丹部落中的长者，赏赐缯采，授窟哥为左武卫将军，②之后又对辱纥主曲据和内属的窟哥进行了册封和授官，拜曲据玄州刺史。这些封授基于对高句丽战争过程中短暂控制东北边疆民族的目的，并没有进行长远考虑，因而很快窟哥等又被封授新的官职和爵号。窟哥举部内属后，唐置松漠都督府，"以窟哥为使持节十州诸军事、松漠都督，封无极男，赐氏李。以达稽部为峭落州，纥便部为弹汗州，独活部为无逢州，芬问部为羽陵州，突便部为日连州，芮奚部为徒河州，坠斤部为万丹州，伏部为匹黎、赤山二州，俱隶松漠府，即以辱纥主为之刺史"③。

　　贞观（627—649）末年，奚酋长可度者内附，"帝为置饶乐都督府，拜可度者使持节六州诸军事、饶乐都督，封楼烦县公，赐李氏。以阿会部为弱水州，处和部为祁黎州，奥失部为洛瑰州，度稽部为太鲁州，元俟折部为渴野州，各以酋领辱纥主为刺史，隶饶乐府。复置东夷都护府于营州，兼统松漠、饶乐地，置东夷校尉"④。

　　从以上东北边疆民族首领所得封授的情况来看，东北边疆内附诸蛮夷被侨置于唐朝正州之内或就地设置羁縻州，并被授官，如契丹、奚首领被授为都督、刺史等，个别功高权重的首领还被册封县公、县男等较低等级的爵位，这些首领也受到唐朝东夷校尉的节制。

　　武则天时期，东北边疆局势一度非常紧张。万岁通天元年（696）五月，契丹首领李尽忠（时任右武卫大将军兼松漠都督）、孙万荣因不

① 参见刘统：《唐代羁縻府州研究》，西北大学出版社，1998 年，第 9 页。
② 《旧唐书》卷 199 下《北狄传·契丹》。
③ 《新唐书》卷 219《北狄传·契丹》。
④ 《新唐书》卷 219《北狄传·奚》。

堪忍受营州都督赵翙的欺侮而率部反叛。虽然一直以来契丹被唐王朝看作"小丑",似乎无足轻重,但自营州事变之后,契丹一度成为对北疆局势起到决定性影响的因素,武则天不惜一切代价来消灭契丹叛军,正所谓"倾天下以事一隅"[①]。而武则天先后三次派大军征讨契丹,耗费数十万兵力,换来多是失败,不得不倚靠突厥来平叛,结果又滋长了突厥"轻中国之心"。关于战事失利的原因,学者们多有探讨,我们从边疆封授的角度做一探索。从派去平叛的官员背景来看,先后数次的攻讨,武则天派去的统兵元帅均为武氏族人,能看出其目的是给武氏子孙立功建业的机会,[②]此时的战时授官体现了以内政影响边政的倾向。然而领军无能的武氏族人多次致战事失利,这大大削弱了武周的军事力量,也增加了对经济、社会的压力。吐蕃、突厥利用了武周东北战事吃紧之机,向武周提出了苛刻的交易要求,默啜的大将军、上柱国、迁善可汗之封授就这样应势而生了。由营州叛乱引发的对默啜的封授弊大于利,对武周而言,解除了契丹威胁这一狼,又招来后突厥壮大这一虎。有学者指出:"在这场战争中,契丹战败,实力遭受重创是毫无疑问的,就是战胜方唐帝国也付出了大量的人力物力,代价极大,惟有突厥收获最丰。"[③]

在平定契丹叛乱的过程中,伴随着武则天对武氏族人的失望和转而授官给李唐派,一些边疆民族首领重新得到了器重,这可以说是契丹叛周所促成的积极影响。神功元年(697),宰相狄仁杰提出了"捐四镇以肥中国,罢安东以实辽西"[①]的策略,并提议由一度遭冷遇的高句丽后人来代守安东。自武则天时代开始,不少入朝蕃将包括高句丽首领出征时,多统他族或汉兵,因这些民族首领已渐失去部落

---

① 《全唐文》卷 238 卢藏用《陈子昂传》。
② 李文才:《论"营州事变"的成因及其影响》,《河北学刊》2002 年第 7 期。
③ 李蓉:《辽西两蕃对则天朝政局之影响》,《西南师范大学学报》2002 年第 1 期。
① 《旧唐书》卷 89《狄仁杰传》。

酋长的身份,其本民族的衰败散亡也使其无从号令本番。[1] 然而虽然无从号令本番,这些民族将领本身的骁勇善战仍值得重视。圣历二年(699)武则天授高藏之子高德武为安东都督,次年开始又多次任用边疆民族首领前去平定契丹叛乱,取得良好战果。虽然武则天没有接受"捐四镇以肥中国"的建议,但实质上承认了"罢安东以实辽西"的正确性并加以执行。[2] 对边疆民族首领的封授不仅提高了战斗力,使得武周对辽西的控制力迅速恢复,而且大大缓解了滥杀民族首领的恐怖政治给边疆造成的不利影响。

伴随着契丹的反叛,粟末靺鞨逐渐发展起来。唐朝前期高句丽灭亡后,粟末靺鞨的大祚荣曾率家属徙居营州。契丹李尽忠反叛后,居住在营州的靺鞨人在首领乞乞仲象、乞四比羽的率领下东逃太白山东北以自保,武则天遣使册封乞乞仲象、乞四比羽遭拒,就派兵征讨。乞四比羽被杀,乞乞仲象之子大祚荣打败了武周军队,据东牟山筑城以居并建国,以武则天封其父"震国公"之"震国"作为国号,[3]武则天于长安年间劝诱新罗前去征讨,但此次行动没有取得进展,震国逐渐壮大起来。[4] 可以说,武则天时期,武周与震国之间的对立,一直未得到缓解,由于征讨不得力,册封未成,震国正是在武则天时期发展壮大起来的。

武则天册封未成的原因大体可以从以下两个方面来看。对粟末靺鞨来讲,其首领乞乞仲象虽然当初已接受了"震国公"封号,但一旦战争开始,靺鞨并不愿意充当炮灰。[5] 为了避难而不愿出头去打契丹,这种做法似乎是对武周不忠不义,但事实上对于逃亡中的弱小的

---

① 马驰:《唐代蕃将》,三秦出版社,1990年,第115页。
② 李蓉:《辽西两蕃对则天朝政局之影响》,《西南师范大学学报》2002年第1期。
③ 《旧唐书》卷199《北狄传·渤海》。
④ 震国的建立、发展的具体情况参见李殿福、孙玉良《渤海国》(文物出版社,1987年)中的相关资料和张博泉等所著《东北历代疆域史》(吉林人民出版社,1981年)。
⑤ 李蓉:《辽西两蕃对则天朝政局之影响》,《西南师范大学学报》2002年第1期。

粟末靺鞨残族来说,保存部族的血脉、力求生存也无可厚非。武则天以一民族力量对抗另一民族力量的做法,虽是沿袭唐朝传统,但由于粟末靺鞨与契丹实力的悬殊,以乞乞仲象的部族对抗契丹并不合宜,乞乞仲象的拒绝就在情理之中了。对武周而言,武则天对粟末靺鞨只进行了册封,没有进行招抚,因而效果并不理想。而且战时发布命令进行征调,缺乏鼓励和慰勉,功利性很强。欲以震国制契丹,不惜牺牲力求自保的靺鞨残族,即便粟末靺鞨奋力平叛,结果也未必理想。

从契丹叛周和震国不接受册封的情况来看,武则天时期的边疆危机与内政紧密相连。武则天将主要精力放在朝廷内部的争斗上,而对于边疆地区关注较少,此后的中宗、睿宗时期虽然多次调整,但也受到了武则天时期的影响。早在高宗年间,武则天即已称制(684—689 年,武则天称制共六年①)。高宗与武则天之间的矛盾冲突日益显现,"政治高压下沉默的、忠于李唐政权的大臣们,逐渐在维护政权体制上聚集起来,抵制武则天僭越夺权……并通过太子监国制度,力图制约武则天。而武则天也做出回应,发生了上元年间向高宗逼宫的事件,导致太子李弘之死。这是自麟德元年上官仪事件以来,在改变政权现状上又一次严重的政治斗争,其结果是高宗进一步被架空,忠于李唐体制的势力受挫"②。宫廷内部的斗争对武则天日后实行恐怖政治,在朝廷内外大批杀戮中央、地方和边疆民族官吏有着深刻影响,而边疆封授政策亦为内政之混乱作用于边疆的典型体现。将边疆首领撤职和杀害,提拔武氏子弟参与平定边疆叛乱而不得力,巩固皇权而忽视边疆导致边疆危机四起,这些都是内政影响边政的恶劣后果。

对于东北地区的经营以唐玄宗时期为最频繁。唐玄宗通过封授

---

① 高明士:《中国中古政治的探索》,五南图书出版公司,2006 年,第 57 页。
② 韩昇:《上元年间的政局与武则天逼宫》,《史林》2003 年第 6 期,第 52 页。

新罗首领和渤海降附而来的首领、黑水靺鞨首领来对抗渤海,削弱了渤海的力量,促使局势向有利于唐朝的方向转化。渤海与新罗这两个东北边疆的主要势力,关系一度紧张。而"纵观二百多年渤海与新罗的交往,可以看出,与渤海和唐朝、日本的友好交往不同,军事对峙、朝贡礼仪争长、文化博弈是双方二百多年交往关系的主流"[①]。渤海与唐的关系也经历了一些变化,先天二年(713),渤海首领大祚荣被唐玄宗册封为渤海郡王,然而大祚荣卒后,大武艺袭位,一改友好政策,试图寇唐。其弟门艺无奈之下投唐,得到唐朝授官,后来带领唐军攻打大武艺。开元十六年(728),安东都护薛泰请置黑水府,以部长为都督、刺史,玄宗赐府都督姓李氏,名献诚,以云麾将军领黑水经略使,[②]这次对黑水靺鞨首领的封授形成了对渤海的节制。开元二十一年(733),渤海靺鞨入寇登州,新罗王金兴光族人金思兰被拜为太仆员外卿,遣归国发兵,新罗王金兴光击退渤海,唐加授金兴光开府仪同三司、宁海军使。大武艺病死后,其子大钦茂嗣立渤海郡王,双方关系终于转向友好。

　　唐玄宗通过封授政策的不断调整,对契丹与奚进行制约,没有完全达到效果。开元三年(715),契丹首领李失活与奚的首领大辅归附唐朝,被封为郡王,授为大将军、都督。开元八年(720),唐军联合奚、契丹的力量前去迎战叛乱的契丹可突于,契丹首领娑固、大辅临阵皆为可突于所杀,可突于立娑固从父弟郁于为王并遣使请罪。开元十年(722),郁于来朝请婚,唐以宗室所出女慕容为燕郡公主许婚,册立郁于为松漠郡王,授左金吾卫员外大将军、兼静析军经略大使,赦可突于之罪。[③] 之后可突于来朝,被擢左羽林卫将军。契丹局势暂时稳定下来。开元二十年(732)奚酋长李诗、琐高等以其部落五千帐来

---

①　程妮娜等:《汉唐东北亚封贡体制》,中国社会科学出版社,2014 年,第 190 页。

②　《旧唐书》卷 199 下《北狄传·渤海》。

③　《新唐书》卷 219《北狄传·契丹》。

降,唐诏封李诗为归义王、兼特进、左羽林军大将军同正、归义州都督。李诗死后,其子延宠嗣位,联合契丹再度叛唐,为幽州张守珪打败后,唐再度任命延宠为饶乐都督、怀信王,以宗室女杨氏为宜芳公主赐婚。然而延宠杀公主再叛,唐玄宗诏立婆固为昭信王、饶乐都督。[①] 开元十一年(723),契丹可突于率突厥兵寇边,幽州长史张守珪诱与可突于不和的契丹衙官李过折夜斩可突于,唐玄宗拜李过折为北平郡王、松漠都督。可突于残党涅礼杀李过折,过折一子刺乾逃至安东,被拜左骁卫将军,涅礼被赦罪,被授松漠都督。结合以上封授政策施行的背景,契丹与奚得到封授的时候,均为主动或被动降服之时。这两个政权基本上叛则同叛、服则同服,裹挟在一起,给唐朝增加了不少纷乱。

安禄山在契丹、奚与唐朝的关系上起到了不少负面作用。天宝年间,安禄山多次引诱奚、契丹首领,以集会作为理由,赐这些首领以莨菪酒,等他们醉后就进行坑杀,动辄杀死数千人。天宝十年(751),安禄山诬陷契丹酋长欲反叛,请求举兵进讨。然而战败给唐朝造成了不必要的损失。于是第二年,安禄山为了雪耻,又发奚、汉步骑二十万击契丹,并想借机除掉嫉恨已久的突厥降附于唐的首领阿布思,阿布思不得已叛归漠北。天宝十四载(755),安禄山叛乱时,所领蕃兵有一定数量的同罗、奚、契丹、室韦兵。

对待渤海,唐朝的封授政策有个调整过程。开元年间,唐玄宗在册封了大武艺为渤海郡王之后,又在黑水靺鞨之地建黑水州,置长史,大武艺认为黑水靺鞨私下与唐朝联合,于是遣其弟门艺及舅任雅相发兵击黑水靺鞨。门艺以书固谏不可进攻黑水靺鞨和反唐。然后武艺怒召门艺,准备将其杀害,门艺归唐,被诏拜左骁卫将军。虽然接受门艺投降,可分化大武艺的势力,也激怒了大武艺。此后渤海势

---

① 《新唐书》卷 219《北狄传·奚》。

力发展迅速,由唐朝的羁縻州(忽汗州)而晋级成为唐朝蕃国。宝应元年(762),唐诏以渤海郡王大钦茂为国王,进检校太尉。这一封授标志着渤海在以唐朝为中心的统治系统中从唐朝的一个郡,转而上升为唐朝承认的蕃国,渤海首领由"郡王"而升为"国王",相应被授予的唐朝官职也得到提升。这次封授之后,渤海成为东北较为稳定的藩属国,有利于东北边疆的稳定,直到唐末,渤海首领持续接受唐朝的封授,然而虽为独立蕃国,渤海国王仍同时兼有唐朝忽汗州都督的身份。

唐德宗贞元十四年(798),渤海嵩邻袭位后,唐德宗仅授嵩邻郡王、将军而已,不再册封国王,可见是想通过封授级别的降低来调整渤海的政治地位,使其从蕃国而降级为郡。然而嵩邻不服,遣使叙理,唐朝只好继续承认渤海作为蕃国的地位,再加嵩邻银青光禄大夫、检校司空,进封渤海国王。① 可见唐德宗对调整渤海与唐关系所做的努力并没有成功。此时期唐朝与渤海的关系仍然较为稳定,但在接受唐朝封授的同时,渤海也发生了一些变化,如贞元时渤海王大钦茂死,私谥为文王;渤海王华玙、嵩邻、言义等即位后都私自改元,死后也都有私谥,这些都是僭越的行为。而渤海对唐朝虽有略微僭越的情况,总体来看仍然是唐朝稳定的藩属政权。

第三节　高句丽、百济封授要事

唐朝建立之后,东北边疆地区与唐朝发生联系的较强大的政权或民族有高句丽、新罗、百济、靺鞨、契丹、奚、室韦等,这些政权可分为蕃国(高句丽、新罗、百济)和地方政权(靺鞨、契丹、奚、室韦等)两种。早在隋朝时,对于高句丽、新罗、百济这三个常年混战的政权曾

---

① 《旧唐书》卷 199 下《北狄传·渤海》。

经进行了持续的封授,但未达到有效羁縻的效果。高句丽恃强自大,不服从隋朝统治,隋朝对高句丽进行了连续的征讨,最终招致了隋王朝自身的灭亡,高句丽也受到了重创,其遗留问题也必然会影响唐王朝的统治。高句丽、新罗、百济三政权中,较为强大的是高句丽。唐高祖即位之初,唐王朝仅仅据有关中一隅,周边敌对势力众多,隋朝遗留下来的丧乱局面仍待收拾,因而唐高祖主要的目标是在较短的时间内实现中原地区的统一。唐高祖创立了初唐的制度和政治格局,有助于促进全国的统一。从整体形势来看,这一时期唐朝对于边疆民族或政权的关注较少,主要精力放在了中原地区的经营上,然而在边疆地区,东北诸族国的问题相对较为集中。武德二年(619),高句丽遣使朝贡,向新生的唐政权示好。这一时期,高句丽和唐朝都历经隋末战乱,高句丽还没有从隋朝征讨的创伤中恢复过来,唐朝的四周强敌众多,最重要的任务是完成全国统一,所以双方都较为保守,高句丽向唐示好,实则带有探知唐朝态度的意思。唐朝接受了高句丽的示好,双方关系向着友好的方向发展,这样有利于双方周边的稳定,为彼此的发展提供了良好的环境。

鉴于高句丽的强盛和桀骜不驯,吸取隋亡的教训,唐高祖一度想要放弃前代延续下来的对高句丽的册封,改变对高句丽的封授政策,承认高句丽独立政权的地位:

> 帝谓左右曰:"名实须相副。高丽虽臣于隋,而终拒炀帝,何臣之为? 朕务安人,何必受其臣?"裴矩、温彦博谏曰:"辽东本箕子国,魏晋时故封内,不可不臣。中国与夷狄,犹太阳于列星,不可以降。"乃止。[①]

高祖认为之前对高句丽的册封是名不副实的,高句丽不肯称臣,隋朝的封授制度实际上是对于高句丽没有约束力的。唐高祖说的虽是事

---

① 《新唐书》卷 236《东夷传·高丽》。

实,但没有认识到册封传承的重要意义。虽然在唐高祖看起来对于高句丽的册封是不必要的,但实际上绝封、承认其敌国身份,是将高句丽的地位抬高,相应也就降低了唐朝的地位,这样做的危害性更大。

武德年间,高句丽多次向唐朝贡示好。武德五年(622),唐高祖主动归还高句丽战俘,赐书给高句丽王建武,令其归还沦落高句丽的前隋军民。高句丽接受了唐朝的要求,"建武奉诏,遣还中国民前后以万数"①。其中值得注意的是,唐高祖赐书给高建武用了"王既统摄辽左,世居藩服,思禀正朔,远循职贡"一语,说明了唐朝将高句丽定位为藩臣,而接受唐王朝封授政策,是成为唐王朝藩臣的重要标志。在这一点上,高句丽、百济、新罗的情况大体类似。

武德七年(624)二月,"高句丽遣使内附,受正朔,请班历,许之"②。之前百济、新罗也多次朝贡,唐高祖于是正式对三国进行了册封。高句丽王被拜为"上柱国",封为"辽东郡王、高丽王",百济王被册封为"带方郡王、百济王",新罗王为"柱国",封"乐浪郡王、新罗王"③。上柱国是武官勋级中的最高级,在唐朝为十二转,是转数最高者,视为正二品。柱国为十一转,视为从二品。虽然这个等级中的转数规定直到唐高宗咸亨五年(674)才正式确定下来,但唐初继承的是隋文帝时期的勋级制度,上柱国、柱国的等级也分别为正二品、从二品。因而可以看出,唐初对于三国的地位高低的认定顺序为高句丽、新罗、百济。从唐高祖给予主动内附的高句丽首领和外臣百济首领、新罗首领封号类似这一点来看,唐高祖对于这些东北蕃国首领属于内臣还是外臣的区分并不明确,高句丽首领的封号并未与百济、新罗首领有本质的区别。高句丽应为东北边疆内附的民族政权,然而在

① 《资治通鉴》卷 190 唐高祖武德五年。
② 《册府元龟》卷 977《外臣部·降附》。
③ 三个政权的封号见《旧唐书》卷 211《东夷传》。

封授政策中唐朝并未将高句丽与新罗、百济严格区分开,只是高句丽首领被封的"辽东郡王"体现出与新罗、百济首领稍有不同。唐高祖时期的东北边疆,事实上已经分为唐朝境内的边疆民族和蕃国两个层次,蕃国层次的封授并不是完全一致的。唐初对于高句丽的封授沿用隋朝的政策,并未与认识中不同性质的百济、新罗区分开。方铁先生分析:"究其原因,主要是秦汉至唐宋时期中国的历史疆域尚不甚稳定,同时并未形成边疆或疆界的准确概念,因此属于腹地外围的边陲与邻邦的地域,在认识上两者或含混难辨。"①

在唐朝的封授体系中,郡王、国王都是指给予爵位。按照唐朝爵制,册封为国王是册封外臣的最高等级。唐朝的天下秩序中,除了施行直接统治的核心区域外,外围分别为都护府区域、蕃国区域、敌国区域。② 唐高祖时期,这个天下秩序尚未完全构建起来,但从高祖对于高句丽、百济、新罗进行的册封"高丽王""百济王""新罗王"来看,已经将这三个政权置于蕃国的层次,唐朝的册封即是承认其最高首领为国王之意。然而需要注意的是,这三个政权的首领虽都为国王,但在唐高祖心目中,地位是不对等的。首先,百济首领的地位低于高句丽、新罗首领。高句丽在三国中最为强盛,对于隋唐两朝都是东北地区最大的威胁,隋朝甚至亡于对高句丽的用兵,因而唐王朝对于高句丽这个割据政权的首领进行的封授,必然有别于其他两国。而新罗曾助隋征战高句丽,对于中原王朝表现出忠心和依赖,因而唐朝对其持友好态度是可以想见的。百济在隋朝征战高句丽的过程中首鼠两端,还趁火打劫新罗,所以唐朝对于百济的态度必然有别于其他两国。高句丽、新罗首领都有勋号"上柱国"或"柱国"而百济首领没有,就证明了这一点。第二,高句丽首领高建武虽然也被封国王,但在唐王朝统治者心目中,性质上有别于其他两国。高句丽内附于唐,唐朝

---

① 方铁:《论羁縻治策向土官土司制度的演变》,《中国边疆史地研究》2011 年第 2 期。
② 参见李大龙:《汉唐藩属体制研究》,中国社会科学出版社,2006 年,第 292 页图表。

继承前代，又认为高句丽是中原王朝本土的政权，后来势大而立国，但并不能独立于中原王朝之外。正是由于这一认识，"辽东本箕子国，魏晋时故封内，不可不臣"[①]，隋朝才持续对高句丽用兵，唐高祖才在大臣劝说下决定继续对高句丽首领的册封。而新罗和百济，唐朝对于他们并没有"不可不臣"的要求，因而没有发生是否行封的讨论。

此外还应当注意的是，对于三个政权的册封，其爵位的某某王之前，皆有某某郡王一爵称，这说明了唐朝对于他们的定位。按照中原王朝内部封爵制度，封郡王与封国王并不在一个等级上，是不能同时册封的。然而对于这三个政权，这两种等级的爵称并不冲突。三国爵称中出现的辽东郡、带方郡、乐浪郡，是西汉时期原有的建置，位于辽东及朝鲜半岛上。自西汉以后，中原历朝对于这三国的封授，多带有西汉诸郡的旧号。如刘宋元嘉十二年（435）北魏册封高句丽广开土王为"都督辽海诸军事征东将军领护东夷中郎将辽东郡开国公高句丽王"[②]，陈文帝天嘉六年（565）北齐册封新罗真兴王为"使持节东夷校尉乐浪郡公新罗王"[③]，陈宣帝太建三年（571）高齐后主册封百济威德王为"使持节侍中车骑大将军带方郡公百济王"[④]。带方郡、乐浪郡的称号承袭自汉朝，既体现了唐朝的一种政治愿望，又是中原王朝历史继承与政治导向的反映。而高句丽首领封号中涉及的辽东郡，本属西汉内部郡县范围，位于西汉本土，与乐浪、带方位于朝鲜半岛上的情况是不同的。唐高祖给予三国的这些爵号体现了唐朝对于三国的政治定位。唐朝对于高句丽、新罗、百济三国进行册封之后，三

---

① 　《新唐书》卷 236《东夷传·高丽》。

② 　[高丽]金富轼：《三国史记》卷 18《高句丽本纪·广开土王》，孙文范等校勘，吉林文史出版社，2003 年。

③ 　[高丽]金富轼：《三国史记》卷 4《新罗本纪·真兴王》，孙文范等校勘，吉林文史出版社，2003 年。

④ 　[高丽]金富轼：《三国史记》卷 27《百济本纪·威德王》，孙文范等校勘，吉林文史出版社，2003 年。

国持续朝贡,履行了蕃国的职责。然而武德九年(626)新罗、百济上书申诉高句丽阻碍两国向唐朝贡,又多次进犯两国。对于这次希望唐朝主持公道的上书,唐朝并没有借机对高句丽进行讨伐,仅是遣使谕和,可见唐朝继续奉行与高句丽交好的政策,对新罗、百济与高句丽之间的纷争并不愿过多介入。

唐太宗时期,调整了对朝鲜半岛的"姑息"策略,大大改变了边疆政治格局。贞观十六年(642),高句丽王高建武被泉盖苏文杀害,泉盖苏文拥立高藏为王,自立为莫离支而专擅国政。唐太宗本想利用此机会讨伐高句丽,借此调整东北边疆政治格局,但臣子们认为时机不到,因而唐太宗放弃了征伐,在不情愿的情况下沿袭旧制,封授了高句丽王藏。应当看到,虽然对于高句丽、百济、新罗三国持不同的看法,贞观末期唐太宗还是维持了原本的封号,只在颁正朔、改章服等方面与新罗加强了联系,这说明了唐朝封授政策相对于政治形势的滞后。

贞观十九年(645),唐太宗在做好了基本准备后亲征高句丽,在对高句丽的战争中,唐以所占领的高句丽白岩城为岩州,以高句丽降将孙代音为刺史。[①] 从这一授官可以看出来,唐太宗希望在高句丽境内施行羁縻统治。唐太宗以孙代音为岩州刺史,在高句丽境内设置了州,这是按照一般羁縻州的方式进行的,说明唐朝打算战争胜利后沿袭羁縻府州的管理方式,在高句丽范围内设置府州,只不过在唐太宗时期并没有实现这一意愿。贞观十八年(644)开始,唐太宗征讨高句丽,虽然没有取得最终胜利,但削弱了高句丽的力量,为后世解决高句丽问题打下了基础。

唐太宗时期进行的临时性封授保证了对局势的短暂控制,对高句丽小头领的封授一定程度上起到了对高句丽统治者分化瓦解的作

---

① 《资治通鉴》卷 198 唐太宗贞观十九年。

用。如贞观十九年（645）征讨高句丽的过程中，唐太宗授高句丽首领高延寿鸿胪卿，高惠真司农卿。[①] 鸿胪卿、司农卿为正三品官，鸿胪卿主管蕃客朝会、吉凶吊祭，司农卿主管粮食积储、园池果实等，可见对于高延寿、高惠真的授官是临时性的，并没有指称的确切含义，不是一定要去执行相关部门的职责，只是以授官的形式表示将二人纳入了唐朝管理。而从封授本身来看，战争中不再对高句丽最高首领进行封授，而是封授其下属官员，也在一定程度上起到了对高句丽首领分化瓦解的作用。

唐高宗于贞观二十三年（649）即位，延续和发展了唐太宗时期的边疆封授政策，并有效作用于朝鲜半岛局势。自永徽元年（650）至仪凤三年（678），唐朝介入朝鲜半岛事务而发生了多场战争，主要的有三场：唐罗联军平灭百济，平灭高句丽，唐与新罗的战争。在这三个过程中，边疆册封与授官政策起到了重要作用。贞观十九年（645）至二十三年（649）唐与高句丽之间进行了数次战争，总体看来唐朝并未取得大的胜利，甚至可以说是失败的。649 年唐太宗逝世，此后直到高宗永徽六年（655），唐朝停止了对高句丽用兵，高句丽、百济数次朝贡于唐，同时又对新罗进行不间断的寇扰。

永徽五年（654），高句丽联合靺鞨兵攻打内附于唐的契丹，但被唐朝的松漠都督李窟哥打败，窟哥遣使者向唐告捷，唐高宗欣喜，“为露布于朝”[②]。次年，新罗上诉于唐，言说百济、高句丽、靺鞨共同伐取其三十城，请求唐朝派兵救援。唐高宗派大将苏定方率兵前往，于新城打败高句丽军队，但并没有大规模反击，迅速引还。[③] 这时唐高宗还没有对高句丽进行彻底的打击，取胜即返，延续了唐太宗贞观末年对高句丽进行不间断打击以乏其力的策略。

---

① 《旧唐书》卷 199 上《东夷传·高丽》。
② 《新唐书》卷 220《东夷传·高丽》。
③ 《旧唐书》卷 199 上《东夷传·新罗》。

显庆三年(658),唐高宗派兵攻打高句丽的赤烽镇,大胜。此时,"若由海道以取高丽,则其邻国百济、新罗为形势所关之地。于不擅长海战之华夏民族尤非先得百济以为根据,难以经略高丽"[1]。显庆五年(660),唐高宗确立"欲灭高丽,故先诛百济,留兵守之,制其心腹"[2]策略后,任命左卫大将军苏定方为熊津道大总管,统水陆军十万,新罗王金春秋为嵎夷道行军总管,配合苏定方征讨百济。同年唐军大破其国并房获百济王义慈及太子隆、小王孝演、伪将五十八人,分其国为五部,置熊津、马韩、东明、金涟、德安五都督府,各统州县,立其酋渠为都督、刺史及县令。唐朝任命右卫郎将王文度为熊津都督以统驭之。[3] 麟德元年(664)在唐军统帅刘仁愿的主持下,新罗与百济会盟于熊津。誓文规定了百济与新罗永不相侵,永为藩服。盟誓之后,刘仁轨带领新罗、百济、耽罗和倭国使节赴泰山参加唐高宗的封禅大典,展示了唐朝征伐朝鲜半岛的战功。

唐罗联军平灭百济之后,唐朝任命的都督、刺史、县令等,均由百济人担任,这体现了唐王朝一以贯之的"羁縻"治策。通过任命蕃国首领,令其统帅其旧部,既便于管理民族部落,又为唐王朝的官员管理提供了便利。然而这样的处置方式为百济复兴军的壮大提供了条件。[4]

置都督府于百济国、设置郡县、任命官员,是唐王朝首次将羁縻府州制度引入朝鲜半岛,其实带有从蕃国蕃州向唐王朝境内的羁縻

---

[1] 陈寅恪:《唐代政治史述论稿》,生活·读书·新知三联书店,2004年,第295页。
[2] 《资治通鉴》卷200唐高宗龙朔二年七月条。
[3] 《旧唐书》卷199上《东夷传·百济》。
[4] 拜根兴:《唐朝与新罗关系史论》,中国社会科学出版社,2009年,第116页。

府州过渡的意味，①唐王朝希望借此将朝鲜半岛的管理由疏朗的状态更进一步，将这一西汉已设为郡县的地区纳入唐朝统治范围内。唐高宗任命武将王文度为熊津都督来统御百济故国，也带有军事镇守、缓解百济留守军危机、以武力保障百济秩序以开辟高句丽南线战场之意。不幸的是王文度猝死，只好换由刘仁轨继任。事实上，唐朝的州县制要到龙朔三年才逐步推行，颇为艰难。② 还要说明的是，隋唐以来对高句丽、百济、新罗的册封，最初只给予品、勋、爵三个要素，而到了唐朝置都督府于百济国，在这三个要素之外，又开始加上了官的要素。③

显庆五年（660），百济首领义慈至京后数日卒，唐高宗赠其金紫光禄大夫、卫尉卿，特许其旧臣哭丧。④ 龙朔元年（661），新罗王金春秋卒，其子金法敏继位，唐高宗以金法敏为开府仪同三司、上柱国，册封其为乐浪郡王、新罗王。⑤ 百济王义慈与新罗王金春秋相继死去，但二者所得的待遇并不相同。义慈丧国，已经没有了王的身份，是作为唐王朝的俘虏被押到京城的，其死后得到赠官金紫光禄大夫（正三品）、卫尉卿（从三品），高宗"许其旧臣哭丧"，然而史料并未记载葬礼

---

① 姜维东先生认为，唐代带方州代表朝廷确实行使中央赋予的职权，已不再是羁縻性质的府州，且履行着管理东夷的职责。姜维东：《试论唐代带方州的性质及其影响》，《延边大学学报》2015 年第 3 期。本书认为，唐朝置都督府于百济国并设置郡县，并不能说明带方州已经履行了类似唐王朝内地府州县的职责。从结果上看，唐设置州县仅仅是一次尝试，是希望百济能够从蕃国蕃州向唐王朝境内的羁縻府州过渡，然而并没有达到目的，其有效性为，为以后新罗羁縻府州的设置提供了经验。新罗的鸡林州都督府与百济的熊津都督府为羁縻府州外层次蕃国政权。

② 韩昇：《东亚世界形成史论》，复旦大学出版社，2009 年，第 282 页。

③ 参见高明士：《天下秩序与文化圈的探索——以东亚古代的政治与教育为中心》，上海古籍出版社，2008 年，第 137—138 页。

④ 《旧唐书》卷 199 上《东夷传·百济》。

⑤ 《旧唐书》卷 199 上《东夷传·新罗》。

怎样隆重。而金春秋死后，"高宗闻讣，举哀于洛城门"①。虽然从中朝史料中未见对于金春秋追赠的记载，但从举哀之举来看，新罗王受到的器重远大于百济。正常情况下，若无大过，蕃国首领得到追赠的官职或爵位当与生前职位大体相当，而百济王所得赠官较其生前的封授"柱国"（从二品）、"带方郡王"（从一品）为低。与之不同的是，新罗王金善德死后被追赠的"光禄大夫"（从二品）就与生前受封的"柱国"（从二品）、"乐浪郡王"（从一品）大体相当。

唐朝在百济实行的羁縻府州县管理方式收效甚微，导致百济复兴，余叛耗费了唐王朝和新罗大批军力才得以平定。经过龙朔元年至三年的平叛战争，唐王朝改变了对百济的统治策略，于龙朔三年（663）任命原百济太子扶余隆为熊津都督，令其回国安抚百济余民。这一策略的调整意味着唐王朝改变了将百济纳入唐朝统治范围内、向境内羁縻府州县过渡的意图，"实际上已经明确了百济实行当地自治的羁縻原则"②。令百济自治的同时，仿照对百济的授官，任命新罗王为鸡林州大都督。朝鲜半岛上羁縻府州的设置意义重大，有学者分析，"唐朝开启了东北亚朝贡体制下边疆民族以羁縻建置形式进行朝贡的新模式，并为后来的王朝所继承"③。

百济灭亡后，唐基于一向奉行的怀柔羁縻之策，在百济无力再图复国的情况下，欲保存百济政权，因此希望新罗、百济修好，诏令二者除宿怨。然而新罗长久以来视百济为最大敌人、欲除之而后快，于是以"任存未降，百济奸诈百端"为由奏请停盟。④ 而唐并未准其所奏，

① ［高丽］金富轼：《三国史记》卷5《新罗本纪·太宗武烈王》，孙文范等校勘，吉林文史出版社，2003年，第78页。
② 韩昇：《东亚世界形成史论》，复旦大学出版社，2009年，第282页。
③ 程尼娜：《羁縻与外交：中国古代王朝内外两种朝贡体系——以古代东北亚地区为中心》，《史学集刊》2014年第4期。
④ ［高丽］金富轼：《三国史记》卷7《新罗本纪·文武王下》，孙文范等校勘，吉林文史出版社，2003年，第95页。

"复降严敕",新罗文武王"虽非所愿,不敢违敕",[①]被迫参加了唐将刘仁愿主持下的熊津会盟。唐朝对于这次会盟的重视从铁券的颁赐可见一斑。自唐立国至当时,铁券其少使用,更不用说用在对外关系中了。唐高宗时期也只在这次会盟中唯一一次使用了铁券,目的是"希望通过两国用铁券盟誓后,减少对抗"[②],然而结果是,由于唐罗的重大分歧,文武王此后在与唐交涉中并未遵守会盟中的规定,"采取了现实而有利于新罗的交涉措施"[③]。唐与新罗之间的分歧,在此后平灭高句丽的战争中得到了体现。灭亡高句丽是隋唐君主着力甚多的一项经略,同时也是以金春秋为首的新罗君臣"为了力求消灭对手、实现朝鲜半岛统一而对唐朝实施'战略拉动'的结果"[④]。因而在此战事上,唐罗有着共同利益。

自龙朔二年(662)开始,唐高宗屡次派兵征讨高句丽,但并没有取得明显战果,"凡前后之行,皆无大功而退"[⑤]。然而高句丽也从此元气大伤:长期抵抗隋唐入侵的消耗使生产破坏,人民流失;同盟国百济的倾覆使形势更加恶化。乾封元年(666)六月,唐朝派大军进攻高句丽,以右骁卫大将军契苾何力为辽东道安抚大使,又任命归附唐朝的高句丽泉献诚为右武卫将军。高句丽泉男生率众与唐军汇合,被唐朝授为特进、辽东大都督,兼平壤道安抚大使,封玄菟郡公。[⑥] 契苾何力在出征前已为唐朝的右骁卫大将军,身居高位,颇得重用,这

---

① ［高丽］金富轼:《三国史记》卷7《新罗本纪·文武王下》,孙文范等校勘,吉林文史出版社,2003 年,第 95 页。

② 洪海安:《唐高宗武则天时期的铁券颁赐》,《乾陵文化研究》第五辑,三秦出版社,2010年,第 19 页。

③ 拜根兴:《七世纪中叶唐与新罗关系研究》,中国社会科学出版社,2003 年,第 74 页。

④ 李德山:《唐朝对高句丽政策的形成、嬗变及其原因》,《中国边疆史地研究》2004 年第4 期。

⑤ ［高丽］金富轼:《三国史记》卷 22《高句丽本纪第十·宝藏王下》,孙文范等校勘,吉林文史出版社,2003 年。

⑥ 《资治通鉴》卷 201 唐高宗乾封元年。

一点与投诚的高句丽将领和临时征派的新罗将领并不相同。虽然泉男生受封的特进(正二品)玄菟郡公(正二品)级别高于契苾何力的右骁卫大将军(正三品),但实际上掌握军事大权,总揽战争全局,在战争中充当主力,泉男生及其部落是作为地方军,为契苾领导的军队充当向导和辅助的。从契苾何力"辽东道安抚大使"和泉男生"平壤道安抚大使"的范围前大后小也可得到证明。辽东道在燕时东界达到朝鲜半岛大同江以北地区,由郡名演化的地域名辽东,最初即包括大同江以北。唐代裴矩、温彦博等大臣提出"辽东之地,周为箕子之国,汉家之玄菟郡耳。魏、晋已前,近在提封之内,不可许以不臣"①,可见"辽东"应包括朝鲜半岛北部,特别是大同江流域。也就是说,"辽东道安抚大使"比"平壤道安抚大使"管辖的范围要大。而且在占领平壤之前授官"平壤道安抚大使",与已确切履职于"辽东道"的"辽东的安抚大使"未免为虚。

总章元年(668),唐朝平灭高句丽,"以藏索胁制,赦为司平太常伯,男产司宰少卿;投男建黔州,百济王扶馀隆(应为扶馀丰,笔者注)岭外;以献诚为司卫卿,信诚为银青光禄大夫,男生右卫大将军,何力行左卫大将军,勣兼太子太师,仁贵威卫大将军。剖其地为都督府者九,州四十二,县百。复置安东都护府,擢酋豪有功者授都督、刺史、令,与华官参治。仁贵为都护,总兵镇之"②。可以看出唐王朝对高句丽、百济进行了重新安置,这次安置实际上是对朝鲜半岛政治局势的重大调整。征战高句丽有功的泉男生、泉献诚、契苾何力、李勣、薛仁贵等按功册封或授官,官爵级别高下不一。泉男建篡位争权,逼迫其兄男生,因而被流放至边疆;百济王扶馀丰受倭国扶植而领导百济复兴运动,也被流放。以上赏罚表明了唐朝对于朝鲜半岛事务的处理态度:惩恶即惩罚不忠于唐、造成动乱的人(虽然唐朝借此动乱才得

---

① 《旧唐书》卷 199 上《东夷传·高丽》。
② 《新唐书》卷 220《东夷传·高丽》。

以征服高句丽），扬善即以封授的方式奖励有功于平乱、利于唐王朝统治边疆的人。从封授的情况也可以看出，蕃将、蕃兵在这场战争中起到了至关重要的作用。据马驰先生研究，"由于高丽、百济的平定，大大改变了蕃将的构成，开启了朝廷重用东北和三韩地区的蕃将的时代"[①]。

尤其需要注意的是唐王朝对高句丽故地的处理。唐朝将高句丽故地划分为 9 个都督府、42 州、百余县，设置安东都护府，以唐将为都护，选拔高句丽有功于唐的将领授予都督、刺史、令等官职，令其与唐朝官员一起治理高句丽。从处理方式来看，唐朝对于战败后高句丽的态度与战败的百济不同，与盟友新罗也不同。在唐王朝的心目中，高句丽、百济、新罗的地位不尽相同。[②] 虽然都是设置都督府，但高句丽故地所设都督府由唐朝官员担任的安东都护节制，属安东都护府管辖，这一点与百济的熊津都督府而不是都护府管辖和新罗王担任鸡林州大都督自行管理都不相同，说明唐朝要用唐人官员实行更严格的控制。"与华官参治"而不完全由高句丽官员任都督、刺史、县令更说明了这一点。

唐朝之所以对高句丽另行处理，其原因大体上有三点：一、高句丽兴起于中原肘腋之下（起于辽东），在历史上一直是中原王朝的劲敌，双方长期进行战争和激烈对抗，比百济和新罗更具政治、军事敏感性。唐王朝虽不得已承认其藩属地位，其实自唐高祖以来一直认为高句丽是中原王朝故土，力图收复。隋朝甚至亡于对高句丽的战争，唐太宗也因高句丽战事而负伤，晚年因未解决此边患而忧虑后世。高句丽对唐朝的影响很直接，故一定会区别于百济、新罗这样的藩属国。二、高句丽原领土与唐朝直接相连，消灭高句丽更利于对这

---

① 马驰：《唐代蕃将》，三秦出版社，1990 年，第 105 页。

② 参见刘海霞：《藩国与羁縻地方政权：唐高祖东北边疆封授政策研究》，《云南民族大学学报》2015 年第 1 期。

部分领土的管控,因而需要设置相应的机构(安东都护府)。安东都护府的设置不仅表明唐朝对于高句丽故土的控制权,也将唐王朝的羁縻府州制度进一步在朝鲜半岛扩展,实现了隋唐以来"复辽东"的夙愿。三、唐高宗有意将高句丽纳入唐朝版图,因而在高句丽设置的府州带有羁縻府州向唐朝正州过渡的性质,[①]与百济、新罗的羁縻府州明显不同。总章三年(670),唐高宗下敕将辽东地区作为唐王朝的正州县,总章元年所设置的临时州县都作为正州县。[②] 可见唐高宗是想将高句丽纳入正州统治范围的。而对百济故土唐朝并不想直接设置正州,只是想实现羁縻统治而已,在百济设置都督府是为了巩固战果,目标是消灭高句丽,此外也附带有向新罗强调藩属秩序、表明唐朝间接统治决心的作用。而在新罗设置的鸡林州大都督府则管理更间接,大体上是令新罗自治,是对藩属秩序的进一步加强而已,并未改变新罗作为唐朝蕃国的性质。对于高句丽的治理,体现了羁縻到直接控制的过程,即周振鹤先生所言"从秦代到清代,中央政府对待少数民族地区的政策,大致是以羁縻为始,推行名义上的统治,或者说是统而不治;进而渐次实行间接统治;最后才是直接治理。在两千多年中,少数民族地区的地方行政制度有过多种形式的变化,但归结起来就是上面这三部曲"[③]。

唐高宗曾尝试利用对百济、高句丽原首领封授级别的提高来制约在朝鲜半岛上业已一支独大的新罗。为了削弱新罗势力,仪凤二年(677)唐高宗授予高藏辽东都督,封朝鲜郡王,令其回辽东安辑余

---

① 姜维东先生认为,唐高宗在百济故地设置的一州五都督府和在高句丽故地设置的一都护九都督府都不是羁縻性质的府州。姜维东:《试论唐代带方州的性质及其影响》,《延边大学学报》2015年第3期。本书认为,唐高宗虽有意愿将高句丽所在的汉代辽东故土纳入正州范围,但在高句丽灭亡初期的设置仍为羁縻性质,向正州的过渡仍有一个过程。

② 《旧唐书》卷5《高宗本纪下》。

③ 周振鹤主编:《中国行政区划通史(总论/先秦卷)》,复旦大学出版社,2009年,第119页。

民,之前编入侨内州户籍的高句丽民众都原地遣回,并徙安东都护府于新城。然而高藏联合靺鞨谋反,被流放邛州,高句丽民众被安排于河南、陇右,贫弱者留守安东。高藏的反叛,宣告了唐高宗欲以高句丽遗民来制约新罗策略的失败。同年唐朝还封授了原百济王扶余隆为光禄大夫、太常员外卿、兼熊津都督、带方郡王,令其安辑百济余众,但扶余隆慑于新罗强势,不敢回国。仪凤三年(678)唐高宗又以高藏之子德武为安东都督,但以上数次封授都无法达到节制新罗的效果。对唐朝来说,在朝鲜半岛形成几股势力相互抗衡的均势局面必然比新罗一支独大更有利于统治,然而唐罗战争后新罗统一了朝鲜半岛南部,唐朝被迫默认其辖地,单靠扶植旧百济、高句丽势力,已难形成均势的局面。

第四节　吐蕃封授要事

吐蕃,"在长安之西八千里,本汉西羌之地也……以秃发为国号,语讹谓之吐蕃,其后子孙繁昌,又侵伐不息,土宇渐广。历周及隋,犹隔诸羌,未通于中国"①。贞观初期,吐蕃政权自唐朝的西南崛起,不断吞并他国,胜兵数十万。吐蕃王朝建立之初,势力范围仅限于今天的西藏地区,之后逐渐强大,先后征服了今青海、甘肃、川西北一带的吐谷浑、党项、白兰等部族,占据了今青海境内黄河以南、青海湖以西的广大地区,又进军西域,联合西突厥与初唐争夺安西四镇。

贞观八年(634),吐蕃赞普松赞干布开始遣使向唐朝贡。唐太宗派遣使者前去抚慰,松赞干布大悦,遣使入朝请婚,但唐太宗没有应允。吐蕃的使者返回,上报赞普说吐谷浑在唐朝和亲吐蕃一事上作梗,因而未成,于是吐蕃兴兵吐谷浑,又进兵攻破党项及白兰诸羌,率

---

① 《旧唐书》卷196上《吐蕃传上》。

兵二十余万,驻扎在松州西境,胁迫唐朝同意和亲。唐朝发兵五万击败吐蕃,松赞干布遣使谢罪。①

贞观十五年(641),唐太宗以吐蕃使者禄东赞为右卫大将军,②遣使护送文成公主前去吐蕃和亲。松赞干布"自以其先未有昏帝女者,乃为公主筑一城以夸后世,遂立宫室以居。公主恶国人赭面,弄赞下令国中禁之。自褫毡罽,袭纨绮,为华风。遣诸豪子弟入国学,习《诗》《书》。又请儒者典书疏"③。文成公主和亲给吐蕃带去了很多转变,对于吐蕃的发展贡献极大。

这次和亲之后,吐蕃认为"奴忝预子婿,喜百常夷"④,显示了唐朝相对于吐蕃的地位之高。吐蕃作为"子婿",是居下的,对于唐的尊崇之情溢于言表。贞观二十二年(648 年),唐朝巧借右卫率府长史王玄策出使西域被中天竺囚禁的时机,利用吐蕃和泥婆罗的力量降伏了中天竺。⑤ 唐高宗即位(649)后,吐蕃首领松赞干布首次得到唐朝正式封授,被授为驸马都尉,封西海郡王,赐物二千段。⑥ 此后松赞干布又遣使致书、贡献珍宝,被晋封为賨王。这是吐蕃赞普在历史上首次得到唐朝封授,但仅有这两次,后世的赞普再无封授。驸马都尉是个从五品下的官职,简称"驸马",专加帝婿,并没有什么实际执掌,也不需履行什么义务,但通过此官职的授予,等于将双方的翁婿关系以职官制度的形式正式固定下来。与其他政权尚公主却甚少授予此官相比,吐蕃的政治地位可见一斑。西海郡王之爵的册封,是对于吐蕃现有势力范围的承认,然而西海郡是个概指,本为青海湖一带的地名,西汉元始四年(4)始置,治龙夷(今青海海晏县三角城),王莽时期

---

① 《新唐书》卷 216 上《吐蕃传上》。
② 《资治通鉴》卷 196 唐太宗贞观十五年。
③ 《新唐书》卷 216 上《吐蕃传上》。
④ 《旧唐书》卷 196 上《吐蕃传上》。
⑤ 《旧唐书》卷 198《西戎传·泥婆罗国》。
⑥ 《新唐书》卷 216 上《吐蕃传上》。

废弃,东汉和隋朝又两度置废,唐朝时本已无此名,此时封松赞干布,实为加封。郡王为从一品要爵,是对吐蕃赞普政治地位的承认。而此后进封的寳王,比郡王级别更高,是对吐蕃王国的承认,可以说吐蕃这两次密集的封授,一下子将级别提升到边疆蕃国的最高级别。此时汉藏融合达到高峰,吐蕃人的服饰和习俗都渐有华风。从彼时双方关系上看,吐蕃首领被纳入了唐朝官僚体系,吐蕃的身份为藩属国,这与高宗显庆三年(658)以后唐蕃关系恶化、吐蕃突破藩属关系而变为敌国的情形是十分不同的。

永徽元年(650)吐蕃松赞干布卒,其孙即位为赞普。赞普年幼,国相禄东赞掌权,吐蕃逐渐强大起来,威服氏、羌。高宗即位初期,吐蕃与吐谷浑互相攻伐,双方都遣使请求唐兵救援,唐高宗都没有应允。吐蕃觉得唐朝这样中立的态度是对于吐蕃的不支持,显庆年间发兵攻击吐谷浑。显庆三年(658)十月,吐蕃赞普请婚,没有得到唐高宗应允。

至此,唐蕃关系恶化,因而可以将显庆三年(658)前的唐与吐蕃关系看作藩属关系,吐蕃接受唐朝的册封和授官。而此后吐蕃不再服从唐朝统治,唐朝开始积极防范吐蕃,双方关系变为平等邦国关系。

唐朝此后积极开展了对于西南边疆的经营,以防范吐蕃的日益壮大,一个重要的举措就是加强控制"挟吐蕃为轻重"[①]的西南蛮,在通往吐蕃的重要地区剑山置戍、守捉,以招讨使领弥羌、铄羌、胡丛、东钦、磨些五部落,又征讨原隶属于巂州后来叛乱的显养、东鲁诸蛮。然而即使如此,由于吐蕃势强,唐朝对于西南蛮的控制仍然不力。南诏首领细奴逻遣子罗盛炎入朝,细奴逻被授为巍州刺史,受赐锦袍,各蛮酋听闻罗盛炎朝贡受宠,也纷纷归附,然而未能起到牵制吐蕃的作用。

---

① 《新唐书》卷 222 下《南蛮传下》。

麟德二年(665)正月,吐蕃遣使请求与吐谷浑和亲,还请求在赤水地畜牧,想借此向东扩张,没有得到唐高宗的应允。乾封(666—668)初,吐谷浑诺曷钵请求内徙,被封为青海国王。麟德二年(665)疏勒、弓月引吐蕃军入侵于阗。乾封二年(667)生羌十二州被吐蕃攻破,唐朝只好废置。[①] 总章三年(670)四月吐蕃攻陷西域十八州,又与于阗联合攻破龟兹拨换城,于是唐朝不得已罢龟兹、于阗、焉耆、疏勒四镇,[②]从此吐蕃连年寇边。罢四镇是唐朝的无奈之举,但这次只是暂时的,吐蕃也并未长踞。龟兹失陷后,安西都护府迁至西州。事实上,西域形势不利于唐朝时,西州是最后坚守的阵地。[③] 咸亨三年(672)唐将吐谷浑迁于鄯州浩亹水南。然而吐谷浑慑于吐蕃的强势,徙于灵州,唐以诺曷钵为安乐州刺史,吐蕃占据了吐谷浑故地,[④]唐朝默认了吐蕃的占据。"时吐蕃尽收羊同、党项及诸羌之地,东与凉、松、茂、巂等州相接,南至婆罗门,西又攻陷龟兹、疏勒等四镇,北抵突厥,地方万余里,自汉、魏已来,西戎之盛,未之有也。"[⑤]

随着吐蕃的强盛,吐蕃首领自唐高宗永徽初年得到唐朝封授之后,就再没有接受过唐朝的封授。则天万岁通天二年(697)唐朝使者郭元振与吐蕃大相论钦陵之间围绕"去四镇兵,分十姓之地"的争论表明,吐蕃对于吐谷浑诸部和青海故地有着明确的需求。论钦陵精彩的辩论也为我们了解当时唐朝与吐蕃的关系提供了很好的资料。[⑥]开耀元年(681),吐蕃求请和亲,请尚太平公主,唐高宗为公主立太平观,以公主为观主不宜出嫁为由,拒绝了吐蕃的请求。次年,吐蕃论

---

① 《资治通鉴》卷 201 唐高宗麟德二年。
② 《资治通鉴》卷 201 唐高宗总章三年。
③ 刘统:《唐代羁縻府州研究》,西北大学出版社,1998 年,第 117 页。
④ 《资治通鉴》卷 202 唐高宗咸亨三年。
⑤ 《旧唐书》卷 196 上《吐蕃传上》。
⑥ 张云:《唐代吐蕃史与西北民族史研究》,中国藏学出版社,2004 年,第 222—223 页。

钦陵入寇柘、松、翼等州，又入寇河源军。①

高宗年间吐蕃崛起后，一直对唐朝寇扰不已。至高宗末年，武则天已掌实权，史载"帝自显庆以后，多苦风疾，百司表奏，皆委天后详决"②，实际上征讨吐蕃的数次行动都是武则天决策的。武则天的西域经营政策不得力，吐蕃势力得到壮大，武则天数次派兵攻打吐蕃，以收复四镇，然而成效不佳。永昌元年（689），武则天派文昌右相韦待价为安息道行军大总管前去讨击吐蕃，韦待价大败而归，武则天斩副大总管安西大都护阎温古，以安西副都护唐休璟为西州都督。次年，又命文昌右相岑长倩为武威道行军大总管以讨击吐蕃，岑长倩中路退还，大军未行。③ 从武则天派遣的将领来看，韦待价和岑长倩皆为文官，无实战经验与统兵能力，一上战场必败无疑。在用兵的关键时刻，武则天又斩安西大都护，削弱了武周军队的战斗力。

天授二年（691），吐蕃内部发生动乱，党项部落万余人内附，武周分置十州。吐蕃酋长曷苏帅部落请求内附，武则天以右玉钤卫将军张玄遇为安抚使，率领精卒二万前去迎接，但曷苏投降未成就被吐蕃国人所擒。吐蕃别部酋长咎捶帅羌蛮八千余人内附，张玄遇以其部落置莱川州。④ 这一时期，武周与吐蕃的关系取得了较大进展，其主要原因却不在于武周对吐蕃的积极经营，而是由于吐蕃的内乱。

吐蕃势力进驻龟兹、于阗、疏勒、碎叶四镇后，中原王朝损失重大，因而长寿元年（692）武周复取四镇后，置安西都护府于龟兹，派兵加强了戍守。在取四镇与置安西都护府之事上，武则天认识到西域的重要性，然而兴兵攻伐与戍守未免劳师动众，从此时武周的政局来看，取回四镇未必明智。神功元年（697），狄仁杰提出"请捐四镇以肥

---

① 《资治通鉴》卷 202 唐高宗开耀元年。
② 《旧唐书》卷 6《则天皇后本纪》。
③ 《旧唐书》卷 196《吐蕃传上》。
④ 《资治通鉴》卷 204 则天天授二年。

中国，罢安东以实辽西"的建议，可谓深刻认识到吐蕃在西域地区的强大势力。武则天尽管重视四镇，但安西四镇实际上是受吐蕃控制的，而且此时吐蕃处于"上下一力，议事自下"[①]的军事民主制阶段，军事势力强盛，对于武周而言是劲敌。

延载元年(694)二月，武威道总管王孝杰大破吐蕃与突厥联军于泠泉及大岭。天册万岁元年(695)吐蕃赞普都松芒布结处死专权的噶氏家族的赞辗恭顿，圣历元年(698)又杀大将钦陵，钦陵弟赞婆率钦陵子弓仁投唐，武则天给予二人封授。[②] 随后，武周与吐蕃发生了连年战争，圣历三年(700)吐蕃将麹莽布支寇凉州，围昌松，陇右诸军大使唐休璟与之战于洪源谷，大胜，随后武则天又派魏元忠为陇右诸军大使讨击吐蕃。然而赞普都松芒布结卒后，其子赤德祖赞年幼即位，内乱和夺权削弱了吐蕃势力，不能力敌武周军队。长安二年(702)吐蕃赞普率万余人入寇悉州，被都督陈大慈打败，吐蕃遣使论弥萨等入朝求和，武则天赐宴于麟德殿，奏百戏于殿庭。总体看来，吐蕃与武周之间战事频仍，与吐蕃在河西陇右乃至安西四镇的活动直接相关。正是由于吐蕃的进扰，促使武周将兵力投向西北，为后突厥的复兴壮大提供了机会。[③]

神龙二年(706)，吐蕃主动提出与唐会盟，双方进行了"神龙盟誓"，之后关系暂趋缓和。景龙四年(710)金城公主和亲吐蕃，双方自文成公主入藏之后建立起来的"舅甥关系"得到巩固，维持了一段时间的友好交往。

天宝十四载(755)"安史之乱"爆发后，唐为了平叛，从河、陇抽调了大批驻军，吐蕃乘虚而入，与唐争夺陇右、于阗、河西等地，之后不断向北部、东部扩展，使唐朝长期遭受战争重创。吐蕃对西域及河西

① 《新唐书》卷216《吐蕃传上》。
② 《新唐书》卷110《诸夷蕃将·论弓仁》。
③ 王小甫：《唐·吐蕃·大食政治关系史》，北京大学出版社，1992年，第81页。

的争夺,是基于其控制东西方丝绸之路主干道的目的,而争夺这些商贸通道对唐朝后期走向衰落是有一定影响的。[①]

唐德宗即位后,对吐蕃实行了友好的政策,于建中元年(780)力排众议,将吐蕃战俘五百余人悉数归还,与吐蕃约和。吐蕃大悦,遣使入贡并同意约和。建中二年(781),吐蕃向唐提出了盟誓的盟文措辞问题,认为既然双方是"舅甥关系",就不能以君臣关系的措辞对待吐蕃:"来敕云:'所贡献物,并领讫;今赐外甥少信物,至领取。'我大蕃与唐舅甥国耳,何得以臣礼见处? 又所欲定界,云州之西,请以贺兰山为界。其盟约,请依景龙二年敕书云:'唐使到彼,外甥先与盟誓;蕃使到此,阿舅亦亲与盟。'"[②]于是唐朝为之改敕书,以"贡献"为"进",以"赐"为"寄",以"领取"为"领之"。[③] 清晰可见唐与吐蕃是平等的地位。建中四年(783),唐与吐蕃会盟于清水西,双方约定定界明约,息兵和好。清水会盟是唐蕃关系走向和好的标志,是在唐朝主动退让、承认"舅甥关系"下吐蕃地位的前提下实现的。以往双方虽然确立了"舅甥关系",但唐朝仍然在言辞上想要把吐蕃作为蕃臣来敌相待,清水会盟的实现,实际上是唐朝公开承认吐蕃地位上升、成为对等国的标志。

然而,虽然实现了会盟,双方的友好关系并不持久。兴元元年(784)吐蕃声言助唐平朱泚,但实际上趁机大掠而去。随后吐蕃前来索要助讨朱泚时唐朝许诺的安西、北庭之地,宰相李泌认为安西、北庭控制着西域五十七国及十姓突厥,可分吐蕃之势,是牵制吐蕃东侵的重要力量,两镇为唐固守近二十年,可谓赤诚,不能给吐蕃,[④]所以唐德宗并没有遵守割地的承诺,吐蕃为之生怨。贞元二年(786),吐

---

① 张云:《唐代吐蕃史与西北民族史研究》,中国藏学出版社,2004 年,第 160 页。

② 《旧唐书》卷 196 下《吐蕃传下》。

③ 《新唐书》卷 216 下《吐蕃传下》。

④ 《资治通鉴》卷 231 唐德宗兴元元年。

蕃兴兵进犯泾、陇、邠、宁数道,唐蕃关系再次进入了和战交替的状态。

贞元三年(787),吐蕃声言与唐朝会盟,却在平凉劫盟,将唐朝参与会盟的官员除浑瑊外全部俘获,[①]双方关系破裂,其后吐蕃大举攻唐,和唐朝开展了长期的战争,唐德宗还一度想要出幸以避吐蕃,最后被大臣谏止。此后,贞元九年(793),不满于吐蕃压迫的南诏归附唐朝,首领异牟寻受封为"南诏王"[②],吐蕃在与唐的战争中几度失利,曾遣使求和亲并多次求和,唐德宗认为吐蕃多次负约,因而没有应允。

根据史料记载,从唐肃宗至德元年(756)到唐德宗贞元二十一年(805)三朝短短的50年间,唐蕃之间发生的见于明确记载的大小战争达69次之多。肃宗时期(756—762)4次[③],代宗时期(763—779)32次,德宗时期(780—805)33次。以上战争多是吐蕃向唐朝边境和腹心地区寇扰,德宗后期才开始出现唐朝的主动反攻。而吐蕃的侵扰在李泌提出"困蕃之策"[④]之前多是长驱直入,其少遭受伤亡,与此相对的是唐朝军队的节节败退,西北、北部、西南大片疆土的陷落;李泌困蕃之策全面实施之后,吐蕃侵唐遭到了强有力的抵抗,唐朝开始了有效反击并逐步收回重要军事据点。

宪宗初,唐朝曾主动遣使者与吐蕃修好,归还吐蕃战俘,双方互遣使者,吐蕃赞普卒后仍然向唐遣使告哀,甚至年年来朝,但是同时

---

① 《资治通鉴》卷 232 唐德宗贞元三年。
② 《文献通考》卷 329《四裔考六》。
③ 战争总数的统计资料主要来源为两《唐书》和《资治通鉴》,按照战争发生与结束的具体情况界定次数,吐蕃对唐朝在同一年不同月份发动的进攻,若战争地点不同又不是一次军事行动的统一指挥,视为两次;若同一方位且与其他月份的战事联系密切,则视为一次战争。
④ 为进一步解决吐蕃之患,贞元三年(787),宰相李泌详细审视了边疆形势和吐蕃的状况,向唐德宗提出了"北和回纥,南通云南,西结大食、天竺,如此,则吐蕃自困"的策略。事见《资治通鉴》卷 233 唐德宗贞元三年。

吐蕃仍然没有中断对唐的寇扰。元和末,吐蕃内部矛盾激化,赤德松赞致力于与唐关系的和好,因而唐与吐蕃关系有了较大改善。赤德松赞之子赤祖德赞(《新唐书》作可黎可足)继赞普位后,为了巩固王室集权,抑制贵族的势力,就多次遣使赴唐,请求会盟。唐穆宗长庆元年(821),唐与吐蕃会盟于长安西郊,约定"蕃、汉两邦,各守见管本界,彼此不得征,不得讨,不得相为寇仇,不得侵谋境上。若有所疑,或要捉生问事,便给衣粮放还"①。长庆三年(823)唐朝和吐蕃分别在长安和逻些建碑,刻盟文于其上以纪其事,位于西藏的唐蕃会盟碑至今仍在拉萨市大昭寺前。唐蕃双方在盟文中重申"和同为一家"的"舅甥"关系。自神龙二年(706)开始,吐蕃与唐朝共进行了八次会盟,此次长庆会盟是最后一次,亦称"甥舅和盟",因其重新确认了唐与吐蕃的"舅甥"关系,无封授。

长庆会盟后,吐蕃与唐的关系进入了和平阶段。太和五年(831)九月,吐蕃维州副使悉怛谋降唐,率其众至成都。唐朝宰相李德裕认为灭亡吐蕃的时机已到,主张利用悉怛谋的力量,遣生羌三千,烧十三桥,直捣吐蕃腹心。然而反对派牛僧孺认为长庆会盟刚结束,双方正处于修好阶段,唐朝应该以守信为上,唐文宗接受了牛僧孺的意见,将悉怛谋及其部众都绑送吐蕃,吐蕃将其尽数杀死。②唐朝也失去了一次灭亡吐蕃的良机。然而因此,吐蕃多年频频遣使朝贡,双方关系更为友好。开成三年(838),赤祖德赞被吐蕃贵族杀害,其弟达磨继立。达磨在位仅四年,推行了镇压佛教的措施,激起了佛教徒的反抗,最终于会昌二年(842)被佛教僧人刺死。达磨死后,其与王妃之子欧松、王后兄长之子乞离胡互相争权,进行了长年的战争,吐蕃的领兵将帅也都拥兵自重,相互混战,大大削弱了吐蕃的实力。吐蕃驻洛门川讨击使论恐热,利用王室分裂之机,以乞离胡没有得到唐朝册

① 《旧唐书》卷196下《吐蕃传下》。
② 《资治通鉴》卷244唐文宗太和五年。

封为由,谋夺政权。大中五年(851),吐蕃论恐热残虐,所部多叛。论恐热势孤,就扬言于众:"吾今入朝于唐,借兵五十万来诛不服者,然后以渭州为国城,请唐册我为赞普,谁敢不从!"①从论恐热的言辞可以看出,唐朝的册封对于边疆民族意义重大,论恐热认为得到册封即象征着在本族和其他部族中有了较高地位,甚至可以"借兵"来显示自己的权威。当然,论恐热态度傲慢,唐朝不会对其进行册封,于是论恐热退而求其次,请求唐朝对其授官,担任唐朝的河渭节度使。唐宣宗对其不加厚遇,只是按照一般胡客进行招待,劳赐遣还。②此后,论恐热与尚婢婢长年混战,最终两败俱伤。大中五年(851),沙州人张义潮以瓜、沙、伊、肃、鄯、甘、河、西、兰、岷、廓等11州归唐。唐授予张义潮防御使,又在沙州设立归义军,任命张义潮为归义军节度使兼十一州观察使。③同时,吐蕃镇宁河、渭二州的将领尚延心归唐,得到唐朝授官。自此,曾被吐蕃占据百余年的河西、陇右地区重新回归唐朝。咸通七年(866),吐蕃大将拓跋怀光生擒论恐热,传首京师,其部众被尚延心击破,迁于岭南,吐蕃由此衰落,乞离胡君臣不知所终。

第五节　吐谷浑、突骑施、黠戛斯封授要事

在唐朝的北部、西部边疆,有诸多政权先后处于强权突厥、回纥、吐蕃与唐朝的夹缝中,现重点考察唐朝对吐谷浑、突骑施、黠戛斯首领的封授要事。

吐谷浑原属辽东慕容鲜卑,鲜卑族在魏晋十六国时期由蒙古高原、东北等地向南内徙,曾建立了前燕、西燕、后燕、西秦、南凉、吐谷浑等政权。隋唐时期,鲜卑族已经基本融入了汉族和其他民族中。

① 《资治通鉴》卷249唐宣宗大中五年。
② 《资治通鉴》卷249唐宣宗大中五年。
③ 《新唐书》卷216下《吐蕃传下》。

　　贞观年间,吐谷浑与唐之间曾发生多场战争,处于唐朝与吐蕃夹缝中的吐谷浑最终灭亡。贞观八年(634)时,唐太宗基本完成了统一大业,然而吐谷浑仍未臣服,吐谷浑不断入寇,此年入寇凉州,拘行人赵德楷,唐太宗数次派遣使者要求放还,经十次后吐谷浑王才将赵德楷放还。十一月唐太宗下诏讨伐吐谷浑,将其灭亡。但唐太宗保留了吐谷浑的王统和制度,吐谷浑由名义上的臣属变为实际上的藩属之国。[①] 唐太宗封吐谷浑王子顺为西平郡王,授趉胡吕乌甘豆可汗,以统领被灭亡的吐谷浑部众。对于顺的封授也仅仅是唐朝的一厢情愿,实际上这次封授的效果并不理想。由于顺久质于中原王朝,因而其本身不能服众,即使得到唐朝支持,也难以在其本族中立足。唐太宗担心顺不能镇抚吐谷浑部众,就派遣李大亮率精兵数千,声援顺回国。但是这并没有改变顺的境况,顺久在中原没有威信,不久臣子将其杀害,顺之子燕王诺曷钵嗣立。至此可以说,唐朝对吐谷浑的封授政策宣告失败。

　　突骑施继突厥而起,显庆二年(657)贺鲁兵败、西突厥灭亡时,唐朝曾"裂其地为州县,以处诸部。木昆部为匐延都督府,突骑施索葛莫贺部为嗢鹿都督府,突骑施阿利施部为絜山都督府……又置昆陵、蒙池二都护府以统之"[②],可见当时的突骑施是唐朝羁縻府州所在地。长寿元年(692)西州都督唐休璟请兵收复四镇,大胜,四镇得到收复,武周又置安西都护府于龟兹,派兵镇守。虽然收复四镇,然而此时突骑施乌质勒政权已经基本占据了西突厥地区,因而武周并没有能够恢复唐高宗时期对西域的控制。乌质勒原为人名,本隶于斛瑟罗,然而比斛瑟罗有威信,诸胡顺附,就置二十都督,督兵各七千,屯于碎叶西北,后来攻取碎叶,迅速发展起来。斛瑟罗部众离散,不得已而入朝,不再返回故地,乌质勒就将其地兼并。

① 周伟洲:《吐谷浑史》,宁夏人民出版社,1985 年,第 97 页。
② 《新唐书》卷 215 下《突厥传下》。

圣历二年(699),乌质勒遣子遮弩来朝,武则天厚加慰抚。同年,为了控制乌质勒,武则天以斛瑟罗为左卫大将军兼平西军大总管,令其镇抚原部落。然而斛瑟罗惧怕乌质勒势力,不敢归国,率其部六七万人内迁,死于长安,其子怀道又被任命为右武卫将军。① 长安四年(704)正月,武则天又册拜怀道为西突厥十姓可汗兼濛池都护。唐中宗即位后,神龙二年(706)册封乌质勒为怀德郡王,正式承认了突骑施乌质勒政权的统治。同年乌质勒死,其子娑葛受封。② 景龙三年(709)娑葛之弟遮弩引默啜势力攻娑葛,娑葛与遮弩均被默啜杀死,乌质勒政权也随之灭亡,娑葛的部将苏禄集结乌质勒余众,自立为可汗。③

唐中宗时期,突骑施乌质勒政权覆灭,然而突骑施地区并没有因此而安定下来。开元二年(714),突厥默啜遣其子进攻北庭,被北庭都护郭虔瓘大败,后突厥退出了西域,之后突骑施苏禄政权开始乘机崛起。开元五年(717),苏禄来朝,被授右武卫大将军、突骑施都督,唐又以武卫中郎将王惠持节拜苏禄为左羽林大将军、顺国公、金方道经略大使。④ 然而苏禄表面上臣服于唐,却谋求与吐蕃联合寇边。唐玄宗此时不愿兴兵,进号苏禄为忠顺可汗,又以阿史那怀道女为交河公主赐婚。

开元五年(717)苏禄因交河公主之使者被安西都护杜暹鞭笞而恼怒,引大食、吐蕃军掠四镇,围安西城,唐军发三姓葛逻禄兵与阿史那献将其击退。随后苏禄得知杜暹已任宰相,就罢兵而去。⑤ 可知此时苏禄并不是执意为战,只是显示威风和不满。苏禄受到吐蕃、突厥、唐朝三方的拉拢,立三国和亲之女并为可敦,以数子为叶护,然而

---

① 《新唐书》卷 215 下《突厥传下》。
② 《资治通鉴》卷 208 唐中宗神龙二年。
③ 《旧唐书》卷 194 下《突厥传下》。
④ 《新唐书》卷 215 下《突厥传下》。
⑤ 《旧唐书》卷 194 下《突厥传下》。

晚年奢侈而多病,开元二十六年(738)被其部下莫贺达干、都摩支杀死。都摩支立苏禄子吐火仙骨啜为可汗,引黑姓可汗尔微特勤保怛逻斯城并讨伐莫贺达干,莫贺达干联合唐朝安西都护盖嘉运,率石国王莫贺咄吐屯、史国王斯谨提打败吐火仙,吐火仙与其弟叶护顿阿波被擒,金河公主被救还。开元二十七年(739)九月戊午,处木昆、鼠尼施、弓月等起初隶于突骑施者,纷纷率众内附,被唐徙居安西都护府管辖区内,唐朝欲立史怀道之子昕为可汗,莫贺达干不满,认为自己才是讨平苏禄的主功之人,应立为可汗,于是唐不立史昕,令莫贺达干统其众。^① 天宝元年(742),突骑施部以黑姓伊里底蜜施骨咄禄毗伽为可汗,数度向唐遣使朝见。

唐玄宗对突骑施首领的封授经历了两次级别调整的过程,并且都是由于突骑施首领对封授的级别不满。第一次调整是针对突骑施酋长苏禄的册封。开元初,突骑施酋长苏禄来朝,被封为顺国公。然而苏禄并不满意,欲与吐蕃联合寇边,给唐朝施压,唐玄宗进封苏禄为忠顺可汗,并且辅以和亲。开元末年,突骑施莫贺达干联合唐朝安西都护盖嘉运打败吐火仙可汗,然而唐朝另行册封了西突厥阿史那昕为可汗,并没有册封莫贺达干,莫贺达干甚为不满,提出抗议,唐玄宗最终册封莫贺达干为可汗。由上可见,唐朝试图降低对突骑施首领的封授级别而没有实现。

黠戛斯位于唐朝西北边疆,自认为是汉朝李陵之后,李陵是西汉名将李广之孙,而唐朝皇帝自称出自陇西成纪,也是李广之后,所以黠戛斯认为自己与唐朝皇帝同宗,唐太宗时期前来认亲归宗,被设置为坚昆都督府,隶属于燕然都护府。此后一直隶属于唐朝,但也受到强势政权突厥、吐蕃、回鹘的役使。唐肃宗乾元中,黠戛斯为回纥所破,因而失去了与唐的联系。"然常与大食、吐蕃、葛禄相依杖,吐蕃

---

① 《资治通鉴》卷 214 唐玄宗开元二十八年。

之往来者畏回鹘剽钞,必住葛禄,以待黠戛斯护送。"①后来回鹘衰落,黠戛斯首领阿热自称可汗,与回鹘战争二十余年,终究将回鹘汗国消灭。唐朝以册封黠戛斯首领为条件,督促黠戛斯为唐平乱安边,取得了一定效果。

黠戛斯灭回鹘汗国之后,会昌三年(843),唐以太仆卿赵蕃为安抚黠戛斯使,主动授意欲行册封,还诏谕黠戛斯速平回鹘、黑车子以立功。②黠戛斯首领阿热表天子请师,会昌五年(845)四月壬寅,唐武宗以陕虢观察使李试为册黠戛斯可汗使,册阿热为宗英雄武诚明可汗。然而使者未行而武宗崩。这时唐朝的官员认为黠戛斯势力弱小,又担心其首领日后像回鹘首领一样受封以后势大成患,就没有进行册封。直到大中元年(847),黠戛斯首领册封事件终于有了结果,唐朝以鸿胪卿李业为册黠戛斯英武诚明可汗使。③黠戛斯首领的册封,从提上日程到真正行封,持续了五年。经历五年的册封黠戛斯首领事件说明了唐朝封授政策趋向保守,然而黠戛斯首领最终受封体现了唐朝统治者的绥远怀柔策略收到了较好的效果。黠戛斯首领受封后,对唐朝非常忠心,并且请求参与平乱,如咸通四年(863)黠戛斯首领"遣其臣合伊难支表求经籍及每年遣使走马请历,又欲讨回鹘,使安西以来悉归唐,不许"④。黠戛斯还不断向唐朝贡及参与了助唐平叛的过程,如咸通七年(866)十二月,"黠戛斯遣将军乙支连几入贡,奏遣鞍马迎册立使及请亥年历日"⑤。大顺(890—891)初,沙陀首领李克用叛唐,唐任命黠戛斯首领率部前去平叛,在征讨过程中,"匡威、铎并吐蕃、黠戛斯众十万攻遮虏军,杀其将刘胡子"⑥。

---

① 《新唐书》卷 217 下《回鹘传下》。
② 《资治通鉴》卷 247 唐武宗会昌三年。
③ 《资治通鉴》卷 248 唐宣宗大中元年。
④ 《资治通鉴》卷 250 唐懿宗咸通四年。
⑤ 《资治通鉴》卷 250 唐懿宗咸通七年。
⑥ 《新唐书》卷 218《沙陀传》。

　　总体看来,唐朝对于边疆地区的封授在唐高祖、太宗、高宗三朝逐步深入,羁縻府州秩序形成。则天朝多有被动应急,显得混乱,至玄宗朝边疆局势方稳定下来,但蕃将积极介入皇室内政,封授涉及更多边疆政权,且数量大增。安史之乱至宪宗朝,边疆封授明显虚化。封授的范围更大、级别更高,但在边疆局势中起到的实际效用并不明显。穆宗至唐亡边疆封授持续衰落,封授范围缩小,数量减少。应当看到,唐王朝在各个阶段对各个蕃国蕃族的封授都出于其巩固皇权、维持唐朝统治的目的,但实际运行的效果各异。

第八章　边疆文人与女性封授

对于边疆封授来讲,男性武官是其中最明显最引人注目的群体。但在边疆封授史上,也有为数不多但异常瑰丽的文人和女性群体,他(她)们或以身份尊贵被封官爵,或以小吏身份被赐吏爵、或以庶民身份被赐民爵,或者没有爵位而仅被授官,有的当了小吏,有的做了高官,有的女性还出入沙场,有的经商传教,大大丰富了唐代边疆封授的内容。兹举其中著名者作一考察。

第一节　边疆文人官爵考

新罗人崔致远是朝鲜、韩国古代历史上最知名的学者和诗人,朝鲜半岛新罗国人,被韩国人尊为韩国汉文学的开山鼻祖,入祀先圣庙庭,享有"东国儒宗""东国文学之祖"的盛誉。唐懿宗咸通九年(868),崔致远乘船西渡入唐,入唐后在长安、洛阳就读和游历,唐僖宗乾符元年(874)考中"宾贡进士"[①],出任溧水县尉,在任约八年多时间。后被淮南节度使高骈聘入幕府,担任都统巡官。由于才华出众,高骈奏请其担任"检校殿中侍御史内供奉"。广明二年(881)高骈奉命起兵讨伐黄巢,崔致远参与过讨伐过程,写有《檄黄巢书》,传诵天

---

① 宾贡科,专为蕃国蕃族设置的科举考试,对周边诸侯士子与唐本土加以区别并予以优待照顾,考试难度和录取方式、录取比例上与"国子进士""乡贡进士"相比有一定优待。

下,获赐绯鱼袋,唐僖宗中和四年(884),崔致远将近三十岁时,以"国信使"身份回国,共留唐16年。崔致远回国后被新罗宪康王重用,著有《桂苑笔耕》二十卷,此书被韩国学者认为是"东方艺苑之本始",崔致远也因其功业卓著,死后被追谥文昌侯、"百世之师"。

晚唐低级官员得以入幕府任职,然后曲线回到中央担任更高职位,是一个普遍现象,也是仕进的良途。崔致远入幕前担任的溧水县尉属于进士入仕者的释褐之官,溧水县在今南京,县尉品阶为从八品下至从九品下,是基层官员。高骈聘其为都统巡官,这个是幕职,而"殿中侍御史内供奉"为从七品,非正员,隶御史台下设之殿院,掌纠察殿庭、供奉朝会班次及大驾卤簿仪节,后又兼掌宫门库藏,中唐以后常为外官所带宪衔,因崔致远是在高骈的幕府中担任此职,并未由此进入中央任职,因而这个是检校官,常省略名衔之前的"检校"二字。虽然崔致远在唐朝官职不高,尚未晋级中层官员,但其在传播唐朝文化、加强朝鲜半岛与中原王朝文化交流方面做出了重大贡献,在朝鲜半岛上声名显赫。

边疆文人中另一个较著名的人是晁衡,他是日本国人,比起崔致远来,一生更为传奇,所封授官爵也更多,级别更高。在《旧唐书·东夷传·日本国》中记载其名为仲满,晁衡是唐玄宗赐名。李白的那首《哭晁卿衡》①非常知名,记载了唐玄宗天宝十三载(754),晁衡辞长安返国,遇风暴失踪之事(后来证实遇难是讹传,晁衡与日本使者藤原清河辗转返回长安),倾诉了痛失好友、无限思念的心情。

晁衡原名阿倍仲麻吕,开元五年(717)到唐朝求学,历任司经局校书、左拾遗、秘书监监正、卫尉卿、左补阙、左散骑常侍、安南都护等职。天宝十二载(753)返国时的身份是秘书监兼卫尉卿,死后追赠潞州大都督,从二品。可以说基本上都是文职,并且一直担任的都是京

---

① 全文为:日本晁卿辞帝都,征帆一片绕蓬壶。明月不归沉碧海,白云愁色满苍梧。见《全唐诗》卷184。

官实职(与带宪衔的检校秘书监、检校某卿不同,这个实职不带检校、试、兼等字样)。司经局校书为起家官,是基层文官中的美差,虽然官职不高,仅为正九品下,但由于地位清要,以高雅斯文著称,便于结交中央高官,形成良好的社交关系网,易于晋升,因而很有前途。据考,唐代知名文人中,有四人不但从校书郎起家,而且还从校书郎官至宰相,即张说、张九龄、元稹、李德裕。① 晁衡本身文采出众,汉语学得很好,诗作曾载入《全唐诗》,因而虽然是边疆蕃国文人,在京中却大受欢迎,不仅官运颇佳,还结交了著名诗人李白、王维等人,并备受唐玄宗喜欢,不愿放其回国。晁衡在唐50余年,历仕玄、肃、代三位皇帝,虽然有人认为他是"日本罪人,害国体失大义",但"其独特的身份和文化背景为唐帝国的内外政策的制定产生了正面的影响"是肯定的。② 天宝十二载(753)海难时,晁衡被海风被吹送到安南(今越南荣市一带),侥幸脱险,从此继续留在唐朝为官,未再返国。晁衡为中日友好做出了重大贡献,今陕西西安市兴庆公园阿倍仲麻吕纪念碑的碑文评价他"是时日本使先后数辈,随行者往往以数百。其留学归国者随所建树,咸著声闻。然在中国,皆不及仲麻吕之久仕于唐,广交名士,倾动朝野,流誉若是其甚也"。③ 天宝年间,日本遣唐使藤原清河来华,在晁衡的指导下,使者礼仪不凡,深谙唐朝礼制。玄宗大喜,破格让使者参观大明府库和三教殿(儒释道),并在众蕃贺正时将原属新罗的东班首位换给了日本。在晁衡的影响下,藤原清河由吉备真备(曾与晁衡同来华)陪同,拜谒了著名的鉴真和尚,聘请其东渡传扬佛法,此次东渡获得成功,鉴真在日本将佛教文化发扬光大,规范了此前日本戒律混乱的情况,将唐代流行的佛教建筑模式带入日本,

---

① 赖瑞和:《唐代基层文官》,台湾联经出版事业公司,2004年,第21页。
② 滕军等:《中日文化交流史考察与研究》,北京大学出版社,2011年,第110页。
③ 《阿倍仲麻吕纪念碑》,西安市革命委员会1979年2月1日立,在今陕西西安市兴庆宫公园内。

也带入了医学、雕刻、绘画等技艺。至今日本奈良还有完整的唐代古寺——唐招提寺，其中的经藏、鼓楼、金堂、鉴真像都被誉为日本国宝。鉴真东渡，与晁衡在唐朝数年的努力不无关系。

大食人李彦升也是入唐的边疆文人之一。他随商船来唐，由于在大食出身名门，所以有机会在蕃国时就学习了唐文化，大中元年（847）受汴州刺史、宣武军节度使卢钧举荐参加了科举考试并进士及第。这是大食人唯一一次在唐取得进士资格，因而李彦升被唐宣宗钦点为翰林学士。翰林学士也是一个基层文官职，与校书郎、正字一样是进士及第后的起家官，所以最初品级不高，但是地位非常重要。开元二十六年（738）唐玄宗将翰林供奉改名为翰林学士，选任有文学才能的朝臣，置于学士院，以备随时被内廷征召，撰拟文字。初设时为文学侍臣，后来渐成定制，甚至任免将相、册立太子、号令征伐等机要内命也由翰林学士草诏，颁发不经过政事堂，称为"内制"，而中书省发布的诏令反倒成了"外制"。然而这个机构既没有官署也没有品级，只是一个职能部门，也没有具体俸禄规定。唐德宗以后，翰林学士更深入地参与了内廷政治，皇帝常常与翰林学士们直接商议重大事项，因而这个部门也就成了皇帝的顾问兼秘书，职权益重，有"内相"之称，不少宰相由此官出。大食人李彦升由蕃族文人而任此官，可以说是一种优遇。

波斯后人李珣是晚唐及五代前蜀词人，梓州（今四川三台）人，号称"李波斯"。其家族长居长安并较有名气，李珣之父李苏沙是著名的御用商人。《旧唐书》有载，唐穆宗长庆四年（824），"波斯大商李苏沙进沉香亭子材"[①]，可见其是较有名的木材商，可能也经营其他商品。李珣通医理，兼卖香药。其弟李玹是著名的炼丹术士兼草药家，可见其在医药方面应有家族遗传。李珣颇有诗名，曾以秀才预宾贡。

① 《旧唐书》卷 17 上《敬宗本纪》。

但可惜的是当时已是晚唐五代乱世,李珣虽考上秀才,却未出仕为官,因前蜀亡,不愿仕他姓。著有《琼瑶集》,散佚,存词 54 首,被收入《唐五代词》。

李珣之弟李玹随唐僖宗入蜀,被授为率府率。太子左右卫率府率是太子府卫官,五品,是东宫属官,掌东宫兵杖、仪卫,太子左卫率为正四品上,掌东宫兵杖、仪卫之政令,总诸曹及三府、外府事。李玹的率府率不知具体指的是太子左右卫率还是太子左右宗卫率(正四品上)、太子左右监门率(正四品上)、太子左右内率(正四品上)等,故无法详解。但能够进入中枢官职系统,待遇已属不错,是中层文官。李珣之妹李舜弦是一位女诗人兼画家,唐亡后,在前蜀第二主王衍在位时入宫被立为昭仪,李舜弦的昭仪虽不是被唐朝皇帝所封,但前蜀沿袭的仍是唐制,是中等嫔妃的称号。昭仪是后宫之官,为九嫔之首,地位仅次于四妃子。唐朝的则天皇后就曾被唐高宗纳为昭仪,而后又成为皇后甚至称帝。

以上为典型的边疆文职封授,其余见诸史料和碑刻的文人还有很多,如总章元年(668)高句丽莫离支盖苏文之子男产被授"司宰少卿",向导有功的献诚被授"司卫卿",高宗年间契苾族的契苾贞被授"司膳少卿",武周长安元年(701)日本真人粟田被授"司膳卿",玄宗开元二年(714)新罗人朴裕被授朝散大夫员外,开元四年(716)新罗金枫厚被授员外郎,开元九年(721)之前高句丽王毛仲被授太仆卿,开元二十二年(734)新罗金志廉等三人分别被授鸿胪少卿员外置、卫尉少卿、光禄少卿,大历中陆真腊婆弥被授试殿中监。大约贞元年间牂柯蛮赵国珍被授工部尚书,贞元七年(791)渤海大常靖被授卫尉卿同正等。

许多边疆武官本身也兼有文官职,有的是文散官(定官品官阶),有的是文职事官。有的是死后受赠文官,如开元二十五年(737)新罗王金星光死,被赠太子太保(从一品职事官),开元二十四年(736)新罗王金相死,被赠卫尉卿(从三品职事官)。总的来说,边疆文官的封授背景内容十分丰富，各种因缘际会，但所任文官要么融入唐朝职官体系，要么成为其回国任高官的政治资本，意义重大，因而从唐初至唐末方兴未艾。边疆族人不仅在武力方面骁勇有力，一些文官的学养也不亚于一般中原文士，而且有些方面他们更有自己的特色，如李珣除了富有诗名，还著有医书《海药本草》，记载有波斯药品出处、鉴别、炮制等，还记载了制香方法，这些都带有鲜明边疆特色。

以上边疆蕃国或邦国人物得到唐朝的封授，体现了唐代体恤边疆、怀柔远人的胸怀，而封授政策的实施，加强了边疆与内地的互动，故有学者言："唐代文明乃与世界各民族协和共建者。"①

第二节　边疆女性官爵考

边疆女性封授也是不容忽视的现象，而且也有相当数量，如国夫人、太妃、妃、可敦之封，现选取较为典型者列表如下：

表 8-1　唐代边疆女性封妃、夫人、可敦情况

时间	政权或民族	被封授者	封号	资料来源、备注②
唐神龙景龙年间	百济	兵部珣之妻黑齿氏	乐浪郡夫人	金 68，黑齿常之女。《□部将军功德记》
开元二年(714)	沙陀	辅国之母鼠尼施	鄯国夫人	新 218
开元十九年(731)后	康国	咄曷之母可敦	郡夫人	新 221 下
开元二十八年(740)	新罗	金承庆妻金氏	新罗王妃	册 975

① 梁容若：《中日文化交流史论》，商务印书馆，1985 年，第 136 页。

② 旧——《旧唐书》；新——《新唐书》；册——《册府元龟》；资——《资治通鉴》；文——《全唐文》；史——《三国史记》；金——《金石萃编》。

续　表

时间	政权或民族	被封授者	封号	资料来源、备注
不明	于阗	伏阇达之妻执失	于阗王妃	新 221 上
不明	于阗	尉迟圭之妻马氏	于阗王妃	新 221 上
天宝初	米国	国王之母	郡夫人	新 221 下
天宝四载（745）	突厥	毗伽可汗妻骨咄禄婆匐可敦	宾国夫人	新 215 下
天宝十二载（753）	葛逻禄	叶护顿毗伽之妻及母	国夫人	册 965
至德二载（757）	回纥	毗伽公主	王妃	旧 195
唐肃宗乾元年间	契丹	李楷其夫人	韩国夫人	文 422
宝应元年（762）	回纥	可敦	婆墨光亲丽华毗伽可敦	旧 195
大历十二年（777）	回纥	宰相曹密粟亡妻石氏	岷国夫人	册 976，死后追赠
贞元四年（788）	回鹘	可汗之妻	智惠端正长寿孝顺可敦	资 233，唐咸安公主和亲之后受封
贞元九年（793）	东女	乞悉漫	和义郡夫人	旧 197
永贞元年（805）	新罗	金重熙之母和氏	太妃	史 10
永贞元年（805）	新罗	金重熙之妻朴氏	妃	史 10
太和五年（831）	新罗	金景徽之母朴氏	新罗国太妃	旧 199 上
太和五年（831）	新罗	金景徽之妻朴氏	新罗国妃	旧 199 上
会昌元年（841）	新罗	金庆膺之妻朴氏	王妃	史 11

　　除了上述群体,还有一个特殊群体,即边疆公主之封。这一类公主很多,如贞观四年(630),高昌王文泰之妻被封常乐公主。开元六年(718)西突厥阿史那怀道之女被封为金河公主,赐婚给突骑施苏禄。还有些边疆首领的女儿或妻子被封为公主,有的还嫁给他族,如著名反将仆固怀恩之二女的出嫁。开元末,阿史那昕之妻被封为交河公主。至德二载(757),回鹘毗伽公主被封为王妃。现择其中的代表性人物给予解析。

　　华容公主虽为高昌王之妻,其实是隋朝和亲高昌的公主,因而原初身份是隋朝的宗室女宇文氏,是中原人,因和亲而成为蕃人之妻。她和亲高昌后先嫁高昌王麹伯雅,麹伯雅去世后,后嫁麹文泰。唐太宗时改封其为常乐公主,又称为襄邑夫人。① 先后为隋、唐册封的公主,可见这是个政治上十分聪敏的女子。贞观四年(630)唐太宗对她的册封是出自她的主动请求。史载在随麹文泰朝见唐太宗时,“华容公主宇文氏请预宗亲,太宗诏赐李氏,改封常乐公主”,“西域诸国所有动静,辄以奏闻”。② 可以说是个政治上非常敏感、主动为大唐边疆稳定做出贡献的了不起的女人。从她从俗改嫁、隋亡后向唐示好、“请预宗亲”并主动提供边疆情报来看,和亲公主的政治价值在她身上得到了最充分的体现。

　　与华容公主同样起到政治作用的是唐朝册封的光亲可敦,仆固怀恩之女。仆固怀恩曾是平定安史之乱的唐王朝重臣。《资治通鉴》卷223载仆固怀恩“一门死王事者四十六人,女嫁绝域,说谕回鹘,再收两京,平定河南、北,功无与比”。此处所说的“女嫁绝域”指的就是光亲可敦之事。至德元载(756),唐肃宗即位后,令敦煌王李承寀娶回鹘公主为妃,乾元元年(758),回鹘葛勒可汗遣使求婚,唐肃宗册封次女为宁国公主,嫁给葛勒可汗为妻,葛勒可汗又为其子移地健求婚,

<hr>

① 见《敦煌遗书》s.2838《维摩诘经题记》。
② 《旧唐书》卷148《西戎传·高昌》。

肃宗就将仆固女儿出嫁。仆固氏是随宁国公主一起出嫁的,此后移地健在老可汗去世后即位为登里可汗,仆固氏也被册封为"光亲可敦"。宝应元年(762)安史之乱的余孽再起,史思明之子史朝义诱回鹘登里可汗侵唐,登里可汗率十万骑兵进逼关中。这时光亲可敦和登里可汗约见其父仆固和祖母,仆固和祖母劝登里可汗归顺唐朝,结果"可汗大悦,遂请和,助讨朝义"。① 这位可敦可谓力挽狂澜,利用其父祖在唐的政治优势成功劝降回鹘。此后光亲可敦死,唐代宗应登里可汗之请,又将光亲可敦的妹妹,即仆固怀恩的幼女嫁登里可汗,册封为崇徽公主。

对比蕃族被册封的公主,唐朝出嫁蕃国的公主命运整体上虽不济(契丹、奚常有杀公主以叛之事发生),但亦有善终者,如最终返回长安的除了上述唐肃宗之女宁国公主外,还有太和公主。太和公主是唐朝最后一位和亲回鹘册封的真公主,她是唐宪宗之女,唐穆宗之妹,在长庆元年(821),由于回鹘请婚而出嫁回鹘崇德可汗,被封为"仁孝端丽明智上寿可敦"。开成五年(840),黠戛斯攻灭回鹘汗国,遣使送太和公主回国,途中被回鹘乌介可汗劫留,乌介可汗携公主率部落南下。太和公主拥立乌介可汗,求请唐朝册命,然而乌介可汗一面请求册封,一面却要求借振武城居住,还对唐大行侵扰,所以唐撤销了对乌介的册封,对回鹘残部展开了防御。虽然册封可汗未奏效,未能遏制乌介可汗的嚣张气焰,但太和公主审时度势、忍辱负重,化解政治危机的努力仍值得肯定。会昌二年至三年(842—843),唐军多次大破回鹘,太和公主得以善终,于会昌三年(843)由大将石雄迎回长安,改封为定安大长公主,终老长安。公主在政治中起到的作用不仅在当时,还有后继影响。如广德元年(763年)吐蕃寇长安,拥立金城公主之侄广武王为帝(仅十五天),正是利用了金城公主的政治身份。其实金城公主为了唐与吐蕃之间的友好交流做出了重大努

---

① 《新唐书》卷 224 上《叛臣传上·仆固怀恩》。

力,如开元间数次以公主身份力促唐蕃和盟,多次以书信向唐玄宗求请,在唐蕃双方的拉锯战时积极劝解,终促成开元二十二年(734)唐蕃定界刻碑,约以互不侵扰,并且开始互市。金城公主在蕃终老,终生受到吐蕃族人的尊重和爱戴。

但多数被册封的和亲公主命运都很悲惨,而且公主之册封也不是那么容易得的,如开元六年(718)西突厥首领阿史那怀道之女被封为交河公主,①赐婚给突骑施苏禄是为了笼络已壮大起来的、在西域称霸的突骑施,但结果并不理想。唐朝"兴昔亡可汗"阿史那献在任期间收复了受后突厥控制的昆凌都护府、濛池都护府,为大唐西疆的巩固做出了莫大贡献。但突骑施苏禄崛起后,在十姓突厥部落中的影响力逐渐扩大,曾联合吐蕃寇唐。为了示以恩宠,使苏禄为己所用来对抗东扩的大食(唐称白衣大食,指阿拉伯倭马亚王朝),唐朝于开元十年(722)将交河公主赐婚给苏禄。但苏禄之后又娶了突厥、吐蕃两公主,并为可敦,又分立数子为叶护,明显是要贯彻三边外交路线,谋求更多利益。三者并为可敦,交河公主的处境并不好过,而在突骑施被唐联合西域诸国攻灭后,苏禄死,疏勒镇守使夫蒙灵察与拔汗那国王攻怛罗斯城,将交河公主迎回。《新唐书》记载的咸安公主,先后被迫嫁四任回鹘可汗,死在回鹘,终生未回国。当年随同宁国公主远嫁回鹘的唐朝荣王李琬(玄宗第六子)之女是作为陪嫁而与葛勒可汗和亲的,葛勒死后,宁国公主由于是正式册封的公主得以返回长安,而荣王之女按回鹘习俗续嫁给了登里可汗,登里可汗由于娶了仆固之女(光亲可敦),所以荣王之女再次为妾(一说扶正为可敦),人称"小宁国公主",未受唐册封。大历末年,回鹘内乱,莫贺达干杀登里可汗,又杀了小宁国公主的两个儿子,逼其出居于牙帐之外,痛失丈夫和两个儿子的小宁国公主死于回鹘,终生未返故土,可谓和亲的牺牲品,一生凄凉。

---

① 《旧唐书》载为"金河公主"。有学者考查并无"金河公主",应记为"交河公主"。参见安胜蓝:《以交河公主事迹为中心看唐与突骑施之关系》,《丝绸之路》2017年第10期。

第九章　边疆治理要则:边疆封授中的政治层级

在唐代,边疆族人得到唐王朝册封(爵)和授官(职事官、文武散官、勋官、使职等)因人因事因地因时而呈现出独立性和差异性,但在纷繁复杂的封授事件和边疆政治的运作背后有没有稳固不变的内在规律? 这种贯穿和指导整个唐代边疆封授的精神内核显然是有的,其中一个重要内容即唐代边疆政治现象中有一个隐含的政治层次和等级之分,这种区分体现了唐代治边的结构化特点,构成了边疆封授政策得以施行的政治大背景,而且这个分层对历次具体的封授都起到了重要的指导作用。这种情况并非唐代的特色,而是延续了自商周以来的政治传统,但由于中国封建政治在唐代达到鼎盛,国际交流空前增强,唐代的国际影响力和文化政治辐射力巨大,故而唐代封授所体现的层级边疆意识和观念在秦汉以来封建大一统王朝政治中最为明显和典型,堪称最佳标本,在封授视野下对这种边疆观念的解析也就具有了重要的学术价值和意义。

第一节　疆分层级

中国层级边疆观念渊源极早,在商周时期即有体现。据最早的区域地理著作《尚书·禹贡》记载:"五百里甸服,五百里侯服,五百里绥服,五百里要服,五百里荒服。""甸服"指的是王畿地区,"侯服"指的是诸侯统治区，"绥服"指的是必须绥抚和控制的地区，"要服"即边远地区，"荒服"即蛮荒地区。"甸服"和"侯服"是核心统治区，"绥服"是边疆过渡区，"要服"是为维护王朝安全需要掌控的边疆区域，而"荒服"则是势力不逮或无需关注的远邦政权（一般与中原王朝不直接接壤）。这种层级疆域观念是近代西方以明确疆界为标志的近现代"国家"观念传入之前的传统疆域观。

层级疆域观念根本上源自古代中国农业宗法社会所塑造的思想政治观念。宗法等级制是农业宗法社会奠定统治秩序和社会秩序唯一也是最为有效的路径方式。因此等级制度和等级观念延伸到了包括饮食、居所、服饰、丧葬、出行、礼仪、政治等古代社会所涉及的一切维度。作为农业宗法文化典型代表的儒家文化的精神内核之一便是等级制。儒家文化从某种程度上可以说是礼乐文化，礼在古代的职能和功用即是以一整套规制和礼仪、别尊卑、分贵贱、辨亲疏，以此确定基本的社会组织秩序。《礼记·乐记》有"天尊地卑，君臣定矣。卑高以陈，贵贱位矣。动静有常，大小殊矣。方以类聚，物以群分，则性命不同矣。在天成像，在地成形。如此，则礼者，天地之别也"。在古代，礼很大程度上相当于法，不可违背和亵渎，故礼与法合称礼法。区分和维护尊卑贵贱是古代礼法精神的实质，礼法精神同样延伸到了古代统治者的治理理念和疆域理念中。农业等级制的原始基础是血缘关系，血缘关系天然具有亲疏远近的特征。在家国同构的背景下，无论个人、家庭构筑的社会关系还是皇权所构筑的政治关系，都具有别亲疏、鉴远近的圈层结构。费孝通将这种特征概括为"差序格局"，认为古代社会关系的基本特性是"以'己'为中心，像石子一般投入水中……像水的波纹一般，一圈圈推出去，愈推愈远，也愈推愈薄"[①]。上述因素都导致了古代的疆域理念和实际的疆域秩序都是以

---

① 费孝通：《乡土中国·生育制度》，北京大学出版社，1998年，第27页。

皇权为中心的、由一系列由近及远的圈层组建而成的疆域体系。

农业宗法等级制是层级疆域体系形成的基础性条件,除此之外,层级疆域体系的形成还依赖两个必备条件。一是在一个独立的地理单元中,必须存在一个具有排他性和碾压性优势的中心文明,这个中心文明在文化、政治、经济、军事等各方面对周边族群或文明体具有强大的、不可抗拒的吸引力,从而营造出在这一独立地理板块中构建单一文明中心的层级疆域体系。二是层级疆域体系构筑的另一个源泉是文化导向而非血缘导向。血缘在族群层面上主别异,所谓"非我族类,其心必异",而政治统治秩序强调统合,以文化认同和融合为基石构筑统治秩序,是在不同族群血缘既定的前提下以最低成本构建统治秩序的最佳现实抉择。上述两个条件必然造就出以对中心文明的慕化和归顺而形成的圈层化政治秩序。

古代中国无疑满足上述条件。在东亚大陆这一相对独立的板块中,唯有古代中国可以充当该地理单元的唯一的文明中心。尽管儒家以宗法血缘为根基,但在夷夏之辨中却并非以血缘而是以文化认同作为依据。《论语》中有"子欲居九夷。或曰:陋,如之何? 子曰:君子居之,何陋之有!"汉代扬雄《法言·问道》中以礼乐定义"中国":"无则禽,异则貉"。唐代皇甫湜在《东晋元魏正闰论》中说:"所以为中国者,以礼义也,所谓夷狄者,无礼义也。"韩愈《原道》总结孔子作《春秋》之旨云:"诸侯用夷礼则夷之,进于中国则中国之。"这种观念与皇权以文化认同为基础构建政治统治秩序相互呼应。

事实上,华夷之分本身即是从文化而非血缘的角度加以确立的。"华"字在金文中似花朵状,通"花",引申为华彩,又引申为文化、礼仪,"中华"即为具有伟大文化礼仪、文明程度并由内而外呈现出华彩富丽的中央之国(此义与"腹有诗书气自华"之"华"相近)。"夷",《说文解字》解"平也。从大从弓。东方之人也",指与中国相邻、善使弓箭的少数民族部落之人,后用此字隐射崇武无文之义,故与通动物义的"蛮"字并用而称"蛮夷"。蛮夷虽然粗陋，但只要向慕王化，便可以通过教化而由夷入华，[①] 即成为中央皇权统御的对象，成为"中华"的一分子。即是说，凡是认同中华文化并自愿接受教化，崇拜皇权权威并自愿归顺的族群或文明，皆可纳入到以中华为中心的天下秩序之中，同时这种天下秩序出于血缘亲疏、认同与忠诚程度、势力强弱、地位作用大小等因素又会将他们有意无意编排出一种圈层结构。

古代中国以皇权为核心的圈层化的层级疆域观念和体系形成了独具特色的"天下中央观"。殷周转折之际，至上神有一个从"帝"到"天"的转变。[②] 据陈梦家先生考证，周朝第三代王周康王时爵称"天子"，寓意代天牧民，君权天授。[③] 由天子代天牧民自然引申出以天子为核心的、"普天之下莫非王土，率土之滨莫非王臣"的天下观。在古代极度落后的交通和通信条件下，居中可以最为快速地抵达所有的疆域，从而形成对疆域最为有效的统治，由此形成了以"中"为尊的地理秩序观。西周时期的何尊中有"唯武王既克大邑商，则廷告于天，曰余其宅兹中国，自兹乂民"。"中国"一词最早即是出现在这句铭文中，意为定都天下之中以御万民。可见，早在西周时期已经产生了后世一直沿用的"居中以御四方"的统治理念。"中"由此在中国古代的哲学中具有特殊的意义，"中"代表最为重要、最为尊贵、最为核心、最为根本等义，《中庸》有"中也者，天下之大本也"的精辟概括。古代五行说以五行配五方五色，五行之中土为贵，故以土居中央，五色中，土为黄色最为贵，故成为历代皇家专用色。天下秩序需要有一个核心，

---

① 关于儒家的"教化"与天下的关系，可参考都永浩《"天下"内涵及与近现代中华民族的关系》(《中国边疆史地研究》2022 年第 4 期)："教化"观念出自儒家，与"天下"相呼应，形成了"教化天下"的认识。"教化天下"的内部关系是华夏"中国"与四方"夷狄"的关系，即华夏"中国"通过"教化"不断将四方"夷狄"纳入"华夏"之中，是"天下"的实践区域逐步向实际的"天下"边缘拓展的过程。

② 石磊：《先秦汉代儒教天论研究》，中华书局，2015 年，第 28—36 页。

③ 陈梦家：《殷墟卜辞综述》，中华书局，1988 年，第 581 页。

这个核心必然居天下之中，即中国或中央。① 中与央互训。"央"字始见于商代甲骨文，像人戴枷，本义为灾祸，是"殃"的古字，人戴枷时，头在中间，所以"央"有中央的意思，②故段玉裁《说文解字注》谓"央，中也"。皇权之所以强调已为天下秩序之中心，一方面是居中以御四方，即强化对四方的控制，一方面是以四方为御，即以四方拱卫中央。在分封制下，诸侯国本身即有"藩属"③之意。而在秦朝改制之后，在宗法等级观念的影响下，皇权依旧倾向于构建梯级化的藩属疆域体系拱卫自身，由此发展而来的层级疆域体系成为中国古代政治的一大特色。

早在商周时期就已形成的层级疆域体系，一直延续到唐代及以后的整个封建时期。从大量的封授事例和边疆事件来看，唐中央对自己控驭的"天下"有一个隐形但相对明确的层级划分。《禹贡》"五服"中的"甸、侯、绥、要、荒"大致对应中央政区、地方政区、羁縻府州的内蕃层次、羁縻府州外蕃层次和独立蕃国区这两类、远邦区。中央政区即中枢政区，位于京都，施政者为皇帝、太子、在朝的臣子。地方政区在唐前期指的是诸道的郡、州，主政官员为州刺史、都督；后期主要指的是方镇，主政官员为节度使。羁縻府州的内蕃层次指的是内

---

① 有时被称为"中央之国"。事实上，"中央之国"的称谓并不准确，在商周分封制下，诸侯的封地称为"国"，大夫的封地称为"家"，"国"和"家"都是天下之下的概念。天子对应的是"天下"，而非"国"。这种观念也为后世王朝所沿用。

② 李学勤：《字源》，天津古籍出版社，2013 年，第 475 页。

③ 李大龙先生认为中华大地上的政治格局呈现出众多藩属体系并存的状态，以中原地区的王朝或政权、北方游牧政权为核心而形成的藩属体系长时期持续存在，强盛时期几乎囊括了中华大地上其他弱小的藩属体系，推动着众多藩属体系的重组，中国疆域就是在这些藩属体系的碰撞过程中不断凝聚起来的。（《从天下到中国：多民族国家疆域理论解构》，第 44 页）藩属政权向历代王朝朝贡行为存在的前提是中国历代王朝为边疆地区的稳定而构建藩属管理体制，册封、朝贡都是维持这一体制运转的具体政策（李大龙：《"藩属体系"还是"朝贡体系"？——对唐朝前期"天下"制度的几点认识》，见周平、李大龙主编：《中国的边疆治理：挑战与创新》，中央编译出版社，2014 年，第 229 页）。

附蕃族被置于羁縻府州内，由唐王朝官员直接进行管理，这些蕃族一般为唐朝本土成长起来的蕃族或是失国而入唐的蕃族，首领一般为郡王、都督、刺史、将军等。羁縻府州外蕃层次和独立蕃国区两类大致对应于"要服"，其中羁縻府州的外蕃是指被设置羁縻府州的、有国的蕃国或蕃族，实为独立蕃国，官员基本上都是本国的人员，纯夷治，无唐人直接管辖，这类首领一般被任命为可汗、国王，但是同时又带有某州都督、刺史、郡王的官爵名。独立蕃国是指没有设置羁縻府州的蕃国，也是自治的，首领为可汗、国王等，不带有某郡王、某州或者是某地都督、刺史。远邦区指的是远离唐朝疆域范围、与唐没有紧密交往、对唐王朝利益关联不大因而唐朝无力或无心顾及的政权。这些地方不同于蕃国，因蕃国经常遣使朝贡，虽然可能没有授官，但是可以作为中华文明的辐射区，愿意作为唐朝的藩属而存在，其首领受到唐王朝的册封，只是没有作为羁縻府州的形式而存在。远邦一般被认为是唐朝的对等之国，即敌国，不承认唐朝的宗主国地位，因而不愿受唐王朝册封，这一层次一般不被划入藩属体系，如天竺、吐蕃（这两个政权的首领仅在特殊时期得到过唐朝封授）和倭国（唐高宗时改称日本）等政权。

第二节　蕃分内外

唐朝对于不同等级的政权予以不同的治理方略。按照与皇权和文化的亲疏程度，唐朝将边疆藩属地区分为内蕃与外蕃。内蕃指的是靠近唐王朝内地（包括朝廷与地方统治区）的蕃族区，如营州都督府管辖下的靺鞨、契丹、奚等部落，幽州都督府管辖的胡族部落，夏州都督府管辖的突厥、铁勒部落，凉州都督府管辖下的吐谷浑部落，安东都护府管辖下的高句丽部落。这些部落多是降附的蕃族，唐王朝设置羁縻府州以收纳之，并对这些蕃族部落进行控制和管理，府州的官员都由朝廷指派,基本上是汉官或汉化的蕃官担任都护、都督、刺史。外蕃指的是独立的蕃族蕃国,一般情况下这些蕃都有国,是独立的边疆政权,但与唐朝有政治、军事、文化上的联系,有些蕃国与唐的关系还非常密切。这些外蕃又有封授国和非封授国两种情况。其首领与唐朝有封授关系的如新罗、唐高宗永徽年间的吐蕃、南诏、渤海等,其首领被唐封授为王、郡王、都督、刺史等。无封授关系的如倭国、唐高宗显庆三年后的吐蕃等。这些蕃国的首领自主领导本蕃,唐朝不派官不驻军,因而蕃国有自己的官僚系统。在内蕃与外蕃的区分中,羁縻府州是个特殊的建置,既包括有内蕃又包括一部分外蕃。如渤海、新罗、百济、波斯都以外蕃身份被设置过羁縻府州,然而其主要身份仍为蕃国。唐朝通过划分内外蕃,设置了相关机构,封授以官爵来进行多层次的管辖。内外蕃的划分是唐朝层级疆域观的一种表现。

内外蕃的划分从开元十三年(725)唐玄宗接见朝觐诸族国的盛况可以看出来:

> 壬辰,玄宗御朝觐之帐殿,大备陈布。文武百僚,二王后,孔子后,诸方朝集使,岳牧举贤良及儒生、文士上赋颂者,戎狄夷蛮羌胡朝献之国,突厥颉利发,契丹、奚等王,大食、谢颭、五天十姓,昆仑、日本、新罗、靺鞨之侍子及使,内臣之番,高丽朝鲜王,百济带方王,十姓摩阿史那兴昔可汗,三十姓左右贤王,日南、西竺、凿齿、雕题、牂柯、乌浒之酋长,咸在位。①

其中"内臣之番"的字眼说明唐朝对于藩属政权已经有了内外之分。《新唐书》则对整个唐代边疆区域有明确的内外划分:

> 西方之戎,古未尝通中国,至汉始载乌孙诸国。后以名字见

---

① 《旧唐书》卷 23《礼仪志三》。

者寖多。唐兴,以次修贡,盖百馀,皆冒万里而至,亦已勤矣! 然中国有报赠、册吊、程粮、传驿之费,东至高丽,南至真腊,西至波斯、吐蕃、坚昆,北至突厥、契丹、靺鞨,谓之"八蕃",其外谓之"绝域",视地远近而给费。开元盛时,税西域商胡以供四镇,出北道者纳赋轮台。地广则费倍,此盛王之鉴也。[①]

从"绝域"被视为"外",可知高句丽、真腊、波斯、吐蕃、坚昆、突厥、契丹、靺鞨等被唐王朝认定的"八蕃"属于"内"。蕃有两种词义,一是外族外邦,侧重于自然地理的内涵;一是藩属,揭示以唐王朝为宗主国的政治身份。上两则史料的蕃分别在不同意义上使用,但无论是藩属国还是接壤的外蕃之邦都已分出内外,是古代边疆政治重视区分亲疏远近的表现。对应蕃的两种词义,本书的"蕃分内外"也有两层含义,一是藩属意义上的,主要指羁縻府州内的内外之分,这是以前唐史研究中很少涉及的内容;一是边疆地理意义上(与唐朝疆土的地理远近)的内外之分。在划出内外蕃的基础上,唐朝对他们予以区别对待。"内"相对于"外"是在总体上而言(尽管也存在特殊情况),说明对于唐中央政权和唐文化更为亲近、认同、忠诚。唐朝对内外蕃的态度、策略也会有相应差别,在根本上以服从、服务于皇权为归旨。例如对西域诸族国这些内蕃,唐王朝册封其首领为王,并不参与其内部事务,但是能够控制的时期都设置羁縻府州或都护府进行管理,而羁縻府州或都护府的长官为唐朝官员。对于地理或政治、经济地位较重要的这些内蕃,唐王朝只要力量能够达到,就征讨携离、招降纳叛。对于外蕃,特别是偏远的外蕃小国则不愿册封和劳兵,如调露元年(679)唐王朝对于已归唐的波斯首领泥涅师的册封:"诏裴行俭将兵护还,将复王其国。以道远,至安西碎叶,行俭还。"[②]对于契丹、奚

---

① 《新唐书》卷 221 下《西域传下》。
② 《新唐书》卷 238《西域传下·波斯》。

这样叛服无常的内蕃民族,将其纳入羁縻府州,服则收复,叛则征讨,不进行大规模的军事行动,但不允许其独立为蕃国。这两个政权常依附于较大民族,本身很难形成统一的力量中心,唐王朝并不对其进行广泛封授,只对部分臣服的部落首领推行封授,设立营州、幽州等进行长期制约;对于西南独立的外蕃边疆政权进行安抚,以争取使其摆脱吐蕃等势力,接受唐王朝封授,任其首领为刺史、都督等,但并不进行直接管理;对于唐前期的突厥和唐高宗显庆三年后的吐蕃这样较强的外邦政权首领不进行封授,采取政治斡旋与军事打击结合的方式,辅以和亲等手段,若遇袭扰就进行征讨。

为了能够更详细和具体地展现唐朝的内外蕃政治的区别和意义,我们对两种意涵的"蕃分内外"分别举例加以论述。首先论述藩属意义上的内外之分,亦即羁縻府州内的内外之分。为说明清楚这一问题,首先根据史料记载将唐代羁縻府州的情况整理如下:

表 9-1　唐代羁縻府州概况①

边州都督府、都护府	治所今地	所统辖羁縻府州				沿革
		府州数		蕃国或蕃族	今地	
		府	州			
营州都督府	今辽宁朝阳市	5	31	突厥、契丹、奚、靺鞨等	河北北、辽宁西、内蒙古东南、吉林、黑龙江中下游一带	北魏置，后废，东魏复置，隋废，唐川复置蓟州（今天津渔阳县区）。开元五年（717）侨置渔阳县，天宝元年（742）改为柳城郡，乾元元年（758）复为营州。神龙二年（706）所属府州改隶幽州，开元二年（714）复属营州
幽州都督府	今北京市	5	32	"胡"、突厥、契丹、奚、靺鞨等	河北北、辽宁西、内蒙古东南、吉林、黑龙江中下游一带	武德元年（618）设大总管，七年（624）改大都督府。先天二年（713）置幽州。天宝元年（742）改名范阳，宝应元年（762）复名幽州。兼卢龙节度使。神龙二年（706）所属府州改隶营府而来，开元二年（714）还录营州。唐亡遂建号为燕

---

① 本表参考唐信准《试论唐代的羁縻府州》(《湘潭大学学报》1982 年第 4 期)和彭建英《中国古代羁縻政策的演变》(中国社会科学出版社，2004 年，第 72—75 页)有改动。为详考各羁縻府州历史，本书在《新唐书》卷 43 下《地理志七下》有关羁縻州论述的基础上，增加了"沿革"一项，又加入了在蕃国所设的名义上的四个羁縻州。

续　表

边州都督府、都护府	治所今地	府州数		所统辖羁縻府州		沿革
		府	州	蕃国或蕃族	今地	
夏州都督府	今内蒙古乌审旗南土城子	5	10	突厥、铁勒、吐谷浑	内蒙古锡盟、伊盟，陕西北部一带	贞观二年(628)置，天宝元年(742)改为朔方郡，乾元元年(758)仍为夏州
延州都督府	今陕西延安市		1	吐谷浑	陕西延安境	西魏以东夏州改名。隋代改为延安郡，武德元年(618)复改延州，开元二年(714)为都督府，寻罢都督为延安郡，天宝元年(742)改延安郡，乾元元年(758)仍改为延州
灵州都督府	今宁夏武县北	12	34	党项、铁勒	内蒙古西部、宁夏北中部一带	北魏置。后废。唐初复置，天宝元年(742)改为武郡，乾元元年(758)复改为灵州
庆州都督府	今甘肃庆阳市	3	23	党项、羌	甘肃庆阳部、宁夏西南部、陕西西部一带	隋置，曾改为弘化郡，唐初复改庆州，后改顺化郡，乾元元年(758)复改庆州
秦州都督府	今甘肃天水市		1	党项	甘肃天水境	三国曹魏始设，西晋后多次废立，隋废，后复。唐初曹魏复置，武德二年(619)设总管府，都督府，开元二十二年(731)移治成纪县(今甘肃秦安县西北)，后改名天水郡，乾元元年(758)复改为秦州，大中三年(849)复移治成纪县

续　表

边疆都督府、都护府	治所今地	所统辖羁縻府州		蕃国或蕃族	今地	沿革
		府州数				
		府	州			
临州都督府	今甘肃临洮县		1	党项	甘肃临洮、康乐一带	唐初，改属兰州。天宝初，属金城郡。天宝十载，分金城郡置狄道郡。乾元初，改为临州。宝应初，陷于吐蕃，号武胜军
洮州	今甘肃临潭县		县：1	党项	甘肃临潭境	隋开皇十一年改名临潭县，唐天宝元年仍称临潭。后陷入吐蕃
凉州都督府	今甘肃武威市	2	5	突厥、铁勒、吐谷浑	甘肃西北、内蒙古西部、蒙古国共和国西南一带	西汉置凉州。隋废。唐武德二年（619）复置。武德七年（624）以凉州总管府改置都督府。贞观元年（627）废。总章元年（668）复置。寻升为大都督府。天宝元年（742）改称武威郡。乾元元年（758）复置凉州府。五代改称西凉府
松州都督府	今四川松潘县	1	75	党项、羌	四川西北、甘肃东南、青海东南一带	隋置。寻废。唐武德元年（628）置都督府。广德（763—764）初废
茂州都督府	今四川茂县		39	羌	四川茂县、汶川至宝兴、灌县以西邛崃山南一带	贞观八年（634）以南会州改名。天宝元年（742）改为通化郡。乾元元年（758）改为茂州

续表

边州都督府、都护府	治所今地	所统辖羁縻府州				沿革
		府州数		蕃国或蕃族	今地	
		府	州			
雅州都督府	今四川雅安市		57	羌	四川雅安西、小金以南、康定以东一带	隋置，寻改为临邛郡。唐武德元年（618）复为雅州，开元三年（715）置都督府，天宝元年（742）改为卢山郡，乾元元年（758）复名雅州
黎州都督府	今四川汉源县北		53	羌、傈	四川康定南、冕宁北及凉山彝族自治州峨边、甘洛一带	北周置，隋废。武周大足元年（701）复置
嶲州都督府	今四川西昌市		16	羌、蛮	四川凉山彝族自治州美姑、昭觉，布拖及西昌会东一带	西汉以邛都为越嶲郡。后经多朝改置，先改西宁州，后改嶲州，又称嶲州。唐武德元年（618）复称嶲州，武德三年（620）置总管府，次年升为都督府
戎州都督府	今四川宜宾市		65	东爨、西爨、昆明等蛮	四川宜宾南、贵州永城、兴义以西，云南昭通、沾益、昆明一带	南朝置，隋改为犍为郡。唐武德元年（618）复为戎州，经多次移置。天宝元年（742）改为南溪郡，乾元元年（758）复名戎州

续 表

边州都督府、都护府	治所今地	所统辖羁縻府州					沿革
		府州数		蕃国或蕃族	今地		
		府	州				
姚州都督府	今云南姚安县		13	西爨、永昌等蛮	云南昆明西、丽江南、楚雄州、大理州一带		武德四年(621)置。后滇西地并于吐蕃。天宝(742—756)后废
泸州都督府	今四川泸州市		14	獠、蛮	四川泸州至贵州习水、仁怀一带		南朝置。隋改为泸川郡。唐初复泸州。武德三年(620)置泸州总管府,七年(624)改为都督府。天宝(742—756)改泸川郡,乾元(758—760)初复为泸州
黔州都督府	今四川彭水县		51	洋牁、谢、赵、昆明等蛮	贵州、广西北部一带		北周以奉州改名,隋改为黔安郡。唐初复为黔州,贞观四年(630)置为都督府
桂州都督府	今广西桂林市		7	蛮	广西柳州以西、来宾、忻城以北、环江、罗城以南一带		南朝置。隋改为始安郡,唐武德四年(621)置桂州总管,七年(623)改都督府

续表

边州都督府、都护府	治所今地	府州数		所统辖羁縻府州		沿革
		府	州	蕃国或蕃族	今地	
邕州都督府	今广西南宁市		26	蛮	广西境	武德四年(621)置晋州,贞观六年(632)改名邕州,乾封二年(667)置都督府,天宝元年(742)改朗宁郡,乾元元年(758)复为邕州
峰州都督府	今越南河西省山西		18	蛮	越南北部一带	隋以兴州改名,后废。唐武德四年(621)复置,隶未州总管。此后隶于交州总管、安南都护府等。乾元元年(758)复为峰州。后升为都督府。咸通七年(866)隶静海节度使。五代废
安东都护府	平壤,今朝鲜平壤	9	14	高句丽	辽宁,吉林通化,朝鲜半岛北部一带	总章元年(668)天亡高句丽、建立的管理高句丽故地的机构。仪凤元年(676)治所从平壤搬到辽东
安南都护府	宋平,今越南河内		41	南蛮	广西西南、云南东南、越南北、中部一带	调露元年(679)以交州都督府改置、都护由交州刺史兼任。至德二载(757)改名镇南都护府,永泰二年(766)复名安南都护府。天宝后渐为南诏所侵。后收复

续　表

边州都督府、都护府	治所今地	所统辖羁縻府州				沿革
		府州数		蕃国或蕃族	今地	
		府	州			
安西都护府	龟兹，今新疆库车市	22	118	西域诸胡	新疆天山，吉尔吉斯斯坦纳伦、乌兹别克斯坦塔什干以西，伊朗以东，即新疆南部，中亚地区	贞观十四年(640)设，显庆三年(658)升为大都护府。龙朔二年(662)后，几度陷于吐蕃。安史之乱后吐蕃侵入，贞元六年(790)完全陷落
北庭都护府	庭州，今新疆吉木萨尔破城子	25	2	西突厥、回纥等	新疆天山以北，巴里坤以西，咸海以东，阿尔泰山以南一带，即新疆北部，吉尔吉斯斯坦，哈萨克斯坦境	长安二年(702)改原庭州而建。景云二年(711)升为大都护府
安北都护府	金山，今蒙古国科布多境内	5	10	铁勒、突厥	蒙古国境、俄罗斯西伯利亚南部一带	总章二载(669)由瀚海都护府(原燕然都护府)改名，至德二载(757)改名镇北都护府。后又，会昌五年(845)单于都护府改称安北都护府。五代地入契丹废

续 表

边州都督府、都护府	治所今地	所统辖羁縻府州				沿革
		府州数		蕃国或蕃族	今地	
		府	州			
单于都护府	云中，今内蒙古和林格尔土城子	3	12	突厥	蒙古国扎加德，赛音山达以南，黄河以北一带	麟德元年（664）由唐高宗时设置的云中都护府（原瀚海都护府）改称。后废。并入安北都护府。会昌五年（845）改称安北都护府。原安北都护府此前废除。五代地入契丹，废
隶属不明		24		党项	今甘肃境内	
熊津都督府	百济泗沘城，今韩国忠清南道扶余郡			百济	今朝鲜半岛西南部	初置府城于泗沘城，德、东明、金连、麟德（664—665）后废。属安东都护府管辖。咸亨元年（670）后迁于建安州。后被新罗兼并
鸡林州大都督府	新罗首都金城，今韩国庆尚北道庆州市			新罗	今大同江以南的朝鲜半岛中南部地区	初设时并未明确是否属于安东都护府管辖。安史之乱后由淄青平卢节度使兼押

续　表

边州都督府、都护府	治所今地	所统辖羁縻府州				沿革
		府州数		蕃国或蕃族	今地	
		府	州			
波斯都督府	波斯疾陵城,今伊朗扎博勒			波斯	今阿富汗与伊朗之间锡斯坦盆地附近	龙朔元年(661)初设时隶属安西大都护府,仅存在9年就被大食(阿拉伯)灭亡
忽汗州都督府	渤海,今黑龙江宁安市渤海镇			渤海	今吉林敦化和牡丹江上游一带	先天二年(713)置,初由营州都督府管辖,后转属幽州都督府,开元七年(719)由营州平卢军节度使押领,安史之乱后由淄青平卢节度使管辖
合计		92	763			

注:营州所辖的府州在神龙二年改隶幽州,开元二年复表营州。合计数量时按幽州数计。羁縻府州的数目与《新唐书》大体一致。《新唐书》中未计入羁縻府州的鸡林州大都督府,熊津都督府,波斯都督府,忽汗州都督府没有明确的府州数目,不予统计。

表 9-1 在通常的羁縻府州名录基础上根据对史料的梳理和本人对封授的研究,新增了新罗所在的鸡林州大都督府、百济所在的熊津都督府、波斯所在的波斯都督府、渤海所在的忽汗州都督府。一般的研究者没有将它们视为羁縻府州,主要是因为两《唐书》等史料没有将它们列入其中,且这四个典型的都督府都曾有附属于其他都督府、都护府的经历,似乎不用单列。但这些都督府的设立有明确的史料记载,且以蕃国的形式存在,隶属又经过了较大变动,能够体现唐王朝的羁縻意图,与本来就在唐朝地方活动的蕃族或已丧失自己蕃国、只留有族众而内附于唐的羁縻府州不同。上述四个羁縻府州,实则为蕃国,主要由本蕃自治,不需要唐朝派驻官员进行管理,也不需要向唐朝缴纳固定赋税。如果我们将本来就在唐朝地方活动的蕃族和那些内附失国而被羁縻的蕃族视为羁縻府州的内蕃层次,则可以将上述四个羁縻蕃国定性为羁縻府州的外蕃层次。

唐朝对这四个羁縻外蕃的首领进行的封授有两个显著特点:

第一,设置羁縻府州后,这些蕃国首领加了某州大都督、都督、刺史的官职名,唐后期还加入了使职,但是同时都被册为本国国王,这就是说,唐朝虽然在其地设有羁縻府州,但承认其蕃国的基本地位。这些蕃国对外向唐称臣,对内仍实行独立统治。在边州都督府和都护府管制下的羁縻内蕃,不仅对唐朝承担军事义务,而且除了交通不便的少数地区外,大多数都要交纳赋税、承担徭役,而羁縻外蕃政治、经济自治,地位相对羁縻内蕃要独立自主。

第二,这类羁縻府州从设置之日起便一直带有都督、刺史等职事官名,直到唐朝灭亡也没有改变。这一点与未列入羁縻府州的外蕃之国,如南诏、吐蕃、回纥等是不同的。这说明羁縻外蕃相对于未受羁縻的蕃国与唐朝的关系更为亲近。

以上两点共同说明羁縻外蕃是处于内附蕃族与"绝域"(不受唐控制或地域较远的外邦)之间的边疆层次,这一点是唐朝层级疆域观的一个明证和确证。羁縻外蕃一方面表明唐朝对这些蕃国的特殊重视和对待，一方面也说明这些蕃国特别认同大唐宗主国的政治地位（日本国王自始至终未受到唐朝册封，唐朝并未将其作为藩属国来看待）。这些羁縻蕃国比之于普通仅册封而未受羁縻的蕃国，与唐朝的关系显然更为亲近。唐朝对这些边疆政权进行羁縻，同时也隐含有将这些地缘和文缘密切的地区纳入正式版图的政治意图。这层政治意图同样显示出这些蕃国在蕃国群体中的特殊性，是唐朝层级疆域观中的近层位置，具有由外向内转变的可能性，在唐朝看来，这类羁縻府州的外层蕃国存在着向唐境内的羁縻府州甚至正州转化的可能性，可以将其界定为准羁縻州，是慕义向化的预备州。这类羁縻府州的设立不是基于自然地理而设（其国王的封号主要是基于地理），而是基于巩固边疆的政治意图。这种政治意图得以产生的根由则是这些蕃国对唐皇权和唐文化的超越一般程度的认同和忠诚。

可以设想，在条件成熟的情况下，唐王朝完全可能将这些羁縻外蕃纳入正式版图之中，由羁縻府州转化为正州，实现这些边疆政权由外向内的转变。事实上，唐朝曾出现过相关事件：武德年间，唐于江南道黔中都督府设"犍、琰、庄、充、应、矩六州皆为下州，开元中降犍、琰、庄为羁縻，天宝三载又降充、应、矩为羁縻"①。剑南道茂州都督府所领维、翼二州本为羁縻州，后来变为正州。而维州曾反复由羁縻州进为正州，又由正州降为羁縻州，然后又进为正州。② 另一个例证是开元十四年（726）安东都护薛泰奏请在黑水靺鞨部落设置的黑水都督府。这个都督府设置之后属于安东都护府管辖，唐朝"以部长为都督、刺史，朝廷为置长史兼之"③。这个黑水都督府，是个并不知名的羁縻府州，存在了约九十年，约于元和十年（815）被渤海完全吞并。

---

① 《新唐书》卷33《地理志七上》。
② 《新唐书》卷33《地理志七上》。
③ 《新唐书》卷213《北狄传·黑水靺鞨》。

《旧唐书·地理志》其至无载,《新唐书》略记。然而这个设置在渤海都督府北部的羁縻府州,是唐朝在渤海设置的一个重要战略要地。设想这个由唐朝直接派驻官员管理的羁縻府州(渤海所在的忽汗州都督府没有派驻唐朝官员)如果能够强势保留,元和(806—820)以后没有被渤海逐步吞并的话,对于渤海是多么重大的威胁。为了牵制或打击渤海的政治军事需要,唐朝有可能将黑水都督府转为正州(设置之初即已派唐朝官员管理,有行政基础),这是根据政治需要和控制力的强弱而进行的可能的变动,不是仅仅考虑地理位置和蕃族特点。所以设置为羁縻府州外层次的地方,不能简单地等同于独立蕃国或外邦,而是存在着极大的向羁縻府州内层次甚至正州转化的可能性。而设置为羁縻府州内层次的地方如黑水都督府,则有向正州转化的更大可能性。①

综上而言,唐朝设置的上述鸡林州大都督府、熊津都督府、波斯都督府、忽汗州都督府四个外羁縻府州,并不是如一些学者认为的是一种随意随势的设置,而是反映了唐朝特定的政治意图和层级疆域观,不能将其等同于普通蕃国,所以"唐朝在羁縻州与藩属之间并无明确的制度上的区别"②的观点未为稳妥,忽略了其中的区别,不利于全面审视唐朝的疆域观念和边疆治理策略。

---

① 谭其骧先生在分析渤海、黑水等蕃国蕃族时,认为这些地方所设的羁縻州"自始至终只是一个虚名,当然应视作唐朝境外的邻邦邻族",实际上从设置之初的政治目的出发,而不是仅仅看到其边疆地理和民族特点,应当认为渤海虽为蕃国,但仍然属于羁縻府州序列,是羁縻府州中的外层次,与尚未设置为羁縻府州的蕃国不同,随时可能向内羁縻府州转化。而黑水性质与之不同,虽地理位置上比渤海距唐更远,但唐朝设置政区的标准不是依据地理,而是政治,所以派驻官员进行直接统治,并且为制约渤海而对此地加强控制,可以视为内羁縻府州,设置之时是在唐王朝版图之内。谭其骧先生观点见《唐代羁縻府州述论》,载于《纪念顾颉刚学术论文集》下册,第559—561页,巴蜀书社,1990年。

② 谭其骧:《唐代羁縻府州述论》,载于《纪念顾颉刚学术论文集》下册,第559—561页,巴蜀书社,1990年。

第三节　制"荒"之策

　　藩属意义的内外蕃对应《禹贡》中的"五服说"，大致对应于"绥服"和"要服"，即必须抚绥和控制的地区和有限管辖区、在自然地理和外邦意义上理解的蕃国这两个层次。在藩属体系的基础上还可以再分出内外，即藩属意义上的内外蕃都属于"内蕃"，这些蕃国之外的"绝域"（与唐朝疆域相隔甚远，不慕唐化，与唐王朝的安全和利益关联不大的远邦蕃国）构成"外蕃"，这种意义上的外蕃对应于"五服说"中的"荒服"，唐王朝对于这些荒服外蕃的策略态度又大不同于藩属国。这种意义上的内外之分同样是唐朝层级疆域观和天下秩序的重要体现。下面我们以两个事例来具体说明唐朝对"荒"这一层次政权或族群的政治定位及羁縻、制约"荒"的策略。

　　第一个是王玄策灭天竺。《旧唐书》卷3《太宗纪下》记载了贞观二十二年（648）王玄策灭天竺的史实，仅有寥寥数语：

　　　　五月庚子，右卫率长史王玄策击帝那伏帝国，大破之，获其王阿罗那顺及王妃、子等，虏男女万二千人、牛马二万余以诣阙。

王玄策出使天竺时，恰逢中天竺发生动乱，王玄策发动吐蕃、泥婆罗进攻中天竺，俘获一万两千人送回长安。此事件之后，乾封三年、咸亨三年、永淳元年、天授二年，北天竺、南天竺、东天竺、西天竺、中天竺等都向唐朝贡方物。天竺即今印度，它的北界临于吐蕃，与唐王朝的西域相连，可以说是唐朝西南疆之外的"绝域"。对于这种类型的远邦，唐王朝及之前的中国历代王朝都奉行"无为而治、得非上策"的原则，因为征讨之后得其地而无用，驻军徙民又会徒劳无功，最终"以无用害有用"。王玄策虽然似乎很懂得以夷兵之力灭夷，但他的功绩在唐王朝看来却十分有限，并不如一些史学研究者所拔高的那样。这从唐王朝对王玄策的授官可见一斑。

王玄策因灭中天竺的功劳被授为朝散大夫,这是个从五品下的文散官,简称朝散。而在此之前,他的官名为右卫率长史,这是一个东宫卫官,全名为太子右卫率府长史。太子右卫率府设率一员,为正四品上,副率一员,掌东宫的兵杖、仪卫、统亲、翊及广、济等五府诸府兵,设长史判诸曹府。东宫有十率府,仿十六卫建制,十六卫的大将军为正三品,长史为从六品上,而十率府的率为正四品上,副率从四品上,长史的品秩就更低了,必然低于十六卫之长史,也就是说,大概是个七品官。如果按正七品上来计算的话,王玄策因灭中天竺而一下子被提高了五级(正七品上到从五品下之间还有从六品下、从六品上、正六品下、正六品上四级),已属于超常擢拔。而唐朝对于三品、五品官爵的授予非常重视,五品以上已属高层官员。但遗憾的是,朝散大夫是散官,属于荣誉加官,并没有什么实际执掌,只是用来定官阶,是对官员的荣誉认定。王玄策从一个七品官开始,升迁不可能一下子拔得太高,因而提高了五级已经是优遇,但是朝散大夫是文散官中最低等的大夫,这次加封虽然符合他的身份,也并未将其拔升得很高。也就是说,王玄策的功业确实是功,但是唐朝并不认为其功高其伟。

另一个重要事实是,尽管王玄策此战扩大了唐王朝在西域的影响力,此后五天竺朝贡不绝,但中天竺灭亡后,唐王朝并没有任何后续行动,不驻兵、不征税、不徙民、不设官,甚至没有主动的封授(唐高宗总章元年即 668 年东天竺乌切荼国始有入唐的长年婆罗门卢迦逸多被授为怀化大将军,[①]但只是以个人身份入朝为官之例,不代表天竺国的臣服,事实上天竺从未臣属于唐)。

这些事实充分说明,在唐王朝看来,天竺作为远邦、"绝域",并无统治的价值和必要,若行统治,不仅不能为唐王朝带来实际利益,相

---

① 《资治通鉴》卷 201 唐高宗总章元年。

反只会劳兵耗财，并无纳入藩属体系的必要。因此，王玄策虽然以一人之力借助其他政权灭了一国，与玄奘并称为"中印友好关系史上的双星"，"对世界文化交流作出过重大贡献"①，实际上对唐王朝的政治利益并无太大意义。相反，王玄策灭天竺带来了两个对唐朝不利的意外结果。一是王玄策引吐蕃兵灭天竺，使得吐蕃利用唐朝的影响力拓展了自己的势力，为吐蕃此后的壮大提供了契机，以致难以制服。二是俘获天竺的一万两千人入长安后，其中一个名为那罗迩娑婆寐的方士宣称自己已经两百岁，为唐太宗李世民进献了长生不老药方，"太宗深加礼敬，馆之于金飚门内，造延年之药。令兵部尚书崔敦礼监主之，发使天下，采诸奇药异石，不可称数。延历岁月，药成，服竟不效，后放还本国"②。耗费了人力、财力不说，从"不效"来看，此药极有可能成分不那么安全，可以推测，唐太宗之死可能与去世之前不久服食此药有一定关联。事实上，史料也记载了时人对这个药的怀疑："大渐之际，名医不知所为，议者归罪娑婆寐，将加显戮，恐取笑戎狄而止。"③这种结果更加强了唐王朝对"绝域"之邦的一贯看法，即得之非宜，因而在处理上主张"顺其自然"。

第二个是高表仁倭国争礼事件。贞观五年（631），唐太宗派新州刺史高表仁持节出使倭国，送倭国遣唐使犬上三田耜回国，在倭国时得到了盛情相迎。但当高表仁要求倭国天皇下御座、面北接受唐使国书时遭到拒绝，高表仁与倭国王子争礼，愤而离去，不宣诏书而返唐。舒明天皇派人护送其回国，一直送到对马岛（今日、韩之间的朝鲜海峡中部一带）。《旧唐书》卷 199 上《倭国传》（唐高宗时期倭国才改称为日本）载："表仁无绥远之才，与王子争礼，不宣朝命而还。"《新唐书》卷 220《东夷传》也有这样类似的记载："与王争礼不平，不肯宣

---

① 　陆庆夫：《关于王玄策史迹研究的几点商榷》，《敦煌研究》1995 年第 4 期。
② 　《旧唐书》卷 198《西戎传·天竺》。
③ 　《资治通鉴》卷 201 唐高宗总章元年。

天子命而还。"

　　高表仁是隋朝宰相高颎之子,出身名门,太宗时任新州刺史。唐太宗之前,唐朝共设置过两个新州,一个在今广东省新兴县,一个在今河南省新野县,都是在武德四年(621)设置的,但后一个新州于同年废,因而高表仁所任的新州刺史,治所在今广东省新兴县,这里距离倭国比较近。按唐制,上州刺史从三品中,中州刺史正四品,下州刺史正四品下。高表仁任"新州刺史",官品为正四品下到从三品中,也就是说,最低也是四品官,属于高官。隋朝从未对倭派出如此高官,大业三年(607),隋炀帝派遣文林郎裴世清护送倭国使者小野妹子回国,此时的文林郎为从八品的秘书省职事官,[①]掌撰录文史,检讨旧事。唐太宗派如此高官出使倭国,体现了对这个海上之国的重视。对比王玄策以七品官出使中天竺,可见倭国的政治地位略高,这大概是与倭国的遣唐使犬上三田耜在唐时的积极活动有关。此行的主要目的是宣朝命,就是宣读唐太宗给日本天皇的国书。而高表仁与倭国王子争礼,要求天皇面向唐朝的方向行礼、接受国书是要求其修臣礼,这与日本的自我政治定位,即天皇与唐朝皇帝是对等关系明显不符。所以倭国王子与高表仁起了争执,高表仁为了不失去大唐的威仪而愤然离开。中国史书对此事记载非常简略,《日本书纪》似乎有意避开这次争执事件,略而不计,只载了舒明天皇五年(633)正月二十六日"大唐客高表仁等归国。送使吉士雄摩吕、黑麻吕等,到对马而还之"[②]。从时间上来看,高表仁到达倭国是贞观六年(632)十月四日,中间有两三个月的时间是在倭国,可见双方的争执并不是一时的意气用事,而是经过了一段时间的辩论和商讨。

　　从倭国彼时的局势来看,倭国正处于日本大化改新的前期,对于唐王朝非常重视,迫切需要与唐交好,但是倭国坚持将自己定位为与

---

① 大业三年(607)之前的文林郎品级更低,是从九品上散官。
② [日]舍人亲王等:《日本书纪》,四川人民出版社,2019年,第324页。

唐平等之国，不肯行蕃臣礼。高表仁认为自己是大唐使者，需维护大唐的威仪，倭国作为藩属国应当遵守唐朝的规定，这次争礼，争的其实是政治定位问题。高表仁代表唐朝前去抚绥倭国之前，其实对倭国的定位并不是十分明确的，此次出使的目的可能与确定彼此的政治关系也有关。事实上，彼时的倭国将唐朝、百济、新罗、高句丽放在约略对等的地位，并不视己为唐朝藩属国。

　　从实际利益上来讲，百济作为倭国长期的资源供应国和军事据点，与倭国的关系非常密切，在高表仁事件之后，唐高宗永徽四年（653）八月百济与倭国正式通好后，俨然成了倭国在半岛的利益中心，所以相比于唐朝，百济对倭国的实际作用更大。唐高宗时期，新罗由于受百济侵夺而向唐求请，唐朝赐倭国玺书，令其援助新罗，然而倭国并未出兵。唐军攻伐百济之时，倭国与新罗之间的关系早已恶化。《日本书纪》卷25"孝德天皇二年是岁"条载，新罗使者着唐服到倭国，引发倭国强烈不满。倭国大臣奏："方今不伐新罗，于后必当有悔。"①倭国已认识到，唐与新罗的联盟"必将大大限制日本在朝鲜南部的活动空间，加速日本被动地纳入唐朝的国际关系体制当中"②。唐罗联军灭亡百济之后，倭国的危机感更为增强，因为倭国一直以来将朝鲜半岛南部视为自己的领属之地，将百济和新罗作为自己的藩属国。百济的灭亡严重侵害了倭国在朝鲜半岛的利益，对倭来说，"百济的灭亡是危及政治地盘的事件"③，而"若趁此机会帮助百济复国，妻以臣女，就可以进一步控制百济"④。帮助百济复国、同高句丽合作共同对抗唐与新罗的联盟就在情理之中了。然而倭国低估了唐

---

① ［日］舍人亲王等：《日本书纪》，四川人民出版社，2019年，第364页。

② 韩昇：《东亚世界形成史论》，复旦大学出版社，2009年，第268页。

③ ［朝］金锡亨等：《关于〈世界通史〉有关朝鲜叙述的严重错误》，《历史研究》1963年第5期。

④ 韩昇：《唐平百济前后的东亚国际形势》，载于荣新江主编：《唐研究》（第1卷），北京大学出版社，1995年，第227—244页。

军的力量,于是出现了"东亚世界大战"即白江口之战中的惨败。史载,唐军将领"仁轨遇倭兵于白江之口,四战捷,焚其舟四百艘,烟焰涨天,海水皆赤,贼众大溃"①。这场大战不仅挫败了受日本扶植的百济王子扶余丰的力量,还将倭国势力从此排除在了朝鲜半岛之外(倭国大败而归,造成了国内局势的震荡,从此后将注意力转回国内)。随着高句丽、百济、倭国的联盟与唐、新罗联盟这两大联盟的逐渐形成与对立,倭国与唐朝对立的局面也形成了。表面上看,这些蕃国、邦国与唐朝的对立是军事局势变化的结果,实际上与各国的政治定位是有深层次关联的。倭国既将自己定位为与唐对等的"大国",将百济等小国视为自己的据点(可以说是另一种意义上的倭国的"藩属国",因百济与倭国保持了一段时间的朝贡和封授关系),对于高表仁的"蕃臣礼"的要求必然会拒绝,也必然走向与唐王朝对立的道路,这个定位在唐太宗和唐高宗时期是前后一致的。其实倭国的政治定位不仅在唐太宗和唐高宗时期前后一致,早在隋朝时期裴世清使倭时,倭国推古天皇力争平等外交的愿望就表达得十分强烈,对双方君主的称谓、隋使与倭王的见面方式、国书内容等问题都产生了争执与对抗,力求与中国天子的并立。②

白江口之战中倭军的大败开启了此后千余年的中日和平,倭国此后改称日本,全面习唐,大化改新深入开展。日本此时仍未称臣,在此后的国书中为了避免引起唐玄宗的不悦,将敏感的"天皇"的训读读音用汉字标出来,即"主明乐美御德"(SUMERAMIKOTO),可谓煞费苦心。③ 虽然不是唐朝的藩属国,日本仍先后 10 余次派遣遣唐使,唐日的关系保持了长久的友好。

争礼事件发生后,唐朝罢免了高表仁之官,罚没二年俸禄,而对

---

① 《旧唐书》卷 84《刘仁轨传》。

② 滕军等编著:《中日文化交流史考察与研究》,北京大学出版社,2011 年,第 79 页。

③ [日]西嶋定生:《遣唐使与国书》,载于《中日关系史研究》1998 年第 2 辑,第 195 页。

于倭国的自大态度并没有给予任何惩戒，直到倭国侵犯藩属国时方被动与之一战。这同样体现出唐朝的制荒之策。倭国是海疆中的"绝域"，唐朝对陆疆远邦天竺和海疆远邦倭国（以当时的航海技术而言，日本海不可谓不远）都认定为"荒"，施政策略是一致的，即《论语·季氏将伐颛臾》所谓"远人不服，则修文德以来之"、《通典·边防》所谓"方五千里，务安诸夏，不事要荒"，以安抚、绥远为主。唐朝无意于统治倭国疆土，秉持彼不犯我、我不远征的原则，所以白江口战败后倭国迅速在国内大修堡垒、防范唐朝灭国，是对自身在唐朝藩属体系中的位置并没有十足了解做出的多余举动。

唐朝对倭国争礼事件的处理方式可以与另一事件相参照。唐太宗时，远邦"林邑献火珠，有司以其表辞不顺，请讨之，上曰：'好战者亡，如隋炀帝、颉利可汗，皆耳目所亲见也。小国胜之不武，况未必乎！语言之间，何足介意！'"[①]这句话可以作为唐朝不愿对这些远邦兴兵生事的注脚。

综上所述，唐王朝的边疆治理延续了商周时期形成的以中央为核心的层级蕃卫和梯级疆域的天下秩序观，在具体方式上以对皇权和文化的认同与忠诚替代了商周的血缘原则和方式，但以中央皇权为核心按照亲疏远近构建层级疆域的统治模式未尝变化。唐朝的疆域可以划分为中央皇权、地方政权、羁縻府州内层次、羁縻府州外层次与蕃国这两类、绝域远邦，大致对应了古老的《禹贡》中的"五服观"。其中羁縻府州和藩属政权属于边疆区域，绝域远邦属于疆外区域。边疆封授和边疆治理主要体现在羁縻府州和蕃国的范围内，但又不限于此。这种疆域观、边疆观完全不同于近现代以明确边界为基础的现代国家疆域观念。"边疆"一词在古代并没有明确的界限范围，而是一个大致的、有时含混的、变动的区域，在这样一个区域内又

----

① 　《资治通鉴》卷 193 唐太宗贞观四年五月。

可以依据特定的标准划分出不等的层次和等级，这种层次和等级又成为中央皇权实施治理的内在依据和原则，从而在纷繁复杂的边疆治理和封授中植入了稳固的规律和内核。上述观念对于理解唐代乃至整个古代的疆域观念和边疆治理、正确定位中华民族共同体的古史源流无疑具有重要意义。

第十章　边疆治理指归:唐代的皇权与"天下秩序"

边疆封授是政治制度的一项重要内容,也是中央施政于边疆的具体政策的表现,是以皇权为中心的"天下秩序"的体现。解析唐代边疆封授的理论基础,需从皇帝、天子、天下的源始说起。

第一节　皇权与"天下秩序"

"天子"之称和"天下秩序"的创建始于商周封建制时期,而"皇帝"之称则始于秦始皇。秦始皇以郡县制代替封建制,在古代引发了"公天下"与"私天下"之争。尽管古代大多数进步思想家认为郡县制代替封建制是一种必然,复返封建并不现实,但同时又认为秦行郡县是"私天下"的行为,即以整个天下奉一人、一姓、一家,正如王夫之在《读通鉴论》卷一中说"秦以私天下之心而罢侯置守"。对于商周与秦汉政治体制的区分,王夫之进一步谈道:

> 汉之列侯,非商、周之诸侯也。古之诸侯,有其国,君其民,制其治,盖与天子迭为进退者也,君道也。汉之列侯,食租衣税,而无宗社人民之守,臣道也。君制义,臣从义,从天子之义,非己所得制也。古之诸侯,受之始祖,天子易位,而国自如。汉之列

　　侯,受之天子,天子失天下,则不得复有其封。①

由此可见,王夫之认为商周时期的诸侯有世袭统治权,并且得国于
"始祖"而非天子,故"天子易位,而国自如",因此商周时期的诸侯"与
天子迭为进退者也",所行的是与天子同等的"君道",这是一种典型
天子与诸侯共治天下的模式。在这个秩序下,封建制与宗法制度相
配套,政治关系与血缘关系相结合,确立以周王室为核心的"天下一
家"关系。② 而秦汉以来无论是郡县之守还是分封的列侯,册封和授
官都来自天子,受制于君权,所行的是"臣道",因此是"私天下"。这
种皇帝制度之下的一元化的天下秩序,是秦汉以来要努力实现的目
标,到隋唐时期具体展现。③ 这种秩序下,一旦天子失去天下,册封就
无效了,诸侯由于没有对属国的统治权,无法继天子之后而延续王朝
统治。在"私天下"的情况下,皇权对王朝天下的主导作用显而易见。
在以王夫之为代表的儒家政治思想的卫道士眼中,君臣父子乃天秩、
天性、天仁、天义,是上天注定的人间秩序,因此尊君是天理所在。这
个君只能一不能二,尊君最重要的表现即为忠君。④ 推而广之,对于
边疆民族或政权来讲,君臣秩序天定,对于皇帝的绝对忠诚和服从也
是理所应当。

　　马端临《文献通考》则有:

　　　古之帝王未尝以天下自私也,故天子之地千里,公、侯皆方
　　百里,伯七十里,子、男五十里,而王畿之内复有公卿大夫采地禄
　　邑,各私其土,子其人,而子孙世守之……三代而上,天下非天子

---

① (清)王夫之:《读通鉴论》卷七,中华书局,2013年。
② 韩昇:《东亚世界形成史论》,复旦大学出版社,2009年,第24页。
③ 高明士:《天下秩序与文化圈的探索——以东亚古代的政治与教育为中心》,上海古籍
　出版社,2008年,第18页。
④ 刘海霞、石磊:《从〈读通鉴论〉看王夫之史论中的君本与民本思想》,《贵州师范学院学
　报》2017年第1期。

> 所得私也,秦废封建,而始以天下奉一人矣。三代以上,田产非
> 庶人所得私也,秦废井田,而始捐田产以予百姓矣。秦于其当与
> 者取之,所当取者与之,然沿袭既久,反古实难。①

马端临认为三代自天子至于大夫,于分封区域内"各私其土,子其
人",田产皆属于封主,百姓之田皆取自于官亦纳赋于官(这是马端临
所理解的井田制),无贫富之分。这也是一幅"公天下"的图景。秦以
后以天下奉一人,以田产予百姓,反三代之道而行。

秦朝所创立的中央集权的郡县体制确实是对商周封建制的一大
变革,具有明显的"家天下"或"私天下"的特征,由此深刻改变了商周
时期的政治模式,将商周的"君权政治"转变为秦朝的"皇权政治"(商
周时期的最高统治者称君、王,秦朝后称"皇帝")。具体而言,天下秩
序在商周时期以宗法血缘为纽带构建,以有限藩属为特征(诸侯和大
夫的封权相对于天子具有独立性和完整性),是等级化的政治统治秩
序,体现的是天子与诸侯对天下的共治。而在"家天下"的皇权政治
下,天下秩序以维护和巩固皇权为首要目的,由皇权直接予以治理、
掌控,建立起边疆、疆外政权与皇权交互影响、关联互动的统治秩序
和模式。正如上章所探讨的,其中以皇权为核心依然存在一个以"亲
疏远近"为标准构建的等级秩序,只不过这种等级秩序以对皇权的认
可和忠诚替代了商周时期的血缘原则。

历代封建儒学思想普遍将尊君即对皇帝权威的崇拜摆在君臣关
系首位,但对这一现象应当辩证看待。过度强调儒家尊君的一面,不
可避免地使整个儒家思想蒙上阴谋论和权谋论的色彩,使儒家的仁
义之道显得虚伪,这并不符合儒家的实情。过度强调儒家的民本思
想,则易于忽视儒家在仁政之下要求民众恪守卑下的事实,混淆儒家
民本思想与西方民主思想的本质差异。儒家的尊君与生民实际上是

---

① 　(元)马端临:《文献通考(一)·自序》,上海古籍出版社,2003 年。

相互交织的。一方面,儒家注重"君—民"秩序的平衡,择乎中庸而不偏袒;一方面,尊君的目的是生民,生民唯有尊君,两者乃是同生共体的。这种关系往往为学者所忽视。[1] 对应到边疆与中原王朝关系上,则边疆民族或政权对皇权的绝对忠诚体现了对等级秩序的遵从,但遵从秩序的本质目的是边疆与内地的和谐共生、居民的安身立命,而不是皇权恃强凌弱、欺压掳掠。边疆封授的施行,本身也是儒家仁义的体现。然而不可忽略的是秩序执行过程中对于边疆地区必然形成的威压,以及对羁縻府州和蕃国大小强弱不一的控制之下形成的约束。中原王朝历代统治者经营边疆的理念,正是"君—民"秩序的平衡、尊君与生民的共体同生在边疆与内地关系上的体现。无论史籍中是否明确揭示,这些都值得被重新认识和充分理解。

但是,皇权主导的天下秩序并不是单向地由皇权决定天下秩序,还必然包括天下诸邦对皇权的认可问题,因此皇权与天下秩序并不是一而二、二而一的关系,而是相互区别又紧密联系。关于皇权和天下秩序之间的关系,我们可以从皇帝用玺来管中窥豹。日本学者西嶋定生、浅野裕一考察了"皇帝"与"天子"形成的先后顺序。西嶋认为"皇帝"之号形成于公元前 221 年皇帝之号代替传统的天子号,西汉时天子号复用。皇帝、天子的称号从此并行使用,但用法不同。浅野裕一认为,皇帝、天子从一开始就是并行使用的。[2] 自周朝开始爵称天子之后,天子之称一直被后世统治者所沿用,我们倾向认为自秦始皇时,皇帝号和天子号是并用的,只不过使用的方式和场合不同。皇帝的玉玺分为皇帝玺(皇帝三玺为皇帝行玺、皇帝之玺、皇帝信玺)和天子玺(天子三玺为天子行玺、天子之玺、天子信玺)两大类。金子

---

[1] 刘海霞、石磊:《从〈读通鉴论〉看王夫之史论中的君本与民本思想》,《贵州师范学院学报》2017 年第 1 期。

[2] 见[日]浅野裕一《黄老道の成立と展開》第二部第十章《秦帝国の皇帝概念》以下的论文,创文社,1992 年。

修一将两种玉玺在汉、隋、唐的使用情况制表如下:

表 10-1 玉玺分类①

汉			隋		唐		
种类	《汉旧仪》《汉官仪》	《唐六典》卷八符宝郎条注	种类	《隋书》礼仪志七	种类	《唐六典》卷八符宝郎条注	《唐律疏议》卷25伪造皇帝宝条疏议
			神玺	宝而不用	神宝	所以承百王,镇万国	宝而不用
			受命玺	封禅则用之	受命宝	所以修封禅,礼神	封禅则用之
皇帝行玺	凡封命用之	封拜王公以下遣使就授	皇帝行玺	封命诸侯及三师、三公,则用之	皇帝行宝	答疏于王公则用之	报王公以下书则用之
皇帝之玺	赐诸侯王书	诸下铜兽符发郡、国兵	皇帝之玺	赐诸侯及三师、三公书,则用之	皇帝之宝	劳来勖贤则用之	慰劳王公以下书则用之
皇帝信玺	发兵征大臣	诸下竹使符征召大事行州、郡、国者	皇帝信玺	征诸夏兵,则用之	皇帝信宝	征召臣下则用之	征召王公以下书则用之
天子行玺	册拜外国	封拜外国及征召	天子行玺	封命蕃国之君,则用之	天子行宝	答四夷书则用之	报番国书则用之
天子之玺	事天地鬼神	赐匈奴单于、外国王书	天子之玺	赐蕃国之君书,则用之	天子之宝	慰抚四夷则用之	慰劳番国书则用之
天子信玺	?	有事及发外国兵	天子信玺	征蕃国兵,则用之	天子信宝	发蕃国兵则用之	征召番国兵马则用之

---

① [日]金子修一:《古代中国与皇帝祭祀》,肖圣中等译,复旦大学出版社,2017年,第6页。

由表 10-1 可见,从汉、隋、唐天子三玺与皇帝三玺的制度规定来看,天子三玺主要用于边疆蕃国,皇帝三玺主要用于内地事务,内外之间有明确的区分。这种区分应当与皇帝和天子的词源有关。秦始皇创制皇帝一词源自三皇五帝,偏重功绩、权威的含义,主要用之于内,作为一个政权对内权威的象征;而天子一词则偏重治域、秩序之义(代天牧民、普天之下莫非王土),主要用之于外,侧重表达蕃国蕃族皆是皇权主导的"天下秩序"的组成部分。但有意思的是,"在玉玺的用法上,虽然前面已经陈述了皇帝和天子的区别,所以我们知道了天子这个称呼主要是用来表现与外国的关系的,但实际上皇帝与外国君主等之间的通信国书中却从没出现过这个称呼。中国的国书中除了'皇帝致书''皇帝敬问''皇帝问''敕'和一般臣下用的敕以外,正常情况下全部自称'皇帝'"①。即在致蕃国的国书的正文中用"皇帝"号,而在用玺时则用"天子玺",这种微妙的情形充分说明了中原王朝在边疆治理和国际关系中欲将皇帝的权威与"天下秩序"进行融合的政治意图。

皇权与"天下秩序"的融合在边疆治理上最重大的体现即是,疆域的必要开拓和边疆稳定成为皇权本身的核心诉求,边疆是皇权本身的重要组成部分。以皇权为核心的"天下秩序",体现为以藩护和拱卫皇权为导向的多层次疆域治理体系和地缘政治格局,在这个天下秩序中,边疆治理具有重要意义,为历代帝王所重视。在这一点上,正有越来越多的学者形成共识。天下不仅仅是皇权代表的一个王朝,历代王朝并不是一个延续的政治体,虽然在史籍记载中被称为"正统",但并不能代表整体的中国,"受到历代王朝史观和'民族国家'(nation state)理论的交叉困扰,已有的历代王朝为主干的传统话

---

① [日]金子修一:《古代中国与皇帝祭祀》,肖圣中等译,复旦大学出版社,2017 年,第10 页。

语体系存在着不合逻辑和很多矛盾的问题"①。在王朝引起充分重视的情况下,也应该认识到,边疆地区的动态融入也是天下的重要组成部分。在古人的天下观念中,"中国"(众多王朝和政权争夺的那个"正统")和"边疆"共同构成了多民族国家历史上的天下。②"华夷之辩"在历史的实际运行过程中最终被"华夷一体"所取代,③进展至唐代,"'夷夏之防'观念已经不再是主流的民族观,取而代之的是'用夏变夷'和'华夷一体',尤其在统治者的心目中,以'大一统'为指导思想的疆域观,进一步深化了'华夷一体'的认识,这一认识对后世历代王朝影响深远"④。中华民族历史是整体发展的,这也是中华民族共同体的核心内涵。⑤

皇权与"天下秩序"的融合是两者互动的结果,并不是由皇权单方面决定的,还包括天下诸政权和族群对皇权的认可。因此,皇权与天下秩序的关系不仅是皇权的目的和意图,还涉及皇权的被认可度和辐射力问题,而这与王朝的兴盛、富强有直接关联。自秦汉至隋唐

---

① 李大龙:《"边疆"与"中国"的交融——理解和诠释中国疆域形成与发展的路径》,《思想战线》2022 年第 5 期。

② 参见李大龙:《"边疆"与"中国"的交融——理解和诠释中国疆域形成与发展的路径》,《思想战线》2022 年第 5 期。

③ 参考朱尖《论严尤的民族观与边疆思想》(《民族研究》2021 年第 3 期)第 83 页:统一多民族国家中国的形成过程中,尽管经济和文化上占有主导地位农耕族群将"华夷之辩"或"守在四夷"作为处理农耕与游牧族群之间关系的重要指导思想,但实践过程中,历朝历代各族政权都在积极践行"大一统"思想,并没有把"夏"和"夷"割裂开来,反而是以一统为前提,强调"华夷一体"。

④ 朱尖:《论严尤的民族观与边疆思想》,《民族研究》2021 年第 3 期。

⑤ 有关中国历史发展整体性的理论,方国瑜先生为代表的一批学者进行了持续的研究。如方国瑜《论中国历史发展的整体性》(载于林超民《方国瑜文集》第一辑,云南教育出版社,2001 年);木芹《中华民族历史整体发展论》(民族出版社,1995 年);林超民《中国历史整体性与中华民族共同体》(《云南师范大学学报》2022 年第 1 期)潘先林《方国瑜〈论中国历史发展的整体性〉研究之一》、《方国瑜〈论中国历史发展的整体性〉研究之二》(前者题为《中国历史发展的整体性是现代中华民族建设与认同的基石》,《思想战线》2019 年第 2 期;后者题为《融通"自在"与"自觉":"中华民族历史整体发展论"新解》,《思想战线》2022 年第 5 期)。

是封建王朝的鼎盛时期,唐代为极盛,其皇权影响力和辐射力也达到
空前水平,唐代所构建的天下秩序也成为倭国古代封建政治的标杆,
最接近皇权主导的"天下秩序"的理想状态(万国来朝)。我们注意
到,唐代是中国古代大一统王朝中少有的不依赖长城拱卫帝国安全
的王朝,唐朝对外关系鼎盛的时期,恰好是唐朝最繁荣的时代,两者
完全融合,①因而边疆与中央的关系非常值得探讨。因此,从唐代的
皇权和"天下秩序"关系的角度解析唐代边疆封授和王朝的治边策
略,有特殊而重要的学术意义。

第二节　封授所见唐朝的"天下秩序"

基于本书对边疆封授的系统研究,以及我们从中总结出的边疆
封授和治理与皇权主导的"天之秩序"之间关系的理解,我们可从以
下几个方面来阐述唐代边疆封授的内在规律和特点。

第一,唐代边疆封授的发展体现了边疆与内地的一体化进程。
唐代的版图继承自秦汉以来的封建帝国,边疆封授与内地的封授紧
密连为一体,是唐朝政治制度的具体实施。边疆与内地的一体化,体
现了中国封建王朝"天下一统"的传统观念,将"天下"作为一个整体
来看。边疆是中华不可缺少的有机组成部分,对边疆的封授是中原
王朝行使行政权力的具体表现。

"天下一统"即"大一统",萌芽于先秦时期,秦汉以来逐渐形成并
付诸实践。西汉时期,汉武帝努力开疆拓土,力图将"敌国"关系的匈
奴变为"蕃臣",至汉宣帝时匈奴终于称臣,正是构建"大一统"王朝的
具体实践。西汉王朝将边疆与内地融为一体,为后世王朝疆域的形
成和发展奠定了基础,至唐朝时仍延续了"大一统"的统治思想,并用

---

① 韩昇:《东亚世界形成史论》,复旦大学出版社,2009 年,第 225 页。

以指导边疆治理的实践,这中间就包括边疆封授的具体实施。唐朝在内地施行的封授政策,在边疆地区(羁縻府州、蕃国)也在积极运行,甚至对于有些远邦,为了政治统治的需要,也可能给予其首领以官爵。天下为一体,封授作为政治制度的一个具体体现方式,灵活穿梭其中,是实现皇权主导的"天下秩序"的必要手段。"天下秩序"在唐王朝统治者眼中是分层次的,其中"九州"或"九瀛"是核心部分,在唐人尤其是唐太宗的认识中,这个层次基本上是指西汉王朝强盛时期的郡县区域,一方面表明唐王朝作为"华夏正统",其疆域和前代有着继承关系,另一方面则表明唐王朝统治者对天下的认识也是源出中国传统的天下观。① 唐代历史上,唐王朝与吐蕃对于四镇的反复争夺、唐初统治者对高句丽"原属辽东"身份的多次强调并不惜远征、唐末统治者不愿改变吐蕃与南诏的藩属地位为"敌国",都体现了对边疆区域重要性的认知,是对"大一统"王朝的自觉维护和捍卫。可以说,"'大一统'政治理念是中华民族的'根'和'魂',同时也是中华民族共同体意识得以形成的思想源泉。在中国几千年的历史演进中,无论是汉族建立政权还是周边少数民族入主中原,都秉承'大一统'的思想理念,将实现国家统一作为最高政治目标和价值追求"②。

　　第二,边疆封授和治理的最终目的是捍卫皇权的安全和权威。边疆封授、边疆治理和皇权三者之间的关系可以表述为:边疆封授取决于边疆治理的目的和策略,而边疆治理的目的和策略取决于皇权的目的和需求。具体而言,是边疆在皇权设定的"天下秩序"之中的位置和作用。可以说边疆封授和治理策略源自皇权,最终又回归皇权,这一点是理解边疆治理和封授的锁钥所在。

---

① 李大龙:《从"天下"到"中国":多民族国家疆域理论解构》,人民出版社,2015 年,第172—173 页。

② 马冬梅、李吉和:《中华民族共同体意识的历史逻辑与理论渊源探析》,《西南民族大学学报》2022 年第 8 期。

唐朝的封授事件,本身都是皇权政治的体现(册封或授官的施与者是帝王,本身就是皇帝权威的体现),本质目的都是为了捍卫皇权,当然每次册封或授官也都有具体的目的。如贞观年间薛延陀夷男势强,唐太宗遣使备礼册命,同时又册封了夷男的两个儿子大度设、突利失为小可汗。对夷男的册封是对其势力的认可,有助于唐朝北部边疆的安定,而对其二子的册封,则是为了使二人互相节制而削弱夷男的力量:"外示优崇,实欲分其势也。"①果不其然,夷男死后,两个小可汗争夺继承权,薛延陀衰落,为唐朝北疆问题的解决创造了时机。这两次册封都是为了解决北疆问题,本质上都是为了巩固唐王朝统治,拱卫皇权。

当然,并不是所有的封授都能取得预期效果,有些封授反倒激化了边疆矛盾,造成了很大损失。如贞元十四年(798),渤海嵩邻袭位后,唐德宗仅授嵩邻郡王、将军而已,不再册封国王,嵩邻不服,"遣使叙理",终被加银青光禄大夫、检校司空,进封渤海国王。② 大中十三年(859)还发生了南诏册封事件,"上以酋龙不遣使来告丧,又名近玄宗讳,遂不行册礼。酋龙乃自称皇帝,国号大礼,改元建极,遣兵陷播州"③。断绝了对南诏的封授,南诏宣布独立建国,并以皇帝自封。这两例封授的失败,似乎说明了唐朝对于边疆形势没有把握准确,但应当看到,无论封授与否,主要目的都是为了维持边疆稳定、保持友好关系、维护大唐权威、巩固皇权。对渤海大嵩邻降级,是希望其将其国纳入唐王朝内蕃,不使之成为独立蕃国。对南诏世隆不行册封,是由于彼时南诏多次寇唐、不服诏令。在边疆强势的情况下,即使册封叛乱或势大难制的边疆政权,实际上对边疆局势也起不到重大作用,无法缓解边疆危机。当边疆与皇权发生冲突时,为维护皇权不惜激

---

① 《旧唐书》卷 199 下《北狄传·铁勒》。
② 《旧唐书》卷 199 下《北狄传·渤海》。
③ 《资治通鉴》卷 249 唐宣宗大中十三年。

化矛盾,甚至造成损失,这是唐王朝的必然选择。

第三,按照与皇权的亲疏远近,边疆封授和边疆治理的施行,要参照特定的等级秩序。对于边疆的各个层次采取不同的封授策略,是这种政治等级的直接体现。唐代边疆地区包括羁縻府州内层次、羁縻府州外层次蕃国、独立蕃国、外邦等多个层级(在藩属意义上,内外层次的蕃国都属于"内蕃",之外的地区构成"外蕃")。

对于羁縻府州的边疆蕃国蕃族,唐朝有封有授,内层次派驻唐朝官员进行管辖,外层次不派驻。对于独立蕃国往往有封无授,尊重其相对的自治地位。外邦不被纳入藩属体系,不承认唐朝的政治统治,往往不认同唐文化,则不封不授,必要时还要进行军事讨伐。但论及个别边疆政权,则层次是不断转换的,如回纥在唐初依附于突厥,在纳入唐朝羁縻州统治前是独立的蕃族(彼时未建国);东突厥汗国灭亡后,回纥首领为唐朝瀚海都督,受唐朝官员管辖,则身份是内附蕃族,即羁縻府州内层次;回纥成长壮大起来之后首领骨力裴罗自立为可汗,受到唐朝册封,则身份为独立蕃国;安史之乱后回纥与唐约为兄弟,回纥可汗地位与唐对等,册封和授官多针对臣下,唐朝与之和亲以强化友好关系,此时期地位为外邦;回鹘内乱,掌权的顿莫贺可汗主动向唐示好,此后称臣,此时为主动内附的独立蕃国(还未列入羁縻府州);回鹘失国,部分部族内属于唐,成为内附蕃族。类似的身份转换问题,几乎每一个在两《唐书》上有单独传记的蕃国蕃族都有涉及,稳定不变的边疆政权极少。

第四,边疆封授和治理相对于内地有着明确的内外之别,这种内外之别除了纯粹的地理地缘因素外,还有着明显的"华夷有别"的色彩在内。

历代唐王朝的统治者,对边疆与内地的区分都非常明确,对于华夷文化的不同也有相似认知。武德二年(619)唐高祖曾下诏:"画野分疆,山川限其内外,遐荒绝域,刑政殊于函夏。是以昔王御世,怀柔远人,义在羁縻,无取臣属,渠搜即叙,表夏后之成功;越裳重译,美周邦之长算。"①诏书的开头就对边疆的特殊性给予认定,即边疆地区处于中原之边,与内地有地理上的自然界限(山川限其内外),文化政治上应当不同于华夏(刑政殊于函夏),这是实际存在的情况,应当正视。唐高祖由此主张依边疆的实际情况,以怀柔的方式羁縻之,不应勉强使其称臣内属,更不应大肆征伐,耀武扬兵,应当申好睦、静乱息民。高祖的认知对于后世二十余位帝王有非常大的影响,而这则诏书所强调的边疆特殊性,是中原王朝对边疆的常见定位。正是认识到边疆地区与中原文化的重大差异,所以怀柔的方式为中原人士屡屡提及:"但当修文德以来之,被声教以服之,择信臣以抚之,谨边备以防之,使重译来庭,航海入贡,兹庶得其道也。"②"文德"与"声教"是基于文化思考。

第五,边疆封授和治理的根本原则是"中和",即皇权致力于构建边疆政权之间的相互制衡和和谐,维持整体均势,以消弭单一政权对皇权的直接威胁。

从中国的形成、中华文化的传承来看,边疆政权互相牵制与融合,达到了边疆地区与内地和谐共生的局面。边疆的稳定和长治久安是皇权得以巩固的重要保障,这一点为历代中原王朝统治者所认同,而中心之所以为中心,实则由于边疆的存在和拱卫。③ 因而若边疆政权消失、蕃众离散、权力真空、边疆地区无人扞蔽,对皇朝是非常不利的,无法成就皇权。因而历代中原统治者都在蕃国灭亡后仍尽力册封蕃首、收其部众,使之为皇权所用,继续为边疆稳定做贡献。如吐谷浑灭亡后,唐太宗封其入唐的首领顺为可汗;西突厥部众离散

① 《唐大诏令集》卷 128《镇抚夷狄诏》。
② 《旧唐书》卷 199 下《北狄传》。
③ 王明珂先生在《羌在汉藏之间:川西羌族的历史人类学研究》(中华书局,2008 年)、《华夏边缘:历史记忆与族群认同》(社会科学文献出版社,2006 年)中提出了中心与边缘的互相成就,对理解皇权与边疆的关系颇有启发。

后,武则天册封西突厥阿史那弥射、阿史那步真之子为可汗;唐宣宗在回鹘灭亡后册封怀建可汗;等等,都是基于上述考虑。此时的册封虽并没有多少力度,甚至还会遭到部众抵抗(比如吐谷浑可汗顺被杀),但对于存亡继绝、均衡边疆各政权的力量、为皇权服务这一目的来说,并非没有积极作用。对于中原王朝来说,即使是显得无力的册封,也是增强王朝向心力的一种措施。

唐朝通过维持蕃国蕃族的均势来积极经营边疆,对边疆与内地的良性互动有积极促进作用,不止一个大唐,历代的帝国版图在边疆与内地的互动中被完整继承下来,我们的文化也被传承下来,正如学者分析的:"就是由于⋯⋯由各民族参与其中的国家构建,由于两种不同的国家建构模式相互整合的历史传统,中国的形成才可能与这个世界上的几乎所有其他现代国家不同,不是诞生于旧式帝国的瓦解和分裂之中,而能够基本完整地将帝国时代的国家版图转换为现代中国的疆域。"①

---

① 姚大力:《多民族背景下的中国边陲》,见周平、李大龙主编:《中国的边疆治理:挑战与创新》,中央编译出版社,2014年,第309页。

结论:变动的边疆、灵活的封授、不变的法则

　　唐王朝以其宏大的气魄、优良的政治文化、强大的军事力量、卓越的统治能力为后世所称道。当其盛时,万邦来朝,夷狄同心拱卫皇庭;当其衰亡,众蕃离叛,皇权遭到践踏。在唐朝二百九十年的历史中,边疆地区发生了许多变化,边疆的地域也随着蕃国蕃族的消亡或者壮大而不断出现变动。唐朝历史上从未有过静止的边疆,我们也无法准确地勾画出大唐在某一时期的固定版图,只能描绘其整个动态过程中的大致的某一方面、某一时期的图景。

　　边疆是变动的,不仅由于自身政权更迭在变,还由于与唐交流的深入或疏离在变。前者是硬性的地理变化、军事变化,后者是软质的政治文化变化,这些变化伴随着边疆与内地交融的过程。正是内地与边疆之间的互动共生,才构成了我国封建王朝时期的"天下"。华夷融合了的中华文化才是中华文明核心凝聚力的体现,这一客观历史存在于封建王朝时期因不断出现的"华夷一体"历史细节而得到涵养,直至今天,已转化为中国人的文化基因。正确的中华民族观一定是王朝史与边疆史融合在一起,而不是分开来看的。中华文化的根不是王朝,不是被一步步强化的"华"(与"夷"相对的一面在历史上被反复强调),而是"华夷一体"构建而成的"大一统"的天下。

　　有唐一代,大唐以强大的包容力吸纳了东突厥汗国灭亡以后的突厥部众、吐谷浑灭亡后的吐谷浑残众、西突厥灭亡后的阿史那部

众、高句丽与百济的后人、回鹘灭亡后的余众，并且都对他们的首领进行了册封授官，将这些蕃国蕃族重新纳入了管辖范围。因而，虽然边疆一直在变，但唐王朝也一直在吸收，而边疆地区新成长起来的政权或部族又会接续地与唐朝交往。当皇权受到侵夺，内地动乱离心、边疆叛离时，并不能说王朝国家已经分裂、每一个分裂的个体就是一个独立政权。作为一个曾经内外交融的整体，王朝国家是受到大唐文化浸润的内外相连的有机体，再活动的边疆，也仍是我们丰富多彩的文化整体的一部分，于是新的大一统王朝的出现，才有可能团结业已离散但曾经与内地融为一体的边疆地区。这种统治，是政治与文化共相的先进制度带来的后续效应。

封授是灵活的，似乎可以缘木而上、触水而生，可依边疆局势而变而定，依唐朝与蕃国蕃族的亲疏关系而定，依唐朝国力的强弱而定，依具体的军事、政治、经济、文化等策略的施行而定，而其中，蕃国首领的个人魅力、大臣的推波助澜、宰相与中官的政治穿梭都可能使边疆封授转向。甚至皇帝的情感态度，也可能改变既有的封授制度，如对于叛隋（并不是叛唐）的裴虔通，唐太宗不惜追根溯源地想要"夷宗焚首，以彰大戮"，考虑到年代久远，才"除名削爵，迁配驩州"；[①]而对于叛唐的边疆首领仆固怀恩，代宗不忍削其官爵，在将其许多实权官削去之后，还保留了他"太保、兼尚书令、大宁郡王"的官爵。[②]封授作为皇帝意志的体现，使帝王的统治思想作用于中枢决策机构，中枢将这些理念传达于地方，与地方有政治联系的边疆又受到影响，而帝王的统治思想又可直接被边疆所感知。帝治是皇权政治的基础，是人治。而人之贤愚强弱会深刻影响施政，加强了整个社会运转的不确定性，边疆封授由是更加灵活和不易把握。

然而，唐代的边疆封授大体上是一种制度，在各方面有自己的规

---

① 《旧唐书》卷 2《太宗纪上》。
② 《旧唐书》卷 11《代宗纪》。

定性：皇帝的个体性受制于封建制度的各种约定俗成的规定；边疆封授的适用范围大体确定，即适用于哪种蕃国蕃族，而不可能在哪种边疆政权施行；封授的官与爵有参照，其少无故封授。对于边疆官爵品级、待遇的规定，自唐太宗、唐高宗时代基本形成并确定下来，因而封授有标准，一定程度上杜绝了投机和混乱。唐代建立起独特的羁縻府州制度，羁縻府州本身包括内外两个层次，之外是外蕃、外邦，边疆封授实行的主要地区是羁縻府州和外蕃，在每一层次上都有不同表现，体现了唐王朝对边疆政治等级的定位，然而根据具体情况的不同，封授体现出灵活性。但无论边疆如何变化、封授如何灵活，唐代的边疆封授都有一个不变的使命：维护皇权。可以说，所有的"变"都是围绕着这个"不变"来进行的。因边疆封授是政治制度的一项具体措施，其施行是皇权政治的体现，所以皇权是唐代边疆封授得以实施的政治基础，没有了这个基础，封授无法实行。唐末沙陀首领李克用被篡唐的朱温削夺官爵，但彼时唐朝灭亡，皇权已不存在，李克用便不承认其削夺官爵的合法性，众多唐朝曾经封授的藩镇节度使也对篡唐的朱温怒目相向，或举起复唐大旗，或自立，正是维护唐朝正统皇权的体现。所以无论怎样变动，皇权是边疆封授不变的法则。在古代，皇权代表的不是某个家族或汉族本体的利益，所强调的是一种秩序的规定性，"中华文明至今未中断"，其表现不是朝代不断在更替、中国历史在延续，而是中华民族亘古而今的文化传统一直活在中国人的基因传承中。这个文化传统不因物质文明形式的改变而变质，中华文明蕴含的"和合""一统"的历史属性未变，共有的对中华文化的认同、共同的价值观念不变，历史地融合而成的中华民族共同体就会生生不息、永续发展。

附录一　唐代主要边疆政权封授情况

表 1　唐代主要边疆政权封爵（伴授）情况

时间	政权或民族	被封授者	所封爵号	散官（伴授）	勋官（伴授）	职事官（伴授）	资料来源①	备注
武德元年（618）	西突厥	阙可汗	吐乌过拔阙可汗				旧 194 下	
武德元年（618）	西突厥	曷萨那可汗	归义郡王				旧 194 下	又称处罗可汗
武德二年（619）	安国	安兴贵	凉国公		上柱国	右武候大将军	旧 55	
武德二年（619）	安国	安修仁	申国公			左武候大将军	旧 55	

① 旧—《旧唐书》；新—《新唐书》；册—《册府元龟》；资—《资治通鉴》；增—《南诏野史》（增订）；会—《唐会要》；文—《全唐文》；姓—《元和姓纂》；宋—《宋史》；史—《三国史记》；诏—《唐大诏令集》；僧—《宋高僧传》；金—《金石萃编》；南—《南诏德化碑》；蛮—《蛮书》；遗—《唐文拾遗》；览—《太平御览》；斋—《郡斋读书志》；高—《郡高读书志》，其后的数字是卷数。

续 表

时间	政权或民族	被封授者	所封爵号	散官（伴授）	勋官（伴授）	职事官（伴授）	资料来源	备注
武德三年（620）	牂牁蛮	谢龙羽	夜郎郡公			牂牁刺史	旧197	
武德五年（622）	俚	冯盎	越国公		上柱国	高州总管	新110	
武德五年（622）	俚	冯盎	耿国公				新110	
武德六年（623）	靺鞨	突地稽	耆国公				旧199下	
武德七年（624）	突厥	阿史那思摩	和顺王				旧194上	
武德七年（624）	高句丽	首领	辽东郡王、高丽王		上柱国		旧197上	
武德七年（624）	百济	首领	带方郡王、百济王				旧197上	
武德七年（624）	新罗	首领	乐浪郡王、新罗王		柱国		旧197上	
武德年间	疏勒	裴阤	天山郡公			鹰扬大将军	新110	

续 表

时间	政权或民族	被封授者	所封爵号	散官（伴授）	勋官（伴授）	职事官（伴授）	资料来源	备注
贞观三年(629)	西突厥	特勒大奈	窦国公			右武卫大将军、检校丰州都督	资 193	实封三百户
贞观四年(630)	高昌	国王文泰之妻华容公主	常乐公主				新 221 上	华容公主为前隋和亲高昌的公主。赐姓李
贞观四年(630)三月	突厥	突利	北平郡王			右卫大将军	册 964	
贞观四年(630)五月	突厥	阿史那苏尼失	怀德郡王			北宁州都督、右卫大将军	资 193	
贞观四年(630)	突厥	阿史那思摩	怀化郡王			右武候大将军、北开州都督	资 193	
贞观四年(630)后	安国	安朏汗	定襄郡公			左卫大将军、右监门卫大将军	文 435	李至远:《唐维州刺史安侯神道碑》

续　表

时间	政权或民族	被封授者	所封爵号	散官（伴授）	勋官（伴授）	职事官（伴授）	资料来源	备注
贞观八年(634)后	安国	安腽汗	县开国男		上柱国	中郎将、忠武将军	文135	同上
贞观五年(631)	新罗	善德	乐浪郡王、新罗王				旧199上	
贞观六年(632)	西突厥	阿史那弥射	奚利邲咄陆可汗				新215下	
贞观八年(634)	突厥	颉利	归义王				资194	死后封赠
贞观八年(634)	西突厥	泥孰之弟同娥设	沙钵罗咥利失可汗				旧194下	
贞观八年(634)	吐谷浑	顺	西平郡王、趉胡吕乌甘豆可汗				旧3	
贞观九年(635)	吐谷浑	诺曷钵	河源郡王、地也拔勒豆可汗				旧198	
贞观十二年(638)	薛延陀	夷男之子大度设	小可汗				旧199下	

续　表

时间	政权或民族	被封授者	所封爵号	散官（伴授）	勋官（伴授）	职事官（伴授）	资料来源	备注
贞观十二年（638）	薛延陀	夷男之子突利夫	小可汗				旧199下	
贞观十三年（639）	突厥	阿史那思摩	乙弥泥孰俟利苾可汗				新215上	赐姓李
贞观十三年（639）	突厥	阿史那忠	左贤王				册964	
贞观十三年（639）	突厥	阿史那泥孰	右贤王				册964	
贞观十四年（640）	高昌	智盛	金城郡公			左武卫将军	新221上	
贞观十四年（640）	高昌	智盛之弟智湛	天山县公			右武卫中郎将	新221上	
贞观十五年（641）	西突厥	沙钵罗叶护	可汗				旧194下	
贞观十五年（641）	西突厥	莫贺咄乙毗可汗之子	乙毗射匮可汗				旧194下	
贞观十五年（641）	百济	扶余璋之子义慈	带方郡王、百济王		柱国		旧3	

续　表

时间	政权或民族	被封授者	所封爵号	散官（伴授）	勋官（伴授）	职事官（伴授）	资料来源	备注
贞观十七年（643）	高句丽	高藏	辽东郡王、高丽王		上柱国		旧199上	
贞观十八年（644）后	西突厥	阿史那弥射	平襄县伯			右武卫大将军	新215下	
贞观二十一年（647）	龟兹	龟兹王之弟叶护	龟兹王				资198	
贞观二十一年（647）	新罗	真德	乐浪郡王、新罗王		柱国		旧199上	
贞观二十二年（648）	契丹	窟哥	无极男			使持节十州诸军事、松漠都督	册977	赐姓李
贞观二十二年（648）	奚	可度者	楼烦县公			使持节六州诸军事、饶乐府都督	册977	赐姓李
永徽元年（650）	吐蕃	弄赞	西海郡王、賨王		驸马都尉		新216上	

续　表

时间	政权或民族	被封授者	所封爵号	散官（伴授）	勋官（伴授）	职事官（伴授）	资料来源	备注
永徽元年(650)	吐谷浑	诺曷钵	河源王			安乐州刺史	旧 198	
永徽元年(650)	龟兹	诃黎布失毕	龟兹王			右骁卫大将军	新 221 上	
永徽元年(650)	安国	安朏汗	开国县男		上柱国	右领军将军、使持节维州诸军维州刺史	文 435	李至远:《唐维州刺史安侯神道碑》
永徽五年(654)	新罗	金春秋	新罗王、乐浪郡王	开府仪同三司			旧 199 上	
永徽六年(655)	西突厥	颉苾达度设	可汗				新 215 下	册封未成功
显庆二年(657)	西突厥	阿史那弥射	兴昔亡可汗	骠骑大将军		昆陵都护	旧 195	
显庆二年(657)	西突厥	阿史那步真	继往绝可汗	骠骑大将军		蒙池都护	旧 195	
显庆三年(658)	龟兹	国王嗣子白素稽	龟兹王			右骁卫大将军、龟兹都督府都督	册 964、册 991	

续表

时间	政权或民族	被封授者	所封爵号	散官（伴授）	勋官（伴授）	职事官（伴授）	资料来源	备注
龙朔元年（661）	新罗	金法敏	乐浪郡王、新罗王	开府仪同三司	上柱国		旧 199 上	
乾封元年（666）	吐谷浑	诺曷钵	青海王				新 221 上	
乾封元年（666）	高句丽	莫离支盖苏文之子男生	玄菟郡公	特进		辽东大都督兼平壤道安抚大使	新 110	
总章元年（668）	高句丽	向导有功的男生	许国公			右卫大将军	册 128、旧 199 上	
咸亨五年（674）	新罗	金仁问	新罗王				新 220	金仁问赴任途中，原新罗王金法敏请罪，唐撤销金仁问之封
咸亨五年（674）	新罗	金仁问	临海郡公		上柱国		新 220	金仁问中道而还，被改封
咸亨五年（674）	新罗	原新罗王金法敏	乐浪郡王、新罗王	开府仪同三司		鸡林州大都督	新 220	恢复旧封

续　表

时间	政权或民族	被封授者	所封爵号	散官（伴授）	勋官（伴授）	职事官（伴授）	资料来源	备注
仪凤二年（677）	高句丽	高藏	朝鲜郡王			辽东都督	新220	
仪凤二年（677）	百济	扶余隆	带方郡王	光禄大夫		太常员外卿、兼熊津都督	旧199上	
仪凤二年（677）	西突厥	斛瑟罗	竭忠事主可汗				新215下	
仪凤二年（677）后	契苾	契苾明	凉国公			左鹰扬卫大将军、贺兰都督	旧109	
开耀元年（681）	新罗	金政明	新罗王			鸡林州大都督	资202	
垂拱初	西突厥	元庆	兴昔亡可汗			左玉钤卫将军、昆陵都护	旧194下	
垂拱初	西突厥	斛瑟罗	继往绝可汗			右玉钤卫将军、蒙池都护	旧194下	

续 表

时间	政权或民族	被封授者	所封爵号	散官（佯授）	勋官（佯授）	职事官（佯授）	资料来源	备注
垂拱元年（685）	契丹	祜莫离	归顺王			左卫将军兼检校弹汗州刺史	旧199下	
垂拱初	契丹	万荣	永乐县公			右玉钤卫将军，归诚州刺史	旧199下	
周天授三年（692）	新罗	理洪	新罗王	辅国大将军		行豹韬卫大将军、鸡林州都督	旧199上	
周天授三年（692）	于阗	伏阇雄	于阗国王				旧198	
周天授年后	东女	曳夫	归昌王			左金吾卫大将军	新221上	
周万岁通天年（696）	康国	笃婆钵提	康国王			左骁卫大将军	旧198	
周万岁通天年（696）后	靺鞨	乞乞仲象	震国公				新219	没得到册封就死去，其子祚荣逃亡建渤海国

续　表

时间	政权或民族	被封授者	所封爵号	散官（伴授）	勋官（伴授）	职事官（伴授）	资料来源	备注
周万岁通天元年(696)后	靺鞨	乞四比羽	许国公				新 219	比羽不接受册命，被杀
周万岁通天元年(696)后	大勃律	苏弗舍利支离泥	大勃律王				新 221 下	
周万岁通天元年(696)后	大勃律	苏麟陀逸之	大勃律王				新 221 下	
周天册万岁元年(695)	突厥	默啜	归国公			左卫大将军	旧 194 上	
周天册万岁二年(696)	突厥	默啜	迁善可汗				旧 194 上	
周天册万岁二年(696)	突厥	默啜	颉跌利施大单于、立功报国可汗	特进			新 215 上	没来得及册封，默啜就转而改政武周
不明	百济	沙吒忠义	燕山郡开国公、郕国公	冠军大将军	上柱国	清边中道前军总管，行右武威卫将军	文 242	《封右武威卫将军沙吒忠义郕国公制》
周圣历元年(698)	康国	泥涅师师	康国王				旧 198	

续 表

时间	政权或民族	被封授者	所封爵号	散官（伴授）	勋官（伴授）	职事官（伴授）	资料来源	备注
周圣历元年(698)	高句丽	高宝元	忠诚国王			左鹰扬卫大将军	旧199上	
周圣历元年(698)	吐蕃	赞婆	归德郡王	特进	辅国大将军		新216上	
周圣历二年(699)	吐蕃	论弓仁	酒泉郡公			左玉钤卫将军	新110	
周圣历二年(699)	吐蕃	莽布支	安国公			左羽林大将军	新216上	莽布支疑是钦陵子论弓仁
周圣历三年(700)	吐谷浑	宣赵	乌地也拔勒豆可汗			左豹韬卫员外大将军	旧198	员外官
周长安二年(702)	沙陀	金山	张掖郡公			金满州都督	新218	
周长安二年(702)	新罗	兴光	新罗王	辅国大将军		行豹韬卫大将军、鸡林州都督	旧199上	
周长安三年(703)	西突厥	阿史那献	兴昔亡可汗			右骁卫大将军、安抚招慰十姓大使、北庭大都护	新215下	

续　表

时间	政权或民族	被封授者	所封爵号	散官（伴授）	勋官（伴授）	职事官（伴授）	资料来源	备注
周长安四年（704）	西突厥	阿史那怀道	十姓可汗			濛池都护	资207	
则天时	乌洛侯	乌薄利	良乡县开国男	冠军大将军		左金吾卫大将军，行右豹韬卫将军员外置，检校源州都督	文242	《授乌薄利左金吾卫大将军制》
则天时	契苾	契苾光	凉国公			右豹韬卫将军	旧109	为酷吏所杀
不明	契苾	契苾嵩	凉国公		上柱国	右豹韬卫大将军兼贺兰州都督	新110、文187	《契苾明碑》
不明	契苾	契苾嵩	姑臧县开国子		上柱国	右武威卫郎将	文187	《契苾明碑》
不明	契苾	契苾崇	番禾县开国子		上柱国	左玉铃卫郎将	文187	《契苾明碑》
神龙二年（706）	突骑施	乌质勒	怀德郡王				册964	未及册封，乌质勒死

续 表

时间	政权或民族	被封授者	所封爵号	散官（伴授）	勋官（伴授）	职事官（伴授）	资料来源	备注
神龙二年（706）	突骑施	娑葛	怀德郡王			左骁卫大将军，阳陇州都督	册964	
神龙二年（706）	于阗	释智严	金满郡公		上柱国	左领军卫大将军	僧3	
神龙景龙年间	百济	兵部珣	遵化郡开国公		上柱国	天兵中军副使右金吾卫将军	金68	《□部将军功德记》
神龙景龙年间	百济	兵部珣之妻黑齿氏	乐浪郡夫人				金68	黑齿常之女，《□部将军功德记》
景龙二年（708）	西突厥	阿史那献	十姓可汗				资209	
景龙二年（708）	突骑施	娑葛	十四姓可汗				资209	
景龙三年（709）	突骑施	娑葛	归化可汗				册964	赐名守忠

续表

时间	政权或民族	被封授者	所封爵号	散官（伴授）	勋官（伴授）	职事官（伴授）	资料来源	备注
景云元年（710）	靺鞨	李多祚	辽阳郡王		上柱国	右羽林大将军	旧 109	为其平冤后复旧号
先天二年（713）	渤海	大祚荣	渤海郡王			左骁卫员外大将军、忽汗州都督	旧 199 下	
开元初	小勃律	没谨忙	小勃律王				新 221 下	
开元初	石国	莫贺咄吐屯	石国王				新 22 下	
开元元年（713）	新罗	金兴光	乐浪郡公、新罗王	骠骑将军、①特进	上柱国	行左威卫大将军、使持节大都督、鸡林州诸军事、鸡林州刺史	史 8	
开元元年（713）	南诏	盛逻皮	台登郡王	特进			新 222 上	
开元二年（714）	突厥	右阿失毕	燕北郡王			右卫大将军	资 211	

① 为"骠骑大将军"之误。

续 表

时间	政权或民族	被封授者	所封爵号	散官（伴授）	勋官（伴授）	职事官（伴授）	资料来源	备注
开元二年（714）	突厥	右阿失毕之妻	金山公主				资211	
开元二年（714）	沙陀	辅国之母鼠尼施	鄩国夫人				新218	
开元二年（714）后	沙陀	辅国	永寿郡王				新218	
开元三年（715）	突厥	瞵跌思泰	楼烦郡公	特进		右卫员外大将军兼瞵跌都督	旧194上	
开元三年（715）	契丹	李失活	松漠郡王			左金吾卫大将军兼松漠都督	旧199下	
开元三年（715）	奚	大辅	饶乐郡王			左金吾员外大将军，饶乐州都督	旧199下	
开元三年（715）	高句丽	高文简	辽西郡王			左卫员外大将军	旧194上	
开元三年（715）	突厥	道奴	云中郡公			左武卫员外将军兼刺史	新215上	高文简为突厥默啜之婿

续　表

时间	政权或民族	被封授者	所封爵号	散官（伴授）	勋官（伴授）	职事官（伴授）	资料来源	备注
开元三年(715)	突厥	鹘屈颌斤	阴山郡公			左骁卫员外将军兼刺史	新 215 上	
开元三年(715)	突厥	苾悉颉力	雁门郡公			左武卫员外将军兼刺史	新 215 上	
开元三年(715)	突厥	拱毅	平城郡公			左领军卫员外将军兼刺史	新 215 上	
开元六年(718)	突骑施	苏禄	顺国公			左羽林大将军、金方道经略大使	资 212	特勤
开元六年(718)	西突厥	阿史那怀道之女	金河公主				资 212	赐婚给苏禄
开元六年(718)	契丹	娑固	松漠郡王			左金吾卫大将军兼松漠都督	旧 199 下	
开元六年(718)	突骑施	苏禄	忠顺可汗				资 212	

续　表

时间	政权或民族	被封授者	所封爵号	散官（伴授）	勋官（伴授）	职事官（伴授）	资料来源	备注
开元七年（719）	罽宾	乌散特勒洒	葛罗达支特勒				旧198	
开元七年（719）	渤海	大武艺	渤海郡王			左骁卫大将军、忽汗州都督	旧199下	
开元七年（719）	龟兹	孝节	龟兹国王				册964	
开元八年（720）	乌长	国王	乌长王				资212	
开元八年（720）	骨咄	国王	骨咄王				资212	
开元八年（720）	俱位	国王	俱位王				资212	
开元八年（720）	南天竺	利那罗伽宝多	国王				旧198	
开元八年（720）	勃律国	苏麟陀逸之	勃律国王				旧198	
开元八年（720）	谢䫂	葛达罗支颉利发誓屈尔	国王				新221下	

续 表

时间	政权或民族	被封授者	所封爵号	散官（伴授）	勋官（伴授）	职事官（伴授）	资料来源	备注
开元八年（720）	护蜜	罗旅伊陀多骨咄禄毗勒莫贺贷达摩萨尔	护蜜王				新221下	
开元八年（720）	个失蜜	真陀罗秘利	个失蜜王				新221下	
开元十年（722）	契丹	郁干	松漠郡王			左金吾卫大将军兼静析军经略大使	旧199下	
开元十年（722）	奚	鲁苏	饶乐郡王			右金吾员外大将军、兼保塞军经略大使	旧199下	
开元十年（722）	洋泂蛮	谢嘉艺	夜郎郡公			牂州刺史	旧197	
开元十年（722）后	契丹	邵固	松漠郡王				新219	
开元十三年（725）	契丹	吐干	辽阳郡王				旧199下	

续 表

时间	政权或民族	被封授者	所封爵号	散官(伴授)	勋官(伴授)	职事官(伴授)	资料来源	备注
开元十三年(725)	契丹	邵固	广化郡王			左羽林军员外大将军、静析军经略大使	旧199下	
开元十四年(726)	奚	鲁苏	奉诚王			右羽林军员外将军	旧199下	
开元十五年(727)	渤海	大昌勃价	襄平县开国男				册974	
不明	戎州管内南蛮	董嘉庆	归义郡王				新222下	
开元十六年(728)	于阗	尉迟伏师	于阗王				旧198	
开元十六年(728)	疏勒	裴安定	疏勒王				旧198	
开元十七年(729)	吐火罗	骨咄禄颉达度	吐火罗叶护、挹怛王				册964	
开元十九年(731)	康国	咄曷	曹国王				旧198	
开元十九年(731)	康国	默啜	米国王				旧198	

续 表

时间	政权或民族	被封授者	所封爵号	散官（伴授）	勋官（伴授）	职事官（伴授）	资料来源	备注
开元十九年(731)后	康国	咄曷	钦化王、康国王				新221下、旧198	
开元十九年(731)后	康国	咄曷之母可敦	郡夫人				新221下	
开元二十年(732)	奚	李诗	归义王	特进		左羽林军大将军同正、归义州都督	旧199下	
开元二十年(732)后	奚	延宠	怀信王			饶乐都督	新219	
开元二十年(732)	安国	安金藏	代国公				旧187上	
开元二十年(732)	护蜜	护真檀	护蜜王				册964	
开元二十年(732)	突厥	伊然	可汗				旧194上	
开元二十一年(733)	个失蜜	木多笔	个失蜜王				册964	
开元二十三年(735)	契丹	李过折	北平郡王	特进		检校松漠州都督	资214	

续　表

时间	政权或民族	被封授者	所封爵号	散官（伴授）	勋官（伴授）	职事官（伴授）	资料来源	备注
开元二十五年（737）	新罗	金承庆	新罗王	开府仪同三司			旧199 上	
开元二十五年（737）	渤海	大钦茂	渤海郡王			左骁卫大将军、忽汗州都督	旧199 下	
开元二十六年（738）	谢䫻	如没拂达	谢䫻	国王				册964
开元二十六年（738）	曹国	苏都仆罗	曹国王				册964	
开元二十六年（738）	史国	忽铢	史国王				册964	
开元二十六年（738）	南诏	皮罗阁	越国公、云南王	特进			资214	赐名归义
开元二十六年（738）	南诏	阁罗凤	云南王				德	
开元二十七年（739）	罽宾	拂菻罽婆	罽宾王				旧198	
开元二十七年（739）	宁远	阿悉烂达干	奉化王				新221 下	

续　表

时间	政权或民族	被封授者	所封爵号	散官（伴授）	勋官（伴授）	职事官（伴授）	资料来源	备注
开元二十八年(740)	石国	莫贺咄吐屯	顺义王				新221下	
开元二十八年(740)	突厥	登利	可汗				册964	
开元二十八年(740)	新罗	金承庆妻金氏	新罗王妃				册975	
开元二十九年(741)	小勃律	麻号来	小勃律国王				册964	
开元中	渤海	嵩璘	渤海郡王			左金吾大将军	旧199下	
开元末	突骑施	吐火仙骨啜	脩义王			左金吾卫员外大将军	新215下	
开元末	西突厥	阿史那昕	十姓可汗	开府仪同三司		濛池都护	新215下	受到突骑施莫贺达干阻碍而未就任
开元末	西突厥	阿史那昕之妻凉国夫人李氏	交河公主				新215下	

续 表

时间	政权或民族	被封授者	所封爵号	散官（伴授）	勋官（伴授）	职事官（伴授）	资料来源	备注
开元末	奚骑施	莫贺达干	可汗				资 214	
不明	于阗	伏阇达	于阗王				新 221 上	
不明	于阗	伏阇达之妻执失	于阗王妃				新 221 上	
不明	于阗	尉迟圭	于阗王				新 221 上	
不明	于阗	尉迟圭之妻马氏	于阗王妃				新 221 上	
不明	于阗	尉迟胜	于阗王				新 221 上	
天宝元年（742）	葛逻禄	都摩度阙颉斤	三姓叶护			左羽林军大将军	册 965	
天宝元年（742）	西曹	哥逻仆罗	怀德王				新 221 下	
天宝元年（742）	女国	赵曳夫	归昌王			左金吾卫大将军	册 965	

续　表

时间	政权或民族	被封授者	所封爵号	散官（伴授）	勋官（伴授）	职事官（伴授）	资料来源	备注
天宝元年（742）	佛逝国	刘滕未恭	宾义王			右金吾卫大将军	册965	
天宝元年（742）	喃国	杨多过	怀宁王			左羽林军大将军并员外置	册965	
天宝元年（742）	新罗	金宪英	新罗王	开府仪同三司		使持节、大都督鸡林州诸军事、兼充持节宁海军使	文24	
天宝初	石国	王子那俱车鼻施	怀化王				新221下	
天宝初	米国	国王	恭顺王				新221下	
天宝初	米国	国王之母	郡夫人				新221下	
天宝初	回纥	叶护颉利吐发	奉义王				旧195	
天宝三载（744）	回纥	叶护颉利吐发	怀仁可汗				旧195	

续 表

时间	政权或民族	被封授者	所封爵号	散官（伴授）	勋官（伴授）	职事官（伴授）	资料来源	备注
天宝三载（744）	回纥	贺结	燕郡王				册 965	
天宝三载（744）	陀拔萨惮国	国王	恭化王				册 965	
天宝四载（745）	突厥	毗伽可汗阿史那骨咄禄婆匐可敦	宾国夫人				新 215 下	
天宝四载（745）	阙宾	勃匐准	阙宾及乌苌国王			左骁卫将军	旧 198	
天宝四载（745）	安国	屈底波	归义王				册 965	
天宝四载（745）	契丹	李怀秀	崇顺王			松漠都督	新 219	
天宝四载（745）	契丹	李楷落	恭仁王			松漠都督	新 219	
天宝五载（746）	陀拔斯单	忽鲁汗	归信王				新 221 下	
天宝五载（746）	奚	婆固	昭信王			饶乐府都督	旧 199 下	

续 表

时间	政权或民族	被封授者	所封爵号	散官（伴授）	勋官（伴授）	职事官（伴授）	资料来源	备注
天宝六载（747）	都盘	谋思健摩诃延	顺化王				新 221 下	
天宝六载（747）	勃达	摩俱涩斯	守义王				新 221 下	
天宝六载（747）	阿没	俱那胡设	恭信王				新 221 下	
天宝六载（747）	沙兰	单路斯威	顺礼王				新 221 下	
天宝六载（747）	罗利支	伊思俱习	义宁王				新 221 下	
天宝六载（747）	怛满	谢没	奉顺王				新 221 下	
天宝六载（747）	岐兰	卢薛	义宾王				册 965	
天宝八载（749）	突骑施	移拨	十姓可汗				资 216	
天宝九载（750）	揭师	素迦	揭师王				册 965	

续表

时间	政权或民族	被封授者	所封爵号	散官（伴授）	勋官（伴授）	职事官（伴授）	资料来源	备注
天宝九载（750）	营州杂胡	安禄山	东平郡王				资216	唐将帅封王自此始
天宝十一载（752）	突厥	阿布思	奉信王			朔方节度副使	资216	赐姓名李献忠
天宝十一载（752）	霫	罗全节	叶护				新221下	
天宝十二载（753）	突骑施	登里伊罗蜜施	可汗				资216	
天宝十二载（753）	葛逻禄	叶护顿毗伽毗伽	金山王	开府仪同三司			资216	
天宝十二载（753）	葛逻禄	叶护顿毗伽之妻及母	国夫人				册965	
天宝十二载（753）	突厥黑姓部	登里伊罗蜜施	可汗				新215下	
天宝十四载（755）	苏毗	悉诺逻	怀义王			左骁卫员外大将军	册965	赐姓名李忠信
至德元载（756）	回纥	公主	毗伽公主				旧195	

续　表

时间	政权或民族	被封授者	所封爵号	散官（伴授）	勋官（伴授）	职事官（伴授）	资料来源	备注
至德二载（757）	回纥	毗伽公主	王妃				旧195	
至德二载（757）	回纥	叶护	忠义王			司空	旧195	司空为虚衔，仅用于示崇高位
乾元元年（758）	回纥	可汗	英武威远毗伽阙可汗				资220	
唐肃宗乾元年间	契丹	李楷其夫人	韩国夫人				文422	死后追赠，见《唐赠范阳大都督忠烈公李公神道碑铭并序》
宝应元年（762）	回纥	可汗	登里颉咄登密施含俱录英义建功毗伽可汗				旧195	
宝应元年（762）	回纥	可敦	婆墨光亲丽华毗伽可敦				旧195	

续 表

时间	政权或民族	被封授者	所封爵号	散官（伴授）	勋官（伴授）	职事官（伴授）	资料来源	备注
宝应元年(762)	回纥	左杀	雄朔王				新217上	
宝应元年(762)	回纥	右杀	宁朔王				新217上	
宝应元年(762)	回纥	胡禄都督	金河王				新217上	
宝应元年(762)	回纥	拔览将军	静漠王				旧195	
宝应元年(762)	回纥	诸都督一十一人	国公				旧195	
宝应元年(762)	回纥	胄禄俟斤	崇义王	特进			册973	
上元三年(762)	鞑靼	李谨行	燕国公			镇军大将军,行右卫大将军	旧199下	
宝应元年(762)	渤海	钦茂	渤海国王			检校太尉	新219	
广德二年(764)	于阗	胜	武都王	开府仪同三司			资223	

续　表

时间	政权或民族	被封授者	所封爵号	散官（伴授）	勋官（伴授）	职事官（伴授）	资料来源	备注
广德二年（764）	仆固	仆固怀恩	大宁郡王			仆射	旧196上	
大历三年（768）	新罗	金乾运之母	太妃				旧199上	
大历三年（768）	新罗	金乾运	新罗王	开府仪同三司			旧199上	
大历七年（772）	回纥	李秉义	天水郡王				册976	死后追封
大历十二年（777）	回纥	宰相曹密栗亡妻石氏	岷国夫人				册976	死后追赠
建中元年（780）	回纥	顿莫贺	武义成功可汗				资226	
贞元元年（785）	新罗	金良相	新罗王			检校太尉、都督鸡林州刺史、宁海军使	旧199上	

续　表

时间	政权或民族	被封授者	所封爵号	散官（伴授）	勋官（伴授）	职事官（伴授）	资料来源	备注
贞元元年（785）	新罗	金敬信	新罗王			检校大尉，都督鸡林州刺史，宁海军使	旧199上	
贞元四年（788）	回鹘	可汗之妻	智惠端正长寿孝顺可敦				资233	唐咸安公主和亲之后受封
贞元四年（788）	回鹘	可汗	长寿天亲可汗				资233	
贞元五年（789）	回鹘	天亲可汗之子	登里罗没密施俱录忠贞毗伽可汗				资233	
贞元七年（791）	回鹘	可汗	奉诚可汗				资233	
贞元九年（793）	南诏	异牟寻	南诏王				览789	
贞元九年（793）	哥邻	利罗	哥邻王			保守都督府长史	旧197	

续　表

时间	政权或民族	敬封授者	所封爵号	散官（伴授）	勋官（伴授）	职事官（伴授）	资料来源	备注
贞元九年（793）	东女	乞悉漫	和义郡夫人				旧197	
贞元十年（794）后	南诏	尹仇宽	高溪郡王				旧197	
贞元十一年（795）	渤海	嵩邻	渤海郡王			忽汗州都督	旧199下	
贞元十三年（797）前	西南蛮	朱鼎	资阳郡开国公			正议大夫、检校蛮州长史、蛮州刺史	旧197	
贞元十四年（798）	吐谷浑	慕容复	青海国王、乌地也拔勒豆可汗			长乐州都督	旧198	
贞元十四年（798）	渤海	大嵩邻	渤海国王	银青光禄大夫		检校司空	旧199下	检校司空空为虚衔，因不服原封、遣使叙理，得到加封

续 表

时间	政权或民族	被封授者	所封爵号	散官（伴授）	勋官（伴授）	职事官（伴授）	资料来源	备注
贞元十六年(800)	新罗	金俊邕	新罗王	开府仪同三司		检校太尉	旧199上	检校太尉为虚衔·未册封而金俊邕卒
贞元二十一年(805)	弥臣	道勿礼	弥臣国王				册965	
永贞元年(805)	回鹘	可汗	滕里野合俱录毗伽可汗				新217上	
永贞元年(805)	新罗	金重熙之母和氏	太妃				史10	
永贞元年(805)	新罗	金重熙之妻朴氏	妃				史10	
永贞元年(805)	新罗	金重熙	新罗王	开府仪同三司	上柱国	检校太尉、使持节、大都督鸡林州诸军事、鸡林州刺史、宁海军使	史10	检校太尉为虚衔
元和元年(806)	奚	梅落	饶乐郡王	银青光禄大夫		检校司空	册965	检校司空为虚衔

续　表

时间	政权或民族	被封授者	所封爵号	散官（伴授）	勋官（伴授）	职事官（伴授）	资料来源	备注
元和三年(808)	回鹘	可汗	爱登里啰汩密施合毗伽保义可汗				资237	
元和四年(809)	渤海	大元瑜	渤海国王	银青光禄大夫		检校秘书监,忽汗州都督	旧199下	
元和四年(809)	南诏	寻阁劝	南诏王				会99	
元和四年(809)	新罗	金彦昇	新罗国王	开府仪同三司	上柱国	检校太尉,使持节大都督鸡林州诸军事,兼持节充宁海军使	史10	检校太尉为虚衔
元和八年(813)	渤海	言义	渤海国王	银青光禄大夫		检校秘书监,都督	旧199下	
元和十三年(818)	渤海	大仁秀	渤海国王	银青光禄大夫		检校秘书监,忽汗州都督	旧199下	

续 表

时间	政权或民族	被封授者	所封爵号	散官（伴授）	勋官（伴授）	职事官（伴授）	资料来源	备注
长庆元年（821）	回鹘	可汗	登啰羽录没密施句主毗伽崇德可汗				资241	
长庆三年（823）	南诏	丰祐	南诏王				资243	
宝历元年（825）	回鹘	曷萨特勤	爱登里啰汩没密施合毗伽昭礼可汗				资243	
太和五年（831）	渤海	大彝震	渤海国王	银青光禄大夫		检校秘书监兼忽汗州都督	册965	
太和五年（831）	新罗	金景徽	新罗王	开府仪同三司	上柱国	检校太保、使持节鸡林州诸军事、鸡林州大都督、宁海军使	旧199上	
太和五年（831）	新罗	金景徽之母朴氏	新罗国大妃				旧199上	

续　表

时间	政权或民族	被封授者	所封爵号	散官（伴授）	勋官（伴授）	职事官（伴授）	资料来源	备注
大和五年（831）	新罗	金景徽之妻朴氏	新罗国妃				旧199上	
大和七年（833）	回鹘	可汗	爱登里啰汩没密施合句禄毗伽彰信可汗				资244	
会昌元年（841）	新罗	金庆膺	新罗王	开府仪同三司	上柱国	检校太尉，使持节大都督鸡林州诸军事，兼持节充宁海军使	史11	检校太尉为虚衔
会昌元年（841）	新罗	金庆膺之妻朴氏	王妃				史11	
会昌二年（842）	回鹘	嗢没斯	怀化郡王			左金吾大将军	资246	赐姓名李思忠
会昌二年（842）	回鹘	阿历支	宁边郡公	冠军大将军		左威卫大将军	新217下	赐姓名李思贞

续 表

时间	政权或民族	敬封授者	所封爵号	散官（伴授）	勋官（伴授）	职事官（伴授）	资料来源	备注
会昌二年（842）	回鹘	习勿啜	昌化郡公	冠军大将军		左威卫大将军	新217下	赐姓名李思义
会昌二年（842）	回鹘	乌罗思	宁朔郡公	冠军大将军		左威卫大将军	新217下	赐姓名李思礼
会昌二年（842）	回鹘	爱邪勿	宁塞郡公			右领军大将军，归义军副使	资246	赐姓名爱弘顺
会昌中	牂柯	首领	罗殿王				新222下	
会昌中	牂柯	首领	滇王				新222下	
大中十二年（858）	渤海	虔晃	渤海王				资249	
咸通六年（865）	新罗	金晴廉	新罗王	开府仪同三司	上柱国	检校太尉，持节大都督鸡林州诸军事	史11	检校太尉为虚衔

续　表

时间	政权或民族	被封授者	所封爵号	散官（伴授）	勋官（伴授）	职事官（伴授）	资料来源	备注
乾符五年(878)	新罗	金晟	新罗王	开府仪同三司		使持节、检校太尉、大都督鸡林州诸军事	史11	检校太尉为虚衔
中和二年(882)后	白兰羌	思恭	夏国公			太子太傅	新221上	赐姓李
中和三年(883)	沙陀	李克用	陇西郡公			同中书门下平章事	新218	
中和四年(884)	沙陀	李克用	陇西郡王			检校太傅	新218	
不明	西南蛮	苴那时	顺政郡王				新222下	
不明	西南蛮	苴梦冲	怀化郡王				新222下	
不明	丰琶部落	骠傍	和义郡王				新222下	

唐高祖时期边疆授官

表 2　唐代主要边疆政权授官情况①

时间	政权或民族	敕封授者	文散官	散号将军	勋官	职事官	资料来源	备注
不明	西突厥	特勒大奈	光禄大夫				旧194下	赐姓为史
武德元年(618)	两爨蛮	爨弘达				昆州刺史	新222下	
约武德二年(619)	何国	何器仁			上柱国	盤军县公	册345	
武德二年(619)	离石胡	刘六儿				浤州总管	资187	
武德三年(620)	离石胡	刘季真				石州总管	资188	
武德四年(621)	靺鞨	突地稽				燕州总管	资189	
武德四年(621)	契丹	孙敖曹		云麾将军		行辽州总管	旧199下	

① 按时期来整理,分为"唐高祖时期边疆授官""唐太宗时期边疆授官""唐高宗时期边疆授官""武则天、中宗、睿宗时期边疆授官""唐玄宗时期边疆授官""唐玄宗以后的边疆授官"六张子表。

续 表

时间	政权或民族	被封授者	文散官	散号将军	勋官	职事官	资料来源	备注
武德五年（622）	俚	冯智戴				春州刺史	新 110	
武德五年（622）	俚	冯智彧				东合州刺史	新 110	
武德初	岭南蛮	长真				钦州都督	新 222 下	
武德初	岭南蛮	纯				廉州刺史	新 222 下	
武德初	岭南蛮	道明				南越州刺史	新 222 下	
武德七年（624）	南尹州僚	李光度				南尹州都督	资 191	
武德年间	突骑施	哥舒口				越州刺史都督诸军事	遗 8	
武德年间	突骑施	哥舒季通				左监门卫副率	遗 8	

唐太宗时期边疆授官

时间	政权或民族	被封授者	文散官	武散官	勋官	职事官	资料来源	备注
贞观元年(627)	西突厥	处罗可汗			上柱国		新215下	投诚于唐而冤死于东突厥，追赠
贞观三年(629)	东谢蛮	谢元深				应州刺史	册199	
贞观三年(629)	南谢蛮	谢强				南寿州刺史	会99	南寿州随后改为庄州
贞观三年(629)	党项羌	细封步赖				轨州刺史	旧198	
贞观三年(629)	党项羌	诸姓酋长				崌、奉、岩、远四州刺史	旧198	
贞观四年(630)	突厥	康苏		云麾将军		北安州都督	资193,198	
贞观四年(630)五月	突厥	突利				顺州都督	新215上	
贞观四年(630)	突厥	史善应				北抚州都督	资193	

续 表

时间	政权或民族	被封授者	文散官	武散官	勋官	职事官	资料来源	备注
贞观四年（630）	安国	安咄汗				左武卫将军、维州刺史、	文435	李至远：《唐安史安侯神道碑》
贞观四年（630）	安国	安附国				左领军府左郎将	文435	同上
贞观四年（630）后	安国	安思祇				右玉铃卫将军	文435	同上
贞观四年（630）后	安国	安思恭				鲁州刺史	文435	同上
贞观五年（631）	新罗	真平	左光禄大夫				旧199上	死后追赠
贞观五年（631）	薛	多滥葛末				右骁卫大将军	册974	
贞观六年（632）	突厥	颉利				右卫大将军、虢国刺史	新215上	"虢国刺史"之授不为颉利接受
贞观六年（632）	契苾	契苾何力				左领军将军	新110	

续 表

时间	政权或民族	被封授者	文散官	武散官	勋官	职事官	资料来源	备注
贞观中	契苾	契苾何力				右骁卫大将军	册358	
贞观八年(631)	突厥	颉利旧臣吐谷浑邪				中郎将	旧194上	死殉颉利后受赠
贞观八年(631)	党项	拓跋赤辞				西戎州都督	宋485	赐姓李
贞观十年(636)	突厥	阿史那社尔				左骁卫大将军,驸马都尉	册170	娶南阳长公主
贞观中	松外诸蛮	首领蒙、和				县令	新222下	
贞观十三年(639)	西突厥	阿史那弥射				右监门大将军	新215下	逃避其族兄步真的迫害而入唐
贞观十三年(639)后	西突厥	阿史那步真				左屯卫大将军	新215下	不为部族所服而入朝
贞观十三年(639)	突厥	结社率				郎将	新215上	后来反叛

续表

时间	政权或民族	敬封授者	文散官	武散官	勋官	职事官	资料来源	备注
贞观十四年(640)	流鬼	余志			骑都尉		册170	
贞观十五年(641)	吐蕃	禄东赞				右卫大将军	资196	
贞观十五年(641)	百济	扶余璋	光禄大夫				旧3	
贞观十八年(644)	奚豚	李思摩				右武卫将军	新215上	
贞观十八年(644)	高昌	智盛				行军总管	册117	
贞观十九年(645)	高句丽	白岩城主孙代音				岩州刺史	资198	新旧《唐书》作"孙伐音"
贞观十九年(645)	高句丽	耨萨高延寿				鸿胪卿	旧199上	耨萨为高丽官名
贞观十九年(645)	高句丽	耨萨高惠真				司农卿	旧199上	
贞观十九年(645)	高句丽	耨萨以下诸酋长			不明		旧199上	

续 表

时间	政权或民族	被封授者	文散官	武散官	勋官	职事官	资料来源	备注
贞观十九年(645)	契丹	窟哥				左武卫将军	旧199下	
贞观十九年(645)后	契丹	辱纥主				松漠府刺史	新219	辱纥主为契丹、奚等民族首领的一种称呼
贞观二十年(646)	薛延陀	咄摩支				右武卫将军	资198	
贞观二十年(646)	浑	阿贪支				右领军卫大将军、皋兰州刺史	新217下	
贞观二十年(646)	浑	浑汪	俟利发	云麾将军			新217下	
贞观二十年(646)	安国	安永寿				右领军中郎将	会96	
贞观二十年(646)	铁勒	回纥等十一姓部落				郎将、昭武校尉等	会96	入朝奏请撤罢薛延陀,置汉官

续 表

时间	政权或民族	被封授者	文散官	武散官	勋官	职事官	资料来源	备注
贞观二十一年（647）	西赵蛮	赵磨				明州刺史	旧 197	
贞观二十一年（647）	薛延陀	回纥部、多览葛部、仆骨部、拔野古部、同罗部、思结部酋领				瀚海、燕然、金微、幽陵、龟林、卢山都督府都督	新 217	
贞观二十一年（647）	薛延陀	浑、斛薛、阿跌、契苾、羽、思结别部、白霫、骨利干、俱罗勃各部大小酋领				皋兰州、高阙州、鸡田州、榆溪州、鸡鹿州、蹛林州、窴颜州、玄阙州、烛龙州刺史、长史、司马	新 217	
贞观二十一年（647）	回纥	吐迷度子婆闰				左屯卫大将军瀚、左郎将	册 974	

续　表

时间	政权或民族	被封授者	文散官	武散官	勋官	职事官	资料来源	备注
贞观二十一年（647）	龟兹	诃黎布失毕				左武卫中郎将	资198	
贞观二十一年（647）	龟兹	那利及其下的龟兹官员				不明	资198	
贞观二十二年（648）	新罗	金文王				左武卫将军	册974	
贞观二十二年（648）	新罗	金春秋	特进				新220	
贞观二十二年（648）	契丹	曲据				玄州刺史	资199	
贞观二十二年（648）	回纥	吐迷度				左骁卫大将军	新217上	被杀封赠
贞观二十二年（648）	回纥	吐迷度子婆闰				左骁卫大将军、大俟利发、使持节回纥部落诸军事、瀚海都督	新217上	

续　表

时间	政权或民族	被封授者	文散官	武散官	勋官	职事官	资料来源	备注
贞观二十二年(648)	坚昆	俟利发失钵屈阿栈				左屯卫大将军、坚昆府都督	新217下	
贞观二十二年(648)	西突厥	阿史那贺鲁				昆丘道行军总管	册973	
贞观二十二年(648)	西洱河	杨同外				不明	新222下	
贞观二十二年(648)	东洱河	杨敛				不明	新222下	
贞观二十二年(648)	松外蛮	蒙羽				不明	新222下	
贞观二十三年(649)	突厥	庵罗				左屯卫将军	旧194上	
贞观二十三年(649)	龟兹	布失毕				左卫中郎将	资199上	
贞观二十三年(649)	白子国	张乐进求		大将军			增上	传说·待考
贞观中	何国	何处罗拔				果毅	新221上	
贞观中	突厥	苏农泥孰				左屯卫大将军、谷州刺史	姓3	

唐高宗时期边疆授官

时间	政权或民族	被封授者	文散官	武散官	职事官	资料来源	备注
贞观二十三年(649)	西突厥	阿史那贺鲁			左骁卫大将军·瑶池都督	旧4高宗上	贞观二十三年唐高宗即位后所封,同类情况不赘注
贞观二十三年(649)	西突厥	阿史那贺鲁的侄厅屈裴绰		忠武将军		册170	
贞观二十三年(649)	吐谷浑	苏度摸末			左领军卫大将军	新221上	
贞观二十三年(649)	于阗	国王伏阇信			右卫大将军	新221上	
贞观二十三年(649)	于阗	叶护玷			右骁卫将军	旧198	
永徽初	西突厥	阿史那贺鲁之子咥运			右骁卫中郎将	新215下	
永徽元年(650)	突厥	单于、瀚海二都护府所领的酋长			都督、刺史	旧194上	
永徽元年(650)	突厥	原可汗牟鼻			左武卫将军	册986	

续　表

时间	政权或民族	被封授者	文散官	武散官	职事官	资料来源	备注
永徽元年 (650)	新罗	金法敏			大府卿	旧 199 上	
永徽二年 (651)	契苾	契苾何力			弓月道大总管	册 358	
永徽三年 (652)	焉耆	笑骑支			左卫大将军	新 221 上	
永徽六年 (655)	突厥	舍利咥利			左武卫将军	册 986	
永徽年间	康居	拂呼缦			康居都督府都督	新 221 下	
永徽年间	贵霜	君长昭武婆达地			贵霜州刺史	新 221 下	
永徽中	高昌	曲崇裕			左武卫中郎将	新 221 上	
显庆元年 (656)	东女	王子三户			右监门中郎将	新 221 上	
显庆初	奚	可度者			右监门大将军	旧 199 下	
显庆二年 (657)	西突厥	阿史那射、阿史那步真			安抚大使	旧 194 下	

续　表

时间	政权或民族	敝封授者	文散官	武散官	职事官	资料来源	备注
显庆二年(657)	回纥	婆闰			右卫大将军、兼瀚海都督	旧195	
显庆二年(657)	葛逻禄	谋落部、炽俟部、踏实力部酋长			阴山都督、大漠都督、玄池都督	新215上	
显庆三年(658)	回纥	婆闰			左卫大将军、右骁卫大将军、燕然都督	册964	
显庆三年(658)	回纥	多览葛塞匐			右卫大将军	册964	
显庆三年(658)	高昌	曲智湛			西州都督府都督	新221上	
显庆三年(658)	石国	瞰土屯摄舍提于屈昭穆			大宛都督府都督	新221下	
显庆三年(658)	米国	首领昭武开拙			南谧州刺史	新221下	
显庆三年(658)	宁远	首领阿了参			休循州刺史	新221下	
显庆三年(658)	帆延	首领咜			写凤州都督	新221下	

续 表

时间	政权或民族	被封授者	文散官	武散官	职事官	资料来源	备注
显庆五年(660)	突厥	阿史德枢宾			冷硎道行军总管	册986	
显庆五年(660)	薛延陀	延陀梯真			冷硎道行军总管	册986	
显庆五年(660)	霫	李含珠			居延州都督	新219	
显庆五年(660)	霫	李厥都			居延州都督	会98	
显庆五年(660)	新罗	金春秋	金紫光禄大夫		嵎夷道行军总管	新3	
显庆五年(660)	百济	原国王义慈			卫尉卿	旧199上	义慈被押送至唐，不久即卒，敕追赠官职
显庆五年(660)	百济	百济灭亡后的降将			熊津、马韩、东明等五都督府都督、刺史及县令	旧199上	
显庆年间	契丹	首领			左监门大将军	旧199下	
显庆年间	奚	首领			右监门大将军	旧199下	
显庆年间	东安国	昭武杀			安息州刺史	新221下	
显庆年间	东安国	昭武闭息			木鹿州刺史	新221下	

续 表

时间	政权或民族	被封授者	文散官	武散官	职事官	资料来源	备注
显庆年间	史国	昭武失阿喝			佉沙州刺史	新 221 下	
显庆年间	吐火罗	阿史那			月氏都督府都督	新 221 下	
显庆年间	护蜜	沙钵罗颉利发			鸟飞州刺史	新 221 下	
龙朔初	罽宾	修鲜			十一州诸军事兼修鲜都督	旧 198	
龙朔元年(661)	铁勒	契苾阿力			辽东道大总管	旧 4	
龙朔二年(662)	波斯	卑路斯			波斯都督府都督	新 221 下	
龙朔二年(662)	百济	扶余隆			熊津都督	新 108	
龙朔三年(663)	百济	黑齿常之			左领军员外将军	旧 109	
龙朔三年(663)	新罗	金法敏			鸡林州大都督	新 220	
龙朔三年(663)	沙陀	处月西长金山			莫离军讨击使	新 218	

续 表

时间	政权或民族	被封授者	文散官	武散官	职事官	资料来源	备注
麟德中	高昌	智湛			左骁卫大将军、西州刺史	新221上	
乾封元年(666)	铁勒	契苾何力			辽东道行军大总管兼安抚大使	册358	
乾封元年(666)	高句丽	莫离支盖苏文之孙献诚			右武卫将军	新110	
乾封二年(667)	新罗	参与对高句丽战斗的智镜、恺元		将军		史6	
乾封二年(667)	新罗	参与对高句丽战斗的国王金法敏		大将军		史6	
总章元年(668)	高句丽	原国王高藏			司平太常伯	旧199上	
总章元年(668)	高句丽	莫离支盖苏文之子男产			司宰少卿	旧199上	
总章元年(668)	高句丽	乡导有功的献诚			司卫卿	旧199上	
总章元年(668)	高句丽	僧信诚	银青光禄大夫			旧199上	

续 表

时间	政权或民族	被封授者	文散官	武散官	职事官	资料来源	备注
总章元年(668)	高句丽	酋豪			都督、刺史、令	旧 199 上	安东都护府官员，与华官参治
总章元年(668)	东天竺国乌茶国	长车婆罗门卢迦逸多		怀化大将军		资 201	
总章元年(668)	铁勒	契苾阿力		镇军大将军	行左卫大将军	新 110	
咸亨元年(670)	西突厥	阿史那都支			左骁卫大将军兼匐延都督	新 215 下	
咸亨三年(672)	吐谷浑	诺曷钵			安乐州刺史	旧 198	
咸亨三年(672)	昆明蛮	十四姓酋长			殷州、总州、敦州等州刺史	新 222 下	
咸亨中	波斯	卑路斯			右武卫将军	新 221 下	
上元二年(675)	于阗	尉迟伏阇雄			毗沙都督	册 964	
上元二年(675)	靺鞨	李谨行			安东镇抚大使	新 220	
仪凤初	高句丽	男生			并州大都督	旧 199 上	死后赠官

续　表

时间	政权或民族	敕封授者	文散官	武散官	职事官	资料来源	备注
仪凤初	高句丽	献诚			右卫大将军，兼令羽林卫上下	旧199上	
仪凤二年(677)后	契苾	契苾何力		辅国大将军	并州都督	旧109	死后赠官
仪凤三年(678)	百济	黑齿常之			左武卫将军、河源军副使	资202	
永淳初	高丽	高藏			卫尉卿	旧199上	死后赠官
高宗年间	契苾	契苾贞			司膳少卿	旧109	
高宗年间	南诏	细奴逻			魏州刺史	《滇考》卷上	

武则天、中宗、睿宗时期边疆授官

时间	政权或民族	被封授者	文散官	武散官	职事官	资料来源	备注
垂拱初	西突厥	元庆			左卫大将军	旧191下	
垂拱初	契丹	李尽忠			武卫大将军,松漠都督	新219	
垂拱三年(687)前	靺鞨	李多祚			左鹰扬大将军	资204	
垂拱三年(687)前	爨	爨宝璧			右监门卫中郎将	册443	
垂拱年之后	西突厥	元庆		镇国大将军	行左威卫大将军	新215下	
唐永昌元年(689)	浪穹州蛮	傍时昔			浪穹州刺史	资204	
周天授元年(690)	突厥	阿史那惠		将军		新4	史料缺载是否为两突厥,具体为何职将军
周天授元年(690)	薛延陀	薛咄摩			右玉钤卫大将军	资204	
周天授元年(690)	高句丽	泉献诚			左卫大将军	旧199上	

续 表

时间	政权或民族	被封授者	文散官	武散官	职事官	资料来源	备注
周天授元年(690)后	高句丽	泉献诚			右羽林卫大将军	旧199上	死后赠官
周天授二年(691)	吐蕃	昝捶			叶州刺史	新216上	
周长寿元年(692)	突厥	阿史那忠节			左武卫大将军	资205	
周万岁通天二年(697)	百济	沙吒忠义			清边中道前军总管	册986	九月改元神功,此事件发生在五月
周神功元年(697)	安国	安道买			平狄军副使	资206	
周圣历元年(698)	百济	沙吒忠义			天兵道前军总管	册986	
周圣历元年(698)	百济	扶余文宣			将军、总管	新215上	史料缺载是何将军与总管
周圣历元年(698)后	吐蕃	赞婆	特进		安西大都护	旧196上	死后追赠
周圣历二年(699)	高句丽	德武			安东都督	旧199上	

续 表

时间	政权或民族	被封授者	文散官	武散官	职事官	资料来源	备注
周圣历二年（699）	西突厥	斛瑟罗			左卫大将军兼平西军大总管	新215下	武则天令其抚镇国人，其愦于乌质勒而不归
周圣历二年（699）	羌	夫蒙令卿			河源军大使	资206	
周圣历二年（699）后	西突厥	阿史那怀道			右武卫将军	新215下	
周久视元年（700）	契丹	李楷固			左玉铃卫大将军	新219	
周久视元年（700）	契丹	骆务整			右武威卫将军	新219	
周久视中	契丹	楷其			玉铃卫将军	文422	赐姓李，见大《唐鹝忠烈公都督范阳李公神道碑铭并序》
周长安元年（701）	日本	真人粟田			司膳卿	新220	

续 表

时间	政权或民族	被封授者	文散官	武散官	职事官	资料来源	备注
周长安二年（702）	靺鞨	李多祚			检校幽州都督	资 207	
周长安四年（704）后	西突厥	阿史那献			碛西节度使	新 215 下	
周长安中	西突厥	阿史那大节			左骁卫大将军	姓 5	
不明	契苾	契苾明			鸡田道大总管，朔方道总管兼凉甘肃瓜沙五洲经略使	文 187	《契苾明碑》
神龙元年（705）	吐火罗	仆罗			左领军卫朔府中郎将	册 999	
神龙三年（707）	吐蕃	论弓仁			朔方军前锋游奕使	新 110	
神龙中	天竺	迦叶志忠			镇军大将军、右骁卫将军，兼知大史事	旧 7	
景龙初	靺鞨	野呼利			羽林中郎将	资 208	
景龙初	波斯	泥涅师			左威卫将军	新 221 下	
景龙年间	突骑施	阿史那守节			右监卫将军	诏 130	

续 表

时间	政权或民族	被封授者	文散官	武散官	职事官	资料来源	备注
景云二年(711)	后突厥	杨我支			右骁卫员外大将军	旧194上	
景云二年(711)	西突厥	阿史那献	特进			文250	《授阿史那献特进制》
景云时	安国	安金藏			右武卫中郎将	新191	武则天时剖心以保睿宗

唐玄宗时期边疆授官

时间	政权或民族	姓名	文散官	武散官	职事官	资料来源	备注
先天元年(712)	契丹	李楷洛			左骁卫将军	资210	
先天元年(712)	乌洛侯	乌可利			将军	资210	
开元元年(713)	高句丽	王毛仲			大将军	新121	
开元二年(714)前	西突厥	阿史那献			碛西节度使	资211	
开元初	西突厥	阿史那献			定远道大总管	新215下	
开元二年(714)	突厥	执失善光	朝散大夫员外		右监门将军	册118	
开元二年(714)	新罗	朴裕				史8	
开元二年(714)	高句丽	李思敬			将军	资211	
开元二年(714)	于阗	尉迟瑰			左骁卫郎将	资211	
开元二年(714)	沙陀	辅国			金满州都督	新218	

续 表

时间	政权或民族	姓名	文散官	武散官	职事官	资料来源	备注
开元二年(714)后	沙陀	骨咄支			金满州都督	新218	
开元三年(715)	西突厥	阿史那献			定边道十总管	资211	
开元三年(715)	契丹	李失活所统八部落旧帅			刺史	旧199下	
开元三年(715)	西突厥	支匐忌			领军卫将军员外置	册974	
开元三年(715)	葛逻禄	裴达干			果毅兼葛州长史	册974	
开元三年(715)	思结	磨散			左威卫将军员外置	册974	
开元三年(715)	斛薛	移利殊功			右领军卫将军员外置	册974	
开元三年(715)	契苾	邪没施			右威卫将军员外置	册974	
开元三年(715)	西突厥	莫贺突默			右骁卫将军员外置	册974	

续　表

时间	政权或民族	姓名	文散官	武散官	职事官	资料来源	备注
开元三年(715)	薛延陀	薛浑达			右威卫将军员外置	册974	
开元三年(715)	奴剌	奴赖孝			左领军将军员外置	册974	
开元三年(715)	跌	裴罗艾			右领军将军员外置	册974	
开元三年(715)	林邑	使者			左领军卫员外将军	册974	
开元三年(715)	突厥	阿史德胡禄	特进			旧194上	默啜之婿
开元四年(716)	新罗	金枫厚			员外郎	史8	
开元四年(716)	大食	使者			员外中郎将	册974	
开元四年(716)	蛮	洪光乘等五人			员外郎将	册974	
开元四年(716)	回纥	伏帝匐			左金吾卫大将军、瀚海道副大总管	诏130	《命薛讷等与九姓共伐默啜制》
开元四年(716)	浑	浑元忠			左卫大将军	诏130	同上

续　表

时间	政权或民族	姓名	文散官	武散官	职事官	资料来源	备注
开元四年(716)前后		以和舒			左武卫大将军、西道副大总管	诏 130	同上
开元四年(716)	契苾	契苾承相			右武卫大将军兼贺兰州都督、西道副大总管	诏 130	同上
开元四年(716)	吐蕃	弓仁			东道副大总管	诏 130	同上
开元五年(717)	中天竺	大野迷地罗梵摩寺			果毅都尉	册 971	
开元五年(717)	突厥	使者			郎将	册 974	
开元六年(718)	新罗	使者			守中郎将	史 8	
开元六年(718)	契丹	李失活	特进			旧 199 下	死后受赠
开元六年(718)	契丹	使者			中郎将	册 974	
开元六年(718)	契丹	孙骨讷等十八人			游击将军	册 974	

续 表

时间	政权或民族	姓名	文散官	武散官	职事官	资料来源	备注
开元六年(718)	九姓	拔曳固都督颉质略、同罗都督毗伽末啜、霫都督比言、同纥都督夷健颉利发、仆固都督曳勒歌等			前、后、左、右军讨击大使	资212	
开元六年(718)	渤海	大述艺		怀化大将军	行左卫大将军员外置	册974	
开元六年(718)	新罗	使者			中郎将	册974	
开元六年(718)	米国	使者			中郎将	册974	
开元六年(718)	石国	使者			中郎将	册974	
开元六年(718)	铁利	使者			中郎将	册974	

续　表

时间	政权或民族	姓名	文散官	武散官	职事官	资料来源	备注
开元六年(718)	拂涅	使者			中郎将	册974	
开元七年(719)	薛延陀	延陀磨览			中郎将	册974	死后赠官
开元九年(721)	西突厥	阿史那献			讨击使	资212	
开元九年(721)前	高句丽	王毛仲			太仆卿	资212	
开元九年(721)	高句丽	王毛仲			朔方道防御讨击大使	资212	
开元九年(721)	党项	拓跋思泰	特进		兼左金吾卫大将军	文16	《赠拓跋思泰特进制》
开元九年(721)	党项	拓跋守寂			右监门卫将军员外置同正员，使持节达诋等一十二州诸军事兼静边州都督、防御部落使	文16	同上
开元九年(721)	靺鞨	使者			折冲	册971	
开元九年(721)	铁利	使者			折冲	册971	

续　表

时间	政权或民族	姓名	文散官	武散官	职事官	资料来源	备注
开元九年（721）	拂涅	使者			折冲	册971	
开元九年（721）	契丹	使者			折冲	册971	
开元九年（721）	龟兹	白道泰			清凉县公	册128	
开元九年（721）	康国	康植			左武卫大将军	新148	
开元十年（722）	契丹	李楷洛			郎将	册975	
开元十年（722）	奚	无虑等二百人			郎将	新219	
开元十年（722）	奚	奴默俱			将军	册975	
开元十年（722）	奚	锁高			将军	册975	
开元十年（722）	突厥	阿史德暾泥熟			右骁卫大将军员外置	册975	
开元十年（722）	突厥	可还拨护他满达干			将军	册975	

续　表

时间	政权或民族	姓名	文散官	武散官	职事官	资料来源	备注
开元十年(722)	坚昆	伊悉钵舍友者毕施颉斤			中郎将	册 975	
开元十年(722)	拂涅	如价			折冲	册 975	
开元十年(722)	铁利	买取利等六十八人			折冲	册 975	
开元十年(722)	铁利	可委计			郎将	册 975	
开元十年(722)	突骑施	葛逻昆池等八人			将军	册 975	
开元十年(722)	靺鞨	倪属利稽			勃利州刺史	新 219	
开元十年(722)	靺鞨	味勃计			大将军	册 974	
开元十年(722)	蛮	张化诚			左领军卫员外将军	册 975	
开元十年(722)	蛮	杨大充			右骁卫朔府员外中郎将	册 975	
开元十年(722)后	契丹	酋长百余人			不明	新 219	

续　表

时间	政权或民族	姓名	文散官	武散官	职事官	资料来源	备注
开元十一年(723)	西突厥	沙罗乌卒			郎将	册975	
开元十一年(723)	吐蕃	张甘松			员外镇将	册975	
开元十一年(723)	奚	李日越			员外折冲都尉	册975	
开元十一年(723)	突厥	阿史那悉钵达干			大将军	册975	
开元十一年(723)	突厥	随同阿史那悉钵达干前来的三十一人			郎将	册975	
开元十一年(723)	坚昆	俱力贺贺忠颉厅			郎将	册975	
开元十二年(724)	铁利	吴池蒙			将军	册975	
开元十二年(724)	越喜	奴布利等十三人			郎将	册975	
开元十二年(724)	汇部落	伍破等十一人			果毅	册975	

续　表

时间	政权或民族	姓名	文散官	武散官	职事官	资料来源	备注
开元十二年（724）	拂涅	鱼可蒙			郎将	册975	
开元十二年（724）	奚	李奚奴等十人		游击将军		册975	
开元十二年（724）	渤海	贺祚庆		游击将军		册975	
开元十二年（724）	新罗	金武勋		游击将军		册975	
开元十二年（724）	勃律	苏磨罗		游击将军		册975	
开元十二年（724）	黑水靺鞨	屋作个			折冲	册975	
开元十二年（724）	达莫娄	诺皆诺			折冲	册975	
开元十二年（724）	契丹	涅礼			将军	册975	
开元十二年（724）	尸利佛誓	尸利施罗拔摩			左威卫大将军	册964	
开元十二年（724）	尸利佛誓	俱摩罗			折冲	册975	

续　表

时间	政权或民族	姓名	文散官	武散官	职事官	资料来源	备注
开元十二年(724)	突厥	裴啜罗			郎将	册 975	
开元十二年(724)	误匿	布遮波贽			金吾卫大将军	新 221 下	
开元十三年(725)	契丹	使者			中郎将	册 975	
开元十三年(725)	奚	使者			中郎将	册 975	
开元十三年(725)	靺鞨	五郎子			将军	册 975	
开元十三年(725)	靺鞨	鸟素可蒙			折冲	册 975	
开元十三年(725)	靺鞨	诺个蒙			果毅	册 975	
开元十三年(725)	渤海	谒德			果毅	册 975	
开元十三年(725)	渤海	大昌勃价			左威卫员外将军	册 975	
开元十三年(725)	靺鞨	职屹蒙等二人			中郎将	册 975	

时间	政权或民族	姓名	文散官	武散官	职事官	资料来源	备注
开元十三年(725)	大食	苏黎等十二人			果毅	册 975	
开元十三年(725)	铁利	封阿利等十七人			折冲	册 975	
开元十三年(725)	越喜	达利施			折冲	册 975	
开元十三年(725)	拂涅	薛利蒙			折冲	册 975	
开元十三年(725)	波斯	穆沙诺			折冲	册 975	
开元十三年(725)	突厥	采施裴罗			折冲	册 975	
开元十四年(726)	新罗	金釿质			郎将	史 8	
开元十四年(726)	大食	苏黎满			果毅	新 221 下	
开元十四年(726)	契丹	普固都			将军	册 975	
开元十四年(726)	契丹	颙歌			郎将	册 975	

续　表

时间	政权或民族	姓名	文散官	武散官	职事官	资料来源	备注
开元十四年(726)	突厥	康思琮			将军	册726	
开元十五年(727)	渤海	其他宿卫首领			不明	册974	
开元十五年(727)	南诏	皮罗阁			永昌郡都督	《滇考》卷上	可信度待考
开元十五年(727)	回纥	伏帝难			瀚海大都督	资213	
开元十六年(728)	突厥	伊难如裴			中郎将	册974	
开元十六年(728)	黑水靺鞨	酋长			云麾将军、黑水经略使	旧199下	赐姓名李献诚
开元十六年(728)	渤海	大都利行	特进		兼鸿胪卿	册974	
开元十六年(728)	蛮	洪充重			中郎将	册974	
开元十六年(728)	渤海	蒸夫须计			果毅	册974	
开元十六年(728)	新罗	金嗣宗			果毅	史8	

续 表

时间	政权或民族	姓名	文散官	武散官	职事官	资料来源	备注
开元十七年(729)	渤海	大胡雅			游击将军	册974	
开元十七年(729)	渤海	大琳			中郎将	册974	
开元十八年(730)	渤海	智蒙			中郎将	册975	
开元十八年(730)	新罗	志满			大仆卿	史8	
开元十八年(730)	大佛涅	兀异			左武卫折冲	册975	
开元十九年(731)	新罗	金志良			太仆少卿员外置	史8	
开元十九年(731)	渤海	使者		将军		册974	不明确是什么将军,但从使者身份来看,不是职事官,应是授予武散官以示优待,下同。
开元十九年(731)	渤海	大取珍等一百二十八			果毅	册974	

续　表

时间	政权或民族	姓名	文散官	武散官	职事官	资料来源	备注
开元十九年（731）	突厥	苏农屈罗达干等二十四人			郎将	册 974	
开元二十年（732）	奚	佃苏等使者		将军		册 975	
开元二十年（732）	奚	使者			郎将	册 975	
开元二十年（732）	新罗	使者			郎将	册 975	
唐玄宗时	安国	安金藏			右骁卫将军	旧 187 上	
开元二十年（732）后	安国	安金藏			兵部尚书	旧 187 上	死后赠官
开元二十一年（733）	护蜜	护真檀			左金吾卫将军员外置	册 964	
开元二十一年（733）	石汗那	婆延达干			中郎将	册 975	
开元二十一年（733）	大食	摩思览达干等七人			果毅	册 975	
开元二十一年（733）	新罗	金思兰			太仆员外卿	旧 199 上	

续 表

时间	政权或民族	姓名	文散官	武散官	职事官	资料来源	备注
开元二十一年(733)	新罗	金兴光	开府仪同三司		宁海军使	旧199上	
开元二十二年(734)	新罗	金端、竭丹			卫尉少卿	史8	
开元二十二年(734)	新罗	金志廉			鸿胪少卿员外置	史8	
开元二十三年(735)	新罗	金荣			光禄少卿	史8	死后受赠
开元二十三年(735)	契丹	李刺乾			左骁卫将军	资214	
开元二十三年(735)	契丹	涅礼			松漠都督	资214	
开元二十三年(735)	契丹	可突干			左卫将军	册975	死后受赠
开元二十四年(736)	营州杂胡	安禄山			平卢讨击使、左骁卫将军	资214	
不明	突厥	史窣干			果毅	资214	
不明	突厥	史窣干			将军	资214	赐名思明

续　表

时间	政权或民族	姓名	文散官	武散官	职事官	资料来源	备注
开元二十四年(736)	新罗	金相			卫尉卿	史8	死后受赠
开元二十五年(737)	新罗	金兴光			太子太保	旧199上	死后受赠
开元二十五年(737)	渤海	公伯计			将军	册975	
开元二十五年(737)	渤海	多蒙固			左金吾卫将军	册975	
开元二十六年(738)	南诏	阁罗凤	特进		左金吾卫大将军、都知兵马大将	《滇考》卷上	
开元二十六年(738)	南诏	诚节			蒙舍川刺史	蛮3	
开元二十六年(738)	南诏	崇			江东刺史	蛮3	
开元二十六年(738)	南诏	成进			双祝州刺史	蛮3	
开元二十六年(738)	南诏	凤迦异			鸿胪上卿兼阳瓜州刺史、都知兵马大将	德	
开元二十七年(739)	渤海	大勖进			左武卫大将军员外置同正	册974	

续表

时间	政权或民族	姓名	文散官	武散官	职事官	资料来源	备注
开元二十七年(739)	渤海	优福子			果毅	册974	
开元二十八年(740)	史国	斯谨提	特进			册964	《册府元龟》把史王斯谨提记作"拓羯王斯谨鞬"。
开元二十九年(741)	中天竺	李承恩		游击将军		旧198	
开元二十九年(741)	护蜜	国王			左金吾卫将军	新221下	
开元二十九年(741)	营州杂胡	安禄山			营州都督、平卢军使、两蕃、渤海、黑水四府经略使	资214	
开元中	西突厥	阿史那献			右金吾卫大将军	旧194下	
开元中	新罗	金忠信			左领军卫员外将军	文1000	
开元年间	西突厥	阙律啜			右骁卫大将军	新215下	
开元年间	史国	国王	特进			新215下	

续 表

时间	政权或民族	姓名	文散官	武散官	职事官	资料来源	备注
开元年间	渤海	门艺			左骁卫将军	新 219	
开元年间	倭国	仲满			左补阙·仪王友	新 220	赐姓名曰朝衡
开元末	突骑施	顿阿波			右武卫员外将军	新 215 下	
开元末	西突厥	忠孝			左领军卫员外将军	新 215 下	
天宝二年（743）	新罗	新罗王之弟			左清率府员外长史	册 975	
天宝二年（743）	渤海	渤海王之弟蕃			左领军卫员外大将军	册 975	
天宝初	南诏	风迦异			鸿胪少卿	德	
天宝初	沙陀	骨咄支			回纥副都护	新 218	
天宝三载（744）	拔悉蜜	阿史那施			左武卫将军	新 217 下	
天宝三载（744）	突骑施哥舒部	哥舒翰			陇右节度使	新 216 上	
天宝六载（747）	小勃律	苏失利之			右威卫将军	新 221 下	

续 表

时间	政权或民族	姓名	文散官	武散官	职事官	资料来源	备注
天宝六载(747)	识匿	跌失伽延之子			都督、左武卫将军	新221下	
天宝八载(749)	护蜜	罗真檀			左武卫将军	资216	
天宝十载(751)	高句丽	高仙芝	开府仪同三司		河西节度使	资216	原河西节度使安思顺最终让位
天宝十载(751)	营州杂胡	安禄山			河东节度使	资216	
天宝十二载(753)	疏勒	裴国良			折冲都尉	新221上	
天宝十二载(753)	突骑施	三姓叶护伽颉利发			左羽林军大将军员外置同正员	册965	
天宝十二载(753)	高句丽	王思礼			兵马使兼河源军使	资216	
天宝十三载(754)	宁远	薛裕			左武卫将军	新221下	
天宝十三载(754)	陀拔斯单	白会罗			右武卫员外中郎将	新221下	
天宝中	渤海	大嵩璘	特进		太子詹事、宾客	旧199下	

续 表

时间	政权或民族	姓名	文散官	武散官	职事官	资料来源	备注
天宝中	勿邓、丰琶、两林	首领			不明	新 222 下	
天宝中	独锦蛮	酋长			巂州刺史	新 221 上	
玄宗时	真腊	王子			果毅都尉	新 222 下	
玄宗时	室利佛逝	使者			折冲	新 222 下	
玄宗时	室利佛逝	国王			左威卫大将军	新 222 下	
玄宗时	阿跌	光进			不明	新 217 下	赐姓李
玄宗时	阿跌	光颜			不明	新 217 下	赐姓李
玄宗时	牂柯	赵国珍			黔中都督	新 222 下	

唐玄宗以后的边疆授官

时间	政权或民族	被封授者	文散官	武散官	职事官	资料来源	备注
至德元载（756）	于阗	胜	特进		兼殿中监	资219	
乾元二年（759）	回纥	王子			左羽林军大将军员外置	旧195	
乾元二年（759）	回纥	骨啜特勤	银青光禄大夫		鸿胪卿员外置	旧195	
乾元三年（760）	于阗	曜			大仆员外卿、同四镇节度副使	新221上	
乾元年间	契丹	李楷其			司空、范阳大都督	文422	死后追赠·追谥为忠烈，见《唐赠范阳大都督忠烈公李公神道碑铭并序》
宝应元年（762）	仆固	仆固怀恩			前锋	资222	
宝应元年（762）	仆固	仆固怀恩			河北副元帅、左仆射兼中书令、单于、镇北大都护、朔方节度使	资222	

续　表

时间	政权或民族	被封授者	文散官	武散官	职事官	资料来源	备注
宝应元年（762）	回纥	自可汗至宰相诸多官员			不明	新 217 上	
宝应元年（762）	回纥	左杀			前锋	资 222	
宝应元年（762）	回纥	阙达干			员外羽林将军	册 973	
上元中	日本	朝衡			左散骑常侍、镇南都护	旧 199 上	
广德元年（763）	仆固	仆固玚			朔方行营节度使	资 223	
广德元年（763）	仆固	仆固玚			御史大夫	资 223	
广德元年（763）	渤海	李怀光			朔方将	资 223	本姓茹，以功赐李氏
广德二年（764）	新罗	使者			检校礼部尚书	册 976	
大历七年（772）	新罗	金标石			卫尉员外少卿	旧 199 上	
大历七年（772）前	回纥	李秉义			左武卫员外大将军	册 976	

续表

时间	政权或民族	被封授者	文散官	武散官	职事官	资料来源	备注
大历中	陆真腊	婆弥			试殿中监	新222下	赐名宾汉
大历中	渤海	钦茂			司空、太尉	旧199下	
贞元元年(785)	于阗	锐			检校光禄卿	资232	
贞元元年(785)	于阗	锐			韶王咨议	资232	授官很快经过丁调整
不明	牂牁蛮	赵国珍			工部尚书	新222下	
贞元七年(791)	牂牁蛮	赵主俗			不明	旧197	
贞元七年(791)	渤海	大常靖			卫尉卿同正	旧199下	
贞元八年(792)	回鹘	使者药罗葛灵	银青光禄大夫		检校右仆射	旧195	本庸人
贞元九年(793)	东女	汤立悉			归化州刺史	旧197	
贞元九年(793)	哥邻	董卧庭			武德州刺史	旧197	
贞元九年(793)	通鹤	邓吉知			试太府少卿兼丹州长史	旧197	行至绵州卒,受赠

续　表

时间	政权或民族	被封授者	文散官	武散官	职事官	资料来源	备注
贞元九年(793)	南水	薛尚悉曩			试少府少监兼霸州长史	旧197	
贞元九年(793)	东女	董卧卿			不明	旧197	
贞元九年(793)	东女	汤厥	银青光禄大夫		试太府卿	旧197	
贞元九年(793)	东女	唱后汤拂庭、美王体、南郎唐	银青光禄大夫		试太府卿	旧197	
贞元九年(793)	粘信	董梦葱			试卫尉卿	旧197	
贞元九年(793)	龙诺	董僻怨			试卫尉卿	旧197	
贞元九年(793)	清远	苏历颠	银青光禄大夫		试卫尉卿	旧197	
贞元九年(793)	南水	薛莫庭及汤息赞、董貌蓬	银青光禄大夫		试太仆卿	旧197	
贞元十年(794)	渤海	大清允			右卫将军同正	旧199下	

续 表

时间	政权或民族	被封授者	文散官	武散官	职事官	资料来源	备注
贞元十年（794）	渤海	大清允之下三十余人			不明	旧 199 下	
贞元十年（794）	契丹	大首领梅落河及以下的官员			果毅都尉	册 976	
贞元十年（794）	奚	梅落隰都等			果毅都尉	册 976	
贞元十年（794）	南诏	尹仇觉			检校左散骑常侍	会 99	
贞元十年（794）	南诏	南诏使者			不明	会 99	
贞元十一年（795）	南诏	凄罗栋			右散骑常侍	旧 197	
贞元十一年（795）	南诏	尹辅酋			检校太子詹事兼御史中丞	旧 197	
贞元十二年（796）	两原蛮	黄少卿		归德将军		旧 196 下	
贞元十二年（796）	吐蕃	论乞髯汤没藏悉诺偗		归德将军		旧 196 下	

续　表

时间	政权或民族	被封授者	文散官	武散官	职事官	资料来源	备注
贞元十三年(797)前	西南蛮	谢汕	朝散大夫		前检校邛州刺史	旧197	
贞元十三年(797)前	西南蛮	来万传			继袭摄蛮州巴江县令	旧197	
贞元十三年(797)前	西南蛮	谢文经	朝散大夫		洋州录事参军	旧197	
贞元十四年(798)	大食	含嗟、乌鸡、沙北三人			中郎将	新221下	
贞元十四年(798)	渤海	大能信			左骁卫中郎将	册976	
贞元十四年(798)	渤海	茹富仇			右武卫将军	册976	
贞元十九年(803)	黎州邛清道蛮	刘志宁			试太常卿	会99	
贞元十九年(803)	南诏	杨侯龙			武试太仆少卿兼御史	会99	
元和元年(806)	渤海	大嵩邻			检校大尉	旧199下	
元和二年(807)	南诏	邓傍传			试殿中监	会99	

续　表

时间	政权或民族	被封授者	文散官	武散官	职事官	资料来源	备注
元和三年（808）	奚	索低			右武威卫将军同正、檀、苏两州游奕兵马使	旧 199 下	赐姓李氏
元和三年（808）	西原蛮	黄少卿			归顺州刺史	资 237	
元和三年（808）	西原蛮	黄少高			有州刺史	新 222 下	
元和三年（808）	沙陀	朱邪执宜			阴山府兵马使	新 218	
元和三年（808）	沙陀	葛勒阿波	特进		左武卫大将军兼阴山府都督	新 218	
元和三年（808）后	沙陀	朱邪执宜			金吾卫将军	新 218	
元和三年（808）后	沙陀	朱邪执宜			蔚州刺史	新 218	
元和四年（809）	奚	没辱孤			右领军卫将军员外同正、幽州卢龙军节度、平州游奕兵马使	册 965	赐李氏
元和七年（812）	新罗	大宰相金崇斌等三人			不明	旧 15	

续　表

时间	政权或民族	被封授者	文散官	武散官	职事官	资料来源	备注
元和八年(813)	诃陵	李诃内			内四门府左果毅	新 222 下	
元和八年(813)	诃陵	李诃内之弟			不明	新 222 下	
元和九年(814)	沙陀	朱邪执宜			检校刑部尚书	新 218	
元和十一年(816)	渤海	高宿满等二十人			不明	册 976	
元和十五年(820)	渤海	大仁秀	金紫光禄大夫		检校司空	旧 199 下	
元和年间	新罗	金忠义			少府监	册 459	
元和中	辰、溆韶蛮	张伯靖			右威卫朔府中郎将	新 222 下	
长庆元年(821)	沙陀	朱邪执宜			金吾卫将军	新 218	
太和二年(828)	新罗	张保皋			武宁军小将	史 10	
不明	新罗	郑年			武宁军小将	新 220	
太和四年(830)	奚	茹羯			右骁卫将军员外置同正员	册 965	

续 表

时间	政权或民族	被封授者	文散官	武散官	职事官	资料来源	备注
太和四年（830）	沙陀	硃邪执宜			阴山都督、代北行营招抚使	资 244	
开成元年（836）	新罗	金允夫			试光禄卿、宣慰及册立等副使	册 976	
会昌元年（841）	新罗	金云卿			入新罗宣慰副使，充兖州都督府司马、淄州长史	旧 199 上	
会昌二年（842）	契苾	契苾通			蔚州刺史	资 246	
会昌二年（842）	契丹	屈戍		云麾将军	守右武卫将军	新 219	
会昌二年（842）	回鹘	嗢没斯			河西党项都将、西南面招讨使	新 217 下	
会昌二年（842）	回鹘	屈武			左武卫将军同正	册 994	
会昌三年（813）	吐蕃	悉相谋			右卫将军	资 247	死后雪冤，追赠
会昌六年（846）	回鹘	颉干伽思		云麾将军	守左骁卫大将军外置同正员	文 750	杜牧:《内州回鹘授骁卫大将军制》

续　表

时间	政权或民族	被封授者	文散官	武散官	职事官	资料来源	备注
会昌六年(846)	回鹘	安宁		云麾将军	守左骁卫大将军外置同正员	文750	
大中元年(847)	沙陀	赤心			蔚州刺史、云州守捉使	新218	赐姓名李国昌
大中元年(847)	沙陀	赤心			大同军节度使	新218	
大中元年(847)	沙陀	赤心			鄜延节度使	新218	
大中元年(847)	沙陀	赤心			振武节度使、检校司徒	新218	
大中十一年(857)	吐蕃	尚延心			武卫将军	资249	
大中十一年(857)	吐蕃	尚延心			河、渭等州都游奕使	资249	
咸通八年(867)	南诏蛮	首领			刺史	资250	赐姓李
乾符二年(875)	新罗	崔致远			宣州溧水尉、都统巡官带侍御史	遗34	
乾符二年(875)	回鹘	李茂勋			留后	资252	

续　表

时间	政权或民族	被封授者	文散官	武散官	职事官	资料来源	备注
唐僖宗时	白兰羌	思恭			左武卫将军、权知夏绥银节度事	新221上	
广明元年(880)	沙陀	李友金			都督	新218	
广明元年(880)	沙陀	李克用			代州刺史、忻代兵马留后	新218	
中和元年(881)	武陵蛮	雷满			牙将	资254	
中和元年(881)	武陵蛮	雷满			朗州留后	资254	
中和二年(882)	白兰羌	思恭			京城西面都统、检校司空、同中书门下平章事	新221上	
中和二年(882)	沙陀	李克用			雁门节度、神策天宁军镇遏、忻代观察使	新218	
中和二年(882)后	白兰羌	思恭			四面都统、权知京兆尹	新221上	
中和二年(882)后	白兰羌	思谏			定难节度使	新221上	

续　表

时间	政权或民族	被封授者	文散官	武散官	职事官	资料来源	备注
中和二年(882)后	白兰羌	思孝			保大节度、鄜坊凡瞿等州观察使，并检校司徒、同中书门下平章事	新 221 上	
中和二年(882)后	白兰羌	思孝			北面招讨使	新 221 上	
中和二年(882)后	白兰羌	思谏			东北面招讨使	新 221 上	
中和二年(882)后	白兰羌	思孝			鄜州节度使兼侍中	新 221 上	
中和二年(882)后	白兰羌	思敬			保大军兵马留后、节度使	新 221 上	
中和三年(883)	沙陀	李克用			东北面行营都统	新 218	
中和三年(883)	沙陀	赤心			代北军节度使	新 218	
中和三年(883)	沙陀	李克用			河东节度	新 218	
中和四年(881)	新罗	崔致远			翰林学士兵部侍郎、瑞书院学士	遗 34	

续 表

时间	政权或民族	被封授者	文散官	武散官	职事官	资料来源	备注
文德元年(888)	沙陀	李克用			检校太师兼侍中	新 218	
大顺二年(891)	沙陀	李克用			守中书令	资 258	
大顺二年(891)	沙陀	石善友			大同防御使	资 258	
景福二年(893)	沙陀	李克用			诸道兵马都招讨使	新 218	
景福二年(893)	沙陀	李克用			太师,兼中书令,邠宁四面行营都统	新 218	
不明	回鹘	李存信			不明	资 255	为沙陀李克用义子

附录二 * 七世纪中期唐与新罗关系的转向: 新罗王金春秋庙号考释

　　金春秋（602—661）是新罗第二十九代王，为新罗统一朝鲜半岛的事业做出了极大贡献。他在位八年，于龙朔元年（661）卒，被新罗人尊为"太宗"，这与贞观二十三年（649）去世的唐太宗庙号相冲，而唐王朝最终并未强行取消金春秋这一庙号，由是为后人留下了诸多疑问。国内学界对金春秋关注较少，有关金春秋的事件，以拜根兴《七世纪中叶唐与新罗关系研究》①《唐朝与新罗关系史论》② 和熊义民《公元四至七世纪东北亚政治关系史研究》③ 所论最具代表性，但多侧重于其促成唐罗联盟的过程及外交策略对彼时东北亚格局的影响的研究。其他学者的著述如姜清波的《入唐三韩人研究》④、金锦子的《五至七世纪中叶朝鲜半岛三国纷争与东北亚政局》⑤、韩昇的

＊　说明：附录二、三、四是已发表过的与本书相关的论文，脚注保留公开发表时的原初格式。

①　拜根兴：《七世纪中叶唐与新罗关系研究》，中国社会科学出版社，2003 年。

②　拜根兴：《唐朝与新罗关系史论》，中国社会科学出版社，2009 年 11 月。

③　熊义民：《公元四至七世纪东北亚政治关系史研究》，暨南大学博士学位论文，2002 年 4 月提交。

④　姜清波：《入唐三韩人研究》，暨南大学博士学位论文，2005 年 4 月提交。

⑤　金锦子：《五至七世纪中叶朝鲜半岛三国纷争与东北亚政局》，延边大学博士学位论文，2007 年 7 月提交。

《唐平百济前后的东亚国际形势》①等也侧重对唐罗关系变迁的阐述，而对金春秋的专门分析文字不多。国外的研究中，朝鲜有少数评论性文章涉及金春秋，如金锡亨的《关于〈世界通史〉有关朝鲜叙述的严重错误》②。韩国的相关研究多数还是侧重于金春秋的外交贡献，注重对新罗与高句丽、唐等各政权之间的关系做整体研究，如丁仲焕《金春秋：三国统一的雄业》③、朴淳教《金春秋外交的成败史》④、卢泰敦《渊盖苏文与金春秋》⑤、郑宰昌《对金春秋的历史审判》⑥、朴成洙《太宗武烈王金春秋的生平和功过》⑦、申采浩《金春秋的外交和金庾信的阴谋》⑧、朴海铉《金春秋的执政过程及其政治意义》⑨、朱甫暾《金春秋的外交活动及新罗内政》⑩等。另外在全海宗《韩中关系史研究》⑪、李丙焘《韩国古代史研究》⑫、李万烈《三国时代史讲座》⑬、申滢植《新罗史》⑭、李基东《新罗的对唐军事同盟和三国统一》⑮等中也侧面提及金春秋。日本福田芳之助《新罗史》⑯、金子修一《隋唐的国际

① 韩昇：《唐平百济前后的东亚国际形势》，《唐研究》第 1 卷，1995 年。
② ［朝］金锡亨等：《关于〈世界通史〉有关朝鲜叙述的严重错误》，《历史研究》1963 年第 5 期。
③ ［韩］丁仲焕：《金春秋：三国统一的雄业》，《韩国的人间像》，新丘文化社，1980 年。
④ ［韩］박춘교：김춘추외교의승부사，푸른 역사，2006 年。
⑤ ［韩］卢泰敦：《渊盖苏文与金春秋》，《韩国市民讲座》总第 5 辑，1989 年。
⑥ ［韩］정재창：김춘추에 대한 역사재판. 인사행정 통권 제 34 호，중앙인사위원회，2007 年。
⑦ ［韩］박성주：태종무열왕김춘추 의생애와 그 공과，庆州文化통권 제 14 호，庆州文化院，2008 年。
⑧ ［韩］申采浩：《金春秋的外交和金庾信的阴谋》，《朝鲜上古史》，萤雪出版社，1972 年。
⑨ ［韩］朴海铉：《金春秋의执权过程과 그政治의 意味》，광주：전남대，1983 年。
⑩ ［韩］朱甫暾：《金春秋的外交活动及新罗内政》，《韩国学论集》总第 20 辑，启明大学，1995 年。
⑪ ［韩］全海宗：《韩中关系史研究》，一潮阁，1970 年。
⑫ ［韩］李丙焘：《韩国古代史研究》，博英社，1976 年。
⑬ ［韩］李万烈：《三国时代史讲座》，知识产业社，1976 年。
⑭ ［韩］申滢植：《新罗史》，梨花女子大学出版部，1982 年。
⑮ ［韩］李基东：신라의 대당对唐军사동맹과 삼국통일，《韩国史市民讲座》第 36 集，一潮阁，2005 年。
⑯ ［日］福田芳之助：《新罗史》，若林春和堂，大正 2 年。

秩序与东亚细亚》①、三品彰英《三国遗事考证》②、内藤隽辅《关于在唐朝鲜人之活动》③、堀敏一《隋唐帝国与东亚》④、铃木靖民《七世纪中叶百济的政变和东亚细亚》⑤等也对金春秋有一些涉及。然而总体上来看,以上有关金春秋的著述中未见对于金春秋庙号的专门阐述和解析。而金春秋庙号所体现的唐与新罗之间关系的演进过程,是研究彼时唐罗关系史的一个比较好的切入点,以下展开考论。

一、关于金春秋庙号事件的相关记载

金春秋是七世纪活跃于东亚的著名外交家、军事家,他在唐与新罗关系史乃至东亚各国关系史上都占有重要地位。作为新罗第二十九代王,他在位期间采取了事唐的外交策略,在唐朝灭亡百济和高句丽的战争中充当了向导和先锋的作用,为新罗统一朝鲜半岛的事业做出了极大贡献。金春秋在位八年,于龙朔元年(661)薨,终年59岁。辞世时,正值唐罗联军平灭劲敌百济告捷,准备打击百济残军并大规模进攻高句丽的重要阶段。唐高宗得知他逝世的消息,特地在洛阳为之举哀。金春秋去世后新罗尊其为"太宗",庙号加谥号的全称为"太宗武烈王",这也是新罗历史上首次参照中原王朝的庙号制度。

对金春秋之死以及庙号,《三国史记》和《三国遗事》分别记载如下:

> 王薨,谥曰武烈,葬永敬寺北,上号太宗。高宗闻讣,举哀

---

① ［日］金子修一:《隋唐の国际秩序と东アジア》,名著刊行会,2001年。

② ［日］三品彰英:《三国遗事考证》,塙书房,1975年。

③ ［日］内藤隽辅:《关于在唐朝鲜人之活动》,《朝鲜史研究》京都大东洋史刊,1956年。

④ ［日］堀敏一:《隋唐帝国与东亚》,韩昇、刘建英译,云南人民出版社,2002年。

⑤ ［日］铃木靖民:《七世纪中叶百济的政变和东亚细亚》,百济研究丛书3《百济史的比较研究》,书景文化社,2000年。

于洛城门。①

唐中宗遣使口敕曰:"我太宗文皇帝,神功圣德,超出千古,故上迁之日,庙号太宗。汝国先王金春秋,与之同号,尤为僭越,须急改称。"王与群臣同议,对曰:"小国先王春秋谥号,偶与圣祖庙号相犯,敕令改之,臣敢不惟命是从。然念先王春秋,颇有贤德,况生前得良臣金庚信,同心为政,一统三韩,其为功业,不为不多。捐馆之际,一国臣民不胜哀慕,追尊之号,不觉与圣祖相犯。今闻教敕,不胜恐惧,伏望使臣复命阙庭,以此上闻。"后更无别敕。②

真德王薨,(金春秋)以永徽五年甲寅即位,御国八年,龙朔元年辛酉崩,寿五十九岁。葬于哀公寺东,有碑。王与庚信神谋勠力,一统三韩,有大功于社稷,故庙号太宗。③

神文王时,唐高宗遣使新罗曰:"朕之圣考得贤臣魏征、李淳风等,协心同德,一统天下,故为太宗皇帝。汝新罗海外小国,有太宗之号,以僭天子之名,义在不忠,速改其号。"新罗王上表曰:"新罗虽小国,得圣臣金庚信,一统三国,故封为太宗。"帝见表乃思。储贰时,有天唱空云"三十三天之一人,降于新罗为庚信"。纪在于书,出检视之,惊惧不已。更遣使许无改太宗之号。④

中国史料对于金春秋卒年的记载相对简单,列举如下:

龙朔元年,春秋卒,诏其子太府卿法敏嗣位,为开府仪同三

---

① [高丽]金富轼:《三国史记》卷第五《新罗本纪》,太宗武烈王八年,孙文范等校勘,吉林文史出版社,2003年,第78页。

② [高丽]金富轼:《三国史记》卷第八《新罗本纪》,神文王十二年,孙文范等校勘,吉林文史出版社,2003年,第108页。

③ [高丽]一然:《三国遗事》卷第一《纪异》第二,太宗春秋公,孙文范等校勘,吉林文史出版社,2003年,第56页。

④ [高丽]一然:《三国遗事》卷第一《纪异》第二,太宗春秋公,孙文范等校勘,吉林文史出版社,2003年,第62页。

司、上柱国、乐浪郡王、新罗王。三年，诏以其国为鸡林州都督府，授法敏为鸡林州都督。①

龙朔元年，(金春秋)死，法敏袭王。以其国为鸡林州大都督府，授法敏都督。②

九月，癸巳朔，特进新罗王春秋卒。以其子法敏为乐浪郡王、新罗王。③

按照朝鲜史料的记载，金春秋于太宗武烈王八年(661)逝世后即"上号太宗"，而唐朝对此并未做出反应；唐朝"口敕"金春秋庙号是在新罗神文王(681—692年在位)时期，即金春秋逝世后三十年左右；新罗在回应唐朝的斥责时，虽语气谦恭，但都在力表金春秋和臣子金庾信的功绩，意在保住庙号；新罗最终"无改太宗之号"，唐朝最终赦免了新罗与唐"庙号相犯"这一"僭越"之过。

中国史料确定金春秋卒于"龙朔元年"即661年；金春秋之子金法敏被授予的官职经历了由661年(新罗太宗武烈王八年)"新罗王"到663年(新罗文武王三年)"鸡林州大都督"的转变。这两点在朝鲜史料中也有一致记载，但中国史料均未提到661年(新罗太宗武烈王八年)金春秋庙号为"太宗"以及约三十年后责问之事。

从中朝史料的对比可以看出，金春秋庙号之事单方面见于朝鲜史料，开始尊奉庙号与庙号受到唐朝斥责这两件事前后有呼应。朝鲜史料中所陈述的金春秋被尊奉为"太宗"的原因，似乎是有意附会中原地区订立庙号的"祖有功而宗有德"的传统，强调金春秋任用良臣金庾信，"一统三韩"，"颇有贤德"。

---

① 《旧唐书》卷第一百九十九上，列传第一百四十九，东夷新罗，中华书局，1975年，第5336页。

② 《新唐书》卷第二百二十，列传第一百四十五，东夷新罗，中华书局，1975年，第6204页。

③ 《资治通鉴》卷第二百，唐纪十六，高宗龙朔元年，中华书局，1956年，第6325页。

关于金春秋的庙号在新罗历史上的地位和作用,可以参照《三国史记》的如下记载:

> 新罗宗庙之制,第二代南解王三年春,始立始祖赫居世庙,四时祭之。以亲妹阿老主祭。第二十二代智证王于始祖诞降之地奈乙创立神官以享之。至第三十六代惠恭王,始定五庙,以味邹王为金姓始祖,以太宗大王、文武大王平百济、高句丽有大功德,并为世世不毁之宗,兼亲庙二为五庙。至第三十七代宣德王,立社稷坛。
>
> 又见于祀典,皆境内山川而不及天帝者,盖以《王制》曰:"天子七庙,诸侯五庙,二昭二穆与太祖之庙而五。"又曰:"天子祭天、地,天下名山大川,诸侯祭社稷、名山大川之在其地者。"是故不取越礼而行之者欤。然其坛堂之高下,壝门之内外,次位之尊卑,陈设登降之节,尊爵、笾豆、牲牢、册祝之礼不可得而推也,但粗记其大略云尔。[①]

由上述记载可知,金春秋及其子金法敏是新罗不毁之宗,而且金春秋的"太宗"庙号是新罗历史上参照中原王朝庙制而尊奉"某宗"的唯一一例。参照相关的高句丽、百济史料,没有发现尊奉"某宗"之庙号的记载。也就是说,金春秋是新罗时期朝鲜历史上唯一一个死后被尊奉庙号为"某宗"的新罗王。

而从上引"新罗宗庙之制"的记载来看,新罗的宗庙制度是建立在尊奉中原王朝皇帝为"天子"的基础上的,天子七庙,新罗实行五庙制,自我定位为"诸侯",承认中原王朝的统辖权,并且在社稷坛、祭祀典、礼节位次等方面都尊奉中原王朝皇帝的天子地位,"不取越礼而行之"。这说明新罗很注重宗庙相关制度与中原王朝诸侯宗庙规定

---

① [高丽]金富轼:《三国史记》卷第三十二《杂志》第一,祭祀·乐,孙文范等校勘,吉林文史出版社,2003年,第404—405页。

的一致性，而金春秋执政期间一直以事唐为要，因而应是非常了解和接受唐朝的宗庙制度的。那么"太宗"之庙号是否新罗人不知情，无意而为之呢？

金春秋继位之前及在位期间与唐朝交往其密，还主动引进唐朝的典章制度，对于唐朝的庙讳应该是非常清楚的，而且即使在位期间并不知唐朝庙讳的全面信息，从以下记载可以看出，其实新罗在金春秋去世当年已经接到了避讳帝王宗庙之讳的详细信息：

> 始，仁轨任带方州，谓人曰："天将富贵此翁邪！"乃请所颁历及宗庙讳，或问其故，答曰："当削平辽海，颁示本朝正朔。"卒皆如言。及封泰山，仁轨乃率新罗、百济、儋罗、倭四国酋长赴会。天子大悦，擢为大司宪。迁右相，兼检校太子左中护。累功封乐城县男。[①]

> 刘仁轨为检校带方州刺史兼熊津道行军长史。显庆五年，大军征辽，仁轨仍别领水军二万袭破倭贼数万于白江，虏掠船舰四百余艘，倭贼及眈罗等国皆遣使诣之请降。初，仁轨将发带方州，谓人曰："天将富贵此翁耳！"于州司请历日一卷，并七庙讳。人怪其故，答曰："拟削平辽海，颁示国家正朔，使夷俗尊奉焉。"至，果以军功显，正除带方州刺史，又检校熊津都督、总知留镇兵马事。[②]

以上两则史料说明，在显庆五年(660)唐朝检校带方州刺史刘仁轨已经将唐朝的历法和七庙之讳一同传达到了朝鲜半岛，并且在平灭百济的战争开始之前就有意识地将战争与颁布唐朝正朔联系到了一起。

---

① 《新唐书》卷一百八·列传第三十三，刘仁轨，第4084页。
② (宋)王钦若等：《册府元龟》卷三百五十八，将帅部，立功一一，中华书局，1960年，第4242页。

事实上，刘仁轨甚至将唐朝的宗庙制度的相关规定传达给了已经战败、残破不堪的百济：

> 诏刘仁轨将兵镇百济，召孙仁师、刘仁愿还。百济兵火之余，比屋凋残，僵尸满野。仁轨始命瘗骸骨，籍户口，理村聚，署官长，通道涂，立桥梁，补堤堰，复陂塘，课耕桑，赈贫乏，养孤老，立唐社稷，颁正朔及庙讳，百济大悦，阖境各安其业。然后修屯田，储糗粮，训士卒，以图高丽。①

由以上记载不难推断，新罗不知道唐朝皇帝名讳和庙讳的可能性不存在。《三国史记》记载"小国先王春秋谥号，偶与圣祖庙号相犯"，似乎新罗人并不是有意为之。这样的说法是无法成立的。

唐太宗去世于贞观二十三年(649)，比金春秋早十余年，史载唐太宗去世时，"四夷之人入仕于朝及来朝贡者数百人，闻丧皆恸哭，剪发、劙面、割耳，流血洒地……先是，太宗二名，令天下不连言者勿避；至是，始改官名犯先帝讳者。"②可见唐太宗的离世对四夷造成的影响是巨大的，新罗也同时接收到了避讳唐太宗之名的相关信息，则宗庙之名不可与唐太宗相犯，也必是此时就已明了的。更何况唐太宗离世次年，新罗王金真德还派遣金春秋之子金法敏，也就是后来继位于金春秋并尊奉金春秋"太宗"庙号的新罗王，入朝献锦。③ 这样，新罗没有理由不知道唐太宗的名讳和庙讳。

二、金春秋庙号事件背后的唐罗关系

虽然这段新罗史距今已远，但根据韩国庆尚北道保存至今的"太

---

① 《资治通鉴》卷第二百一唐纪十七，高宗龙朔三年九月，第 6338 页。
② 《资治通鉴》卷第一百九十九唐纪十五，太宗贞观二十三年四月，第 6268 页。
③ 《新唐书》卷二百二十，列传第一百四十五，东夷新罗："高宗永徽元年，攻百济，破之，遣春秋子法敏入朝。真德织锦为颂以献。"第 6203 页。

宗武烈大王之碑"①的碑额，我们可以推知金春秋的庙号"太宗"在新罗时期是实际存在的。而这一庙号的存在也必然会影响彼时的唐罗关系。

中原王朝施行的庙号制度，从商朝就有明确记载了。汉朝对于庙号控制严格，很多皇帝只有谥号，没有庙号。到了唐朝，庙号制度大为放宽，参考谥法而制订了庙号，庙号在前谥号在后成了帝王死后的全号。在东亚，除了中国以外，王氏高丽前中期、李氏朝鲜、越南李朝、陈朝等，君主对中国自称国王，但死后也有庙号。中原王朝的庙号制度比较完备，并且在唐朝时期发展到了新的阶段。新罗作为唐朝的藩属国，所施行的庙号制度必然是被要求服从唐朝的相关规定的。

朝鲜史料中关于金春秋庙号受到"口敕"的记载需要进行分析。新罗神文王时期，以唐朝之至尊受贡国身份发出的敕令新罗并未服从，反而"据理力争"，最终未改金春秋"太宗"之庙号，这样的记载可信吗？

此事件完全见于朝鲜史料，从表面上看，约三十年后唐朝得知金春秋庙号之事后"口敕"新罗之"僭越"似也合理，但由于金春秋对新罗的功绩和新罗一员大将金庚信的声威就认同此庙号的说法则完全基于新罗的角度，很明显不是唐朝对此事件处理时应考虑的重点，且史料有意将金庚信神化了，可信度很低，是无法成立的。所以，含有神话成分的口敕事件可以断定是不存在的，金富轼或之前的其他人为了给金春秋庙号的存在找到一个理由，编设了唐朝认同的过程并将此事件流传下来。也正是由于金春秋逝世时唐对该庙号未做出反应的说法实在令人费解，金富轼等人就打造了神文王时期唐朝终于承认此庙号的"艰难"过程并用了对唐表示忠心和请求的"不觉与圣

① 韩国古代社会研究所编：《韩国古代金石文译注》，1992 年，第 122 页。

祖相犯""不胜恐惧"①之类的言语将口敕事件合理化。

金富轼等人刻意地解释此庙号存在的过程,实是由于此庙号的重要意义。对新罗而言,金春秋的庙号"太宗"不只是代表他一个人,也标志着新罗进入了一个新的时代,体现了新罗人强烈的民族自豪感和自我认同意识。正因为意义重大,新罗君民便会力争保全。而此时唐由于内部政治斗争和西北吐蕃的强大攻势,"在维持自己天下秩序的前提下,容忍了新罗对半岛事务的自主统辖方式"②。

在金春秋庙号存在的前提下,可以展开以下设想:

第一,此庙号应为金春秋之子文武王金法敏领导下开始尊奉的,③但不为唐所接受。

从中朝史料记载来看,唐朝对朝鲜半岛上的朝贡国进行册封和授官,偶有追谥某王的情况,但只是封号或谥号。此庙号既不受唐之封,则此庙号的尊奉者只能是以文武王为首的新罗人了,出于对先王的"不胜哀慕",奉其为本国"太宗"能够理解。但对唐来说,这一庙号却无疑是应该受到严厉谴责的而不予承认的。从庙号的意义来看,其应为皇帝死后,在太庙立室奉祀时追尊的名号。新罗时一直奉唐皇为"帝",自己的君主为"王",即使在唐罗战争时期也如此。即便允许使用庙号,新罗的级别也不能允许与唐完全相同,况且是在唐太宗去世不久的情况下。而且综观《三国史记》,同时期的高句丽、百济未有尊奉庙号的现象。

对唐来讲,新罗擅自使用帝王庙号且名为"太宗",这是在犯极大的忌讳。有唐一代十分重视宗庙制度并根据君王的身份确定在宗庙中的级别。对于朝贡国之人,唐所谓的"夷"人,即使为唐做出巨大贡

---

① [高丽]金富轼:《三国史记》卷第八《新罗本纪》,神文王十二年,孙文范等校勘,吉林文史出版社,2003年,第108页。

② 拜根兴:《七世纪中叶唐与新罗关系研究》,中国社会科学出版社,2003年,第108页。

③ [日]葛城末治:《朝鲜金石文》,载于《朝鲜史讲座(下)》,朝鲜史学会,1923年,第38页。

献,乘辇、谒庙的身份也有严格规定,细节都力求规整的唐朝君臣,很难想象会允许藩属国使用"太宗"这样的庙号。

第二,可以推知,新罗可能当时未将此庙号上报给唐,也可能私自尊奉很久之后唐朝才得知此事或一直未知。

从中国史料对新罗发生的这件关乎礼制的重大事件的缺载来看,金春秋逝世之后新罗并没有当即将庙号一事上报给唐,否则在六月唐高宗为金春秋"举哀"时和当年十月底唐使前来"吊慰"时一定会有所反应。"由于新罗国内政情的原因,不能排除在新罗发生的一些事件的一部分内容,新罗使者在传达、告知过程中,有意识地转换角度或者回避的可能性。"①而从唐史一直未有记载这一点来看,新罗私下尊奉此庙号的可能性存在,或者说新罗一直没有将此庙号上报,只是私下里暗自称颂。

第三,新罗私自保有金春秋此庙号说明了新罗实力的增强,唐朝的政治局面不容乐观,唐罗关系发生了转向。

金春秋庙号对唐朝的触犯,是新罗成长起来的一个标志,体现了唐罗关系由唐朝主导向新罗增强自主性的转向。金春秋去世时,正值唐罗联军初平百济、需要进一步消灭百济残军的时候。这时的唐罗矛盾尚不明显,关系尚未恶化,唐罗联盟对唐罗双方来讲都是重要的。新罗必须借助唐朝的力量打击百济残敌,巩固既得战果。而对唐朝来讲,其长远目标在于一直威胁其东北地区的高句丽。要想达成这一目标,没有新罗在第一线的物资、军队和作为向导的支援是不行的,这时新罗即使犯讳,唐王朝也可能会忍耐。平灭百济之后,唐命新罗参加了与百济败将的熊津会盟,希望新罗与百济交好,这与新罗希望占领百济的意图产生了矛盾,新罗王金法敏私据百济之地,唐朝下诏削其官爵,674年另封了一位新罗王。金法敏上表乞罪,唐复

_____

① ［日］末松保和:《新罗史の诸问题》,东洋文库,1954年,第420页。

其官爵。① 此时的新罗迅速发展壮大起来,成为朝鲜半岛上强大的反唐势力。金春秋庙号的保留,与新罗国力的增强是分不开的。

金春秋去世前后的几年,正是唐朝宫廷内部政治混乱的时候,唐高宗在内政方面也分身乏术。高宗即位以来,唐朝廷内部政治斗争连续不断,短短十年间,罢黜宰相的重大斗争竟达六次,政治极度紧张。臣子频频更换,在这种情况下,唐朝的内政、外交不可能不受影响,有意或无意地忽略新罗的动向亦有可能。

第四,金春秋庙号的得以保留,一定程度上也反映了七世纪中期唐罗关系在冲突之后,最终走向了友好。

从《三国史记》和唐史的记载来看,战争期间新罗王金法敏不断以"臣某死罪谨言……粉身糜骨,未足上报鸿恩"②之类的谦恭言辞向唐请罪并不断朝贡,唐朝另封新罗王引起了金法敏的恐慌,这些说明新罗认同唐朝的册封,在寻求利益的同时,仍极力维持与唐的藩属关系。对于唐朝来讲,由于受制于与吐蕃的战争,唐朝内部又频现天灾,此外唐朝一连串的战略、战术失误如对新罗战略意图疏于防范,没有认识到所谓高句丽复国战争与唐罗战争是同一场战争,没有对熊津都督府的战略地位善加利用,因而最终造成了熊津都督府的失陷和唐罗战争的失败,③而承认新罗的统治又并不影响唐对半岛的实际经略,④因而唐罗战争结束后,"统一新罗"的建立成为可能。

在高句丽被平灭以后,唐朝陷入了西南对吐蕃的战争不能自拔,

---

① [高丽]金富轼:《三国史记》卷七《新罗本纪》,文武王下十五年,孙文范等校勘,吉林文史出版社,2003年,第100页。

② [高丽]金富轼:《三国史记》卷七《新罗本纪》,文武王下十二年,孙文范等校勘,吉林文史出版社,2003年,第98页。

③ 参见赵智滨:《熊津都督府陷落始末——兼论唐罗战争的爆发》,《中国边疆史地研究》2010年第2期。

④ 参见李大龙:《汉唐藩属体制研究》第381页的分析:"既然新罗是唐王朝的'藩臣',那么百济之地是由唐王朝直接管辖还是由新罗占据,对于唐王朝来讲并不影响拥有百济之地的性质。"见于李大龙:《汉唐藩属体制研究》,中国社会科学出版社,2006年。

既然在金春秋庙号初奉的时候没有及时责问,则此后再进行严厉的惩罚意义就不明显。"只要属国不公开藐视天朝的权威,按期遣使朝贡,中原朝廷对其内政便不予干涉。"①这时的新罗也如此,在支持唐军伐高句丽的战争胜利之后,唐有可能不再过问新罗内部事务。而金春秋庙号的最终保留,也可以看作是唐与新罗之间达成了妥协,不管这种妥协是有意还是无意。唐对金春秋庙号的忽略或默认,由此也可以看作是两国在内外形势面前互相让步、妥协,最终走向友好的象征。

从以上分析可以看出,金春秋庙号事件实是七世纪中叶唐与新罗关系发生变化并走向一个新阶段的具体体现。金春秋之"太宗"庙号在新罗时期应是存在的,然而朝鲜史的相关记载的真实性应当予以分析。金春秋的庙号虽不为唐所接受但最终被保留下来,可看作新罗国力由弱转强和唐罗关系最终走向友好的重要标志。

---

① 李云泉:《朝贡制度的理论渊源与时代特征》,《中国边疆史地研究》2006 年第 3 期。

附录三　困蕃之策:中唐名臣李泌的边疆战略

　　唐玄宗天宝十四载(755)安史之乱爆发后,由于连年战乱,唐王朝实力大为削弱。经过肃宗、代宗时期平定叛乱的得力,从德宗开始,边疆主要矛盾集中在回纥与吐蕃上,其中最大的威胁来自西部的吐蕃。重臣和谋略家李泌(722—789)提出了著名的"困蕃之策",这一策略的有效实施对迅速改变唐与吐蕃的实力对比起到了十分重要的作用。目前对于李泌困蕃之策的研究散见于有关中唐民族关系、吐蕃、边疆策略的著述中,如崔明德先生《隋唐民族关系思想史》[①]从民族关系的角度解析了李泌的思想。至今未见系统解析李泌困蕃之策的著作或论文,本文试做一尝试。

　　吐蕃王朝7世纪建立之初,势力范围仅限于今天的西藏地区。之后逐渐强大,先后征服了今青海、甘肃、川西北一带的吐谷浑、党项、白兰等部族,占据了今青海境内黄河以南、青海湖以西的广大地区,又进军西域,联合西突厥与初唐争夺安西四镇。天宝十四载(755)"安史之乱"爆发后,唐为了平叛,从河、陇抽调了大批驻军,吐蕃乘虚而入,与唐争夺陇右、于阗、河西等地,之后不断向北部、东部扩展,使中唐三朝长期遭受战争重创。唐代宗本人甚至还被吐蕃大军逼出长安避乱,吐蕃扶植了新的唐朝皇帝,德宗在吐蕃进攻之下也

---

① 　崔明德:《隋唐民族关系探索》,青岛海洋大学出版社,1994年。

曾有过逃出长安的打算,可见吐蕃势力的巨大直接威胁。

一、唐与吐蕃战争概况

根据史料记载,从唐肃宗至德元年(756)到唐德宗贞元二十一年(805)三朝短短的 50 年间,唐蕃之间发生的见于明确记载的大小战争达 69 次之多。肃宗时期(756—762)4 次:发生在唐西北的有至德元载(756)、乾元元年(758)、上元元年(760)共 3 次,①其中至德元载吐蕃联合南诏夺取唐西北三城;发生在唐腹心地区的有至德二载(757)1 次。代宗时期(763—779)32 次:发生在唐西北的有广德二年(764)、大历三年(768)、大历四年(769)、大历七年(772)、大历八年(773)、大历十年(775)、大历十一年(776)、大历十三年(778)共 14 次;发生在唐西部的有宝应元年(762)、广德元年(763)共 3 次;发生在唐腹心的有广德元年(763)、广德二年(764)、永泰元年(765)、大历二年(767)、大历三年(768)、大历五年(770)、大历八年(773)、大历十二年(777)、大历十三年(778)共 12 次,其中广德元年吐蕃联合吐谷浑、党项、氐、羌二十万军队攻入长安,广德二年(764)、永泰元年(765)仆固怀恩联合回纥、吐谷浑、吐蕃、党项羌、浑、奴剌等进逼长安;发生在唐西南的有广德元年(763)、大历三年(768)、大历十年(775)、大历十一年(776)、大历十二年(777)、大历十四年(779)共 7 次,其中大历十一年吐蕃联合突厥、吐谷浑、氐、羌二十余万军队进犯西川,大历十四年(779)吐蕃联合南诏二十万军队进攻蜀地。德宗时期(780—805)33 次:其中发生在唐西北的有贞元二年(786)、贞元三年(787)、贞元六年(790)、贞元七年(791)、贞元八年(792)、贞元十二年(796)、贞元十六年(800)共 10 次;发生在唐西部的有贞元八年

---

① 这里按照唐朝西北、西部、腹心、西南分别计量次数,有的战争同时在几个地区发生,由于统一部署,实际上属于一次战争。也因此,各地区战争的次数总和不等同于各朝战争总数的统计。

(792)1 次;发生在唐腹心的有贞元二年(786)、贞元三年(787)、贞元四年(788)、贞元九年(793)、贞元十四年(798)、贞元十七年(801)共 9 次,其中贞元三年(787)吐蕃联合羌、浑入寇陇州;发生在唐西南的有贞元五年(789)、贞元九年(793)、贞元十年(794)、贞元十一年(795)、贞元十二年(796)、贞元十三年(797)、贞元十五年(799)、贞元十六年(800)、贞元十七年(801)、贞元十八年(802)共 14 次,其中贞元五年(789)唐联合东蛮、两林蛮在巂州大败吐蕃,贞元十年(794)唐联合南诏分头进攻吐蕃,贞元十五年(799)唐与南诏共同抵抗吐蕃进犯。

以上战争多是吐蕃向唐朝边境和腹心地区寇扰,德宗后期才开始出现唐朝的主动反攻。而吐蕃的侵扰在李泌困蕃之策实施之前多是长驱直入,其少遭受伤亡,与此相对的是唐朝军队的节节败退,西北、北部、西南大片疆土的陷落;李泌困蕃之策全面实施之后,吐蕃侵唐遭到了强有力的抵抗,唐朝开始了有效反击并逐步收回重要军事据点,加之吐蕃内乱势力衰落,唐蕃之间的关系迅速转折,吐蕃恢复与唐和好,823 年唐蕃在长庆举行了以舅甥关系为基础的会盟,标志着唐蕃关系正式进入了平缓期,吐蕃此后再也没有发动对唐朝的大规模战争。

由所统计的肃宗、代宗、德宗三朝时期唐蕃战争的具体情况,不难看出唐蕃之间战事频仍、边界盈缩的变化过程,也可以看出以吐蕃侵唐为主的唐蕃战争发生地点集中在唐朝边疆地区和京都长安附近,尤以边疆要地为主,这导致了唐蕃接界地区疆土的盈缩。吐蕃作战的前期方向多集中在西北和北部,以及唐朝京都附近,注重与唐朝争夺丝绸之路的军事要地;后期势力向东部扩展,注重控制南方丝绸之路的军事要地,体现在与南诏联合进攻蜀地以及之后对南诏的讨伐上。吐蕃发动的对唐朝边地的战争,多在农牧分界区,多以军事占领牧区和寇扰劫掠农区为目的;对唐朝腹心地区的战争,多不以军事占领为目的,更多地体现为掠夺物产和人口,之后返回故土。吐蕃还善于役使属部及被控制的民族政权如吐谷浑、党项等，给予一定的好处，以他们为先锋，为自己开疆拓土，争夺与唐接界的地区；也善于联络实力大致相当的回纥与南诏，使唐陷入多方受敌的困境。

唐德宗兴元元年（784），为了助讨叛乱的朱泚，唐朝向吐蕃借兵，并许诺事成之后把安西、北庭之地割让给吐蕃。朱泚叛乱平定后，吐蕃来取两地，李泌向德宗分析，安西、北庭地区的人骁勇剽悍，该地控制着西域五十七个政权以及十个姓氏的突厥人，能分散吐蕃之势，因而不能轻易放弃，况且两节镇的人们势力孤单，竭力为国家坚守边疆近二十年，若被交给吐蕃，日后必定会随吐蕃来报仇。吐蕃在征讨朱泚叛军的过程中总是持观望态度，还趁火打劫劫掠了武功地区，对平乱没有什么功劳，因而不能割让两地。这个建议终被德宗采纳。①

二、李泌的"困蕃之策"

为进一步解决吐蕃之患，贞元三年（787），宰相李泌详细审视了边疆形势和吐蕃的状况，向唐德宗提出了"北和回纥，南通云南，西结大食、天竺，如此，则吐蕃自困"的策略。李泌分析，回纥自唐肃宗时期助唐收复长安以来，一直与唐朝关系密切，应该不难争取。南诏自汉以来就臣属中央，以前是杨国忠侵扰，才使得其背叛唐朝投向吐蕃。吐蕃给南诏施加很重的赋税，一心想归唐，所以也是可以招抚的。争取到南诏，就断了吐蕃右臂。大食在西域最强盛，由葱岭起，直抵西海边，地域几乎占据天下的一半。它与天竺都仰慕中国，又世代与吐蕃有仇，所以也是可以招抚的。②

李泌困蕃之策的具体内容有四个方面：

一、以困为主，不深入吐蕃内部，防范吐蕃北上和东进，将吐蕃势力限制在牧区。使吐蕃不能轻易犯边是困蕃之策的主要目的。

---

① 《资治通鉴》卷 231 唐德宗兴元元年。
② 事见《资治通鉴》卷 233 唐德宗贞元三年。

李泌之所以以"吐蕃自困"为目标,显然是从实际出发,认为吐蕃只能防范,短期之内不可能征服。在李泌生活的玄宗、肃宗、代宗、德宗时期,吐蕃的彪悍善战始终为衰弱的中唐所忌惮,即使有郭子仪、李晟、马燧等大将为唐朝守疆卫土,但纵观三朝五十年,直到困蕃之策全面实施,唐一直没有主动进攻吐蕃的能力,因而"困"是应对吐蕃寇扰的最切合实际的做法。当然李泌所说的"困",并不是唐朝的最终目的,吐蕃被困住之后,唐朝必然进一步收复三朝丧失的疆土。

二、分化瓦解吐蕃的联合力量,将在唐蕃战争中处于核心地位的两个政权——回纥与南诏作为争取的对象。与回纥联合,同时限制回纥;争取南诏,斩断吐蕃右臂。

这一条是李泌困蕃之策的核心一环。中唐最强劲的三大边疆政权是吐蕃、回纥、南诏,均与唐地域相接,其中回纥位于唐西北,与唐陇右、河西地区紧邻,若回纥与吐蕃联手,在南北夹攻之下,唐安西、北庭、安北都护府这些丝绸之路上的重要据点无疑不保。南诏位于唐西南,是唐由蜀入天竺(今印度)的南方丝绸之路上的重要据点,又紧邻唐安南都护府,是唐对抗吐蕃南下的牵制力量。三朝时期,吐蕃曾经多次联合回纥攻唐,之后双方在领地纷争中矛盾激化,不断发生战争。南诏本是唐朝扶植而壮大起来的西南政权,但是之后坐大,在与唐发生矛盾时转而投靠吐蕃,成为吐蕃进攻蜀地的先锋,然而南诏也深受吐蕃盘剥。回纥、南诏曾在吐蕃的作用下联手,致使肃宗、代宗期间四方乱起,唐朝无力招架。李泌正确分析了回纥、南诏与吐蕃的矛盾和争取的可能性,提出了联合二者,切断吐蕃的北盟和右臂的策略,这是时局之下的"合纵",无疑能够起到瓦解吐蕃力量的作用。然而鉴于回纥之前对唐的经济掠夺,唐联合回纥的时候,李泌适时提出了回纥称臣等限制条件。

三、镇抚安西、北庭以牵制吐蕃北上,避免吐蕃切断唐朝丝绸之路。同时与大食、天竺联合,确保其在唐蕃战争中保持中立或者倒向唐的一边,这些措施使唐朝边疆区域得到安全保障。

安西、北庭是唐通往大食、吐火罗、天竺等地的丝绸之路上的重要据点,对于保护汉朝以来的传统丝绸之路要道有着至关重要的作用,两地也对牵制吐蕃势力、保卫唐朝边疆意义重大,正如李泌的分析,"安西、北庭,人性骁悍,控制西域五十七国及十姓突厥,又分吐蕃之势,使不得并兵东侵,奈何拱手与之!"①与安西、北庭之地直接相连的大食势力较强,因其东南与吐蕃位置相近,与吐蕃存在领地纷争,矛盾积代。与吐火罗相连的天竺情况与大食相似,又东面紧邻吐蕃,虽隔着喜马拉雅山也不免常年受到侵扰。二者虽处于较边远地带,但都有多年朝贡唐朝的基础,是可以争取的对象。联合了大食与天竺,与唐东西夹攻吐蕃,有助于开展有效打击。

四、经济策略,包括两方面:与党项、吐蕃开展贸易,鼓励屯田,保证边疆地区的经济生产;保证东南的粮食生产和输送渠道畅通,使对吐蕃的军事行动有军备保障。

如前所述,吐蕃寇边除了抢占军事据点,还有一个重要目的就是劫掠唐朝边疆物产人口,特别是在秋高马肥的季节,唐境谷麦丰稔,吐蕃纵兵抢收,将粮食悉数劫掠,导致唐朝边疆百姓乏食。由于唐朝边疆地区的将士军粮由中央提供,所以军事储备相对有保障,但是边疆地区的建设与生产仍会受到严重影响。李泌得知"吐蕃久居原、兰之间,以牛运粮,粮尽,占无所用"的情况,就建议把左藏中质地变坏的丝帛重新扎染成花色斑斓的丝帛,通过党项人卖给吐蕃换取吐蕃无用的耕牛,这一建议为边疆地区耕种荒田、解决粮食问题提供了途径。他认为,边疆地区的居民极为稀少,将士们每月吃官府供应的粮食,耕种的谷子、麦子无处去卖,就能平抑已涨起来的粮价。此外,由李泌倡议而开展的屯田,是有效缓解边疆民众生产生活用度困难的

① 《资治通鉴》卷 231 唐德宗兴元元年。

重要举措。李泌加强对东南的控制,保证安史之乱后唐朝的主要粮食供应区,保证了中央用度与边疆"防秋"即防范吐蕃军事行动的开展。

从贞元四年(788)至贞元十八年(802),李泌困蕃之策全面实施。困蕃之策中最重要的是"北和回纥,南通云南",唐对二者的招抚伴随着一系列边疆封授的开展。

唐对回纥的招抚,困难之处并不在回纥,而在唐德宗本人。当肃宗、代宗之世,回纥依仗对唐的功劳而自骄。及代宗崩,建中元年(780)唐德宗遣中使梁文秀前往回纥告哀,登里可汗态度非常骄横,且为九姓胡附回纥者所诱,欲大举进攻唐朝。回纥之相顿莫贺达干苦谏无果,只好"乘人心之不欲南寇也,举兵击杀之,并九姓胡二千人,自立为合骨咄禄毗伽可汗,遣其臣聿达干与梁文秀俱入见,愿为藩臣,垂发不翦,以待册命"①。唐朝于是顺势册封了顿莫贺为可汗,回纥局势稳定下来。然而,由于唐德宗任雍王期间曾受到回纥拜舞之辱,心怀愤恨,虽对回纥首领进行册封,但并不愿与回纥修好。据《资治通鉴·肃宗下之下》卷 220 记载,宝应元年(762)时为雍王的唐德宗在回纥牙帐时,曾受辱于回纥将军车鼻,被强制要求当众拜舞,雍王属下与之论争而遭鞭笞,臣子魏琚、韦少华因受伤过重,次日身亡,此事在德宗心中无异于奇耻深仇。建中元年(780)八月甲午,唐振武留后张光晟杀回纥使者突董等九百余人,唐德宗征光晟为右金吾将军,②似乎有意激化与回纥的矛盾,双方关系一度紧张。虽然后来回纥力争,唐德宗勉强将张光晟贬官,但并没有进行进一步处罚,唐德宗借机想要断绝与回纥的联系。然而回纥可汗表现出了极大的气度和诚意,压制了臣下复仇的意愿,遣使告知唐朝使者源休:"国人皆欲尔死,我独不然。突董等已亡,今又杀尔,犹以血濯血,徒益污。

---

① 《资治通鉴》卷 226 唐德宗建中元年。
② 《资治通鉴》卷 226 唐德宗建中元年。

吾以水濯血，不亦善乎？为我言有司，所负马直一百八十万，可速偿我。"①可见回纥为了与唐修好，主动宽恕了唐朝杀死使者一事，这有利于双方关系的发展。

唐德宗之前，回纥与唐的友好往来一直是双方关系的主流，也因为回纥的作用，吐蕃不敢轻易犯边。② 德宗意识到吐蕃的威胁更大，但还是宁愿联合吐蕃来对抗回纥，不愿与"以水洗血"③的回纥和好对抗吐蕃。李泌深明德宗的心结，犯颜直谏十五次，终于使德宗放下个人恩怨，同意联合回纥。回纥答应了向唐称臣、为唐帝之子的五项条件④，表示："昔为兄弟，今婿，半子也。陛下若患西戎，子请以兵除之！"⑤可见助唐讨伐吐蕃的愿望十分强烈。

在招抚回纥的过程中，共有五次重要的册封：

建中元年(780)，唐德宗命京兆少尹临漳源休册回纥顿莫贺达干为武义成功可汗。⑥

贞元四年(788)，唐册命咸安公主，加回鹘可汗号为长寿天亲可汗，随后公主被封为智惠端正长寿孝顺可敦。⑦

贞元五年(789)十二月庚午，唐德宗得知回鹘天亲可汗薨，遣鸿胪卿郭锋册命其子为登里罗没密施俱禄忠贞毗伽可汗。⑧

---

① 《新唐书》卷 217 上《回鹘传上》。
② 参见崔明德：《隋唐民族关系探索》，青岛海洋大学出版社，1994 年，第 183 页。
③ 建中三年(782)唐朝将领张光晟杀了回纥的突董等人，唐德宗以为回纥会打击报复，就准备好了与回纥绝交。而回纥可汗顶着民众仇恨的压力释放了唐使，不愿意"以血洗血"，希望能"以水洗血"，主动向唐示好，这本是恢复交往的机会，唐朝却只是"以帛十万匹、金银十万两偿其马直"。事见《旧唐书》卷 127《源休传》。
④ 唐朝向回纥提出的五项条件为：称臣，为唐帝之子，每次遣使不超过二百人，印马不过千匹，无得携唐人及商胡出塞。见《资治通鉴》卷 233 唐德宗贞元三年。
⑤ 《新唐书》卷 217《回鹘传上》。
⑥ 《资治通鉴》卷 226 唐德宗建中元年。
⑦ 《资治通鉴》卷 233 唐德宗贞元四年。
⑧ 《资治通鉴》卷 233 唐德宗贞元五年。

贞元七年(791)二月癸卯,唐遣鸿胪少卿庾铤册回鹘奉诚可汗。①

永贞元年(805),回鹘可汗死,唐诏鸿胪少卿孙杲临吊,册所嗣为滕里野合俱录毗伽可汗。②

这五次册封以册封可汗为主,伴随一次和亲。但建中元年时并不是主动册封,而是回纥内乱,顿莫贺杀可汗而自立,唐德宗顺势承认其统治的合法性,是对回纥业已形成的局势的认定,有助于稳定回纥政局。建中四年(783),唐德宗冰释前嫌与回纥交好,促成贞元四年(788)咸安公主和亲,才算真正笼络住了回纥。这一历史性的封授还伴随着回纥改名为回鹘。于是此后册封的三任可汗均为回鹘可汗,这几任可汗都与唐王朝保持了友好关系,册封成为有效的政治笼络手段。

唐招抚南诏的过程则更费周折。南诏处在唐蕃之间,虽然本身受唐扶植才壮大起来,但与西部的吐蕃由于地理环境相近、经济联系密切等原因,有着千丝万缕的联系,在受唐扶植之前也曾与吐蕃交好,往往视唐蕃势力强弱开展交往,因而张九龄有"彼不得所即叛来,此不得所即背去"③的判断,而吐蕃也深恨南诏挟唐朝为轻重,责骂南诏为"两头蛮"。④ 然而正是因为南诏叛服不定,其与吐蕃之间的联盟也是不稳固的,因而是可以招抚的。在招抚南诏的过程中,南诏几度犹豫。虽然想要与唐恢复友好,又惧怕吐蕃报复,吐蕃在与回鹘、唐的战争中,调南诏万人前去应战,南诏不满于吐蕃的压榨,其清平官郑回原为唐朝官员,受俘而成为南诏之相,因而力劝首领异牟寻归唐。贞元元年(785),南诏王异牟寻与其酋长商议,先遣其东蛮鬼主骠旁、苴梦冲、苴乌星入唐,试探唐朝的态度。这些蛮酋得到了唐德

① 《资治通鉴》卷 233 唐德宗贞元七年。
② 《新唐书》卷 217 上《回鹘传上》。
③ (唐)张九龄:《敕吐蕃赞普书》,《全唐文》卷 287,第 1284 页。
④ 《新唐书》卷 222 上《南蛮传上》。

宗的优遇，并被授官封王，①于是异牟寻开始多次致书唐西川节度使
韦皋，加强联系。贞元四年(788)，鉴于南诏内附然而不敢叛吐蕃的
情况，韦皋使用离间计，令吐蕃对南诏生疑而屡遣人诱胁南诏，于是
南诏坚定了归唐的决心。此后韦皋多次致书招谕，南诏对吐蕃逐渐
疏远。贞元七年(791)吐蕃攻灵州，为回鹘所败，回鹘俘虏吐蕃酋长
尚结心。南诏遣使者三辈至京师后求请归附："牟寻请归大国，永为
藩臣。所献生金，以喻向化之意，坚如金也；丹砂，示其赤心耳。"②南
诏主动归附，得到了唐德宗赞赏，唐赐牟寻诏书，并授意韦皋密切与
南诏的关系。贞元九年(793)，南诏归唐，首领异牟寻被封为"南诏
王"③。异牟寻之后的南诏首领也得到了册封，南诏职贡有常，与唐的
关系密切起来。"南蛮自嶲州陷没，臣属吐蕃，绝朝贡者二十余年，至
是复通。"④贞元十年(794)南诏王异牟寻派五千人前往奇袭吐蕃，双
方战于神川，南诏"攻收吐蕃铁桥已东城垒一十六，擒其王五人，降其
民众十万口"⑤，之后接受唐朝所赐"贞元册南诏印"，正式归唐。南诏
归唐以后频繁联合唐军反击吐蕃，最终追击吐蕃军至大渡河以北。
"吐蕃苦唐、诏犄角，亦不敢图南诏。"⑥

　　南诏归唐后，吐蕃在与唐的战争中节节失利，贞元十三年(797)
遣使请盟，唐宰相李吉甫认为："德宗初，未得南诏，故与吐蕃盟。自
异牟寻归国，吐蕃不敢犯塞，诚许盟，则南诏怨望，边隙日生。"⑦于是
拒绝了吐蕃的求请。吐蕃又献滨塞亭障南北数千里地，再度求盟，仍

①　《新唐书》卷 222 下《南蛮传下》。
②　《太平御览》卷 810。
③　《文献通考》卷 329《四裔考六》。
④　《旧唐书》卷 140《韦皋传》。
⑤　《旧唐书》卷 13《德宗纪下》。
⑥　《新唐书》卷 222 上《南蛮上》。
⑦　《新唐书》卷 146《李吉甫传》。

然被拒绝,可见唐朝得南诏归附之后,对与吐蕃的战争增强了信心。①

贞元九年(793)南诏归唐后,原来役属于吐蕃的剑南、西山诸羌女王汤立志、哥邻王董卧庭、白狗王罗陀忽、弱水王董辟和、南水王薛莫庭、悉董王汤悉赞、清远王苏唐磨、咄霸王董邈蓬及逋租王都率众内附。韦皋将其安置于维、保、霸州,给以耕牛种粮。立志、陀忽、辟和入朝,都得到唐朝授官。②

贞观年间对南诏的册封,封号与之前的南诏首领不同,此前云南王,此时"南诏王"是对南诏国的承认,其领有的范围不再只是六诏之一的小地方,而是领有今云南全境、贵州西北部的广袤区域。

三、"困蕃之策"的实施效果

回纥、南诏臣服于唐之后,正如李泌所预测的,大食、天竺与唐联合,在对抗吐蕃的过程中,与唐成掎角之势,大大限制了吐蕃的活动范围。李泌困蕃之策全面实施的贞元四年(788)至贞元十八年(802)是唐蕃战局转折的关键时期。在此之前唐朝一直被动挨打,肃宗时期被吐蕃夺去了西北几处重要堡垒,代宗时期河西、陇右之地完全丧失,京都与西南地区遭到全面洗劫,德宗前期状况也极其困窘。李泌困蕃之策全面实施之后,情况开始逆转,回纥和南诏对吐蕃的军事行动使吐蕃陷入南北受敌的情况,唐朝趁机开始了主动进攻,收复了肃宗以来的部分失地。由于唐德宗时期困蕃之策奠定的良好基础,唐朝终于迎来了恢复唐室之后的首次中兴——唐宪宗时期的元和中兴。此后至晚唐的懿宗咸通二年(861),唐在河陇地区的原建置终于全部复置。

李泌困蕃之策实施后,回纥、南诏与唐恢复了友好关系,大食、天

---

① 这一时期南诏与唐关系的发展,参见方国瑜《云南民族史讲义》(云南人民出版社,2013年)和方铁《西南通史》(中州古籍出版社,2003年)。
② 《旧唐书》卷197《南蛮西南蛮传》。

竺也与唐交好，唐朝经济逐步恢复。这些状况所产生的影响，时人韩滉的评论较为全面：

> 吐蕃盗有河湟，为日已久。大历已前，中国多难，所以肆其侵轶。臣闻其近岁已来，兵众寖弱，西迫大食之强，北病回纥之众，东有南诏之防，计其分镇之外，战兵在河、陇五六万而已。①

可见彼时吐蕃势已日衰。而从唐朝因南诏而拒绝吐蕃求和的请求来看，在唐蕃战争中唐朝已经处于完全主动的地位。②

贞元十九年（803）吐蕃遣其臣论颊热入贡，唐遣右龙武大将军薛伾出使吐蕃，③唐蕃之间开始逐渐恢复友好。至此，李泌的困蕃之策取得了预期的效果。然而虽然将吐蕃困守在青藏高原牧区，李泌的策略本身也存在着诸多漏洞。这些漏洞不止反映在唐朝对西北、东南的地域把握上，困蕃之策本身的出发点也暴露出效用的短暂性与偶然性。

首先，以西南边疆封授为政治基础的困蕃之策对安西、北庭状况的把握不够深入，造成了两地因回纥而叛唐归蕃的恶果。

在李泌的困蕃之策中，位于丝绸之路上的安西、北庭对唐朝忠心耿耿，为国家坚守疆土，"诚可哀怜"，是受镇抚的对象，地理位置重要，因而不能轻易割让给吐蕃。北和回纥之后，按照李泌的设想，有安西、北庭的镇守和回纥的牵制，当无大的战事，然而贞元六年回鹘与唐交好后，在回鹘（原回纥，788 年更名为回鹘）与吐蕃进行的战争中，作为唐朝都护府所在地、一向受回鹘剥削的北庭没有支持回鹘抗蕃，却乘机投降了吐蕃：

---

① 《旧唐书》卷 129 上《韩滉传》。
② 吐蕃遣使请寻盟，吉甫议："德宗初，未得南诏，故与吐蕃盟。自异牟寻归国，吐蕃不敢犯塞，诚许盟，则南诏怨望，边隙日生。"帝辞其使。事见《新唐书》卷 146《李栖筠传》。
③ 事见《资治通鉴》卷 236 唐德宗贞元十九年。

> 回鹘颉干迦斯与吐蕃战不利,吐蕃急攻北庭。北庭人苦于
> 回鹘诛求,与沙陀酋长朱邪尽忠皆降于吐蕃;节度使杨袭古帅麾
> 下二千人奔西州。①

由上可知,李泌困蕃之策中的重要因素北庭、安西之地,与回鹘地域相接,回鹘对其征敛无度,双方存在着矛盾冲突,致使唐朝对吐蕃西北的防线不稳。困蕃之策将"北和回纥"作为最重要的一环,但对唐朝本土西北地区了解不全面。

其次,对西南边疆的经济策略中,在西北的屯田取得了成效,但在东南较被动,体现出唐朝对东南"粮仓"经营的不力。

中唐对吐蕃作战,军粮等补给作为后备力量,必先安顿妥当才发兵,因而储粮成为抗蕃得以进行的前提条件。由于与吐蕃邻近地区的粮食常被劫掠,靠当地补给几乎没有可能,因而戍守边防的军士的物资补给全赖中央统一调配。安史之乱后,由于中原经济遭到了大规模破坏,关中和其他腹心地区的粮食供应远远无法达到军事需要,东南江淮地区成为向唐朝输送物产的"粮仓"。

而唐朝靠东南给西北、西部提供物资备战吐蕃的做法,使得东南压力巨大,造成了地域上的严重不平衡,南方民众较之北方反而更容易在朝廷的层层盘剥下反抗不断,李泌困蕃之策中的经济战略在实际应用中,体现的多是困顿。而唐德宗对掌管东南粮仓的官员无故怀疑,也对东南贡粮的积极性造成了挫伤。韩滉虽赖李泌全力保护而得以摆脱怀疑,使东南粮道畅通,②但东南其他地区还是难以尽从唐朝统治。联系前述李泌建议分散李纳的力量之事,可以看出中唐

---

① 《资治通鉴》卷 233 唐德宗贞元六年。
② 兴元元年(784),有谣传称镇抚江东的大臣韩滉有谋反意图,唐德宗生疑,李泌以全族百余人的性命作保,坚信韩滉无罪,并分析说,今年遭旱灾、蝗灾,关中地区严重缺粮,江东丰稔,若听信谣言怀疑韩滉,朝廷就会发生粮荒。德宗就按照李泌的意见,安抚韩滉,韩滉立即发来米百万斛,令其子冒风涛送到长安。之后江南的陈少游听说韩滉贡米,也上贡二十万斛。事见《资治通鉴》卷 231 唐德宗兴元元年。

至少在李纳在任的相当一段时间，对江淮地区的官员也缺乏有效的制约。需要说明的是，与唐朝通过中央统一配备军粮相对的是，吐蕃作战不带军粮，以掠夺作为经济保障，三朝时期军队曾因军粮闹事，吐蕃则不会出现。李泌困蕃之策的后方经济保障几乎全部来自东南，并不是解决问题的根本办法。

再次，对回纥经济掠夺的处理较好，但对南诏顺服外表下的掠夺倾向理解不够。

回纥对唐的经济掠夺给唐朝造成了沉重的负担。如肃宗时期，回纥"自乾元后，益贪功，每纳一马，取直四十缣，岁以数万求售"①。故而李泌在联合回纥时就提出了五项限制回纥的条件。然而对于南诏，从困蕃之策的内容来看，唐朝只求大力招抚使之共同抗蕃，却对其掠夺的倾向缺乏必要的防范。

南诏地理状况复杂，易守难攻；政治经济上与吐蕃有紧密联系，也与唐朝交好，因而可以相对自由地选择出入战事；与天竺等政权有多方面的往来，成为西南面向东南亚的枢纽。南诏的有利条件，使得其以获利为准则的战略选择倾向明显。对于南诏的掠夺，方铁先生有如下分析："南诏与唐的合作虽现喜人的局面，唐廷及有关官吏仍未接受此前的教训，未考虑合作局面可能再度破裂，因而缺少必要的警惕。"②之后南诏以学习唐文化为由，进入成都刺探到蜀川军情，开始大举攻蜀。异牟寻死后，南诏对唐地的掠夺变本加厉。因而广明元年（880）唐廷议南诏求和亲事，宰相卢携、豆卢瑑才有了这样的回顾：自咸通以来，南诏两陷安南、邕州（治今广西南宁市），一破黔中（治今重庆彭水县），四盗西川（在今四川），天下骚动，十有五年，其间租赋大半不入京师，朝廷内库亦显虚竭。③南诏的多次掠夺，加剧了

---

①　《新唐书》卷 217 上《回鹘传上》。
②　方铁：《历代治边与云南的地缘政治关系》，《西南民族大学学报》2011 年第 9 期。
③　《新唐书》卷 222 中《南蛮传中》。

唐朝衰亡,故《新唐书》云:"及其亡也,以南诏。"①

第四,必须认识到,吐蕃衰落的主要原因并不是困蕃之策的实施,只能说困蕃之策找准了吐蕃衰落的时机,巧妙利用了存在于吐蕃周边的种种矛盾,其成功施行具有偶然性。

虽然西南边疆的策略取得了非常重大的成效,但策略本身的全面施行,却是以吐蕃衰落作为前提的。贞元十三年(797),吐蕃王墀松德赞之后,吐蕃内乱导致了王朝体系的逐步瓦解,军事实力衰落,这给了李泌困蕃之策较大的施行空间。关于吐蕃衰落的原因,张云先生有如是分析:吐蕃王朝有其致命的弱点,它过度依赖军事的实力,过度追求直接掠夺物质财富,因此除了西域地区(主要是今新疆的南疆地区)之外,在其他所控制的地区大多不能持久。争霸强国的努力只能膨胀一时,却无法称雄一世。此外,吐蕃的文化策略在新占领地区也面临着接受当地文化影响、并与当地文化融合的巨大挑战,无论是进入敦煌的吐蕃人,还是进入西域的吐蕃人,在文化上,乃至民族上最终都无法摆脱被当地民族同化的命运。② 可见从大方向来讲,吐蕃衰落的主要原因并不是唐朝的政策,不是李泌困蕃之策的"果",而是困蕃之策得以施行之"因"。

因而,西南边疆的困蕃之策的出发点其实是"困",是斩吐蕃羽翼、缚其手足,使之无力作为,困守在原居地,并不能彻底打压吐蕃。其实联合回纥与南诏这两个重要步骤的实施,一方面是由于李泌作为三朝元老,与肃宗、代宗"亦师亦友"的特殊密切关系,不会招致德宗的猜忌,"能引君当道",才使得回纥之和成功;另一方面是处事灵活、深明李泌困蕃之策本意的西南大将韦皋的巧妙周旋,使得南诏最终叛蕃归唐。困蕃之策中的这些重要步骤,是在正确且巧妙把握时局的基础上得以实现的,并不能达到长期效果。在这一点上,崔明德

① 《新唐书》卷 222 下《南蛮传下》。
② 张云:《吐蕃王朝扩张策略之分析》,《中国藏学》2007 年第 2 期。

先生将同样作为宰相的陆贽的边疆民族思想与李泌做了对比,指出:
"陆贽的民族关系思想博大精深,具有完整的理论体系,融批判性、建
设性和可行性于一炉,但由于其批判性太强,涉及面太宽,不太容易
被帝王所接受,因而难以在实践中发挥它的指导作用。李泌的民族
关系思想非常现实,照顾到了方方面面,易于为各方所接受,因而最
有成效。"[①]马勇先生分析:"对于这时的唐廷来说,当务之急是防御吐
蕃的进犯……以致为此不惜一切代价。因此,陆贽的建议不为德宗
采纳也就在情理之中了。"[②]

李泌提出的西南边疆困蕃之策虽没有最终改变唐王朝的颓势,
却尽力保持了唐王朝的稳定,延缓了唐朝的衰亡。王夫之《读通鉴
论》对李泌有着较高的评价,说他"制治于未乱,保邦于未危,乃可以
为天子之大臣……李长源当之矣"[③]。

---

①　参见崔明德:《隋唐民族关系思想史》,人民出版社,2010 年,第 303—304 页。
②　马勇:《唐德宗朝在长安西北地区的御边措施》,《云南民族大学学报》2007 年第 4 期。
③　(清)王夫之:《读通鉴论(下)》卷 23《肃宗四》,第 680 页。

附录四　从《读通鉴论》看王夫之史论中的君本与民本思想

　　关于儒家政治思想到底是君本还是民本,其核心究竟是对帝王的尊君还是对民众的仁政,国内外学界争议颇大。[①] 王夫之的《读通鉴论》在尊君与重民两个方向上均有阐释,并且认为尊君的本质是为了生民,这可以说是其思想的一大理论特色。研究王夫之的尊君及其体现的民本思想对认识儒家的政治思想具有重要的意义。

一、《读通鉴论》中的尊君思想

　　王夫之极重君臣大义,以之为天、性固有:

　　　　于是而知君臣之非独以名为义也,天之所秩,性之所安,情

[①] 关于王夫之的君本与民本思想,学术界有诸多研究,但不是纯粹从《读通鉴论》来阐释。这方面的成果主要以论文为主,著述少见。研究民本思想的论文主要有谷方《论王夫之的民本思想》(《江汉论坛》1982 年第 11 期)、允春喜《王船山民本思想的政治逻辑》(《西北大学学报》2008 年第 1 期)、熊考核《船山民本思想的安民裕国之道》(《衡阳师范学院学报》2000 年第 2 期)、黄守红《试论船山的重民思想》(《船山学刊》2005 年第 3 期)等;从君民关系的角度研究君本与民本思想的主要有陈有期《王夫之限制君权论发微》(《船山学报》1988 年总第 11 期)、彭大成《船山君民关系论的合理因素》(《船山学报》1988 年总第 11 期)、[韩]李润和《论王夫之的尊君和重民思想》(《东岳论丛》2000 年第 6 期)等;从礼制的角度研究尊君思想,如[韩]李相勋《王夫之之礼与政治和合相契何以可能》(《衡阳师范学院学报》2016 年第 5 期)等。

之所顺,非是则不能以终日。(《读通鉴论》卷一《秦二世》,以下引《读通鉴论》只注卷数和篇名)

君臣之义,生于人心者也。(卷六《后汉更始》)

君臣之义,生于性者也,性不随物以迁,君一而已,犹父之不可有二也……天之所秩,

性之所安,义之所承,君一而已。(卷二十《唐太宗》)

原于天之仁,则不可无父子;原于天之义,则不可无君臣。(卷十一《晋武帝》)

君臣父子乃天秩、天性、天仁、天义,是上天注定的人间秩序,因此尊君是天理所在。这个君只能一不能二,尊君最重要的表现即为忠君。王夫之对冯道一身事数主、张岱"一心事百君"的言行极为反感,以为"充岱之说,廉耻丧,忠孝亡,惑人心,坏风俗,至此极矣","君子之所深恶"。(卷十五《宋孝武帝》)王夫之一力主张要维护君王的尊严和权威,臣下不得对君王有丝毫侮慢轻视的态度。对于陶渊明"不为五斗米折腰"的说法,王夫之认为这显然不是陶致仕的真实原因,而是托之诡辞。虽然陶可能并无此意,但王夫之认为这是侮上之言,破坏君臣大义:"君臣之义,上下之礼,性也,非但不可逃也,亢而侮,则蔑礼失义而不尽其性,过岂小哉? 非有靖节不能言之隐,而信斯言以长傲,则下可以陵上;下可以陵上,则臣可以侮君,臣可以侮君,则子可以抗父。"(卷十五《宋文帝》)君臣大义的神圣与庄严使王夫之反对一切有损这一关系的言行。

王夫之尊君的一个重要表现在于褒奖死节大臣,即使是弑身亡国的昏君庸主也不例外。对于败国亡身的暴君,王夫之一方面批判其咎由自取,一方面大力褒奖为这些君王死节的大臣,以此伸君臣之大义。如沈庆之死宋前废帝刘子业,萧懿尽忠南齐东昏侯而死,陆超之、董僧慧死南齐晋安王子懋、南梁太子萧大器、大臣张嵊死南梁侯景之乱,王夫之俱大加褒扬。至于大臣谋逆篡弑,王夫之极力鄙薄,

深加厌弃,以为"天下之恶无有逾于臣弑其君者"。对于国家危亡,君王患难之际,尤其是处弑君谋逆之宫廷大变,大臣尸位素餐、无动于衷之人,王夫之深恶痛绝之。如袁隗之于汉末,谢晦之于晋亡。刘裕篡晋,徐广为之流涕,谢晦云"徐公得无小过",谢晦为晋世臣而于晋亡无动于衷,王夫之评曰:"君臣义绝,廉耻道丧,置忠孝于不论不议之科,为其所为,而是非相忘于无迹。不知者以为其宽厚,而孰知其天良灭绝之已极哉!"(卷十四《东晋恭帝》)王晞弑逆之后不贪翼戴之赏,安居下位,自以为义:"吾为其所应为,而不受佐命之赏,则道在是矣。"(卷十八《陈文帝》)王夫之闻斯语而深悲:"民彝泯矣!天理绝矣!百年之内,江东、河北视弑君父如猎麋鹿,篡国如掇蜩蝉,无有名此为贼而惊心动魄者。……士不引千秋之公义以自择所趋,习染时风以为固然,从后而观之,恶岂有瘳?"(同上)君臣大义为千秋公义,无论君国如何,皆不可有篡弑之举。否则解一时倒悬之势,开百代篡逆先河,乃王夫之所谓功在一时,害在千古。

这种思想集中体现在王夫之论不可诛武氏。武则天以女流篡唐社、紊纲常,王夫之以为罪不容诛:"武氏之恶,浮于韦氏多矣,鬼神之所不容,臣民之所共怨,万世闻其腥闻,而无不思按剑以起,韦氏之恶,未如是之甚也。"(卷二十一《唐中宗》)虽然如此,"法者,非以快人之怒、平人之愤、释人之怨、遂人恶恶之情者也;所以叙彝伦、正名分、定民志、息祸乱,为万世法者也"(同上)。玄宗可以诛杀韦氏,但中宗君臣却不能诛武氏,原因即在"若武氏,则虽毒流天下,奸戮唐宗,恶已极,神人之怨已盈,而唐室之臣曾改面奉之为君者,不可操刃以相向,况中宗其子而张柬之其相乎?"(同上)武则天虽罪恶滔天,然自登基改元之日起已与中宗立君臣名分,杀武氏即弑君,虽然可以平人怨怒,却破坏君臣大义,为乱臣贼子张目开名。因此在王夫之心目中,以罪伸法是一时之法,君臣父子乃万世之法,必须优先加以维护。

忠君不可只从行为表现上看,而应察之心术之微。何武忤王莽而死,其言虽正,其心则有邀宠获利之意,虽死不能奖以忠义。唐高祖使魏征相太子建成,建成死,魏征转投世民,王夫之以为不可以不忠论。魏征之相太子,是受高祖之命,虽为太子家臣,与太子并非君臣关系,君只能一,即高祖。君命事此则事此,君命事彼则事彼。"则建成死,高祖立世民为太子,非敌国也,非君仇也,改而事之,无伤乎义,无损乎仁,奚为其不可哉?"(卷二十《唐太宗》)若魏征死建成之难,是以建成为君,则是二君,乃大不义。但王夫之对魏征颇有看法,将其与管仲作比。纠与小白争于道路,是管仲不能预料的,纠死之后,小白亲自释管仲为相。魏征则早知建成与世民必有宫廷喋血之变,而不能早辞宫僚,是怀侥幸心理以观变,因此有"偷志"。更不能容忍的是,建成死后,魏征主动请见求用于世民,"尤义之所不许",因此魏征差管仲远矣。又魏征早间起于群盗,王夫之据此认定,其终始乃一功名之士耳。

在君臣关系中,臣子的义与不义不能从世俗道德层面认定,而要考察是否真正符合尊君之义。周代诸侯有让国之义,汉人丁鸿效仿之,将爵禄让给自己的弟弟丁盛,此事为世人所称誉,王夫之却以为这是不臣之道。周代诸侯得国于祖先,有其宗社人民,虽受天子节制,但天子不能废其国,与天子迭为进退,纵使天子易位,其国自如,因此诸侯名为臣道,实为君道,其让国是自让其国,与天子无干。而汉代列侯受之天子,受天子爵禄而无宗社人民之守,天子失位,则不得复有其封,因此封地"非己所得私也,何敢以天子之爵禄唯己意而让之也"(卷七《后汉明帝》)。汉代列侯所受的是臣道,私自让爵不但不是义举,相反是不臣之举。

南齐谢朓有文名,是王敬则之子王幼隆的姊婿,幼隆将其父的反谋告之谢朓,谢告发,导致王敬则兵败身死,谢朓则因功迁吏部。后王遥光逼谢朓同反,谢再次告发,被王遥光所杀,后世称谢朓倾险不义。王夫之对其则深为同情,感慨"士之处乱世遇乱人也难矣。若朓者,非有位望之隆足为重轻,干略之长可谋成败者也,……无端苦以相加,而进有叛主之逆,退有负亲戚卖友朋之憾"(卷十六《齐明帝》),谢两相权衡,以君臣大义为重。王夫之认为谢朓并无大错,只是"未闻君子之教、立身于寡过之地而已,非怀情叵测、陷人以自陷之金人也"(同上),王夫之反问:难道谢朓知反谋不报,甚而与之同反就是义举了吗?

二、王夫之尊君之指向:生民

王夫之于尊君辨析入微,在心、言、行三个方面正君臣之义,可谓将尊君思想推向顶峰。但无论王夫之抑或儒家,尊君虽是天之经地之义,但尊君本身不是目的,尊君的根本目的在于生民,尊君本身只是手段。如果尊君没有相应的社会功能,徒拥独夫于上,任其独断专行,尊君的理论和价值体系是不可能得以构建和深入人心的。任何一种观念的产生都有社会现实的基础,一种观念能被广泛接受和信奉,必然有其社会生活的实际功能作为支撑。儒家认为,设立君位的目的本身并不是为了君王私天下,穷奢极欲,而是除此不足以建立社会秩序,从而生民保民。早在《尚书》中就有"天佑下民,作之君,作之师,惟其克相上帝,宠绥四方"(《尚书·泰誓上》),即君师是辅佐天治生百姓的,施行仁政是天理所在,这是儒家的一贯立场。但儒家著作往往对此点到为止,王夫之史论的一个重要意义在于,将尊君的生民功能和秩序意义进行了充分展开和透彻分析,具备"人道论"的特点。①

王夫之明确说道:"圣人之大宝曰位,非但承天以理民之谓也,天

① 有学者认为,王夫之的尊君和重民思想,体现了建立在传统天道论基础之上的人道论。具体说来,在王夫之的人道论中,占有中心地位的人并不是指所有的人,然而这个"人"至少应是具备人性的一个特殊的存在。参见林安梧:《王船山人性史哲学之研究》,台北东大图书股份有限公司,1987年。

下之民，非恃此而无以生，圣人之所其贵者，民之生也，故曰大宝也。"（卷十九《隋炀帝》）君位之尊贵出于其乃民生之所系。又"天下者，非一姓之私也，兴亡之修短有恒数，苟易姓而无原野流血之惨，则轻授他人而民不病。"（卷十一《晋武帝》）虽然天下非一姓之私，改朝换代为百姓计未为不可，但不能以此藐视君王权威，立国欲久与尊君忠君的意义非止于维护君权本身，王夫之乃至整个儒家的尊君都是基于君权背后牵连着一个统治秩序，这种秩序正是社会得以发展、百姓得以生存的基石。由于在农耕宗法文明下，除去君臣父子不可能再设想另外的治理模式，因此以君权为核心构建的君臣关系、君民关系、官民关系被儒家视为天定的神圣秩序。因此，王夫之抑或儒家的尊君本质上并不是尊君王本身，而是尊以君为首的这一神圣秩序。至于君王本人，如果不合儒家的仁道，是不受儒者待见的。此时，儒者往往通过确立君主"私"的形象，而宣布君主在道统上的"非正当性"①。这就如同《论语·乡党》中的孔子对君主的礼敬并不是针对君王本人，而是针对君王背后的秩序一样，王夫之同样如此。隋炀帝见弑，李渊闻之而痛哭，王夫之谓"岂杨广之泽足以感之？"（卷十九《隋炀帝》）李渊所悲者不是杨广，而是天下从此不宁。

在王夫之看来，只要有君王，就会有一个相应的统治秩序，即使君王昏暴，这种统治秩序依然存在，那么君权对于社会的破坏无论如何是有限度的，而在君虚无主的情况下，秩序彻底崩溃，灾难有无穷已之惨。如萧道成篡宋，"嗣是而掇天位者如拾坠叶，臣不以易主为惭，民不以改姓为异"（卷十一《晋武帝》）。南北朝及五代篡弑相仍，国家不固，社会动乱，百姓死尸积野，王夫之认为罪魁祸首在于君不尊而臣不臣。在这种意义上，立国者"必欲享国长久而无能夺，岂私计哉？"（同上）客观上也在巩固捍卫这一神圣秩序，否则，民无立身之本：

---

① 李效增、朱俊瑞、贾维中：《世界之中国——中国传统政治文化的近代转型》，山东人民出版社，2004年，第2页。

> 人之所以异于禽兽者,非其利病生死之知择也。则君子之
> 为天下君以别人于禽兽者,亦非但恤其病而使之利,全其生而使
> 无死也。原于天之仁,则不可无父子;原于天之义,则不可无君
> 臣。均是人而戴之为君,尊亲于父,则旦易一主,夕易一主,稽首
> 匍伏,以势为从违而不知耻,生人之道蔑矣。(卷十一《晋武帝》)

王夫之论"晋封同姓害愈于魏削宗室",认为晋封同姓导致八王
之乱善于曹魏削宗室。因为宗室弱,皇室孤,一旦权臣崛起,代之若
反掌而易主为常事,天下以此不宁,百姓被其苦。故王夫之对于君主
削弱宗室,残杀兄弟,深为忧鄙。同室相煎,其流毒至于废君臣之义,
灭仁义之本。尽管封同姓贻害也深,"而贤于无法"(指宗法)。问题
的关键在于,一旦尊君信念动摇,统治秩序被打破,受害最深的是百
姓。王夫之的尊君要维护的不是具体的一朝一姓,而是抽象的君位
和君权,因为这是整个社会赖以存在的基石,民依之而存,失之则死。
对此王夫之有深刻的论述:

> 秦之乱,天下蜂起,三国之乱,群雄相角,而杀戮之惨不剧,
> 掠夺之害不滋,唯王莽之世,隋氏之亡,民自相杀而不已。……
> 至大业十二年,而后林士弘始称帝于江南,窦建德、李密踵之,自
> 命为王公,署官僚,置守令,虽胥盗也。民且依之以延喘息。而
> 将采既刘,萌蘖稍息,唐乃起而收之,人始知得主之为安,而天下
> 以渐而定矣。(卷十九《隋炀帝》)

这段话极为明确地表达了王夫之有君胜似无君,民不可一日无
君的思想。一旦有君,则须立将相牧守,治道的秩序才能真正建立,
这种秩序一旦建立,才会产生出吾民、保民的观念。足见王夫之把政
治秩序的存续视为百姓生死安危之所系。[1] 自居于盗贼土匪,则东突

---

[1] 陈明:《王夫之对孟子民本思想的诠释与阐发》,《中国典籍与文化》2010年第1期。

西驰,所过之处劫掠屠戮,在所不惜,百姓无主,群盗横行,民无以生。故百姓得主而后安,无主之惨甚于暴主。同样的情形出现在唐末:

> 李克用自潞州争山东,而三州之民俘掠殆尽,稼穑绝于南亩;秦宗权寇掠焚杀,北至滑、卫,西及关辅,东尽青、齐,南届江、淮,极目千里,无复烟火,车载盐尸以供糇粮;孙儒攻陷东都,环城寂无鸡犬……朱温攻时溥,徐、泗、濠三州之民不得耕获,死者十六七。若此者凡数十年,殃之及乎百姓者,极乎不忍见、不忍言之惨。(卷二十七《唐僖宗》)

无道之君尽管统治残暴,毕竟还有一个基本的统治秩序,民虽深受其苦,总有一个限度。逮之天下大乱,然后死亡流徙、奸淫掳掠为常态,民无立锥之地,求暴君之世为三代而不可得,然后知暴君胜似无君。王夫之对于历史与政治进行反省,但并没有将批判的矛头直接指向君主本身,而是基于对政治秩序稳定与存续之看重,其民本思想仍与对君臣秩序之强调紧密结合。[①] 有学者认为,王夫之虽然主张限制君权,但其核心是在政治上实行"公天下",仍是建立封建的民主政治。[②]

王夫之的尊君是基于君权的生民功能和秩序意义,故王夫之视尊君为治道基石、万世之法、千秋公义,尊君在王夫之那里俨然成了一种价值信念甚至信仰,对尊君信念的丝毫动摇都会危及整个统治秩序的建立和运转。这使王夫之的尊君思想超脱了传统儒家纠结于现实个体君王的施政表现和道德状况,而达到了一种更为抽象和宏观的思想层次和理论深度。基于这种认识,王夫之认为只要有君就务必尊之,虽暴君独夫亦不例外,这使得王夫之的尊君思想表现得颇

---

① 李存山:《从民本走向民主的开端——兼评所谓"民本的极限"》,摘自《从民本走向民主——黄宗羲民本思想国际学术研讨会论文集》,浙江古籍出版社,2006 年。

② 陈有期:《王夫之限制君权论发微》,《船山学报》1988 年第 11 期。

为彻底,但究其实质乃是由于尊君与生民天然捆绑在一起。而君是如何出现的,是不是人民造就了君主,所以才当拥护,王夫之并没有进一步解说。①

和当今许多学者尊君与民本相对立的观点和印象不同,王夫之尊君的背后恰恰是民本思想的支撑。王夫之的尊君超脱了对君的具体限定,有君便须尊之。但基于历史的复杂性,在特定的历史时期往往会有君自不君或无君的局面,但逢此时,王夫之认为凡是保民爱民之人,皆可视为"民主"(民之主),不必责以君臣之义,民本思想显露无遗。王夫之对唐末乱世王潮、杨行密、王建等人仁政爱民之举高度赞扬。唐末天子因其不君而天下不以为君,导致天下无君、人人自以为君的局面。君王因其暴虐失德失天下人心,走向儒家追求的反面,成为儒家谴责的对象。而于斯之时,不惜暴虐残忍以取而代之的乱臣贼子同样值得谴责。王夫之的尊君论是一种相对的君权论,这是他"人道论"的一个体现。② 如王建、杨行密等息乱安民、无意犯上之人可许以仁义,以为民主,存其大美,略其小愆,虽忘唐之有天子,自专其地而不顾,"概可勿论也",不再责以君臣之义。这种情况即王夫之所谓"君与社稷轻,而天所生之人,不可以无与立命,则苟有知贵重其民者,君子不得复以君臣之义责之,而许之以为民主可也"(卷二十七《唐僖宗》)。

同理,对于篡逆,王夫之一向深恶痛绝之,即使是对无道之君,臣下也不应有弑逆之举。因为这种行为即使暂时纾难利民,但也会激发奸人对君位的觊觎之心,从长远看国家会趋于不稳和动乱,更何况大多数情况下是以暴易暴。但在君虚无主之世,对非有谋逆本心,篡

---

① 有学者认为,在王夫之的思想体系中,君主的出现是具有必然性的,上天是为了万民才立君设师,因此立君设师的行为是必须和合理的。参见允春喜、官文佳:《论王夫之的"天下为公"思想》,《岱宗学刊》2011 年第 2 期。

② [韩]李润和:《论王夫之的尊君和重民思想》,《东岳论丛》2000 年第 6 期。

弑之举,被动为时势所推,定位之后安国利民的,王夫之或为之曲护,或为之正名。

如陈高祖,当初起于讨平侯景之乱,妄干天位之志,无犯顺之兵,天下无主,于此之时称帝。最为重要的是,没有如萧氏残枝依附北魏夷狄,全江东以待隋之一统,终以中国代夷狄,王夫之谓高祖其功也伟,其罪也轻。

萧詧引宇文氏攻元帝于江陵,王琳与孙玚俱起救之。未及到而江陵陷元帝死,此时陈又代梁,王琳往依夷狄,王夫之"不以为人类者也"。孙玚以死拒宇文氏,不纳其官,守孤城而不降。陈兵至解其围,孙玚"兵已疲,民情已释,彷徨四顾,故国已亡,而无可托足",乃举州降陈。"非降也,不降而无所归也。救江陵拒宇文者,玚之初心也;陈之篡,梁之亡,非玚始计所及也。玚非敬帝之臣,陈高有篡弑之逆,而敌怨不在后嗣,文帝非躬篡之主,不辱其身于加刃吾君之狡夷,玚可以无死,而又为谁死邪? 若此者,玚不能豫计于先,而抗宇文以全郢城,则其素所立之志,终始初无异致,玚何病哉?"(卷十八《陈文帝》)

南齐末年,萧颖胄与萧衍同起兵,东昏死,颖胄立南康王,非萧衍本志。颖胄欲借兵于魏,萧衍坚决反对:"丈夫举事,欲清天步,岂容北面请救戎狄?"使江东没有引入夷狄之患。东昏死后,萧衍整军入建康,受宣德太后之命位列群臣之上,非受命于南康,与南康并无君臣之义。"南康王至姑熟,而衍已自立,未尝一日立于南康之廷。非己立之,未尝臣之,则视唐之奉代王而逼之禅也,又有间矣。故曰视诸篡者为近正也。"(卷十六《齐东昏侯》)

李渊于隋末群雄并起之际,恪守臣道,守太原以御突厥。至杨广沦落至江都而被弑,隋无尺寸之土,群盗汹汹于天下,"隋已无君,关东无尺寸之土为隋所有,于是高祖名正义顺,荡夷群雄,以拯百姓于凶危,而人得主以宁其妇子,则其视杨玄感、李密之背君父以反戈者,顺逆之分,相去悬绝矣"。所以唐取天下"夺之于群盗,非夺之于隋也"（卷二十《唐高祖》），"故解杨广之虐政者，群盗也，而益之深热；救群盗之杀掠者，唐也，而予以宴安。惟唐俟之俟之，至于时至事起，而犹若不得已而应，则叛主之名可辞；而闻江都之杀，涕泗交流，保全代王，录用隋氏宗支，君子亦信其非欺"（同上）。

乱世之中，唯有怀君臣之义，哀百姓疾苦，无妄分之想的人才能人承天应，平定天下，垂立新统。隋末群雄之中惟李渊如是，王夫之谓"天下不归唐而谁归哉？"

三、君本与民本思想体现的"君—民"平衡秩序

儒家尊君是希望通过君王落实儒家的仁政理想。在儒家看来，履行仁政是君王义不容辞的责任，是上天授命的终极理据。君王能做到这一点便是顺应天命的圣王明君，君王一旦失履，就会立即造成儒家尊君与仁政之间的内在紧张。这些都源自儒家的总体理论格局中仁政是目的、尊君是手段这一主张。仁政和生民是儒家至高无上的绝对原则，这决定了儒家的尊君绝非盲目和无原则的。王夫之谓："儒者之统，与帝王之统并行于天下，而互为兴替。其合也，天下以道而治，道以天子而明；及其衰，而帝王之统绝，儒者犹保其道以孤行而无所待，以人存道，而道可不亡。"（卷十五《宋文帝》）儒家的道统千古犹在，这种道统表现在政治领域亦即仁政生民，帝王合之则兴，离之则亡。故王夫之的尊君虽然彻底，但与改朝换代、以善代恶的原则观念并不相冲突。王夫之认为对于一个无道之君而言，尊君固然是大义所趋，但与此同时还有一个先世之泽已绝的问题，还有天命不佑的问题，还有君不君导致的天下不以为君的问题。这三条足以宣判一个帝王的死刑和一个王朝的终结。王夫之乃至儒家的尊君有一个前提，即君君（君君的内涵是仁政）。君君而后臣臣，君自不君而后臣自不臣，后者的状况不应责之臣，而应责之君，即尊君与君王应当履行的天职和义务是绑定在一起的。

儒家君有君道，民亦有民道。君道在于仁民，民道则在安于本分，不可以下犯上，以贱犯贵。王夫之进一步探讨为何百姓身处末世，所受屠戮灾祸却多：按理若君不仁，杀其身灭其族足矣，"天岂无道而移祸于民哉？"（卷二十七《唐僖宗》）王夫之的结论是"则民之不善自贻以至于此极，而非直君之罪矣"（同上）。这是民之不善造成的，不能归罪于君上。民之不善即怨君、轻君，从而自贻灾祸：

> 天子失道以来，民之苦其上者，进奉也，复追蠲税也，额外科率也，榷盐税茶也。民辄疾首以呼、延颈以望，曰：恶得天诛奄至，易吾共主，杀此有司，以舒吾怨也！及乎丧乱已酷，屠割如鸡豚，野死如蛙蚓，惊窜如麋鹿，馁瘠如鸠鹄，子视父之剖胸裂肺而不敢哭，夫视妻之强搂去室而不敢顾，千里无一粟之藏，十年无一荐之寝，使追念昔者税敛取盈、桁杨乍系之苦，其甘苦何如邪？则将视暗君墨吏之世，如唐、虞、三代而不可复得矣。乃一触其私利之心，遽以不能畜厚居盈为大怨，诅君上之速亡，竞戴贼而为主，举天下狺狺虆虆而相怨一方，忘乎上之有君也。忘乎先世以来，延吾生以至今者，君也；忘乎偷一日之安，而尚田尔田、庐尔庐者，君也。其天性中之分谊，泯灭无余，而成乎至不仁之习也，久矣！积不善而殃自集之，天理周流，以类应者不测，达人洞若观火，而怙恶者不能知，一旦沓至，如山之隤，如水之决，欲避而无门，故曰百殃也。（卷二十七《唐僖宗》）

尊卑等级的上下秩序乃是天秩天序，臣民应安居下位，不可有怨望易主之心，此乃天理所在，否则就会受到惩罚。故而王夫之对一切怀觊觎之心的乱臣贼子，引颈待乱的无知小民均予以严厉斥责和批判，认为末世之灾皆是这些人咎由自取。

通过对王夫之史论的研究，可以看出儒家虽然以仁政为总纲，但在具体的"君—民"的等级结构中，儒家的重心既不在于君，也不在于民。儒家在尊君的同时强调君王承担的仁政职责和义务，以民心即天意压制君王。在崇尚仁民的同时强调君臣父子、尊卑上下的等级秩序,要求民的顺从和服教。两边都是儒家理论战线的要地,根本无从区分轻重。儒家所关注和维护的其实是一种整体秩序和总体和谐,即"上—下""君—民"秩序天平的平衡。儒家的策略不是偏向一边,而是执其两端而用其中的中庸之道。儒家殚精竭虑地售仁道于君王,对君不厌其烦地阐述天道、民心、民意的力量,以儒家的天人之际约束君权,而这些思想在民众中散播则会产生"王侯将相宁有种乎"的思想,因此儒家对民众总是苦口婆心地教化其认识自身的卑贱,服从君上的权威。唯有总体秩序的平衡才能达到社会稳定、人人(各等级)各司其职、各尽其责、各行其道的理想和谐的局面与效果,这种整体社会效果才是儒家真正致力和追求的目标。

因此,不可过度强调儒家"民本"思想和过度强调儒家"尊君"思想。过度强调儒家尊君的一面,不可避免地使整个儒家思想蒙上阴谋论和权谋论的色彩,使儒家的仁义之道显得虚伪,这并不符合儒家的实情。过度强调儒家的民本思想,则易于忽视儒家在仁政之下要求民众恪守卑下的事实,混淆儒家民本思想与西方民主思想的本质差异。儒家的尊君与生民实际上是相互交织的。一方面,儒家注重"君—民"秩序的平衡,择乎中庸而不偏袒;一方面,尊君的目的是生民,生民唯有尊君,两者乃是同生共体的。这种关系往往为学者所忽视。

王夫之《读通鉴论》阐释的儒家思想代表了整个宋明理学的一种动向,即尊君思想的日益深化。这种深化的背后,一方面是君权本身的日益膨胀,一方面是儒家对尊君的社会功能的认识达到了新的高度和层次。但这种趋势带来了严重的后果。其中最明显的一点是整个民族奴性的不断强化,这一点在宋代之前和宋代之后有巨大的差异。另外一点是每逢暴君当政,民众的现实苦难与尊君的正面长期效应构成尖锐对立。这两点都是儒家本身所无法解决的。问题的实质在于，君臣父子是农业宗法社会唯一可行、唯一可择的治理方式和统治秩序，虽然生民是本体性价值，尊君是工具性价值，但由于这种工具性价值的唯一性而使其兼具有本体性价值，这是儒家极端注重尊君的根由，也是儒家给很多人的印象不是民本而是君本的根由。本体只能为一，工具则不必为一，农业宗法社会不可能设想君臣父子之外的治理模式。但如果把儒家视为一种活的传统，在新的历史条件下开启新的治道方式则相当有可能性。

参考文献

一、古代典籍

[唐]李林甫等撰,陈仲夫点校:《唐六典》,中华书局,1992年。

[唐]长孙无忌等撰,刘俊文点校:《唐律疏议》,中华书局,1983年。

[唐]杜佑:《通典》,中华书局,1988年。

[唐]樊绰:《蛮书》,中国书店出版社,2008年。

[后晋]刘昫:《旧唐书》,中华书局,1975年。

[宋]王溥:《唐会要》,中华书局,1955年。

[宋]司马光:《资治通鉴》,中华书局,1956年。

[宋]王钦若:《册府元龟》,中华书局,1960年。

[宋]欧阳修等:《新唐书》,中华书局,1975年。

[清]万斯同:《唐边镇年表》《唐镇十道节度使表》《廿五史补编》,中华书局,1958年。

[宋]宋敏求编:《唐大诏令集》,商务印书馆,1959年4月。

[清]董诰等:《全唐文》,上海古籍出版社,1990年。

周绍良主编:《唐代墓志汇编》,上海古籍出版社,1992年。

徐连达主编:《中国历代官制词典》,安徽教育出版社,1991年。

[高丽]金富轼著,孙文范等校勘:《三国史记》,吉林文史出版社,

2003 年。

　　[朝]安鼎福：《东史纲目》，民族文化文库刊行处，1977 年。

　　[日]《日本书纪》，国史大系本，吉川弘文馆，1980 年。

二、专著

　　严耕望：《唐仆尚丞郎表》，台北版影印出版，中华书局，1956 年。

　　岑仲勉：《隋唐史》（上、下册），高等教育出版社，1957 年，中华书局 1982 年再版。

　　岑仲勉：《府兵制度研究》，上海人民出版社，1957 年。

　　岑仲勉：《突厥集史》（上、下册），中华书局，1958 年。

　　岑仲勉：《唐史馀渖》，上海古籍出版社，1960 年。

　　王寿南：《唐代宦官权势之研究》，台湾正中书局，1971 年。

　　唐长孺等编：《汪篯隋唐史论稿》，中国社会科学出版社，1981 年。

　　谭其骧主编：《中国历史地图集》，地图出版社，1982 年。

　　周伟洲：《吐谷浑史》，宁夏人民出版社，1984 年。

　　胡戟：《武则天本传》，三秦出版社，1986 年。

　　张国刚：《唐代官制》，三秦出版社，1987 年。

　　赵文润、王双怀：《武则天评传》，三秦出版社，1993 年。

　　张国刚：《唐代政治制度研究论集》，台北文津出版社，1994 年。

　　王寿南：《唐代人物与政治》，台北文津出版社，1999 年。

　　顾颉刚、史念海：《中国疆域沿革史》（重排本），商务印书馆，1999 年。

　　王贞平：《汉唐中日关系论》，台北文津出版社，1997 年。

　　章群：《唐代蕃将研究》，台湾联经出版事业公司，1986 年。

　　林幹：《突厥史》，内蒙古人民出版社，1988 年。

　　翁独健主编：《中国民族关系史纲要》，中国社会科学出版社，

1990 年。

马驰:《唐代蕃将》,三秦出版社,1990 年。

史念海:《中国历史地理纲要》(上、下册),山西人民出版社,1991 年、1992 年。

薛宗正:《突厥史》,中国社会科学出版社,1992 年。

田继周等:《中国历代民族政策研究》,青海人民出版社,1993 年。

陈仲安、王素:《汉唐职官制度研究》,中华书局,1993 年。

袁刚:《隋唐中枢体制的发展演变》,台北文津出版社,1994 年。

林幹、高自厚:《回纥史》,内蒙古人民出版社,1994 年。

雷家骥:《隋唐中央权力结构及其演进》,台北东大图书公司,1995 年。

薛宗正:《安西与北庭——唐代西陲边政研究》,黑龙江教育出版社,1995 年。

史念海:《唐代历史地理研究》,中国社会科学出版社,1998 年。

毛汉光:《中国中古政治史论》,上海书店出版社,2002 年。

拜根兴:《七世纪中叶唐与新罗关系研究》,中国社会科学出版社,2003 年。

胡如雷:《隋唐政治史论集》,河北教育出版社,1997 年。

刘琴丽:《唐代武官选任制度初探》,社会科学文献出版社,2006 年。

黄松筠:《中国古代藩属制度研究》,吉林人民出版社,2008 年。

王吉林:《君相之间:唐代宰相与政治》,中国人民大学出版社,2007 年。

孙国栋:《唐代中央重要文官迁转途径研究》,上海古籍出版社,2009 年。

郭声波:《彝族地区历史地理研究——以唐代乌蛮等族羁縻州为

中心》,四川大学出版社,2009年。

黄枝连:《天朝礼治秩序研究》(上、中、下),中国人民大学出版社,1995年。

严耕望:《中国地方行政制度史》,"中研院"历史语言研究所,1974年。

郭声波:《中国行政区划通史》,复旦大学出版社,1991年。

辛德勇:《古代交通与地理文献研究》,中华书局,1996年。

蓝勇:《西南历史文化地理》,西南师范大学出版社,1997年。

刘统:《唐代羁縻府州研究》,西北大学出版社,1998年。

黎虎:《汉唐外交制度史》,兰州大学出版社,1998年。

吴玉贵:《突厥汗国与隋唐关系史研究》,中国社会科学出版社,1998年。

马大正主编:《中国边疆经略史》,中州古籍出版社,2000年。

任爽:《唐代礼制研究》,东北师大出版社,2000年。

李方:《唐西州行政体制考论》,黑龙江教育出版社,2002年。

李志贤:《杨炎及其两税法研究》,中国社会科学出版社,2002年。

李治亭主编:《东北通史》,中州古籍出版社,2003年。

赵云田主编:《北疆通史》,中州古籍出版社,2003年。

余太山主编:《西域通史》,中州古籍出版社,2003年。

赖瑞和:《唐代基层文官》《唐代中层文官》《唐代高层文官》,台湾联经出版事业公司,2004年、2008年、2016年。

方铁主编:《西南通史》,中州古籍出版社,2003年。

陈庆英、高淑芬主编:《西藏通史》,中州古籍出版社,2003年。

余英时:《士与中国文化》,上海人民出版社,2003年。

陈寅恪:《唐代政治史述论稿》,生活·读书·新知三联书店,2004年。

黄永年:《六至九世纪中国政治史》,上海书店出版社,2004年。

周振鹤:《中国地方行政制度史》,上海人民出版社,2005年。

李大龙:《汉唐藩属体制研究》,中国社会科学出版社,2006年。

邹逸麟:《中国历史地理概述》,上海教育出版社,2007年。

李大龙:《唐朝和边疆民族使者往来研究》,黑龙江教育出版社,2001年。

李大龙:《唐代边疆史》,中国社会科学出版社,2013年。

杨铭:《唐代吐蕃与西域诸族关系研究》,黑龙江教育出版社,2005年。

刘子敏、苗威:《中国正史〈高句丽传〉详注及研究》,香港亚洲出版社,2006年。

方铁:《边疆民族史探究》,中国文史出版社,2005年。

杨光辉:《汉唐封爵制度》,学苑出版社,2002年。

拜根兴:《唐朝与新罗关系史论》,中国社会科学出版社,2009年。

陈尚胜:《中韩关系史论》,齐鲁书社,1997年。

朱振宏:《隋唐政治、制度与对外关系》,台北文津出版社,2010年。

崔明德、马晓丽:《隋唐民族关系思想史》,人民出版社,2010年。

张国刚:《唐代藩镇研究》,中国人民大学出版社,2010年。

唐晓峰:《从混沌到秩序:中国上古地理思想史述论》,中华书局,2010年。

鲁西奇:《人群·聚落·地域社会:中古南方史地初探》,厦门大学出版社,2012年。

崔明德:《隋唐民族关系探索》,青岛海洋大学出版社,1994年。

卢勋等:《隋唐民族史》,四川民族出版社,1996年。

严耕望:《唐代交通图考》,上海古籍出版社,2007年。

阎步克：《从爵本位到官本位》，生活·读书·新知三联书店，2009年。

阎步克：《中国古代官阶制度引论》，北京大学出版社，2010年。

高明士：《中国中古政治的探索》，五南图书出版公司，2006年。

卢勋、萧之兴、祝启源：《中国历代民族史——隋唐民族史》，社会科学文献出版社，2007年。

韩昇：《东亚世界形成史论》，复旦大学出版社，2009年。

吴宗国主编：《盛唐政治制度研究》，上海辞书出版社，2003年。

李鸿宾：《唐朝中央集权与民族关系——以北方区域为线索》，民族出版社，2003年。

彭建英：《中国古代羁縻政策的演变》，中国社会科学出版社，2004年。

陈志坚：《唐代州郡制度研究》，上海古籍出版社，2005年。

田继周：《中国历代民族政策研究》，青海人民出版社，1993年。

李鸿宾：《唐朝的北方边地与民族》，宁夏人民出版社，2010年。

朱振宏：《隋唐政治、制度与对外关系》，台北文津出版社，2010年。

唐长孺：《魏晋南北朝隋唐史三论》，中华书局，2011年。

马一虹：《靺鞨、渤海与周边国家、部族关系史研究》，中国社会科学出版社，2011年。

李大龙：《都护制度研究》，黑龙江教育出版社，2012年。

李晓杰：《疆域与政区》，江苏人民出版社，2014年。

程妮娜：《汉唐东北亚封贡体制》，中国社会科学出版社，2014年。

葛兆光：《何为"中国"：疆域民族文化与历史》，牛津大学出版社，2014年。

赵荣织、王旭送：《沙陀简史》，新疆人民出版社，2015年。

李大龙:《从天下到中国:多民族国家疆域理论解构》,人民出版社,2015 年。

葛兆光:《历史中国的内与外:有关"中国"与"周边"概念的再澄清》,香港中文大学出版社,2017 年。

张崑将:《东亚视域中的"中华"意识》,台湾大学人文社会高等研究耽东亚儒学研究中心,2017 年。

胡鸿:《能夏则大与渐慕华风》,北京师范大学出版社,2017 年。

程妮娜 等:《中国历代边疆治理研究》,经济科学出版社,2017 年。

张经纬:《四夷居中国:东亚大陆人类简史》,中华书局,2018 年。

李大龙、刘清涛编:《中国历代治边思想研究》,华夏出版社,2022 年。

〔韩〕全海宗:《韩中关系史研究》,一潮阁,1970 年。

〔韩〕李丙焘:《韩国古代史研究》,博英社,1976 年。

〔韩〕李基白、李基东编:《韩国史讲座(古代篇)》,一潮阁,1982 年。

〔日〕浜口重国:《唐王朝的贱人制度》,东洋史研究会,1966 年。

〔日〕朝鲜史研究会编:《古代東アジアにおける日朝關係》,株式会社,1970 年。

〔日〕堀敏一:《中国と古代東アジア世界:中華的世界と諸民族》,东京岩波书店,1993 年

〔日〕堀敏一:《隋唐帝国与东亚》,韩昇、刘建英译,云南人民出版社,2002 年。

〔日〕藤间生大:《东亚世界的形成》,春秋社,1966 年。

〔日〕鬼头清明:《日本古代国家的形成与东亚》,校仓书房,1976 年。

〔日〕金子修一:《隋唐の国际秩序と東アジア》,名著刊行会,

2001 年。

[日]西嶋定生：《中国古代帝国的形成与结构：二十等爵制研究》，武尚清译，中华书局，2004 年。

[日]堀敏一：《東アジア世界の形成——中国と周辺国家》，汲古书院，2006 年。

[日]西嶋定生：《中国古代国家と东ァジア世界》，东京大学出版社，1983 年；《西嶋定生東アジア史論集》第 1 卷《中国古代帝国の秩序構造と農業》，岩波书店，2002 年；《西嶋定生東アジア史論集》第 2 卷《秦漢帝国の時代》，岩波书店，2002 年；《西嶋定生東アジア史論集》第 3 卷《東アジア世界と冊封体制》，岩波书店，2002 年；《西嶋定生東アジア史論集》第 5 卷《歴史学と東洋史学》，岩波书店，2002 年；《倭国の出現 ：東アジア世界のなかの日本》，東京大学出版社，1999 年；《秦漢帝国：中国古代帝国の興亡》，講談社，1997 年。

[日]安田二郎：《六朝政治史研究》，京都大学学术出版会，2003 年。

[日]宫崎市定：《九品官人法研究：科举前史》，韩昇、刘建英译，中华书局，2008 年。

[日]渡辺信一郎：《中国古代的王权与天下秩序——从日中比较史的视角出发》，徐冲译，中华书局，2008 年。

[日]河上麻由子：《古代アジア世界の对外交涉と仏教》，东京山川出版社，2011 年。

[日]谷川道雄：《隋唐帝国形成史论》，李济沧译，上海古籍出版社，2011 年。

[日]谷川道雄：《中国中世社会与共同体（增订本）》，马彪译，上海古籍出版社，2013 年。

[日]纸屋正和：《汉代郡县制的展开》，朱海滨译，复旦大学出版社，2016 年。

〔日〕内藤湖南:《东洋文化史研究》,林晓光译,复旦大学出版社,2016 年。

〔日〕池田雄一:《中国古代の聚落と地方行政》,郑威译,复旦大学出版社,2017 年。

〔日〕窪添庆文:《魏晋南北朝官僚制研究》,赵立新等译,复旦大学出版社,2017 年。

〔日〕金子修一:《古代中国与皇帝祭祀》,肖圣中等译,复旦大学出版社,2017 年。

〔日〕石见清裕:《唐代北方问题与国际秩序》,胡鸿译,复旦大学出版社,2019 年。

〔澳〕Colin Mackerras, *Uighur Empire*. University of South Carolina Press, 1972.

〔美〕查尔斯·巴克斯:《南诏国与唐代的西南边疆》,林超民译,云南人民出版社,1986 年。

〔意〕Gabriella Mole, *The T'u-yü-hun from the Northern Wei to the Time of the Five Dynasties*. Roma: Instituto Italiano per il Medio ed Estremo Oriente, 1970.

〔美〕John King Fairbank, *The Chinese World Order— Traditional China's Foreign Relations*. Harvard University Press, 1970.

〔美〕Denis Sinor, *The Cambridge History of Early Inner Asia*. The Cambridge History of Early Inner Asia. Cambridge University Press, 1990.

〔英〕Svat Soucek, *A History of Inner Asia*. Cambridge University Press, 2000.

〔美〕Michael R. Drompp, *Tang China and the Collapse of the Uighur Empire: A Documentary History*, Brill Academic

Publishers,2004.

[美]拉铁摩尔:《中国的亚洲内陆边疆》,唐晓峰译,江苏人民出版社,2005 年。

[美]Mark Edward Lewis,*China's Cosmopolitan Empire*:*The Tang Dynasty*, Harvard University Press,2009.

[美]巴菲尔德:《危险的边疆:游牧帝国与中国》,袁剑译,江苏人民出版社,2011 年。

[美]狄宇宙:《古代中国与其强邻——东亚历史上游牧力量的兴起》,贺严、高书文译,中国社会科学出版社,2010 年。

三、学术论文

韩国磐:《唐代的食封制度》,《中国史研究》1982 年第 4 期。

马驰、马文军:《唐代羁縻府州与中央关系初探》,《陕西师范大学学报》1997 年第 1 期。

方铁:《论南诏不是国家级政权》,《云南师范大学学报》2004 年第 5 期。

王世丽:《安北单于都护府与唐代北部边疆民族问题研究》,云南大学博士学位论文,2002 年。

李鸿宾:《论唐朝的民族观念》,《内蒙古社会科学(汉文版)》2001 年第 5 期。

熊义民:《公元四至七世纪东北亚政治关系史研究》,暨南大学博士学位论文,2002 年。

林超民:《羁縻府州与唐代的民族关系》,《思想战线》1985 年第 5 期。

谭其骧:《唐代羁縻州述论》,载于尹达等主编:《纪念顾颉刚学术论文集》(下册),巴蜀书社,1990 年。

李鸿宾:《唐代的民族交融与政治发展》,《中央民族大学学报》

2001 年第 4 期。

薛宗正：《北庭故城与北庭大都护府》，《突厥回纥历史论文选集》上册，中华书局，1989 年。

薛宗正：《唐安西、北庭行营建置述略》，《西域研究》1993 年第 3 期。

林超民：《安西、北庭都护府与唐代西部边疆》，《文献》1986 年第 3 期。

黎虎：《唐代缘边地方政府的外交权能》，《史学集刊》2000 年第 4 期。

王世丽：《试论唐初对东突厥汗国降户的安置》，《云南民族大学学报》2004 年第 2 期。

石德生：《浅论唐浑关系与唐代的羁縻州府制》，《青海民族研究》1996 年第 4 期。

程尼娜：《论唐代中央政权对契丹、奚人地区的羁縻统治》，《吉林大学社会科学学报》2002 年第 6 期。

尤中：《隋、唐、五代、宋王朝对西南各民族地区的经营》，《云南社会科学》1996 年第 1 期。

李大龙：《由使者来往看唐朝与薛延陀的关系》，《中国边疆史地研究》1991 年第 2 期。

李大龙：《高丽与唐朝互使述论》，《黑龙江民族丛刊》1995 年第 1 期。

李大龙：《唐朝与西突厥互使述论》，《民族研究》1995 年第 5 期。

顾吉辰：《唐蕃聘使考》，《西藏研究》1990 年第 2 期。

方铁：《论羁縻治策向土官土司制度的演变》，《中国边疆史地研究》2011 年第 2 期。

〔韩〕金善昱：《隋唐中韩关系研究》，台湾大学博士学位论文，1983 年。

〔韩〕金善昱:《百济의隋唐关系小考——内外相关性을中心으로. 百济研究第 15 辑》,忠南大学校百济研究所,1984 年。

〔韩〕金善昱:《高句丽의隋唐关系研究——靺鞨을中心으로. 百济研究第 16 辑》,忠南大学校百济研究所,1985 年。

〔韩〕李基东:《新罗的对唐军事同盟和三国统一》,《韩国史市民讲座》제 36 집,一潮阁,2005 年。

〔日〕池内宏:《百济灭亡后の动乱及び唐・罗・日三国の关系》,《满鲜史研究》(上世),吉川弘文馆,1979 年。

〔日〕山尾幸久:《七世纪中叶的东亚细亚》,《百济研究》总第 23 辑,1992 年。

〔日〕金子修一:《隋唐的国际秩序与东亚细亚》,《唐代史研究》第 6 卷,2003 年。

〔美〕John King Fairbank. Tributary Trade and China' Relations with the West, *The Far Eastern Quarterly*, Volume1 (2),1942.

〔加〕Edwin G. Pulleyblank. Central Asia and Non-Chinese Peoples of Ancient China. *The International history review* 25(1): 122-123,January 2003.

〔美〕狄宇宙:《内亚史上的国家形成与阶段划分》,载于伊沛霞、姚平、单国钺主编:《当代西方汉学研究集萃・中古史卷》,上海古籍出版社,2016 年。